Umverteilung und Familienpolitik

Europäische Hochschulschriften

Publications Universitaires Européennes
European University Studies

Reihe V
Volks- und Betriebswirtschaft

Série V Series V
Sciences économiques, gestion d'entreprise
Economics and Management

Bd./Vol. 3263

PETER LANG
Frankfurt am Main · Berlin · Bern · Bruxelles · New York · Oxford · Wien

Frank Kupferschmidt

Umverteilung und Familienpolitik

Eine empirische Analyse der Verteilungs- und Umverteilungswirkungen familienpolitischer Leistungen in Deutschland

PETER LANG
Internationaler Verlag der Wissenschaften

Bibliografische Information der Deutschen Nationalbibliothek
Die Deutsche Nationalbibliothek verzeichnet diese Publikation in der Deutschen Nationalbibliografie; detaillierte bibliografische Daten sind im Internet über <http://www.d-nb.de> abrufbar.

Zugl.: Erlangen, Nürnberg, Univ., Diss., 2007

D 29(n2)
ISSN 0531-7339
ISBN 978-3-631-56626-8

www.peterlang.de

Vorwort

Die vorliegende Arbeit entstand in meiner Zeit als wissenschaftlicher Mitarbeiter am Lehrstuhl für Volkswirtschaftslehre, insbesondere Finanzwissenschaft an der Friedrich-Alexander-Universität Erlangen-Nürnberg sowie während meines einjährigen Lehraufenthaltes an der Babes Bolyai Universität Cluj-Napoca in Rumänien. Die systematische Analyse der distributiven Aspekte der Familienpolitik ist vor dem Hintergrund der aktuellen Diskussion um die Gestaltung dieses Politikbereiches eine bisher noch nicht beantwortete Fragestellung. Die Arbeit trägt bei, die ewig aktuelle und kontroverse Diskussion um die deutsche Familienpolitik empirisch zu fundieren.

Mein Dank gilt meinem Doktorvater Rektor Professor Dr. Karl-Dieter Grüske, der den Anstoß für diese Arbeit gab. Er hat die Dissertation durch kritische Diskussionen und fachliche Anregungen begleitet und so wesentlich zum Gelingen dieses Projekts beigetragen. Danken möchte ich auch Professor Dr. Hermann Scherl für die Übernahme des Zweitgutachtens. Professor Dr. Berthold U. Wigger, dem jetzigen Lehrstuhlinhaber, gilt mein Dank für fachliche und persönliche Unterstützung während meiner Zeit am Lehrstuhl.

Danken möchte ich auch allen Kollegen und Freunden, die mir während der Arbeit an der Dissertation auf allen erdenklichen Arten und Weisen geholfen haben. Dr. Carola Burkert, Dr. Ute Leber, Dr. Jobst Leikeb und Dr. Udo Wartha haben mir in zahlreichen kritischen Diskussionen wertvolle Anregungen gegeben. Weiters gilt mein Dank namentlich Robert Dehm, Daniel Frohschammer, Alexander von Kotzebue, Dr. Julia Kupzowa, Dr. Michael Meier, Dr. Monika Schenk, Karin Sendner, Dr. Dieter Vollkommer, Andrea Wilhelm und den studentischen Hilfskräften des Lehrstuhls für kollegiale Mitarbeit und vielfältige Unterstützung während der Dissertationszeit.

Schließlich richtet sich mein Dank an meine lieben Eltern Wolfgang und Christa Kupferschmidt, an meine geschätzte Tante Antje Rothemund und meine Familie. Ohne sie wäre diese Arbeit nicht entstanden. Meinen Eltern widme ich dieses Buch.

Nürnberg, im März 2007 — Frank Kupferschmidt

Inhaltsverzeichnis

Tabellenverzeichnis

Abbildungsverzeichnis

Abkürzungsverzeichnis

Abb.	Abbildung
AG	Arbeitgeber
Alleinerz., Allerz.	Alleinerziehende
ALV	Arbeitslosenversicherung
AN	Arbeitnehmer
Auf., Aufb.	Aufbauphase
BA	Bundesagentur für Arbeit
BAföG	Bundesausbildungsförderungsgesetz
BE	Bruttoeinkommen
BIP	Bruttoinlandsprodukt
BMAS	Bundesministerium für Arbeit und Soziales
BMBF	Bundesministerium für Bildung und Forschung
BMF	Bundesminsterium der Finanzen
BMG	Bundesminsterium für Gesundheit
BMGS	Bundesminsterium für Gesundheit und Soziale Sicherung
BMFSFJ	Bundesministerum für Familie, Senioren Frauen und Jugend
BMVBS	Bundesministerium für Verkehr, Bau und Stadtentwicklung
BMVBW	Bundesministerium für Verkehr, Bau- und Wohnungswesen
BMWA	Bundesminsterium für Wirtschaft und Arbeit
DIW	Deutsches Institut für Wirtschaftsforschung
EAF	Evangelische Aktionsgemeinschaft für Familienfragen
Ehe.	Ehepaar
Eink.	Einkommen
Empf.	Empfänger
ESt.	Einkommensteuer
Estvar.	Einkommensteuer-Variante
EVS	Einkommens- und Verbrauchsstichprobe
FLA	Familienleistungsausgleich
GKV	Gesetzliche Krankenversicherung
Grdg.	Gründungsphase
GRV	Gesetzliche Rentenversicherung
Gstvar.	Gesamtsteuer-Variante
HH	Haushalt
Jg.	Jahrgang

Ki.	Kind
Kons.	Konsolidierungsphase
Mio.	Million
Mrd.	Milliarde
OECD	Organisation for Economic Co-operation and Development
öffentl.	öffentlich
priv.	privat
S.	Seite
SGB	Sozialgesetzbuch
SOEP	Sozioökonomisches Panel
Stab.	Stabilisierungsphase
Tab.	Tabelle
Um., Umortg.	Umorientierungsphase
vdr	Verband deutscher Rentenversicherungsträger
Vgl.	Vergleiche
VGR	Volkswirtschaftliche Gesamtrechnung

Kapitel 1

Einleitende Bemerkungen

Die vorliegende Arbeit untersucht die Verteilungs- und Umverteilungswirkungen der Familienpolitik in Deutschland. Die systematische Analyse der distributiven Aspekte der Familienpolitik ist vor dem Hintergrund der aktuellen Diskussion um die Gestaltung dieses Politikbereichs eine bisher noch nicht beantwortete Fragestellung. Dazu schreibt der Wissenschaftliche Beirat beim Bundesministerium für Familie, Senioren Frauen und Jugend (BMFSFJ):

> „Nach dem derzeitigen Wissensstand sind neuere Erkenntnisse über die Verteilungseffekte nicht oder nur teilweise vorhanden. Diese Lücken sind eine Folge der gerade in den letzten Jahren zunehmenden Vernachlässigung von Forschungen zu Verteilungsfragen, insbesondere zur Inzidenz öffentlicher Leistungen.“[1]

1.1 Aktuelle Reformdebatte

Einführend wird kurz die gegenwärtige, überwiegend normativ geführte Reformdiskussion zur deutschen Familienpolitik zusammengefasst, um die wesentlichen Eckpunkte der Fragestellung dieser Analyse zu identifizieren.

Demografische Dimension der Familienpolitik In Deutschland wurde die demografische Dimension der Familienpolitik lange aufgrund der Erfahrungen im Nationalsozialismus mit seiner streng pro-natalistischen Ausrichtung nicht mehr als explizites Ziel der Familienpolitik aufgeführt. Heute werden jedoch vielmehr unter dem Begriff einer demografiefreundlichen Familienpolitik alle Maßnahmen subsumiert, die auf eine Verbesserung der Lebenssituation von Familien abstellen, und die Entscheidung für (oder gegen) Kinder, den Zeitpunkt der Geburt sowie die Anzahl der Geburten positiv beeinflussen.

Angesichts alarmierender demografischer Kennzahlen wie beispielsweise der sinkenden Geburtenziffern ist die Erhöhung der Geburtenzahlen als bevölkerungspolitisches Ziel der Familienpolitik trotz der historischen Vorbelastung des Begriffs wieder in den Vordergrund getreten und wird besonders in internationalen Vergleichen als ein Erfolgskriterium für eine familienpolitische Konzeption verwandt. Höhere Geburtenzahlen in Ländern wie Frankreich und den

---

[1] BMFSFJ (2001), S. 227.

skandinavischen Staaten werden so in der politischen Diskussion mit einer erfolgreichen Familienpolitik verbunden.[2] Freilich gibt es keine eindeutige empirische Evidenz, dass familienpolitische Maßnahmen zu einer Erhöhung der Nettoreproduktionsrate führen können.[3]

Rürup und Gruescu nehmen in einem Gutachten für das BMFSFJ zur Nachhaltigkeit der Familienpolitik diese bevölkerungspolitische Argumentation auf. Ausgehend vom Auseinanderklaffen von Kinderwunsch und tatsächlicher Kinderzahl unterstreichen Rürup und Gruescu die Notwendigkeit von Maßnahmen, die die Entscheidung für ein Kind erleichtern. Faktisch alle familienpolitischen Maßnahmen haben vor dem Hintergrund der bisherigen häufig verworfenen Kinderentscheidung einen demografischen, bevölkerungspolitischen Aspekt.[4]

Besonders trifft dies jedoch auf Maßnahmen zu, die die Vereinbarkeit von Familie und Beruf fördern. Eine Befragung aus dem Jahr 1998 zeigt, dass in Deutschland 52% der verheirateten nichterwerbstätigen Mütter mit Kindern unter sechs Jahren arbeiten möchten, dies jedoch nur 6% tatsächlich tun. Zusätzlich zu den 48% erwerbstätigen Müttern würden weitere 46% gerne arbeiten.[5] Diesem Mischbereich aus demografischen und arbeitsmarktpolitischen Zielsetzungen widmet sich eine umfangreiche theoretische und empirische Literatur.[6]

Neuallokation der Mittel Die im Zeitablauf gewachsenen Strukturen der gegenwärtigen deutschen Familienpolitik sehen sich einer Diskussion um eine grundlegende Neuallokation der Mittel gegenüber. Die Aufteilung der Mittel auf die Instrumente wird von Kritikern als Fehlallokation bezeichnet, da zu viele Mittel für direkte oder indirekte monetäre Transfers aufgewandt und zu wenige Gelder für Sachtransfers wie für den Auf- und Ausbau von Kinderbetreuungsmöglichkeiten bereitgestellt werden.

Im Vergleich zu den als familienpolitisch erfolgreicher erachteten skandinavischen Staaten und Frankreich wendet Deutschland in absoluten Zahlen zwar sehr viele Mittel für Familienpolitik auf, jedoch liegt das Verhältnis von Sachtransfers zum Bruttoinlandsprodukt (BIP) weit hinter den Referenzstaaten. Während Deutschland für familienpolitische Dienstleistungen nur

[2]Diese Argumentation findet sich in nahezu allen Stellungnahmen zur aktuellen Familienpolitik. Exemplarisch sei dazu auf eine Stellungnahme des Wissenschaftlichen Beirats beim BMWA (2005a), S. 28ff. verwiesen. Freilich gibt es auch Gegenpositionen wie Ott: „Es gibt jedoch bessere und vor allem drängendere Gründe für eine gezielte Familienpolitik als die Erhöhung der Geburtenzahlen.“ Ott (2005), S. 144.

[3]Multivariate Analysen für Frankreich zeigen einen positiven, aber schwachen Zusammenhang zwischen Fertilität und öffentlicher Übernahme der Kinderkosten bzw. Kindergeld, vgl. Toulemon (2003), S. 53 sowie Schratzenstaller (2002a), S. 129. Für einen theoretischen Ansatz zur empirischen Modellierung, siehe Althammer (2000), S. 105ff.

[4]Endgültig zur bevölkerungspolitischen Argumentation wird der Gedankengang dann, wenn zusätzliche Geburten als Argument zur Stabilisierung der Finanzierung der Sozialkassen angeführt werden. Vgl. Rürup und Gruescu (2003), S. 72ff.

[5]Vgl. Meister und Ochel (2003), S.65. Kaltenborn et al. (2005) erläutern tatsächliche und gewünschte Erwerbstätigkeit von Müttern geschichtet nach dem Alter der Kinder, vgl. Kaltenborn et al. (2005), S. 87ff.

[6]Für einen Vergleich von Kinderbetreuungsmöglichkeiten in zehn wichtigen Industrienationen, siehe Gornick und Meyers (2003). Die Untersuchung zeigt, dass Deutschland im internationalen Vergleich sehr niedrige außerfamiliäre Betreuungsraten für Kinder in den ersten beiden Lebensjahren hat. In Ländern mit hohen Raten werden sowohl private als auch öffentliche Betreuung von Kleinkindern deutlich stärker gefördert. Hülskamp und Seyda fordern etwas allgemeiner von einer bevölkerungspolitisch nachhaltigen Familienpolitik, dass institutionelle Rahmenbedingungen keinen Einfluss auf die generative Entscheidung von jungen Paaren nehmen sollen. Vgl. Hülskamp und Seyda (2004), S. 35ff.

0,8% des BIP aufwendet, liegt die Quote in Frankreich bei 1,23% bzw. in Schweden bei 1,68%. Dagegen verwendet Deutschland 1,93% des BIP für familienpolitische Geldtransfers, Schweden nur 1,63% und Frankreich lediglich 1,46%.[7] Die Transferlastigkeit der Familienpolitik bindet Mittel, die nach Meinung der Kritiker besser für die Stärkung der außerfamilialen Betreuung verwendet werden sollten. Zwar sichern die Transfers die Existenz von einkommensschwachen Familien, jedoch sind nach Meinung von Engelbrech (2002) „bei finanziell besser situierten Familien überwiegend Mitnahmeeffekte zu erwarten“[8].

Die Bereitstellung von Betreuungsmöglichkeiten gilt als grundlegende Maßnahme für die Vereinbarkeit von Familie und Erwerbstätigkeit. Durch die öffentliche Förderung von außerfamiliärer Betreuung soll für Familien zumindest Entscheidungsneutralität gewährleistet werden, ob für die Kindererziehung die Erwerbstätigkeit unterbrochen oder fortgesetzt wird.[9] Kritiker führen daher an, die aktuelle familienpolitische Praxis sei ein „traditionaler Hausfrauenvertrag“.[10] Die bisherige Schwerpunktsetzung auf monetäre Transfers setzt eher Anreize zur Unterbrechung und Einstellung der Erwerbstätigkeit als zur Beibehaltung bzw. raschen Wiederaufnahme. Eine Umorientierung hin zu öffentlich bereitgestellten Betreuungsmöglichkeiten könnte diese als falsch erachtete Anreizwirkung kompensieren, um im Optimalfall eine Entscheidungsneutralität zu erreichen.[11] Daraus leitet sich der Ruf nach einer „stärker erwerbsorientierten Familienpolitik“[12] ab.

Wandel des Familienleitbilds Der gegenwärtige eher traditionalistisch geprägte familienpolitische *Policy Mix* stellt auf verheiratete Ehepaare mit Kindern als Familienleitbild ab. Dieses häufig als Drei-Phasen-Modell bezeichnete Bild ist charakterisiert durch die Familiengründung innerhalb der Ehe, die familiäre Betreuung der Kinder verbunden mit einer mindestens phasenweisen Unterbrechung der Erwerbstätigkeit der Mutter sowie schließlich der Absicherung von Witwen über die Rente des verstorbenen Partners. Diese Familiendefinition liegt Fördermaßnahmen wie beispielsweise dem Ehegattensplitting, der beitragsfreien Mitversicherung in der Gesetzlichen Krankenversicherung GKV, der Witwen- und Waisenversorgung in der Gesetzli-

[7] Zahlen aus Veil (2003), S. 21. Wagner (2001) geht von 30 Mrd. Euro für den Familienlastenausgleich aus, während nur acht Mrd. Euro für Betreuungsmöglichkeiten verausgabt werden, vgl. Wagner (2001), S. 3f.

[8] Engelbrech (2002), S. 145

[9] In der (west)deutschen Vergangenheit bot sich Frauen letztere Handlungsoption kaum, da wenig Möglichkeiten zur außerfamiliären Betreuung von Kleinkindern bestanden. Anders in der ostdeutschen familienpolitischen Praxis, wo weitaus höhere Kapazitäten zur außerfamiliären Betreuung vorhanden waren und sind. Zu den Unterschieden in der west- und ostdeutschen Praxis, siehe im Überblick Veil (2003), S. 19ff.

[10] Becker A. (2000), S. 294.

[11] Insbesondere bei einkommensschwachen Familien trägt die transferlastige Familienpolitik zur Verfestigung des tradierten Rollenschemas bei, da die Opportunitätskosten niedrig qualifizierter Frauen entsprechend gering sind. Zur Beschäftigungssituation von Müttern, siehe im Überblick Engelbrech (2000). Kritisch ist hierzu anzumerken, dass aus rein finanzwissenschaftlicher Sicht Entscheidungsneutralität über ungebundene monetäre Transfers am besten bewirkt werden kann. Sachtransfers verzerren die Entscheidungsneutralität insoweit, als dass sie die Nutzung der öffentlich bereitgestellten Dienstleistungen voraussetzen. Unter Entscheidungsneutralität wird in der normativen Diskussion weitestgehend die bessere Vereinbarkeit von Familie und Erwerbstätigkeit aufgefasst.

[12] Rürup (2001), S. 3.

chen Rentenversicherung GRV sowie dem Erziehungsgeld zugrunde. Jedoch unterliegt dieses Familienleitbild einer grundlegenden Neudefinition.[13]

Die Begleitung des sich wandelnden Familienbegriffs stellt eine neue Herausforderung an die Familienpolitik dar. Anstelle einer Orientierung an einem eher statischem Familienleitbild sieht Becker A. (2000) eine Neuorientierung an biographischen Entscheidungen als notwendig an. Dabei kristallisieren sich drei solcher biographischer Entscheidungen als Ansatzpunkte für eine moderne phasenorientierte Familienpolitik heraus. Die Entscheidung über die Familiengründung an sich bedingt ebenso geeignete Maßnahmen zur Unterstützung von Müttern und Neugeborenen sowie ökonomische Unterstützung während des Mutterschutzes wie die Erweiterung der Familie durch weitere Kinder. Der hohe Betreuungsaufwand für die jüngsten Kinder erfordert Maßnahmen, die die Entscheidung über inner- oder außerfamiliäre Erziehungs- und Betreuungszeiten erleichtern bzw. eine Verbesserung der ökonomischen Situation unterstützen. Schließlich bedingt das Alleinerziehen als an Bedeutung gewinnende Familienform spezifische Maßnahmen zur Verbesserung der ökonomischen Situation von Alleinerziehenden.[14] Daher stellt sich die Frage, ob der gegenwärtige *Policy Mix* dem Prozess der familialen Neudefinition gewachsen ist.

Stärkere Finanzierung durch Kinderlose Die Familienpolitik nimmt im deutschen Sozialstaat eine gewisse Sonderstellung ein, als dass sie sowohl im erwerbsarbeitsbezogenen Sozialversicherungskontext geschieht, als auch über die Gebietskörperschaften mit Steuermitteln durchgeführt wird. Der horizontale Ausgleich der Kinderkosten von Familien durch Kinderlose geschieht über die öffentliche Übernahme eines Anteils an den privaten Kosten der Kindererziehung.[15]

Kinderlose finanzieren die Förderleistungen für Familien über ihre Abgaben ohne wiederum vom familienpolitischen Budget zu profitieren. Gleichwohl tragen aber ebenso Familien über ihre Abgabenlast zur Finanzierung ihrer eigenen Förderung bei. Ohne die Gewährung familienpolitischer Unterstützung erscheint die durchschnittliche Abgabenlast von Familien möglicherweise höher als jene der Kinderlosen. Zum einen verfügen Familien im Mittel über sehr hohe Bruttoeinkommen, da sie sich im von Senioritätsentlohnung geprägten individuellen Erwerbsverlauf zum Höhepunkt ihrer Einkommenskraft hinbewegen.[16] Daher sind aufgrund der vergleichsweise hohen Erwerbseinkommen höhere direkte Steuerlasten zu erwarten als für ökonomisch weniger aktive Teile der Bevölkerung. Zum anderen weisen Familien aufgrund des hohen Familienbedarfs üblicherweise hohe Konsumraten auf, sodass sie relativ stärker von in-

[13] Vgl. Butterwege (2001), S. 348. Empirische Daten zum Wandel des Familienleitbildes erläutert Abschnitt 3.1, S. 27ff.

[14] Vgl. Becker A. (2000), S. 292ff.

[15] Das Ausmaß der horizontalen Umverteilung bis hin zu einer völligen Gleichstellung ist eine rein normative Fragestellung, die nicht Gegenstand einer positiven Analyse sein kann. Eine normative Begründung für die Beteiligung Kinderloser an der Finanzierung liefert Althammer (2000), S. 43ff. Konrad und Richter (2005) diskutieren aus wohlfahrtstheoretischer Perspektive, ob Familien gegenüber Kinderlosen durch kindbezogene differenzierte Beitragssätze in der Sozialversicherung begünstigt werden sollen. Im Ergebnis finden die Autoren keine wohlfahrtstheoretische Rechtfertigung. Vgl. Konrad und Richter (2005), S. 1115ff.

[16] Vgl. zum Vergleich der Haushaltsbruttoeinkommen zwischen Familien und Kinderlosen Abschnitt 3.3.1, S. 37ff.

direkten Steuern belastet zu werden scheinen als kleine, kinderlose Haushalte mit niedrigen Konsumraten. Daraus folgt die Vermutung, dass Familien ihre eigene familienpolitische Förderung zum Teil erheblich selbst mitfinanzieren müssen. Die in der politischen Reformdebatte angeführten Zahlen über die Kosten für familienpolitische Leistungen sind daher als Bruttogröße zu verstehen, während die nach Abzug des Eigenfinanzierungsanteils der Familien verbleibende Nettogröße die tatsächliche Familienförderung darstellt. Dazu schreibt Rosenschon (2006) in ihrer aktualisierten Bestandsaufnahme der deutschen Familienpolitik:

> „Aufgelistet wurden alle geleisteten Zahlungen und Einnahmeverzichte der öffentlichen Hand zu Gunsten von Familien unabhängig davon, wer sie finanziert. Und das sind vermutlich zu einem guten Teil die Familien selbst in ihrer Rolle als Steuer- und Beitragszahler. Insofern ist jede die Familien begünstigende Leistung teilweise eine Zahlung von Mutters oder Vaters rechter Tasche in die linke auf dem Umweg über die Kasse des Staates. Leider fehlen empirische Studien über den Selbstfinanzierungsanteil von Familien an den ihnen zugute kommenden Leistungen.“[17]

1.2 Problemstellung

Die Zusammenfassung der aktuellen Reformdiskussion zur Familienpolitik in Deutschland hat gezeigt, dass distributive Aspekte letztendlich immer wieder im Vordergrund stehen. Gleichwohl besteht wie in den beiden Zitaten verdeutlicht Unklarheit über die Um- und Verteilungswirkungen familienpolitischer Leistungen. Die Umverteilung von Einkommen ist zwar keine explizite Komponente der Familienpolitik, entsteht aber zwangsläufig, wenn die Gesellschaft die mit der Kindererziehung und -betreuung verbundenen ökonomischen Lasten von Familien zu kompensieren versucht. Im Gegensatz zur kontroversen und stark normativ geprägten Debatte besteht das zentrale Ziel der Arbeit in der empirischen Fundierung der Diskussion über die distributiven Aspekte der Familienpolitik. Die vorliegende Arbeit konzentriert sich folglich auf die positive Analyse der Verteilungs- und Umverteilungswirkungen familienpolitischer Instrumente.

Verteilungswirkungen der Familienpolitik Die deutsche Familienpolitik vereint Maßnahmen und Instrumente aus verschiedenen Politikbereichen, die an den vielfältigen sozioökonomischen Problemen von Familien in ihren spezifischen Lebenslagen und Lebensphasen anknüpfen. Das Nebeneinander der Maßnahmen führt dazu, dass die Verteilungswirkungen einzelner Maßnahmen auf Familien intransparent sind. Daher stellt sich die Frage:

- Frage 1: Welche Familien profitieren in welchem Umfang von welcher Leistung?

Umverteilungswirkungen der Familienpolitik Die Parallelität verschiedener Umverteilungsströme führt dazu, dass die Budgetinzidenz des Politikbereichs nicht absehbar ist. Dass heißt, es ist nicht klar, wer vom System nach Berücksichtigung der individuellen Abgaben an

[17] Rosenschon (2006), S. 77f.

die öffentliche Hand profitiert und wer Nettozahler ist. Die Berechnung der individuellen Eigenfinanzierungsanteile von Familien gibt Aufschluss über die letztlich relevante Nettoförderung von Familien durch familienpolitische Maßnahmen und über die Beteiligung Kinderloser an der Finanzierung der Familienpolitik. Daraus ergeben sich die beiden folgenden Fragen:

- Frage 2: Wie hoch sind die Nettotransfersalden der Familien aus familienpolitischen Leistungen (im Verhältnis zu deren Einkommen)?
- Frage 3: Wie hoch ist der Eigenfinanzierungsanteil von Familien an familienpolitischen Leistungen?

1.3 Aufbau der Analyse

Die Abbildung 1.1 stellt den Aufbau der Arbeit dar. Die Arbeit setzt sich aus drei Teilen zusammen.

Teil 1: Inhaltliche und methodische Grundlagen Teil 1 legt die inhaltlichen und methodischen Grundlagen für diese Arbeit. Wesentlich für die empirische Analyse sind die Ausführungen zur Familienpolitik in Kapitel 2, die das Verteilungsobjekt der empirischen Analyse darstellt. Das Kapitel entwickelt einen umfassenden und abschließenden Katalog relevanter familienpolitischer Leistungen, deren Verteilungswirkungen untersucht werden. Der Leistungskatalog gliedert die Vielzahl von Maßnahmen in Transfers der Gebietskörperschaften, Steuervergünstigungen, parafiskalische Leistungen und Leistungen der Arbeitgeber. Zudem werden die zu erwartenden Verteilungswirkungen von familienpolitischen Instrumenten wie beispielsweise Geld- oder Sachtransfers bzw. Steuervergünstigungen dokumentiert.

In Kapitel 3 wird die Familie als Verteilungssubjekt und wesentlicher Untersuchungsgegenstand der Analyse erörtert. Zunächst wird ein Familienbegriff entwickelt, der definiert, welche Haushalte als Familie gelten. Für die empirische Analyse ist es weiters notwendig, die Grundgesamtheit der Familien tiefer zu untergliedern, also nach geeigneten Merkmalen zu schichten. Schichtungsmerkmale sind der Familientyp (Familienstand und Kinderzahl), das Alter der Familie (Familienphase) sowie das Familieneinkommen. Das Vorgehen für die Schichtung der Familien wird ausführlich erklärt. Die charakteristischen Merkmale der jeweiligen Verteilung der Familien in den drei Schichtungen wird beschrieben, da die strukturelle Zusammensetzung für die Interpretation der empirischen Ergebnisse notwendig ist.

In Kapitel 4 werden grundlegend der methodische Rahmen erläutert sowie in einem Literaturüberblick vorhandene empirische Ergebnisse zu distributiven Aspekten der Familienpolitik zusammengefasst. Der methodische Überblick beschreibt alternative Modelle zur Analyse von Verteilungswirkungen und begründet die Auswahl eines so genannten fiskalischen Inzidenzmodells sowie des *Scientific Use File* der Einkommens- und Verbrauchsstichprobe (EVS) 1998 als grundlegende Datenbasis der empirischen Analyse. Der Literaturüberblick wertet bestehende Arbeiten zu ähnlichen Fragestellungen aus und fasst deren Ergebnisse zusammen, die als Referenzpunkte für die Ergebnisse dieser Arbeit dienen.

Abbildung 1.1: Aufbau der Arbeit

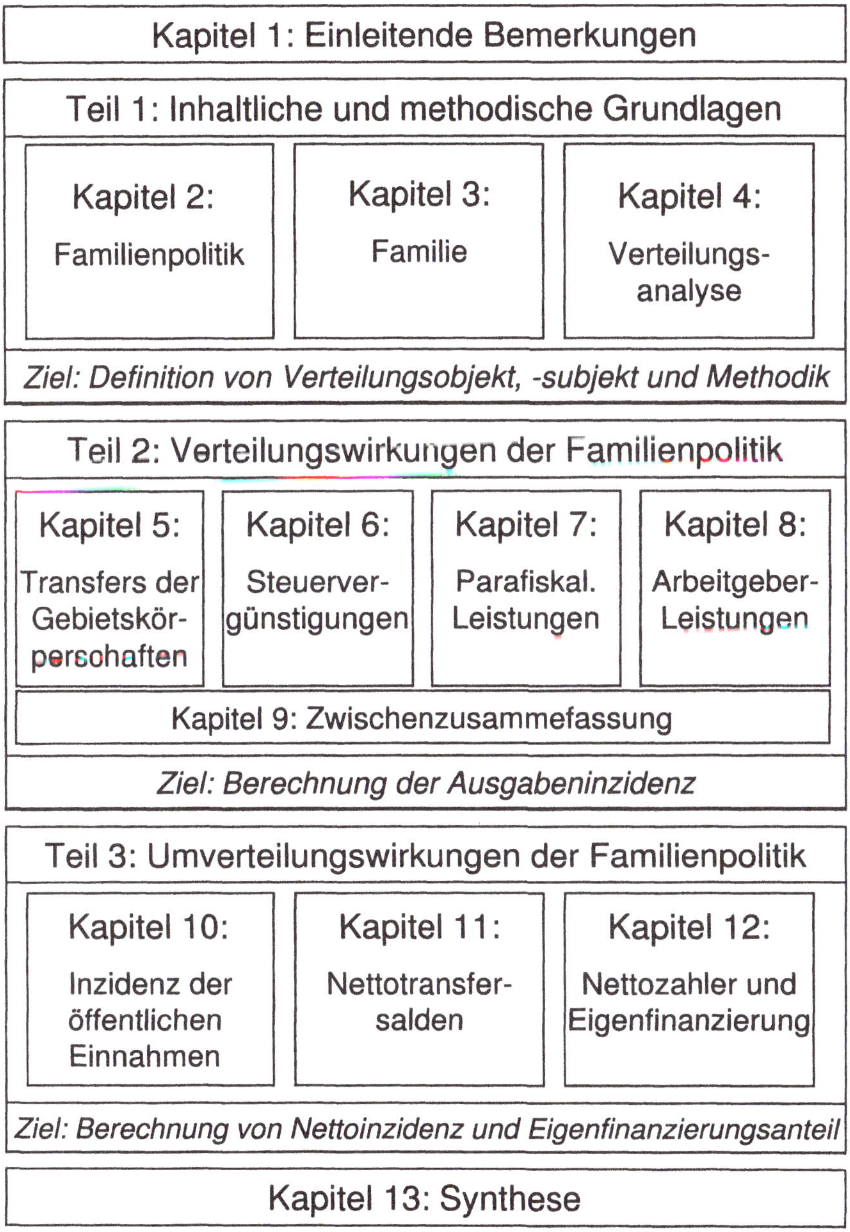

Quelle: Eigene Darstellung.

Teil 2: Verteilungswirkungen der Familienpolitik Ziel des Teils 2 ist es, eine vollständige Katalogisierung der Verteilungswirkungen familienpolitischer Leistungen vorzunehmen, die typ-, phasen- und einkommensspezifische Wirkungen berücksichtigt. Aufbauend auf den in Teil 1 erörterten methodischen und inhaltlichen Grundlagen stellt Teil 2 der Arbeit den ersten Schritt der empirischen Analyse dar und analysiert die Verteilungswirkungen der familienpolitischen Leistungen. Das heißt, die jeweiligen familienpolitischen Leistungen werden als Verteilungsobjekt den Familien als Verteilungssubjekt zugerechnet. Die Leistungen werden anhand der in Kapitel 2 getroffenen Systematik des Leistungskataloges in jeweils einem Kapitel zusammengefasst erörtert. Ziel ist es, die Verteilungswirkungen der einzelnen Leistungen auf Familien en détail transparent zu machen. Dabei bedient sich die Analyse der in Kapitel 3 vorgestellten drei Schichtungen nach Familientyp, Familienalter und Familieneinkommen.

Der Aufbau der Kapitel 5 bis 8 ist identisch. Für alle vier Leistungsgruppen wird jede einzelne Leistungsart in vier Schritten analysiert. Die Leistung wird zunächst kurz inhaltlich beschrieben. Dann werden das Verfahren der Zurechnung und insbesondere die verwendeten Verteilungsannahmen in den methodischen Anmerkungen ausführlich dokumentiert. Anschließend werden die Ergebnisse der Zurechnung erläutert. Dabei wird in diesem Analyseschritt die absolute Inzidenz der Leistungen ausgewiesen. Eine Diskussion der Plausibilität der Ergebnisse schließt den jeweiligen Abschnitt ab. Die zentralen Ergebnisse und weiterführenden Argumente werden am Ende jedes Kapitels übersichtlich zusammengestellt. Die Zwischenzusammenfassung in Kapitel 9 wechselt die Perspektive weg von der instrumentspezifischen Sicht aus den Kapiteln 5 bis 8 und diskutiert die Verteilungswirkungen der aggregierten Transfersalden im Gesamteffekt und für die vier Leistungskategorien.

Teil 3: Umverteilungswirkungen der Familienpolitik Ziel des Teils 3 der Arbeit ist es, die letztendlich relevanten Nettotransfersalden der Familienpolitik sowie den Anteil der Eigenfinanzierung von Familien am familienpolitischen Budget zu berechnen. Teil 3 stellt auf die tatsächliche Umverteilungswirkung der Familienpolitik ab, da zum einen die (Netto-) Transfersalden ins Verhältnis zum Einkommen der Familien gesetzt werden. Zum anderen werden Umfang und Richtung der Umverteilungsströme zwischen Familien und Kinderlosen sowie innerhalb der Familien transparent gemacht.

Zunächst wird in Kapitel 10 die Inzidenz der öffentlichen Einnahmen analysiert, um die Abgabenbelastung der Haushalte zu ermitteln. In Kapitel 11 werden die Ergebnisse der Ausgabeninzidenz aus Teil 2 mit den Ergebnissen der Abgabeninzidenz saldiert, um die individuellen Nettotransfersalden der Familienpolitik zu bestimmen. Diese werden für die einzelnen Leistungskategorien diskutiert und zum Gesamteffekt aggregiert. Der aggregierte Nettotransfersaldo stellt das zentrale Analyseziel dar, das ausführlich diskutiert wird. Aufbauend auf dem ermittelten Nettotransfersaldo erörtert Kapitel 12 Aspekte der Eigenfinanzierung der Familien, der Umverteilung zwischen Kinderlosen und Familien sowie innerhalb der Familien und vergleicht die Auswirkungen unterschiedlicher Finanzierungsarten des familienpolitischen Budgets.

Eine Synthese der vielfältigen Einzelergebnisse in Kapitel 13 rundet die Arbeit ab, in der die Ergebnisse zusammengefasst und die eingangs gestellten Fragestellungen aufgegriffen werden. Die gewonnenen Ergebnisse werden abschließend in die eingangs umrissene politische Reformdiskussion eingebracht.

Teil I

Inhaltliche und methodische Grundlagen

Kapitel 2

Familienpolitik

Das folgende Kapitel entwickelt ein gemeinsames Verständnis, was generell und im Sinne dieser Arbeit als Familienpolitik aufgefasst wird. Die deutsche Familienpolitik gilt als ein *Policy Mix*, der vielfältige Instrumente aus verschiedenen Politikbereichen und Haushalten vereint. Daher ist es notwendig, in einem ersten Schritt die jeweiligen Abgrenzungen der maßgeblichen Träger der Familienpolitik sowie maßgeblicher familienpolitischer Literatur zu erörtern. Anschließend begründet die Diskussion der distributiven Dimension der Familienpolitik, warum eine Analyse der Umverteilungswirkungen einen eigenständigen Beitrag zur wissenschaftlich-politischen Diskussion leisten kann. Dann ist eine den Anforderungen dieser Analyse entsprechende Abgrenzung für Familienpolitik zu entwickeln, die einen konkreten Maßnahmenkatalog enthält. Dieser Maßnahmenkatalog gliedert sich in vier Leistungsgruppen, deren zu erwartende Verteilungswirkungen beschrieben werden.

2.1 Familienpolitik in Deutschland

Familienpolitik ist ein historisch gewachsenes Feld innerhalb der sich über Jahrzehnte entwickelnden Wohlfahrtsstaaten. Zur Familienpolitik werden a priori vielfältige Maßnahmen aus verschiedenen Politikbereichen gezählt, deren kleinster gemeinsamer Nenner ihre familienpolitische Relevanz ist. Besonders im internationalen Vergleich werden immer wieder Versuche angestellt, Familienpolitik als Summe aller Einzelmaßnahmen zu typologisieren.[1] In internationalen Vergleichen finden sich einige Anhaltspunkte, die das familienpolitische Leitbild mehr oder weniger grob skizzieren. Darin gilt die (west)deutsche Familienpolitik generell als stark lohnarbeits- und sozialversicherungskonzentriert sowie als stark geldtransferlastig. Im Familienleitbild der deutschen Familienpolitik wirken nach Ansicht des Auslands deutliche traditionalistische Notionen in dem Sinne, dass der *Policy Mix* in seiner Gesamtheit noch immer auf eine männliche Ernährerfamilie abstellt. Die traditionelle Modellfamilie teilt sich in einem erwerbstätigen Vater und eine nichterwerbstätige, aber erziehende Mutter auf. Die Aufgaben

[1] Esping-Andersen (1990) entwickelt die wohl bekannteste Typologie der Wohlfahrtsstaaten. Der deutsche Wohlfahrtstaat fällt dabei in die Kategorie „Konservativer Wohlfahrtstaat". Dessen grundsätzliche Züge prägen die Leitlinien der Familienpolitik bis heute, vgl. Esping-Andersen (1990), S. 9ff.

der Erziehung und Betreuung liegen in dieser eher konservativ geprägten Familienpolitik stärker in den Händen der Eltern, während staatliche Betreuung weniger ausgeprägt ist.[2]

Familienpolitik wird zudem in Deutschland anders als in anderen europäischen Staaten nicht zentral durchgeführt, sondern ist stark dezentralisiert.[3] Zwar wird die rechtliche Dimension der Familienpolitik vom Bund bzw. (vom Bundesverfassungsgericht) dominiert, doch liegt bei der Ausführung der Maßnahmen sehr viel in den Händen der Länder und Kommunen sowie der Sozialversicherungen.

Entsprechend ist auf Bundesebene keine zentral koordinierende Stelle vorhanden. Das Bundesministerium für Familie, Senioren, Frauen und Jugend (BMFSFJ) nimmt zwar eine zentrale Stellung ein und ist Ausgangspunkt für viele Innovationen in der Familienpolitik. Jedoch gilt Familienpolitik als Querschnittsaufgabe, da das Bundesministerium der Finanzen (BMF), das frühere Bundesministerium für Gesundheit und soziale Sicherung (BMGS),[4] aber auch das Bundesministerium der Justiz (BMJ) immer wieder Beschlüsse fassen, die direkte Auswirkungen auf Familien haben. Ebenso etabliert sich das Bundesverfassungsgericht als maßgeblicher familienpolitischer Akteur. Althammer umschreibt daher Familienpolitik treffend:

> „Die staatliche Familienpolitik ist eine typische Querschnittsdisziplin mit einem ausgeprägtem Instrumentenpluralismus.“[5]

2.1.1 Überblick über Abgrenzungen

Die offizielle Statistik kennt leider keine umfassende und überblickende Einzelberichterstattung über familienpolitische Leistungen vergleichbar den Berichten der Sozialversicherungen oder der Sozialhilfe- oder Wohngeldstatistik. Die Erfassung von statistischen Daten der Transferempfänger sowie das allgemeine Berichtswesen über die fiskalische Bedeutung von familienpolitisch relevanten Maßnahmen ist in eine Vielzahl von Einzelberichten zersplittert.[6] Im Folgenden werden die wesentlichen Datenquellen für familienpolitische Instrumente dargestellt, die eine zumindest qualitative und soweit wie möglich eine quantitativ schließende Systematisierung erlauben.

Sozialbericht Einen wichtigen Ansatzpunkt für eine geeignete Abgrenzung stellt der Sozialbericht des BMGS dar. Der Sozialbericht stellt die gesellschafts- und sozialpolitischen Maßnahmen und Vorhaben der Bundesregierung in der Regel während einer Legislaturperiode dar.[7]

---

[2] Vgl. Eidgenössisches Departement des Inneren (2004), S. 181ff.

[3] Für einen Überblick über die konzeptionelle Ausgestaltung nationaler Familienpolitik in Europa, vgl. Eidgenössisches Departement des Inneren (2004), S. 180ff.

[4] Im Zuge der 2006 erfolgten Regierungsumbildung wurden die Verantwortungsbereiche Soziale Sicherung dem Bundesministerium für Arbeit und Soziales (BMAS) übertragen. Der Verantwortungsbereich Gesundheit verblieb beim Bundesministerium für Gesundheit (BMG).

[5] Althammer (2000), S. 30.

[6] Schmähl (2004) mahnt daher eine „personell gegliederte Verteilungsberichterstattung“ an. Zur Kritik am Sozialbudget als geeignetes Berichtswesen für Familienpolitik, vgl. Schmähl (2004), S. 507.

[7] Im neuesten Sozialbericht 2005 wird bedingt durch die Verkürzung der 15. Legislaturperiode auf die ausführliche statistische Beschreibung der sozialen Sicherungssysteme und die mittelfristige Prognose der Sozialleistungen verzichtet, vgl. BMGS (2005), S. 1.

Das BMGS gliedert den Sozialbericht in Leistungsbereiche und diese in so genannte Funktionsgruppen. Die Funktionsgruppen sollen dabei Leistungen zusammenfassen, die zur finanziellen Absicherung bei Eintritt von bestimmten typisierten Lebensrisiken dienen, wie z.B. in den Bereichen Gesundheit, Beschäftigung oder Ehe und Familie. Darunter entfallen die als Familienpolitik definierten Maßnahmen auf den Funktionsbereich „Ehe und Familie", der sich wiederum in die drei Teilfunktionen „Ehegatten", „Kinder und Jugendliche" sowie „Mutterschaft" gliedert. Der Funktionsbereich „Ehe und Familie" hatte 2001 einen Gesamtumfang von 98,7 Mrd. Euro und umfasst steuerliche Maßnahmen und Transfers, die an den Kriterien „Kinder und Jugendliche", „Ehegatten" und „Mutterschaft" anknüpfen. Dabei entfallen rund zwei Drittel auf kindbezogene Maßnahmen. Ein knappes Drittel machen ehebezogene Leistungen aus, die jedoch im wesentlichen aus dem Ehegattensplitting bestehen. Die sehr kleine Teilfunktion „Mutterschaft" setzt sich vor allem aus Sachleistungen im Zusammenhang mit der Entbindung zusammen.[8]

Dennoch sind im Sozialbericht Leistungen nicht enthalten, die prima facie familienpolitische Relevanz besitzen, wie vor allem die Aufwendungen für die Anrechnung von Erziehungszeiten in der Gesetzlichen Rentenversicherung sowie die beitragsfreie Mitversicherung von Familienangehörigen in der Gesetzlichen Krankenversicherung.[9] Weitere Ergänzungen des Leistungskatalogs aus dem Sozialbericht führen daher zu umfassenderen Abgrenzungen der Familienpolitik.

BMFSFJ Eine maßgebliche Abgrenzung der Familienpolitik ist vom so genannten Familienministerium BMFSFJ zu erwarten. Der Beirat des BMFSFJ erstellt in seinem Gutachten aus dem Jahr 2001 eine qualitative Bestandsaufnahme familienpolitischer Instrumente und berücksichtigt in dem umfassenden Katalog, dass familienbezogene Maßnahmen ressortübergreifend in verschiedenen Politikbereichen angesiedelt sind. Die Systematisierung erstreckt sich über zehn Politikbereiche, darunter Steuer-, allgemeine Sozial-, Bildungs- und Hochschulpolitik als wichtigste Bereiche. Die fiskalischen Auswirkungen dieser Instrumente werden jedoch in diesem Leistungskatolog nicht quantifiziert.[10]

Über die quantitativen Haushaltswirkungen familienbezogener Transferleistungen von Bund und Ländern sowie über Steuermindereinnahmen durch Familienkomponenten im Einkommensteuerrecht informiert indes das BMFSFJ jährlich in einer Tabellensammlung. Der Leistungskatalog beschränkt sich allerdings auf Leistungen von Bund und Ländern, dass heißt parafiskalische Transfers und Leistungen der Arbeitgeber sind weitestgehend ausgenommen. Das Gesamtvolumen der aufgeführten Transfers beträgt für das Bezugsjahr 2001 32,9 Mrd. Eu-

[8]Vgl. BMGS (2002a), S. 392ff.

[9]Des weiteren fehlt neben familienpolitisch motivierten Leistungen in der Arbeitslosenversicherung die Familienkomponente des Wohngelds, die selbst vom BMAS unter der Beschreibung der Familienpolitik angeführt wird, jedoch nicht zur Funktionsgruppe gehört.

[10]Vgl. BMFSFJ (2001), S. 226. Zu einzelnen Maßnahmen finden sich Angaben über die Ausgaben im Kapitel 6 des Gutachtens. Zudem erstellt das BMFSFJ in unregelmäßigen Abständen den so genannten Familienbericht. Der Familienbericht widmet sich thematischen Schwerpunkten und bietet keine schließende Berichterstattung zu den fiskalischen Auswirkungen.

ro sowie für Steuermindereinnahmen 57,8 Mrd. Euro.[11] Die Bundesregierung selbst zählt in einer Selbstdarstellung 109 Maßnahmen zur Familienpolitik. Den Gesamtumfang der Aufwendungen für Familien beziffert die Bundesregierung für das Jahr 2002 auf jährlich 48,6 Mrd. Euro.[12]

Deutsche Bundesbank Die Deutsche Bundesbank systematisiert familienpolitische Leistungen in einer sehr umfassenden Studie in die drei Klassen Steuerliche Maßnahmen, Transferausgaben der Gebietskörperschaften (inklusive Realtransfers) sowie Begünstigungen durch Sozialversicherungen. Dabei werden nur kindbezogene Maßnahmen einbezogen, während ehebezogene Leistungen wie das Ehegattensplitting ausgeblendet bleiben. Der Gesamtumfang der familienpolitischen Leistungen in dieser Definition beträgt im Jahr 2000 rund 150 Mrd. Euro.[13]

Studie von Rosenschon Eine ebenso sehr umfassende Bestandsaufnahme mit detaillierten Beschreibungen der betrachteten Leistungen erstellt Rosenschon (2001). Als Kriterien für die familienpolitische Relevanz dienen die Bezugsgrößen Kind, Ehe und Bildung. Sie untergliedert die Leistungen in fünf Gruppen in Maßnahmen der Steuergesetzgebung, der Sozialversicherung, monetäre Transfers und Realtransfers der Gebietskörperschaften sowie Maßnahmen der Arbeitgeber. Das Volumen aller familienpolitisch relevanten Leistungen beträgt 168 Mrd. Euro im Bezugsjahr 2001.[14]

2.1.2 Vergleich der Abgrenzungen

Der Überblick zeigt, dass sowohl in qualitativer als auch in quantitativer Hinsicht die Auffassungen variieren, welche Instrumente zu einer wie auch immer definierten Familienpolitik zählen. Die quantitativen Abgrenzungen über die Kosten familienpolitischer Leistungen reichen von 48,6 (Bundesregierung), rund 100 Mrd. Euro (Sozialbericht, BMFSFJ) bis hin zu 150 Mrd. Euro (Deutsche Bundesbank) bzw. 170 Mrd. Euro (Rosenschon).[15]

Die breiter gefassten Abgrenzungen der Deutschen Bundesbank (2002) sowie von Rosenschon (2001) übersteigen die Abgrenzung des Sozialberichts bzw. des BMSFJ um rund 50 bis 60 Mrd. Euro. Diese Differenzen entstehen vor allem durch die Einbeziehung von Leistungen

[11] Für die genaue Auflistung der Maßnahmen, vgl. BFMSFJ (2003b). Die Zahlen beruhen auf Angaben des BMF. Das BMF führt in einem Monatsbericht familienpolitische Leistungen in einem Gesamtumfang von 60,0 Mrd. Euro auf, die von den Gebietskörperschaften durch Steuermindereinnahmen und öffentliche Ausgaben erbracht werden, vgl. BMF (2003c), S. 49ff.

[12] Vgl. Bundesregierung (2002), S. 7. Zudem hat das BMF auf eine kleine Bundestagsanfrage im Jahr 2006 familienpolitische Leistungen mit einem Gesamtvolumen von rund 100 Mrd. Euro aufgelistet. Vgl. Deutscher Bundestag (2006), S. 1.

[13] Vgl. für den genauen Leistungskatalog Deutsche Bundesbank (2002), S. 22.

[14] Vgl. Rosenschon (2001), S. 4ff. Rosenschon erstellt für die Jahre 2004 und 2005 eine aktualisierte Fassung ihrer Bestandsaufnahme, vgl. Rosenschon (2006).

[15] Die unterschiedlichen Bezugsjahre werden dabei vernachlässigt, da sich alle Studien auf den relativ kurzen Zeitraum zwischen 2001 bis 2004 beziehen. Althammer und Romahn (2005) gehen für das Bezugsjahr 2004 von 100,6 Mrd. Euro für familienpolitische Leistungen aus, die von Gebietskörperschaften und Parafisci aufgebracht werden, vgl. Althammer und Romahn (2005). Rürup und Gruescu beziehen sich in ihrem Gutachten von 2003 für das BMFSFJ vornehmlich auf die Zahlen des Bundesbankberichts, vgl. Rürup und Gruescu (2003), S. 40ff.

wie der beitragsfreien Mitversicherung von Familienangehörigen, der Anrechnung von Kindererziehungszeiten, familienbezogenen Leistungen in der Arbeitslosenversicherung, im Wohngeld sowie im Wohnungsbau. Der wesentliche Teil des Unterschiedsbetrags entfällt jedoch auf die Kosten für Schulen, die von der Deutschen Bundesbank sowie Rosenschon angesetzt werden.

2.2 Familienpolitik und Distribution

Die familienpolitischen Ziele sind entsprechend der ausgeprägten Vielschichtigkeit des familienpolitischen Instrumentariums nicht ohne weiteres zu definieren.[16] Eine anscheinend nahezu zeitlose Relevanz besitzt die distributive Zieldimension in der öffentlichen und politischen Diskussion um Familienpolitik. Die wissenschaftliche Verteilungsdiskussion nimmt als Ausgangspunkt für eine Verteilungsanalyse häufig Leistungs- und Bedarfsgerechtigkeit als traditionelle Verteilungskriterien.[17]

Bedarfsgerechtigkeit im familienpolitischen Kontext stellt auf die Deckung kinderinduzierter Belastungen ab. Bedarfsorientierte Umverteilung zielt darauf ab, in Problemsituationen eine Bedarfsdeckung zu erreichen und kann von phasenspezifischen Einkommmensleistungen bis zur unentgeltlichen Bereitstellung von Gütern und Dienstleistungen reichen.

Leistungsgerechtigkeit im familienpolitischen Kontext stellt eher darauf ab, dass Familien durch Kindererziehung und -betreuung wertvolle Leistungen erbringen, die vom Markt nicht adäquat entlohnt oder im Status Quo des Steuer-Transfersystems nicht ausreichend berücksichtigt werden. Dieses Kriterium fordert eine eher adressatenspezifische Ausrichtung der Familienpolitik durch gezielte Familienförderung, die über die durch Bedarfsgerechtigkeit zu rechtfertigende Kompensation von Familienlasten hinausgeht.

2.2.1 Ausgleich von Familienlasten und -leistungen

Familien tragen Lasten in Form von Kinderkosten und erbringen spiegelbildich Leistungen in der Kindererziehung- und betreuung. Der Ausgleich von Familienlasten wird durch distributive Gerechtigkeitsvorstellungen motiviert, während der Ausgleich der Familienleistungen als allokative Begründung für Familienpolitik verwendet wird.[18] Familienlasten sind vielfältig definiert und erstrecken sich auf direkte Kosten der Kindererziehung und -betreuung, da Familien Geld für den Lebensunterhalt der Kinder aufwenden. Indirekte Kosten entstehen vor allem im Berufsleben durch die Entscheidung für Kinder und bestehen in der Zeit für die Kinderbetreuung, die mit ihren Opportunitätskosten bewertet als Kosten berücksichtigt werden.[19]

---

[16] Eine mögliche Systematisierung familienpolitischer Ziele unternimmt Schratzenstaller (2002b), S. 182ff.

[17] Zur Leistungs- und Bedarfsgerechtigkeit im Allgemeinen, siehe Sen (2000), S. 60ff. sowie in der Familienpolitik, siehe BMFSFJ (2001), S.167ff.

[18] Eine umfangreiche Literatur diskutiert die Frage, inwieweit und in welchem Umfang aufgrund der Familienleistungen Externalitäten entstehen, die mitunter einen Leistungsausgleich rechtfertigen. Hier sei auf die grundlegende Übersicht in BMFSFJ (2001), S.190ff. und die dort angegebene Literatur verwiesen.

[19] Zur Höhe der Kinderkosten existiert eine Vielzahl von Berechnungen. Auf Basis der Einkommens- und Verbrauchsstichprobe (EVS) bestimmt das Statistische Bundesamt regelmäßig im Auftrag des BMFSFJ die notwen-

Die Auflistung der gesamten Aufwendungen ist jedoch nicht nur wegen der (noch) nicht ausreichenden Daten zu familiären Zeitbudgets schwierig,[20] vielmehr stellt sich ein weiteres konzeptionelles Problem der Abgrenzung, welche Kosten tatsächlich Familien tragen. Im gegenwärtigen Status Quo übernimmt bereits die öffentliche Hand einen Teil der Lasten, wenn sie z.B. kinderbedingte Einkommenseinbußen über Transfers kompensiert oder selbst Güter und Dienstleistungen zur Kinderbetreuung oder -erziehung bereitstellt. Modellrechnungen des BMFSFJ gehen davon aus, dass die öffentliche Hand in den alten Bundesländern zwischen 20,8% der Kosten für Ehepaare mit einem Kind und 35,8% für Alleinerziehende mit zwei Kindern übernimmt. In den neuen Bundesländern liegt der Anteil der öffentlichen Aufwendungen an den Gesamtaufwendungen für die gleichen Haushaltstypen zwischen 28,7% und 39,5%.[21] Die Restgröße von 65 bis 80% gibt einen Eindruck über jenen Betrag, den Familien zwar aufwenden, aber für den sie von der öffentlichen Hand nicht kompensiert oder entlastet werden. Die Autoren dieser Berechnungen weisen jedoch ausdrücklich darauf hin, dass „offen bleiben muss [...], ob die öffentliche Beteiligung an den gesamten Aufwendungen für Kinder als eher hoch oder niedrig erscheint".[22]

Jenseits dieser Fragestellung fokussiert eine Wirkungsanalyse öffentlicher Politikmaßnahmen wie diese Arbeit zwingend nur Leistungen der öffentlichen Hand und blendet rein private Aufwendungen aus. Ebenso ausgeblendet werden jene Einkommensausfälle, die dem Staat entstehen, wenn betreuende Eltern nicht erwerbstätig sind.

Diesen öffentlichen Leistungen entspricht spiegelbildlich die Finanzierungslast über Steuern oder Sozialversicherungsbeiträge, die sich auf Familien und Kinderlose aufteilt. Dazu schreibt das Gutachten des BMFSFJ:

> „Schließlich ist zu beachten, dass Familien v.a. durch die von ihnen entrichteten direkten und indirekten Steuern ihrerseits in nennenswertem Umfang zur Finanzierung der öffentlichen Aufwendungen für Kinder beitragen. Soweit dies nach Maßgabe allgemeiner Prinzipien steuerlicher Gerechtigkeit geschieht, ist darin allerdings keine besondere Belastung von Familien im Vergleich zu anderen Steuerpflichtigen zu sehen".[23]

Dabei wird insbesondere auf die steuerliche Gleichbehandlung von Familien und Kinderlosen in einem horizontal gerechten Einkommensteuersystem abgestellt. Erweitert man jedoch den Blickwinkel auch auf jene Leistungen, die über das Maß der horizontalen Steuergerechtigkeit hin tatsächliche Familienförderung darstellen, so verbleibt die Frage, ob und wie - unter Berücksichtigung des Eigenfinanzierungsanteils - Familien über die Kompensation ihrer Lasten bzw. Leistungen hinaus gefördert werden.

---

digen Ausgaben für Kinder, vgl. Münnich und Krebs (2002), S. 1080ff. Für eine grundlegende Erläuterung der Bestimmung von Lebenshaltungsaufwendungen für Kinder, vgl. BMFSFJ (1995b).

[20] Zum Stand der Statistik in der Erhebung von Zeitbudgets, vgl. Statistisches Bundesamt (2003b) und die dort angegebenen Quellen.

[21] Für eine ausführliche Diskussion dieser Anteile, vgl. BMFSFJ (2001), S. 160ff. Eine ältere Berechnung von 1979 geht davon aus, dass rund 23% der Gesamtaufwendungen von der öffentlichen Hand getragen werden, Zahlen zit. in BMFSFJ (2001), S. 146f.

[22] BMFSFJ (2001), S. 161.

[23] BMFSFJ (2001), S. 146.

2.2.2 Herstellung horizontaler Gerechtigkeit

Horizontale Gerechtigkeit strebt den Ausgleich der Kinderkosten an, um Kinderlose und Familien in ihrem verfügbaren Einkommen gleichzustellen.[24] Horizontale Gerechtigkeit wird häufig synonym zur gerechten Familienbesteuerung verwandt. Diese erfordert bei einer Besteuerung nach dem Prinzip der individuellen Leistungsfähigkeit, dass nur das individuell disponible Einkommen des Steuerpflichtigen besteuert werden soll. Bei Familien ist demnach das für den Unterhalt der Familienangehörigen notwendige Einkommen von der Besteuerung auszunehmen. In einer leistungsgerechten Besteuerungspraxis müssen daher Kinderlose mit einem zu Familien identischen Bruttoeinkommen eine höhere Steuerlast tragen. Entsprechend muss das zu versteuernde Einkommen von Familien verringert werden, was in der einfachsten Form einen Abzugsbetrag erfordert. Dieser Abzugsbetrag entspricht wiederum idealtypisch dem Grundbedarf von Kindern, wobei dieser Grundbedarf für Familien jeglicher Einkommensklasse identisch ist. Da die steuerliche Freistellung des Grundbedarfs von Familien jedoch auf die Existenzsicherung bzw. steuerliche Gleichbehandlung abstellt, gilt sie nicht als familienpolitische Maßnahme im engeren Sinne. Tatsächliche Familienförderung muss daher über die bloße Berücksichtigung des Grundbedarfs hinausgehen.[25]

Häufig wird gefordert, dass die Herstellung horizontaler Gerechtigkeit quasi als Nebenbedingung zu beachten hat, dass der Entlastungsbetrag für ein Kind nicht mit dem Einkommen variieren sollte.[26] Bei einem progressiven Steuertarif sinkt nämlich die Steuerschuld für Eltern mit hohem Einkommen durch den Abzugsbetrag stärker als für Eltern mit geringem Einkommen, da die höheren Einkommen nicht mehr so tief in die Progressionszone hineinreichen. Variiert aber die steuerliche familienbezogene Entlastung mit dem Einkommen, so würde nach Auffassung der Kritiker die horizontale Gerechtigkeit verletzt werden. Im Rahmen der horizontalen Gerechtigkeit soll die Steuerbelastung nicht zwischen Steuerpflichtigen mit unterschiedlichem *verfügbaren* Einkommen differenzieren, während dies im Rahmen der vertikalen Steuergerechtigkeit durch den Tarifverlauf zwischen Zensiten mit unterschiedlichem verfügbaren Einkommen gerade erwünscht sei.

Gegen die Forderung nach einem gleichen steuerlichen Entlastungsbetrag ist anzuführen, dass hier faktisch horizontale und vertikale Steuergerechtigkeit nicht zu trennen sind und mit dem Einkommen variierende Entlastungsbeträge beabsichtigt sind. Die ansteigenden Entlastungsbeträge ergeben sich zwangsläufig aus der progressiven Einkommensteuer, die wiederum selbst der Herstellung sozialer Gerechtigkeit dienen soll.[27]

Horizontale Gerechtigkeit durch die Kompensation der so genannten Familienlasten muss nicht zwingend über die Steuerpolitik erfolgen, wird jedoch seit der Neuordnung des Familien-

---

[24] Eine kurze Übersicht zu horizontaler Gerechtigkeit in der Familienpolitik findet sich bei Rosner (2003), S. 259f.

[25] Eine juristische Definition anhand der Rechtsprechung des Bundesverfassungsgerichts findet sich bei Oepen (2003), S. 16ff. Die Problematik des (steuerlichen) Familienleistungsausgleichs in seiner aktuellen Form wird im Abschnitt 6.1, S. 103ff. diskutiert. Dort wird ebenso erläutert, wie in der Inzidenzanalyse Komponenten der tatsächlichen Familienförderung und der steuerlichen Gerechtigkeit unterschieden werden.

[26] Buchholz (2001) schreibt dazu, dass auf Grundlage der Bedarfsgerechtigkeitsnorm die öffentliche Förderung von Kindern „mit dem Einkommen der Eltern zumindest nicht wachsen darf." Buchholz (2001), S. 79.

[27] Vgl. Eekhoff und Henman (2002), S. 271f. sowie Buchholz (2001), S. 82f.

leistungsausgleichs vor allem über diese herzustellen versucht. Diese Entwicklung geht auf die Urteile des Bundesverfassungsgerichts zur steuerlichen Gleichstellung von Familien gegenüber Kinderlosen zurück, wobei das Gericht zu einem der wesentlichen Akteure der Familienpolitik wurde. Die Durchsetzung dieser horizontalen Gerechtigkeit erfolgt seit 1996 im wesentlichen über das Einkommensteuerrecht, namentlich den Regelungen im Rahmen des Familienleistungsausgleichs (FLA).[28] Darüber hinaus stellen jedoch auch jene öffentliche Leistungen auf die Herstellung horizontaler Gerechtigkeit ab, die einen Teil der privaten Betreuungs- und Erziehungsleistungen übernehmen. Dazu zählen in erster Linie die kostenlose Bereitstellung von Betreuungs- und Erziehungsmöglichkeiten in Horten, Krippen oder Kindergärten sowie der kostenlose Schulbesuch.

Die Kompensation von Kinderkosten durch die öffentliche Hand löst quasi automatisch eine Umverteilung von Kinderlosen zu Familien aus, da Kinderlosen natürlich keine Kinderkosten entstehen, diese aber durch ihre Steuerzahlungen zur Finanzierung der umverteilenden Maßnahmen beitragen. Ebenso entsteht bei der Bereitstellung von steuerfinanzierten Dienstleistungen automatisch Umverteilung, da Kinderlose diese Leistungen nicht in Anspruch nehmen, aber zur Finanzierung beitragen. Doch zusätzlich zu dieser horizontalen Umverteilung wirken vertikale Umverteilungskräfte, die freilich nur theoretisch von horizontaler Umverteilung zu trennen sind. Dies wird im nächsten Abschnitt erläutert.

2.2.3 Vertikale Umverteilung

Vertikale Umverteilung stellt darauf ab, die Einkommensabstände zwischen Haushalten mit unterschiedlichen verfügbaren Einkommen zu glätten und das Armutsrisiko von Problemfamilien zu reduzieren.

Vertikale Gerechtigkeit erfordert eine als gerecht erachtete unterschiedliche Belastung von Individuen mit unterschiedlicher ökonomischer Leistungsfähigkeit. Generell ist dabei davon auszugehen, dass eine Umverteilung von Reich zu Arm als gesellschaftlich erwünschte Umverteilungsrichtung gilt. In der sozialpolitischen Praxis wird die vertikale Gerechtigkeit auf der Ausgabenseite im wesentlichen über einkommensabhängig ausgestaltete Transfers sowie auf der Einnahmenseite in der Regel durch eine progressive Besteuerung herzustellen versucht.[29] Insbesondere in der jüngeren Vergangenheit spielte hier zunehmend die Vermutung eine Rolle, dass Kinder das Armutsrisiko erhöhen. Diese Vermutung trifft zwar für die Mehrheit der Familien nicht zu, jedoch sind alleinerziehende Mütter, junge Familien und Familien mit vielen Kindern stärker von Armut betroffen als verheiratete Paare mit einem oder zwei Kindern. Die Daten des Armuts- und Reichtumsberichts der Bundesregierung belegen die deutlich höhere Betroffenheit von Alleinerziehenden und deren Kindern von Armut.[30] Der Schwerpunkt der dis-

[28] Die Zusammensetzung des FLA wird im Abschnitt 6.1, S. 103ff. ausführlich diskutiert.

[29] Eine formale Darstellung zur Umverteilung durch Geld- oder Sachtransfers, siehe Barr (1998), S. 88f. Die Verwirklichung vertikaler Gerechtigkeit in der Besteuerung unterliegt einer langen finanzwissenschaftlichen Diskussion, aus der keine eindeutige Empfehlung zur richtigen Wahl eines vertikale Gerechtigkeit herstellenden Steuertarifs folgt. Einen Überblick über diese Problematik findet sich beispielsweise bei Homburg (2005), S. 85ff.

[30] Die Armutsrisikoquoten (weniger als 60% des durchschnittlichen Äquivalenzeinkommens) von Alleinerziehenden stagnierten zwischen 1998 und 2003 bei rund 35%, vgl. BMWA (2005b), S. 75f. 1997 bezogen 1 Mio. Kinder unter 18 Jahren Sozialhilfeleistungen, davon kamen 49% aus Haushalten von Alleinerziehenden. Angaben

tributiven Dimension der Familienpolitik scheint sich insbesondere durch die Rechtsprechung des Bundesverfassungsgerichts jedoch in den letzten Jahren zur horizontalen Gerechtigkeit zu verlagern.[31]

2.2.4 Umverteilung im Lebenszyklus

Schließlich besitzt die verteilungsorientierte Diskussion eine lebenszyklusbezogene (intertemporale) und generationenübergreifende (intergenerationelle) Komponente, die auf eine Kompensation von kinderinduzierten Lasten in einem engeren Sinne zwischen Familienphasen und in einem weiteren Sinne zwischen Generationen abstellt. Im Hinblick auf die Inzidenzanalyse kann aus methodischen Gründen nur auf lebenszyklusbezogene (intertemporale) Umverteilung eingegangen werden.[32]

Besonders junge Familien sehen sich am Anfang ihrer Familienkarriere mit überdurchschnittlichen Belastungen und problematischen Einkommenslagen konfrontiert. Gründe hierfür sind im wesentlichen das aufgrund des hohen (häuslichen) Betreuungsbedarfes junger Kinder niedrige Arbeitsangebot sowie die ausgeprägte Senioritätsentlohnung, die eher ältere Familien begünstigt. Darüber hinaus haben junge Familien typischerweise auch hohe Aufwendungen für den Aufbau des Haushalts, wie beispielsweise die Anschaffung eigenen Wohnraums.[33]

Selbst Familien mit überdurchschnittlichem Einkommen sehen sich diesen phasenspezifischen Bedarfschwankungen ausgesetzt, da eine (intrafamiliale) Umverteilung des Lebenseinkommens aufgrund der Unzulänglichkeiten privater Kreditmärkte nicht möglich ist. Die oben beschriebene Bedarfsgerechtigkeit hat hier eine stark phasenbezogene Dimension und rechtfertigt die Umverteilung von Familienlasten von alten, weniger liquiditätsbeschränkten hin zu jungen, stark liquiditätsbeschränkten Familien.[34]

2.3 Instrumente und zu erwartende Verteilungswirkungen

Die Vielfalt der familienpolitischen Leistungen erfordert eine Systematisierung der Maßnahmen in Gruppen, um vor allem in der Inzidenzanalyse die Einzelergebnisse zu übersichtlicheren aggregierten Ergebnissen verdichten zu können. Für eine Systematisierung der familienpolitischen Instrumente finden sich in der Literatur verschiedene Ansätze. Die bereits beschriebenen Abgrenzungsversuche benützen jeweils unterschiedliche Kriterien, um möglichst homogene Instrumentengruppen zu bilden.[35]

---

des Statistischen Bundesamts, zitiert in Schratzenstaller (2002a), S.128. Vgl. dazu auch Abschnitt 3.3.1.4, S. 42ff.

[31] Vgl. Butterwege (2001), S. 352.

[32] Zum intergenerationellen Ausgleich, vgl. BMFSFJ (2001), S. 199ff.

[33] Spezifische Probleme junger Familien erläutert im Überblick Rosner (2003), S. 260.

[34] BMFSFJ (2001) diskutiert Möglichkeiten, wie alternativ zur staatlichen Umverteilung die intertemporale Umverteilung von Familienlasten beispielsweise über geeignete Kreditlösungen vollzogen werden könnte, vgl. BMFSFJ (2001), S. 211ff.

[35] Beispielsweise gruppieren Rosenschon (2001) oder die Deutsche Bundesbank (2002) nach Trägern bzw. Transferarten, während im Sozialbericht wie beschrieben auf die Anknüpfungspunkte Ehe, Kind oder Mutterschaft abgestellt wird. Althammer erläutert darüber hinaus verschiedene Möglichkeiten der Systematisierung, vgl. Althammer (2000), S. 30f.

Vor der Gliederung der Instrumente in Gruppen ist eine Abgrenzung erforderlich, welche Instrumente analysiert werden sollen. Aufgrund des „ausgeprägten Instrumentenpluralismus“[36] ist es nahezu unmöglich, einen abschließenden Gesamtkatalog familienpolitischer Leistungen zu entwickeln. Aufbauend auf den erläuterten Abgrenzungen wird jedoch für diese Analyse ein Familienbudget operationalisiert, dass die zentralen distributiv relevanten Instrumente beinhaltet. Das Volumen der betrachteten Maßnahmen beträgt insgesamt 136,4 Mrd. Euro für das Bezugsjahr 2001. Dieser Wert liegt unter den sehr breit gefassten Ansätzen der Deutschen Bundesbank (2002) bzw. von Rosenschon (2001). Die Differenz entsteht durch unterschiedliche Wertansätze bei den Steuervergünstigungen in dieser Analyse.[37] Ohne diese Korrekturen in Höhe von 31,8 Mrd. Euro entspricht der Wertansatz dieser Analyse weitestgehend den Summen der beiden Vergleichsquellen zwischen 150 und 160 Mrd. Euro.

Für eine Systematisierung der Leistungen bietet sich zum einen die Einteilung nach Trägern wie beispielsweise Gebietskörperschaften, Parafisci und Arbeitgebern an. Zum anderen sind die Kategorien so zu bilden, dass Instrumente mit den sich aus der Finanzierung der Leistungen zu erwartenden, ähnlichen Verteilungswirkungen in der Analyse gemeinsam betrachtet werden können. Deshalb systematisiert diese Analyse vier Leistungskategorien, indem nach Transfers der Gebietskörperschaften (Öffentliche Transfers), Steuervergünstigungen, Leistungen der Parafisci und Arbeitgeberleistungen differenziert wird.[38] Die Tabelle 2.1 zeigt die in dieser Analyse verwendete Gliederung familienpolitischer Leistungen. Die Tabelle verweist zudem auf den jeweiligen Abschnitt in der empirischen Analyse der Ausgabeninzidenz, in dem das Instrument und dessen Verteilungswirkungen erläutert werden.

2.3.1 Transfers der Gebietskörperschaften

2.3.1.1 Beschreibung

Die Transfers der Gebietskörperschaften stellen mit 73,2 Mrd. Euro die umfangreichste Leistungskategorie dar. Die Kategorie beinhaltet einkommens- und kindesalterabhängige Geldtransfers wie das Erziehungsgeld. Der Löwenanteil der Kategorie entfällt jedoch auf Sachtransfers, da rund 64,7 Mrd. Euro für die kostenlose Bereitstellung von Gütern und Dienstleistungen für Familien verwendet wurden. Unter den Sachtransfers dominieren die Ausgaben für Schulen in Höhe von rund 48 Mrd. Euro.[39]

---

[36] Althammer (2000), S. 30.

[37] Beim Kindergeld werden nur der tatsächliche Förderanteil und beim Ehegattensplitting nur der familienrelevante Teil berücksichtigt, dazu ausführlich die Abschnitte 6.1.1, S. 103ff. sowie 6.3, S. 119ff.

[38] Eine ähnliche Systematisierung verwenden Althammer und Romahn (2006), vgl. Althammer und Romahn (2006), S. 28.

[39] Nicht berücksichtigt wird die kostenlose Hochschulbildung aufgrund ihrer sehr spezifischen Verteilungswirkungen. Zu den Verteilungswirkungen der öffentlichen Hochschulfinanzierung, siehe insbesondere Grüske (1994) sowie einen Übersichtsartikel von Kupferschmidt und Wigger (2005). Rosenschon (2001) und der Sozialbericht zählen diese nicht zu den familienpolitischen, sondern zu den bildungspolitischen Leistungen. Ebenso nicht berücksichtigt werden ihrem Volumen nach sehr geringe Maßnahmen wie die öffentlichen Ausgaben für Zuschüsse für die Stiftung „Mutter und Kind“ sowie an den Hilfsfonds für schwangere Frauen in Not, für die das BMFSFJ für 2001 insgesamt 90 Mio. Euro ansetzt, vgl. BMFSFJ (2003b), Tabelle 1.

Tabelle 2.1: Leistungskatalog

Leistung	Transferart	Mrd. Euro	Abschnitt
1. Transfers der Gebietskörperschaften		73,2	5
Erziehungsgeld	Geldtransfer	3,9	5.1.1
Sozialhilfe, Kinderkomponente	Geldtransfer	2,2	5.1.2
Wohngeld, Kinderkomponente	Geldtransfer	1,4	5.1.3
Unterhaltsvorschuss	Geldtransfer	0,7	5.1.4
Ausbildungsförderung	Geldtransfer	0,3	5.1.5
Schulen	Sachtransfer	47,6	5.2.1
Kindergärten	Sachtransfer	7,7	5.2.2
Jugendhilfe	Sachtransfer	8,7	5.2.3
Sozialer Wohnbau, Kinderkomponente	Sachtransfer	0,7	5.2.4
2. Steuervergünstigungen		34,4*	6
Optionsmodell	Impliziter Transfer	31,9	6.1
darunter Kinderfreibetrag		*0,7*	
darunter Kindergeld		*31,2*	
davon Förderanteil		*12,3**	
Diverse kindbezogene Freibeträge	Impliziter Transfer	5,9*	6.2
darunter Eigenheimzulage		*3,3*	
darunter Haushaltsfreibetrag		*0,9*	
Ehegattensplitting	Impliziter Transfer	23,2	6.3
davon an Familien		*15,5**	
3. Leistungen der Parafisci		23,2	7
Familienmitversicherung	Impliziter Transfer	12,0	7.1.1
Mutterschaftsgeld	Geldtransfer	0,6	7.1.2
Sachleistungen	Sachtransfer	2,7	7.1.3
Kindererziehungszeiten	Impliziter Transfer	5,8	7.2.1
Waisenrenten	Geldtransfer	1,2	7.2.2
Arbeitslosengeld, Kinderkomponente	Geldtransfer	0,5	7.3
Sonstige Leistungen	Geldtransfer	0,1	7.3
Arbeitslosenhilfe, Kinderkomponente	Geldtransfer	0,3	7.3
4. Leistungen der Arbeitgeber		5,6	8
Kinderzuschläge öffentl. u. priv. AG	Impliziter Transfer	4,1	8.1
Entgeltfortzahlung bei Mutterschaft	Geldtransfer	1,5	8.2
Summe		136,4	9

Quelle: Eigene Darstellung. Zahlenangaben in 2001. *: Abweichende Summe, da nur familienrelevante Volumen einbezogen werden, vgl. die jeweils angegebenen Abschnitte.

2.3.1.2 Erwartete Verteilungswirkungen von monetären Transfers

Die Verteilungseffekte monetärer Transfers auf Familien sind vergleichsweise problemlos zu ermitteln, da die Transfers als Einkommensquelle in der Regel statistisch erfasst sind. Familienpolitische Einkommenstransfers wie Erziehungsgeld oder Kinderkomponenten der Sozialhilfe oder des Wohngelds sind darüber hinaus an eindeutige Bezugskriterien wie Einkommensgrenzen, Kindesaltergrenzen gebunden oder sind nach der Ordnungszahl der Kinder gestaffelt. Im Fall von Einkommensgrenzen ist daher von einer progressiven (nivellierenden) Verteilungswirkung auszugehen, da die Transfers ausschließlich an (im Sinne der Einkommensgrenze) bedürftige Familienhaushalte gehen. Bei Koppelung an das Kindesalter ist indes nicht direkt von einer progressiven (nivellierenden) Wirkung auszugehen, da Kindesalter und Einkommen nicht zwingend negativ korreliert sind. Bei Leistungen wie dem Baukindergeld ist sogar von einem eher regressiven (differenzierenden) Effekt des Transfers auszugehen, da der Erwerb von Wohneigentum als Bezugskriterium tendenziell einkommensschwache Haushalte ausschließen dürfte. Insgesamt ist jedoch in der Gesamtschau von einem tendenziell progressiven Effekt auszugehen.[40]

2.3.1.3 Erwartete Verteilungswirkungen von Realtransfers

Die Berechnung der Verteilungswirkungen von Realtransfers sieht sich vor allem mit der problematischen Auswahl einer geeigneten Bewertungsmethode für den Nutzen konfrontiert, den ein Haushalt aus der Bereitstellung eines Realtransfers zieht. Als Standardmethode gilt die Bewertung zu den Kosten der Bereitstellung. Smeeding (1993) entwickelt in seiner prominenten Studie Prinzipien für die Einbeziehung von so genannten *noncash income*, an denen sich die vorliegende Studie orientiert.[41] Die Zuteilung der Leistungen erfolgt dabei über Nutzungsdaten für die Güter wie die Inanspruchnahme von Schulerziehung oder Gesundheitsdienstleistungen durch soziale Gruppen. Ausgeblendet bleiben beispielsweise unterschiedliche individuelle Wertschätzungen bzw. Verhaltensänderungen der Individuen, wenn sie anstatt des Sach- einen Geldtransfer erhalten würden.[42]

Regressive (differenzierende) Wirkungen sind prinzipiell dann möglich, wenn Kinder aus oberen Einkommensgruppen die bereitgestellte Leistung häufiger nutzen als Kinder aus unteren Einkommensgruppen. Für öffentlich bereitgestellte Kindergärten könnte ein Grund für die überproportionale Nutzung durch Kinder aus reicheren Haushalten beispielsweise darin bestehen, dass die Opportunitätskosten der Kinderbetreuung für einkommensstärkere Eltern entsprechend höher liegen als diejenigen von einkommensschwachen Familien, da hochqualifizierte

[40] Vgl. BMFSFJ (2001), S. 277f.

[41] Vgl. Smeeding et al. (1993), S. 237. Der Empfehlung von Smeeding folgen zahlreiche weitere Studien für OECD-Länder, wie z.B. Steckmest (1996). Ebenso empfiehlt die Weltbank die Bewertung von Realtransfers anhand von Produktionskosten, was sich insbesondere in den weltbanktypischen Studien für sich entwickelnde Ökonomien als Standardansatz durchgesetzt hat. Vgl. Demery (2003), S. 2-2f.

[42] Neuere Ansätze versuchen, subjektive Wohlfahrtsdaten zu erheben. Frey et al. schlägt vor, Individuen ihre Lebenszufriedenheit anstatt öffentliche Güter direkt bewerten zu lassen vgl. Frey et al. (2004), S. 24f. Eine alternative, traditionelle Bemessungsmethode ist beispielsweise die Bewertung mit Aaron-McGuire-Preisen, mit der Güter anhand individueller Präferenzen bzw. Preisen bewertet werden. Vgl. dazu überblickend Demery (2003), S. 2-2f.

Eltern ihren Einkommensausfall durch außerfamiliäre Betreuung mindern können.[43]

Progressive (nivellierende) Verteilungswirkungen von Realtransfers kommen entsprechend dann zustande, wenn einkommensschwache Familien Kinderbetreuungseinrichtungen häufiger nutzen als einkommensstärkere Eltern. Letztere nutzen nach Veil (2003) stärker private Kinderbetreuungsmöglichkeiten.[44] Diese Verteilungsrichtung erscheint zwar als erwünschte Umverteilungsrichtung, kann aber durch Qualitätsunterschiede der Kinderbetreuungseinrichtungen verursacht sein. Sofern die Qualität der kostenlos oder nicht kostendeckend bereitgestellten öffentlichen Einrichtung hinter der von privater Kinderbetreuung zurück bleibt, werden einkommensstärkere Eltern private öffentliche Kinderbetreuung vorziehen. Die einkommensschwachen Eltern haben weniger finanziellen Spielraum, um von der qualitativ schlechteren öffentlichen Betreuung auf die bessere private Betreuungseinrichtung auszuweichen. Die progressive Verteilungswirkung ist in diesem Fall auf die Qualitätsverzerrung zurückzuführen, die politisch kaum vertretbar erscheint.[45]

Zusammenfassend kann festgehalten werden, dass Realtransfers nicht nur methodisch, sondern auch inhaltlich in distributiver Sicht problematisch sind. Die gesellschaftlich unerwünschte regressive Verteilungswirkung kann durch die intensivere Nutzung einer Betreuungseinrichtung durch Kinder aus reicheren Haushalten verursacht sein. Die gesellschaftlich erwünschte progressive Verteilungsrichtung kann mitunter auf unerwünschte Qualitätsunterschiede zwischen privater und öffentlicher Bereitstellung zurückzuführen sein. Daher lässt sich aus distributiver Sicht eher die Notwendigkeit eines flächendeckenden und qualitativ hochwertigen Angebots an familienpolitischen Realtransfers wie Kinderbetreuungsmöglichkeiten als die Verfolgung von Umverteilungszielen begründen.

2.3.2 Steuervergünstigungen

2.3.2.1 Beschreibung

Steuervergünstigungen (oder implizite Transfers) für Familien stellen dem Volumen nach einen sehr bedeutsamen Bereich des familienpolitischen Budgets dar, werden jedoch hinsichtlich ihrer Zugehörigkeit zur Familienpolitik und ihrer problematischen Verteilungswirkungen intensiv diskutiert.[46]

Steuerliche Maßnahmen haben im sozialpolitischen Kontext eine Sonderstellung inne. Trotz ihres immensen Volumens scheinen die so genannten *tax expenditures* (Steuervergünstigungen) im Schatten der für die Bürger sicht- und spürbaren Geld- und Sachtransfers zu stehen. In der Literatur werden sozialpolitisch motivierte Steuermaßnahmen daher oft als *hidden welfare*

[43] Beispielsweise zeigen Spieß et al. (2000), dass beim Besuch von Kindertageseinrichtungen Selektionseffekte durch eine überproportionale Nutzung durch Kinder von Eltern aus höheren Einkommensgrupppen auftreten.

[44] In Deutschland selektieren sich einkommensstärkere Eltern häufig in private Betreuung, die jedoch auf betriebliche Initiativen zurückgehen. Das Unterangebot an öffentlicher Kinderbetreuung führte anders als in Frankreich zur verstärkten Bereitstellung von Betreungsmöglichkeiten in Unternehmen. Vgl. Veil (2003), S. 20.

[45] Vgl. Blau (2003), S. 3ff.

[46] Als implizite Transfers im Sinne der Definition des Beirats beim BMFSFJ gilt auch die Anrechnung von Kindererziehungszeiten in der GRV, vgl. BMFSFJ (2001), S. 227. In der Systematik dieser Analyse sollen diese jedoch nicht mit Steuervergünstigungen, sondern als parafiskalischer Transfer analysiert werden.

state bezeichnet.[47] Konzeptionell können *tax expenditures* als äquivalente Maßnahme zu einem Geldtransfer angesehen werden, da die Entlastungswirkung z.B. eines Freibetrags ebenso durch einen Geldtransfer erreicht werden könnte. Die steuerliche Förderung kann gedanklich in zwei gleichzeitig erfolgende Schritte für Einnahmen- und Ausgabenseite zerlegt werden: auf der Einnahmenseite in die Steuererhebung des Förderbetrags und auf der Ausgabenseite in die direkte Verausgabung des Förderbetrags an den geförderten Steuerzahler. Der öffentlichen Hand stehen verschiedene Instrumente für die steuerliche Durchsetzung von sozialpolitischen Zielen zur Verfügung. Diese reichen von der Gewährung von Freibeträgen, Steuerabzugsbeträgen, Tarifermäßigungen bis zu diversen Splitting-Verfahren.[48]

2.3.2.2 Erwartete Verteilungswirkung

Die Verteilungswirkungen von Steuervergünstigungen werden nicht nur aus familienpolitischer Sicht intensiv diskutiert, da sich bei der Gewährung von Steuerprivilegien steuer- und allgemeine sozialpolitische Zielsetzungen stark überlappen.[49] Allgemein bewirkt die Gewährung von Freibeträgen, dass sich die Steuerentlastungen in ihrer Höhe zwischen Steuerzensiten mit unterschiedlichem Einkommen unterscheiden und mit dem Einkommen ansteigen.

Dies verletzt nach Meinung von Kritikern der Steuerprivilegien zum einen die oben geschilderte Forderung nach horizontaler Gerechtigkeit in dem Sinne, da beispielsweise das steuerlich freizustellende Existenzminimum für Kinder für Eltern aller Einkommensgruppen gleich sein sollte. Zum anderen ist dies auch aus vertikaler Gerechtigkeitssicht problematisch, da die ökonomisch leistungsfähigeren oberen Einkommensgruppen höhere Entlastungsbeträge aufweisen als die weniger leistungsfähigen niedrigen Einkommen. Mitunter ist daher bei den Steuervergünstigungen von einem eher regressiven (differenzierenden) Effekt auszugehen.[50]

Befürworter von Steuerprivilegien führen hingegen an, dass das steuerliche Existenzminimum für alle Kinder identisch sei, aber der absolute Entlastungsbetrag streut. Dessen Streuung ist jedoch ein rein steuersystematischer Effekt in einem progressiven Einkommensteuersystem und stellt daher keine unerwünschte Verteilungswirkung dar. Auch wenn aus normativer Sicht keine eindeutige Aussage über die Verteilungswirkung möglich zu sein scheint, so bleibt aus positiver Sicht festzuhalten, dass die steuerliche Entlastung mit dem Einkommen ansteigt.

2.3.3 Leistungen der Sozialversicherungen

2.3.3.1 Beschreibung

Die Ausgaben der Sozialversicherungszweige für familienpolitisch relevante Leistungen im Jahr 2001 betragen 23,2 Mrd. Euro. Die dem Volumen nach wichtigsten Leistungen sind im-

[47] Der Begriff wurde geprägt von Jeffrey P. Owens in „Tax Expenditures and Direct Expenditures as Instruments of Social Policy", (1983). Vgl. Howard (1997), S.195.

[48] Für eine Übersicht über Instrumente anhand einer Systematisierung der OECD, siehe Sandford (2000), S. 44.

[49] Sandford (2000) systematisiert die wesentlichen steuerpolitischen Kritikpunkte, wie insbesondere die mangelnde Transparenz des Steuersystems, den politökonomischen Einsatz von Freibetragsregelungen und das Eröffnen von Möglichkeiten zur Steuervermeidung. Vgl. Sandford (2000), S. 44ff.

[50] Zu einer Gegenposition sowie Lösungsmöglichkeiten, siehe BMFSFJ (2001), S. 173ff.

plizite Transfers wie die kostenlose Familienmitversicherung in der Gesetzlichen Krankenversicherung (GKV) mit 12,0 Mrd. Euro sowie die Anrechnung von Kindererziehungszeiten in der Gesetzlichen Rentenversicherung (GRV) mit 5,8 Mrd. Euro. Daneben gewähren die Sozialversicherungszweige Sachtransfers insbesondere für Gesundheitsleistungen sowie monetäre Transfers wie das Mutterschaftsgeld sowie Einkommensleistungen in der Arbeitslosenversicherung (ALV). Die Finanzierung erfolgt primär über die Beiträge der Versicherten, jedoch erhalten die Kassen für bestimmte Leistungen wie der Anrechnung der Kindererziehungszeiten explizit Zuschüsse aus Steuermitteln.

2.3.3.2 Erwartete Verteilungswirkung

Die erwarteten Verteilungswirkungen der parafiskalischen Transfers sind uneindeutig, da sie sich aus verschiedenen Transferarten zusammensetzen. Einkommensabhängige Leistungen wie die monetären Transfers der ALV dürften tendenziell eher progressiv (nivellierend) wirken. Für die Sachtransfers gelten die oben beschriebenen Verteilungseffekte, die sich vor allem aus den spezifischen Nutzerprofilen ergeben. Ebenso uneindeutige Wirkungen gehen von den impliziten Transfers aus, die vor allem durch Beitragsersparnisse (beitragsfreie Mitversicherung sowie Anrechnung von Kindererziehungszeiten) verursacht sind.

2.3.4 Leistungen der Arbeitgeber

2.3.4.1 Beschreibung

Schließlich wenden Arbeitgeber insgesamt 5,6 Mrd. Euro für familienpolitische Leistungen wie die Entgeltfortzahlung im Mutterschutz und Kinderzuschläge in der Entlohnung auf, wobei der Löwenanteil auf öffentliche Arbeitgeber entfällt. Während die Entgeltfortzahlung als Zuschuss bzw. Äquivalent zum Mutterschaftsgeld einem klassischen direkten monetären Transfer entspricht, stellen die Kinderzuschläge in der Entlohnung eine Mischung aus direkten und impliziten Transfers dar. Zum einen kommen die Lohnzuschläge zwar Familien direkt als Geldleistung zu, jedoch ist die Vergünstigung in das Entlohnungsschema eingebaut.[51] Die Finanzierung dieser Leistungen erfolgt im Verhältnis der Aufteilung der Familienzuschläge zwischen öffentlichen und privaten Arbeitgebern zu rund 70% über Steuern und rund 30% über private Arbeitgeber-Leistungen.

Zum anderen führen private und öffentliche Arbeitgeber vielfältige Maßnahmen für die familienfreundliche Gestaltung von Arbeitsplätzen durch, die von Arbeitszeitfragen für die Vereinbarkeit von Familie und Beruf, Unterstützung bei der Pflege von Angehörigen bis hin zu betrieblichen Kinderbetreuungsstätten reichen. Jedoch liegen für diese Leistungen wenig aussagefähige Daten über die Kosten für die Arbeitgeber sowie die Nutzung durch Familien vor. Zudem ist für die Einbeziehung in den Leistungskatalog dieser Analyse maßgeblich, ob Maßnahmen gesetzlich vorgeschrieben sind. Freiwillige private Leistungen sind daher kaum der öffentlichen Familienpolitik zuzurechnen, sodass diese Leistungen nicht in die Analyse einbezogen werden.[52]

[51] Vgl. BMFSFJ (2001), S. 227.

[52] Einen Überblick über betriebliche Leistungen zur familienfreundlichen Gestaltung von Arbeitsplätzen gibt ein

2.3.4.2 Erwartete Verteilungswirkung

Für die Arbeitgeberleistungen gelten prinzipiell die obigen beschriebenen Ausführungen zu den monetären Transfers der Gebietskörperschaften oder Parafisci. Die erwartete Verteilungswirkung ist nicht eindeutig, da die Transfers nicht an Einkommensgrenzen, sondern an Merkmale wie Mutterschaft, vorhergegangene oder aktuelle Erwerbstätigkeit gebunden sind.

2.4 Zentrale Ergebnisse und weiterführende Argumente

- Die Familienpolitik ist das Verteilungsobjekt der vorliegenden Inzidenzanalyse. Die Aufwendungen der öffentlichen Hand für familienpolitische Leistungen belaufen sich je nach Abgrenzung für das Jahr 2001 von rund 50 Mrd. Euro bis hin zu rund 170 Mrd. Euro.
- Gegenwärtig ist die deutsche Familienpolitik geprägt vom „Instrumentenpluralismus". Es fehlt eine schließende Katalogisierung der Leistungen und deren fiskalischer Bedeutung.
- Für die empirische Analyse ist eine geeignete Abgrenzung notwendig, da die Literatur keine einheitliche Abgrenzung anbietet. Der Leistungskatalog dieser Analyse umfasst familienpolitische Leistungen in Höhe von 136,4 Mrd. Euro.
- Der Leistungskatalog wird untergliedert in Transfers der Gebietskörperschaften (Öffentliche Transfers), Steuervergünstigungen, Leistungen der Parafisci sowie Leistungen der Arbeitgeber. Die Untergliederung berücksichtigt unterschiedliche Träger, Finanzierungsarten sowie zu erwartende Verteilungswirkungen der Leistungen.
- Die distributive Dimension der Familienpolitik kennt zwei Umverteilungsrichtungen: horizontale Umverteilung zwischen Kinderlosen und Familien sowie vertikale Umverteilung zwischen Familien mit unterschiedlichen Einkommen.
- Von den vier Gruppen des Leistungskataloges sind a priori unterschiedliche Verteilungseffekte zu erwarten: progressive Verteilungseffekte gehen von monetären Transfers der Gebietskörperschaften und Parafisci aus, regressive Verteilungseffekte von Steuervergünstigungen. Die übrigen Instrumente insbesondere Sachtransfers haben unklare Verteilungswirkungen.

Gutachten der Hans-Böckler-Stiftung im Auftrag des BMFSFJ, vgl. BMFSFJ (2005).

Kapitel 3

Familie

Die Familie ist als Adressat der familienpolitischen Instrumente der primäre Untersuchungsgegenstand dieser Analyse. Dabei ist zu klären, anhand welcher Kriterien festgemacht wird, was als Familie gilt. Diese definitorische Abgrenzung des Adressatenkreises der Familienpolitik ist hinsichtlich dreier Punkte problematisch. Erstens existiert aufgrund der Pluralisierung der familialen Lebensformen ein allgemein akzeptierter Familienbegriff nicht oder nicht mehr, zweitens ist Familie als biografischer Prozess keine statische, sondern eine sehr dynamische Lebensform und drittens stellt gemeinhin nicht die Familie, sondern der Haushalt den maßgeblichen relevanten ökonomischen Untersuchungsgegenstand dar. Daher wird im Folgenden eine Schichtung der Familien in Familientypen, Familienphasen und Einkommensgruppen entwickelt, um diesen Anforderungen gerecht zu werden. Anschließend wird die strukturelle Verteilung der Familien in den drei Schichtungen beschrieben, da diese Erkenntnisse notwendig für die Interpretation der Inzidenzanalyse sind.

3.1 Familientypen

Der traditionelle Familienbegriff als Ausgangspunkt für eine Definition familialer Lebensformen geht von Ehepaaren mit Kindern aus. Diese Familienform ist in Deutschland (immer noch) die vorherrschende Form des familialen Zusammenlebens, da verheiratete Eltern rund 80% der Haushalte mit Kindern darstellen. Entsprechend wächst auch der überwiegende Teil der Kinder bei verheirateten Eltern auf.[1]

3.1.1 Familiale Lebensformen

Dieser traditionelle Begriff der Familie unterliegt jedoch grundlegenden Veränderungen, die in der Literatur häufig als „familiale Entdifferenzierung“[2] oder „biographische Pluralisierung“[3] der Lebensformen bezeichnet werden. Diese Begriffe umschreiben im wesentlichen den Funktionswandel des Familienhaushalts vom patriarchalisch geprägten Ehe- und Familienverband hin zu

[1] Vgl. BMFSFJ (2003a), S. 38f.

[2] Galler und Ott (1993), S. 25.

[3] Stutzer (1999), S. 216. Daneben tauchen häufig die Stichworte Individualisierung, Pluralisierung der Lebensformen und Enttraditionalisierung auf. Vgl. Butterwege (2001), S. 348.

partnerschaftlichen Lebensformen: Zum einen verlagert dieser Prozess traditionelle Familienfunktionen wie z.B. die materielle Produktion an Industriebetriebe, die Sicherungsfunktion an private Versicherungsmärkte oder an die sozialen Sicherungssysteme, Erziehungsaufgaben an Schulen und Ausbildungsbetriebe, sodass die Familienmitglieder nicht länger funktional spezifische Rollen im Haushalt wahrnehmen. Zum anderen spezialisieren sich Familienhaushalte auf die emotionale Bedürfnisbefriedigung, während sich die Familienmitglieder insbesondere Frauen auf die Verwirklichung eigenständiger Lebensperspektiven konzentrieren.[4] Als Konsequenz daraus gewinnen neue Familientypen an Bedeutung, wie nichtverheiratete Lebensgemeinschaften mit Kindern sowie die vielseitigen Formen des Alleinerziehens.

Die mit dem Bedeutungsverlust der Ehe einhergehende steigende Popularität nichtehelicher Lebensgemeinschaften entwickelt sich sehr dynamisch, jedoch bleibt die quantitative Bedeutung der nichtehelichen Lebensgemeinschaft mit Kindern als Familienform bisher insgesamt noch relativ gering. Von 1991 bis 2000 stieg die Anzahl der Lebensgemeinschaften zwar von 1,4 auf 2,1 Mio. Haushalte an, davon waren jedoch nur 600.00 Paare mit Kindern (1,5% aller Haushalte). Das unverheiratete Zusammenleben ist am stärksten in der Altersgruppe der zwischen 20 und 35jährigen vertreten, die häufig die Lebensgemeinschaft als voreheliche Partnerschaft ohne Kinder bzw. mit sehr jungen Kindern praktizieren. Dies deutet darauf hin, dass nichteheliche Lebensgemeinschaften stärker eine familiale Übergangsform als einen endgültigen Familientyp darstellen.[5]

Alleinerziehende machten 1998 rund 7,5% (2,8 Mio.) der Haushalte in Deutschland aus. Überwiegend handelt es sich dabei um alleinerziehende Mütter. Ähnlich wie die nichtverheirateten Lebensgemeinschaften gilt das Alleinerziehen als familiale Übergangsform, da viele Alleinerziehende aus einer gescheiterten Ehe kommen und später wieder eine Ehe eingehen. Daher wachsen lediglich rund 1% der Kinder dauerhaft bei nur einem Elternteil auf. Von 1972 bis 2000 blieb der Anteil der Alleinerziehenden im engeren Sinne im früheren Bundesgebiet mit jeweils rund 5% zwar konstant, jedoch wird die Anzahl von Alleinerziehenden in der Regel u.a. aufgrund von Abgrenzungsproblemen zu nichtehelichen Lebensgemeinschaften höher eingeschätzt.[6]

Schließlich ist die Verkleinerung von Familien eine weitere wichtige demografische Entwicklungslinie. Ein- und Zweikindfamilien gelten als Normfamilien (auch Regel- oder Standardfamilien), während Familien mit mehr als zwei Kindern eher eine demografische Ausnahme darstellen. Massiv an Bedeutung verloren haben in diesem Zusammenhang auch die so genannten Drei-Generationen-Haushalte, in denen Großeltern, Eltern und Kinder einen Familienverbund bilden.

3.1.2 Familienkarriere

Die kurz skizzierte Pluralisierung familialer Lebensformen zeigt, dass der Familienbegriff kein biografisches Datum, sondern vielmehr einen sich dynamisch entwickelnden Ablauf von bio-

[4] Vgl. Galler und Ott (1993), S. 25f. Eine Übersicht über die sozioökonomischen Funktionen der Familie findet sich bei Althammer (2000), S. 7ff.

[5] Vgl. BMFSFJ (2003a), S. 43f.

[6] Zu den Abgrenzungsproblemen, vgl. Abschnitt 3.1.3, S. 29 sowie vgl. BMFSFJ (2003a), S. 40f.

grafischen Ereignissen darstellt. Die Dynamik solcher Biografien versuchen Familienphasenkonzepte zu modellieren, die sich an der Abfolge von bestimmten familial relevanten Ereignissen wie Eheschließung, Trennung, Geburt und Auszug der Kinder aus dem Elternhaus orientieren.[7]

Der idealtypische Familienzyklus beginnt dabei mit der vorfamilialen Phase, die unabhängig vom Familienstand des Elternteils mit der Geburt des ersten Kindes endet. Mit der Familiengründung beginnt die so genannte aktive Familienphase, während der Eltern und Kind eine Lebensgemeinschaft bilden. Während der aktiven Familienphase vergrößern sich Familien durch weitere Kinder, bis diese später das Elternhaus wieder verlassen. Mit dem Auszug des letzten Kindes endet die aktive Phase und Eltern-Haushalte treten in die erneut kinderlose, nachelterliche Phase ein.[8] Im Fokus einer Analyse familienpolitischer Leistungen liegt daher die aktive Familienphase.

Die Bedeutung einer familienzyklusorientierten Betrachtung wird deutlich an den phasenspezifischen Bedürfnissen von Familien. Junge Familien sehen sich mit einem hohen Erziehungs- und Betreuungsaufwand konfrontiert, der typischerweise die Erwerbstätigkeit eines Elternteils stark einschränkt. Mit dem Alter der Kinder sinkt dieser Betreuungsaufwand und erleichtert die Aufnahme einer Erwerbstätigkeit für beide Elternteile. Jedoch nehmen auch die Bedürfnisse der Kinder zu und damit einhergehend die Kosten für Kinder, die aus dem Familieneinkommen bestritten werden müssen. Da die spezifischen Probleme der Familienphasen den materiellen Bedarf, die Einkommensverhältnisse sowie die Vereinbarkeit von Beruf und Familie in sehr unterschiedlicher Weise beeinflussen, stellt die Berücksichtigung des Familienalters eine wichtige Anforderung an diese Analyse dar.

3.1.3 Datengeleitete Familienbegriffe

Neben statischen und dynamischen Aspekten für die Ableitung eines Familienbegriffs sind auch eher datengeleitete Probleme zu berücksichtigen. Prima facie stellt die Familie keinen eigenständigen Analysegegenstand dar, da vielmehr der Haushalt als die ökonomisch relevante Untersuchungseinheit gilt. In empirischen Arbeiten steht daher die Frage im Mittelpunkt, anhand welcher Merkmale, Familien von anderen Haushalten abzugrenzen sind.

Das Statistische Bundesamt als maßgeblicher Datenlieferant zur deutschen Bevölkerungsstatistik unterscheidet prinzipiell zwischen Haushalt und Familie. Als Haushalt gilt „jede zusammen wohnende und eine wirtschaftliche Einheit bildende Personengemeinschaft sowie Personen, die alleine wohnen und wirtschaften“[9]. Haushalte werden aufgrund der erfassten Beziehung zwischen den Haushaltspersonen in Haushaltstypen, wie z.B. Alleinstehende oder Ehepaare unterschieden.

Der Begriff Familie im weiteren Sinne orientiert sich an Empfehlungen der Vereinten Nationen, die auf einen idealtypisch abgegrenzten Familienzyklus abstellen. Idealtypisch bedeutet hier, dass Ehepaare ohne Kinder als Familien in vor- bzw. nachfamilialen Phasen angesehen werden, in die im Regelfall zu einem späteren Zeitpunkt der Familienkarriere Kinder hinein-

[7]Einen allgemeinen Überblick über Familienphasenkonzepte gibt BMFSFJ (1996), S. 4f.

[8]Vgl. Stutzer (1994), S. 24f.

[9]Statistisches Bundesamt (1999a), S. 11.

geboren werden bzw. deren Kinder das Elternhaus bereits wieder verlassen haben. In diesem breiter gefassten Familienbegriff zählen neben Ehepaaren alleinerziehende Eltern unabhängig ihres Familienstandes als Familien, wenn sie mit ledigen Kindern einen Haushalt bilden.[10]

Daneben verwendet das Bundesamt auch einen enger gefassten Familienbegriff, der auf die Eltern-Kind-Gemeinschaft aufbaut.[11] Die Anwesenheit von Kindern als konstitutives Merkmal beschränkt den Familienbegriff auf Haushalte mit Kindern, also Haushalte in der aktiven Familienphase. Als Familien gelten demnach Ehepaare mit Kindern, Alleinerziehende sowie Haushalte, in denen neben der Eltern-Kind-Gemeinschaft weitere Personen (z.B. Schwiegereltern) leben.[12]

Nichteheliche Lebensgemeinschaften, die seit 1996 in den Mikrozensen und seit 1998 in der Einkommens- und Verbrauchsstichprobe (EVS) getrennt erfasst werden, fallen nicht unter diese Familiendefinition. Wenn nichteheliche Lebensgemeinschaften mit Kindern in Publikationen dennoch zu Familien hinzugezählt werden, tritt ein Abgrenzungsproblem zwischen Alleinerziehenden und nichtehelichen Lebensgemeinschaften mit Kindern auf, da Alleinerziehende oft in nichtehelichen Partnerschaften leben.[13] Da aufgrund gesetzlicher Einschränkungen bei der Datenerhebung keine systematischen Angaben zur Familienbiographie erfasst werden, verzichten viele Studien wegen der mangelnden Trennschärfe auf den getrennten Ausweis von nichtehelichen Lebensgemeinschaften, um eine Doppelerfassung von Alleinerziehenden zu vermeiden.[14]

Zusammenfasssend kann festgehalten werden, dass das Statistische Bundesamt zum einen jenen eher breiteren Familienbegriff verwendet, der auch kinderlose Ehepaare miteinbezieht. Zum anderen wird auch ein enger gefasster Begriff im Sinne einer Eltern-Kind-Gemeinschaft benutzt, der Kinder im Haushalt als konstituierendes Merkmal erfordert. Nichteheliche Gemeinschaften mit und ohne Kindern fallen in beiden Fällen nicht unter die Familiendefinition, da hier ein Abgrenzungsproblem auftritt.[15]

3.1.4 Definition der analyserelevanten Familientypen

Der in dieser Analyse verwendete Familienbegriff orientiert sich zum einen an den geschilderten sozioökonomischen Entwicklungen sowie zum anderen an den Beschränkungen der Daten

[10] In früheren Veröffentlichungen hat das Statistische Bundesamt auch verheiratete, geschiedene, verwitwete, verheiratet getrennt lebende Personen ohne Kinder als so genannte „Restfamilien" gezählt. Vgl. Statistisches Bundesamt (1999a), S. 11.

[11] Vgl. Statistisches Bundesamt (2003a), S. 42.

[12] Haushalte dieser Konstellation werden als Sonstige Haushalte bezeichnet, vgl. Statistisches Bundesamt (2001a), S. 9.

[13] Vgl. BMFSFJ (1999), S. 19.

[14] In einigen neueren Arbeiten sowie den Mikrozensen zählt das Statistische Bundesamt nichteheliche Lebensgemeinschaften zur Gruppe der Alleinerziehenden, vgl. BMFSFJ (2003a), S. 37 sowie Statistisches Bundesamt (1999a), S. 110f.

[15] Das BMFSFJ verwendet in seinen Familienberichten ergänzend eine weitere Definition. Familie „gilt als eine dynamische Form menschlichen Zusammenlebens, die Veränderungen unterliegt und von den kulturellen Vorstellungen und Werthaltungen geprägt ist wie von den sozialen und wirtschaftlichen Gegebenheiten einer Gesellschaft". Diese breit gefasste Formulierung vermeidet die Diskriminierung bestimmter Lebensformen oder die Vorgabe bestimmter Leitbilder für die Zusammensetzung einer Familie, vgl. BMFSFJ (1995a), S. IV.

des in der Inzidenzanalyse verwendeten *Scientific Use File* der EVS 1998.[16] Die Tabelle 3.1 zeigt die Grundgesamtheit der Haushalte im EVS-*Scientific Use File*, die nach Haushaltstypen geschichtet sind. Von den 36,8 Mio. Haushalten in Deutschland sind 12,2 Mio. (33%) Haushalte mit Kindern und 24,6 Mio. kinderlose Haushalte (67%).

Tabelle 3.1: Grundgesamtheit der Haushalte EVS 1998

Haushaltstyp	Alle	kinderlos	mit Ki.	1 Ki.	2 Ki.	>2 Ki.
Ehepaare	18.694	9.529	***9.165***	**3.894**	**4.021**	**1.250**
Alleinerziehende	1.728	-	***1.728***	**1.176**	**444**	**107**
Unverheiratete Paare	1.603	1.189	414	269	119	26
Sonstige Haushalte	1.766	923	843	603	179	61
Alleinlebende	12.990	12.990	-	-	-	-
Gesamt	36.780	24.630	12.150	5.942	4.763	1.444

Quelle: Eigene Berechnungen mit *Scientific Use File* der EVS 1998. Angaben in Tausend Haushalte. Fett hervorgehobene Zellen: Familien im Sinne der Analyseabgrenzung

Die Auswahl der Familientypen für die empirische Analyse orientiert sich an der dargestellten Eltern-Kind-Gemeinschaft als konstituierendem Kriterium für Familie. Somit umfasst die Analyse-Abgrenzung 10,9 Mio. Haushalte, d.h. 90% der Haushalte mit Kindern. In diesen Haushalten lebten 18,4 Mio. Kinder bzw. 91% der in der EVS erfassten Kinder.[17] Rund 85% dieser Haushalte sind Ehepaare mit Kindern. Ehepaare mit einem oder zwei Kindern stellen bereits rund 73% aller Familien und werden deshalb in der Familienliteratur als Normfamilien bezeichnet. Ehepaare mit drei und mehr Kindern stellen rund 11% der Familien dar und werden vereinfachend Mehrkinderfamilien genannt. Alleinerziehende Familien (rund 15% aller Familien) werden unabhängig der Kinderzahl zusammengefasst dargestellt. Die EVS weist Kinder bis zum 27. Lebensjahr als Kinder aus, sofern sie im Elternhaushalt leben.

Ausgeschlossen werden Ehepaare ohne Kinder, da der Familienbegriff dieser Analyse auf die Eltern-Kind-Gemeinschaft bzw. Familien der aktiven Familienphase abstellt. Weiters werden unverheiratete Paare mit Kindern nicht einbezogen. Dafür sprechen datengeleitete Gründe, da zum einen die mangelnde Trennschärfe zu Alleinerziehenden sowie zum anderen die zu geringen Fallzahlen eine Auswertung erschweren.[18] Daneben werden die in der EVS als Sonstige Haushalte bezeichneten Haushalte mit Kindern aufgrund der geringen Fallzahlen sowie ihrer heterogenen Zusammensetzung ausgeschlossen.[19]

[16]Die EVS 1998 ist die maßgebliche Datenquelle dieser Arbeit. Zur Begründung der Auswahl siehe Abschnitt 4.1.1, S. 51ff.

[17]Da in der EVS nur die tatsächlich im gemeinsamen Haushalt lebenden Kinder aufgeführt werden (20,2 Mio.), weist der Mikrozensus eine etwas höhere Kinderanzahl (21,5 Mio.) aus. Bezogen auf den Mikrozensus umfasst unsere Analyse 89,6% der Kinder in Deutschland.

[18]Eine Zurechnung der unverheirateten zu verheirateten Paaren mit gleicher Kinderzahl wäre ebenso problematisch, da einige familienpolitische Leistungen an das Merkmal Ehe gebunden sind.

[19]Leben in einem Haushalt Personen, die nicht der Typisierung entsprechen (z.B. Schwiegermutter), so werden die Haushalte vom Statistischen Bundesamt als Sonstige Haushalte gezählt. Vgl. Statistisches Bundesamt (1997), S. 11.

3.2 Familienphasen

Um der Dynamik des Familienzyklus zu entsprechen, werden die definierten Familientypen anhand geeigneter Kriterien in Phasen des Familienlebenszyklus geschichtet. Zentrales Problem dieser Modellierung ist die Abgrenzung der Phasen, da biografische Ereignisse wie die Geburtenfolge bei mehreren Kindern oder die Trennung von Paaren nicht direkt aus den EVS-Daten hervorgehen. In der deutschsprachigen Familienliteratur finden sich zur Modellierung von Familienzyklen aus Querschnittsdaten verschiedene Ansätze, die im Folgenden kurz vorgestellt werden.

3.2.1 Empirische Familienphasenkonzepte

Die Familienwissenschaftliche Forschungsstelle im Statistischen Landesamt Baden-Württemberg konstruiert ein Phasenmodell, dass vom traditionellen Familienbegriff von Ehe und Familie ausgeht. Familien werden darin anhand der Merkmale Ehedauer und Kindesalter in Familienphasen gruppiert. Dabei wird ein enger Zusammenhang zwischen Ehedauer und Kinderzahl unterstellt, da sich Ehepaare mit zunehmender Ehedauer zu mehr Kindern entschließen. Der Familienlebenszyklus wird in die fünf konsekutiven Phasen Gründungs-, Aufbau-, Stabilisierungs-, Konsolidierungs- und Umorientierungsphase eingeteilt. Die fünf Phasen bilden beginnend mit der Geburt des ersten Kindes die Vergrößerung und spätere Verkleinerung von Familien ab, wenn die Kinder aus dem Familienhaushalt ausziehen. Verlässt das letzte Kind den Haushalt, endet der Familienzyklus.[20]

Nachteilig ist hierbei, dass dieser Ansatz auf der traditionellen Erstehe rekuriert, die wiederum nicht den oben diskutierten gegenwärtigen Entwicklungen des Familienbegriffs entspricht. Zwar können in dieser Abgrenzung kinderlose Ehepaare und Ehepaare mit Kindern miteinander verglichen werden, jedoch sind Alleinerziehende und nichtverheiratete Paare kein Bestandteil des Familienphasenmodells. Zudem zeigt sich bei der empirischen Überprüfung ein weiterer Nachteil. Stutzer (1999) wendet das theoretische Phasenmodell auf Daten des badenwürttembergischen Mikrozensus' an. Dabei schichtet er die Familien zunächst nach Ehedauer und Alter des ältesten Kindes. Dabei zeigt sich, dass aufgrund der stark streuenden Geburtenabstände der Kinder zwischen den Familien die theoretische Phasenabgrenzung nur für jüngere Familien die notwendige empirische Trennschärfe aufweist. Bei älteren Familien bedingen unterschiedliche Altersabstände zwischen den Kindern einen ebenso unterschiedlichen Familienbedarf. Beispielsweise erhöht ein so genanntes Nachzügler-Kind den Betreuungsbedarf stark, obwohl dieser sich durch das Heranwachsen des ältesten Kindes zuvor entspannt hatte. Daher sind für eine bessere Phasenschichtung das Alter des ältesten und des jüngsten Kindes als Abgrenzungskriterien erforderlich. Stutzer (1999) zeigt, dass bei einer Kombination der Kriterien Alter des ältesten und jüngsten Kindes 90% der Familien der identischen Datenbasis plausibel zugeordnet werden können.[21]

Kleinhenz und Werding (1997) konstruieren anhand von EVS-Daten Familienverläufe, indem sie das durchschnittliche Alter der Mutter bei der ersten Geburt abhängig von Kinderzahl

[20] Vgl. Stutzer (1999), derselbe (1994), Dathe (1999) und derselbe (1998).

[21] Vgl. Stutzer (1999), S. 217ff.

bzw. Familientyp berechnen. Das sich ergebende Alter stellt den Startpunkt eines typspezifischen Familienverlaufs dar, z.B. 25,6 Jahre für eine Mutter in einem Ehepaar mit zwei Kindern und 29,4 Jahre für eine alleinerziehende Frau mit einem Kind. Ausgehend von diesem Startzeitpunkt werden für die jeweiligen Familientypen für jedes Lebensjahr Einkommensdaten ermittelt.[22] De facto stellt das Verfahren von Kleinhenz und Werding eine Schichtung anhand des Alters des ältesten Kindes dar, da mit dessen Geburt der Familienzyklus einsetzt. Im Unterschied zum vorher vorgestellten Verfahren werden Familien nicht in Phasen gruppiert, da die Autoren auf die Modellierung von kontinuierlichen Erwerbsverläufen anstatt eines Familienphasenmodells abstellen.

Eine weitere, jedoch eher recht grobe Möglichkeit Familienphasen zu bilden, ist die Schichtung der Familientypen nach dem Alter der Bezugsperson bzw. des Haushaltsvorstands.[23] So gelten z.B. Familien mit einem Haushaltsvorstand von 25 bis 35 Jahren als junge Familien, die dann gestaffelt nach der Kinderzahl getrennt betrachtet werden. Problematisch bei diesem Vorgehen ist, dass sich die Altersschichtung nur über das Alter des Haushaltsvorstandes und nicht über das Alter der Mutter bzw. der Kinder ergibt. So entfallen mitunter auf eine Altersklasse Familien, die sich aufgrund des unterschiedlichen Alters ihrer Kinder in sehr unterschiedlichen Familienphasen befinden.

3.2.2 Konstruktion eines Familienphasenmodells

Ziel ist es, die 10,9 Mio. analyserelevanten Familien im Sinne dieser Analyse in möglichst homogene Gruppen einzuteilen, die den Phasen einer Familienkarriere gut entsprechen. Dabei orientiert sich das Vorgehen dieser Analyse an den Arbeiten der Familienwissenschaftlichen Forschungsstelle des Statistischen Landesamtes Baden-Württemberg sowie von Kleinhenz und Werding.

Für die Modellierung der Familienkarriere bietet sich das Phasenmodell des Familienwissenschaftlichen Forschungsstelle an, dessen fünfgliedrige Aufteilung diese Analyse aufgreift. Wie dargestellt ist jedoch die empirische Umsetzung aufgrund der problematischen Fokussierung auf verheiratete Familien problematisch. Für die eigentliche Schichtung bietet sich daher die Anlehnung an Kleinhenz und Werding (1997) an. Durch die Schichtung nach dem Alter des ältesten Kindes, was gleichbedeutend zur Schichtung nach dem Alter der Mutter bei Erstgeburt ist, können die Familien unabhängig vom Familienstand den fünf Phasen zugeordnet werden. Die Altersangaben der Kinder bzw. der Eltern können der EVS entnommen werden. Wie bei Kleinhenz und Werding erscheint es jedoch bei Familien mit mehreren Kindern problematisch, die Abstände in der Geburtenfolge ausreichend zu berücksichtigen, da diese stark streuen.[24] Da-

[22]Bei Müttern mit mehreren Kindern werden für die Jahre bis zur Geburt des nächsten Jahres die Einkommenswerte von Müttern mit einem Kind weniger angesetzt. Für die Berechnung des durchschnittlichen Alters der Mutter bei der Erstgeburt führte das Statistische Bundesamt im Auftrag von Kleinhenz und Werding eine umfangreiche Sonderauswertung der EVS 1988 aus. Vgl. Kleinhenz und Werding (1997), S. 32f. Kleinhenz und Werding aktualisieren ihre Ergebnisse im Gutachten des Wissenschaftliche Beirats beim BMFSFJ, vgl. BMFSFJ (2001), S. 259ff.

[23]Vgl. Cornelius (1993), S. 141ff. sowie die bei Kleinhenz und Werding (1997), S. 45f. zitierten Studien.

[24]Variationsrechnungen zeigen, dass Schichtungen alleine nach dem Alter des ältesten Kinds bzw. nur des jüngsten Kindes problematisch sind. Bei Schichtung nach dem ältesten Kind konzentrieren sich die Familien auf

her erscheint es sinnvoll, das Alter des ältesten und des jüngsten Kindes als Schichtungsmerkmale miteinander zu kombinieren, um annäherungsweise auf die Geburtenfolge einzugehen. Dabei werden die aufeinander folgenden Familienphasen durch Mindest- bzw. Maximalalter des jüngsten bzw. ältesten Kindes voneinander abgegrenzt. Die Abbildung 3.1 zeigt schematisch die Abgrenzung der fünf Phasen anhand der beiden Kriterien.

Abbildung 3.1: Schematische Darstellung der Familienphasen

<table>
<tr><td rowspan="2">Alter des jüngsten Kindes</td><td colspan="5">Alter des ältesten Kindes</td></tr>
<tr><td>< 3</td><td>3-6</td><td>6-12</td><td>12-18</td><td>> 18</td></tr>
<tr><td>< 3</td><td>Gründung</td><td colspan="2" rowspan="2">Aufbau</td><td colspan="2" rowspan="3">Stabilisierung</td></tr>
<tr><td>3-6</td><td>0</td></tr>
<tr><td>6-12</td><td>0</td><td>0</td><td></td></tr>
<tr><td>12-18</td><td>0</td><td>0</td><td>0</td><td colspan="2">Konsolidierung</td></tr>
<tr><td>> 18</td><td>0</td><td>0</td><td>0</td><td>0</td><td>Umorientierung</td></tr>
</table>

Quelle: Eigene Darstellung. Benennung der Phasen in Anlehnung an Stutzer (1994).

Die strukturelle Beschreibung des so aus den EVS-Querschnittsdaten konstruierten Phasenmodells spiegelt die beschriebene Dynamik der Familienstrukturen über die Familienkarriere hinweg gut wider. Die Tabelle 3.2 zeigt die Strukturdaten für die Familienphasen in dieser Schichtung. Die wesentlichen Charakteristika der sich ergebenden Verteilung der Familien werden im Folgenden erläutert.

Tabelle 3.2: Strukturdaten der Familienphasen

Familienphase			% des Familientyps an Familienphase			
	1.000 HH	Ki. je HH	Ehe, 1 Ki.	Ehe, 2 Ki.	Ehe, >2 Ki.	Allerz.
Gründung	889	1,09	83,7	8,1	./.	8,2
Aufbau	2.258	2,00	17,4	57,3	17,4	7,8
Stabilisierung	2.987	2,07	17,5	44,3	22,2	15,9
Konsolidierung	2.222	1,67	28,6	41,4	7,4	22,5
Umorientierung	2.538	1,21	62,9	16,1	1,1	19,9
Gesamt	10.893	1,69	35,7	36,9	11,5	15,9

Quelle: Eigene Berechnungen mit *Scientific Use File* der EVS 1998. (xy): eingeschränkte Aussagekraft, da relativer Standardfehler zwischen 10 und 20%. (./.): keine Aussagekraft, da relativer Standardfehler größer als 20%. Vgl. dazu Abschnitt 4.1.1.3, S. 54.

3.2.2.1 Gründungsphase

Die Familie wird durch die Geburt des ersten Kindes gegründet. Alle Kinder der Familie sind maximal drei Jahre alt. Der Betreuungsbedarf ist ausgesprochen hoch. Im Vergleich zu den anderen Familienphasen ist diese Phase aufgrund der engen Altersbeschränkung weniger häufig besetzt. Da sich Familien nur vereinzelt für mehrere Kinder in dieser Phase entscheiden, sind die Familien dieser Phase zu über 80% Einkindehepaare. Familien mit mehr als zwei Kindern in

die späteren Phasen. Die Schichtung nach dem Alter des jüngsten Kindes ergibt einen sprunghaften Verlauf der Häufigkeitsverteilung, wenn auch die Besetzung der fünf Phasen etwas ausgeglichener ist.

dieser Altersgruppe kommen nicht vor. Die Anzahl neugegründeter alleinerziehender Familien ist sehr gering.

3.2.2.2 Aufbauphase

Viele Familie erweitern sich durch die Geburt des zweiten bzw. weiterer Kinder, sodass die durchschnittliche Kinderzahl auf 2,00 Kinder je Familie ansteigt. Das älteste Kind ist im Vorschulalter oder bereits Schulkind, also mindestens drei und maximal zwölf Jahre alt. Die jüngsten Kinder sind maximal sechs Jahre alt, sodass der Betreuungsbedarf durch die jüngeren Kinder weiterhin hoch bleibt. Der Anteil von Ehepaaren mit einem Kind sinkt stark ab, rund 75% der Aufbaufamilien sind Zwei- oder Mehrkinderpaare, deren Anteil von 0 auf 17% gestiegen ist. Alleinerziehende spielen in dieser Phase weiterhin zahlenmässig eine geringe Rolle.

3.2.2.3 Stabilisierungsphase

Die Familienerweiterung ist weitgehend abgeschlossen und es werden nur vereinzelt weitere Kinder geboren. Die mittlere Kinderzahl steigt gering auf 2,07 an. Das älteste Kind ist Schulkind, also mindestens sechs, in der Regel jedoch mindestens zwölf Jahre alt. Das jüngste Kind ist wiederum maximal 12 Jahre alt.[25] Die Familienverhältnisse stabilisieren sich, zumal die jüngeren Kinder sukzessiv den betreuungsintensiven Jahren entwachsen. Ältere Kinder hingegen haben das Elternhaus noch nicht verlassen. Vorherrschender Familientyp sind Zwei- und Mehrkinderehepaare. Während der Anteil der Einkindfamilien zur Aufbauphase relativ konstant bleibt, steigt der Anteil der Alleinerziehenden sprunghaft von 8% auf 16% an. Dies deutet darauf hin, dass viele Alleinerziehende aus sich auflösenden Paarhaushalten kommen.

3.2.2.4 Konsolidierungsphase

Die Familie beginnt sich zu verkleinern, da keine weiteren Kinder in die Familie geboren werden und die früher geborenen Kinder das Elternhaus verlassen. Die durchschnittliche Kinderzahl sinkt auf 1,67. Alle Kinder sind mindestens Schulkinder. Die jüngeren Kinder sind mindestens zwölf und maximal 18 Jahre alt, sodass der Betreuungsaufwand stark abnimmt. Ältere Kinder sind mindestens zwölf Jahre alt, maximal 27 Jahre alt. In der Regel befinden sich diese in Ausbildung oder sind selbst erwerbstätig. In Folge der Familienverkleinerung steigt der Anteil der Einkindpaare wieder an. Ebenso nimmt der Anteil von Alleinerziehenden auf 23% zu.

3.2.2.5 Umorientierungsphase

Die Familie erreicht die letzte Phase des Familienzyklus'. Alle Kinder im Haushalt sind 18 Jahre und älter. Die durchschnittliche Kinderzahl sinkt auf 1,21, da nun auch die später geborenen Kinder das Elternhaus verlassen. Im Haushalt verbleibende Kinder sind in der Regel

[25] Die Altersgrenzen der Stabilisierungsphase erscheinen auf den ersten Blick sehr weit gefasst, wie in Abbildung 3.2, S. 34 ersichtlich. Jedoch sind die Randzellen mit sehr hohen Altersabständen zwischen ältestem und jüngstem Kind nur sehr gering besetzt, sodass diese Zusammenfassung unproblematisch ist.

erwerbstätig oder in Ausbildung. Die Einkindfamilie ist mit 63% dominierender Familientyp dieser Phase, während jeder fünfte Haushalt der Umorientierungsphase alleinerzieht. Zwei- und insbesondere Mehrkinderfamilien sind in dieser Phase selten.

3.2.3 Plausibilität

Die Strukturierung der Familien aus der EVS-Substichprobe in die beschriebenen Familientypen und -phasen soll im Folgenden anhand von vergleichbaren Studien zur Familienökonomik auf ihre Plausibilität geprüft werden. Der für diese Analyse operationalisierte Familienbegriff wird im Folgenden anhand von Vergleichsdaten auf seine Plausibilität geprüft. Die Abgrenzung der Familientypen aus dem *Scientific Use File* der EVS kann den Angaben aus dem Mikrozensus 1998 gegenübergestellt werden.[26] Im Vergleich erfasst die Stichprobe 93% aller Haushalte mit Kindern und 94% der Kinder, die der Mikrozensus ausweist. Bezogen auf die Familientypen sind Ehepaare mit zwei Kindern mit 97% der Mikrozensus-Familien sehr gut, Mehrkinderehepaare mit 90% sowie Einkind-Ehepaare mit 85% unterdurchschnittlich erfasst. Die Abweichungen ergeben sich aus dem kleineren Umfang der 80%-Substichprobe des Mikrodatensatzes sowie dem Anonymisierungsprozess durch das Statistische Bundesamt.[27]

Die Plausibilitätsdiskussion der Familienphasen muss in einer eher qualitativen Dimension erfolgen, da die Bildung der Familienphasen aufgrund der eigenständig für diese Analyse erfolgten Schichtung nicht direkt mit anderen Studien verglichen werden kann.

Eine zu prüfende Größe ist die durchschnittliche Kinderzahl der Familien in den Familienphasen, die mit der durchschnittlichen Kinderzahl je Frau verglichen werden kann. Zum einen geht die Entwicklung der durchschnittlichen Kinderzahl einer Familie über die Familienphasen hinweg konform mit der Phasenbeschreibung von Stutzer (1999) und Dathe (1999).[28] Indes erscheinen prima facie die Durchschnittswerte in Aufbau- und Stabilisierungsphase als sehr hoch, wenn die Werte mit den oft in der politischen Diskussion auftauchenden durchschnittlichen Kinderzahlen von 1,3 bis 1,4 Kinder je Frau verglichen werden. Dabei ist jedoch zu beachten, dass in letztere Werte auch kinderlose Frauen eingehen. Dagegen bezieht sich der höhere Durchschnittswert dieser Analyse nur auf tatsächliche Mütter, die sich häufig für mindestens ein zweites Kind entscheiden.[29]

[26]Vgl. zur Datenauswahl Abschnitt 4.1.1, S. 51f. Die an der EVS teilnehmenden Haushalte werden anhand von Hochrechnungsfaktoren auf die Gesamtheit der Haushalte, wie sich aus dem Mikrozensus ergibt, hochgerechnet. So entspricht die Summe der Haushalte der EVS 1998 der Gesamtheit der Haushalte, die im Mikrozensus 1997 erfasst sind. Vgl. Kühnen (1999), S.112ff.

[27]Vgl. Statistisches Bundesamt (1999a), S. 110f.

[28]Da sich beide an der Ehedauer als Zeitachse für die Phaseneinteilung orientieren und mit dem Mikrozensus für Baden-Württemberg eine andere Datengrundlage benutzen, ist kein quantitativer Vergleich der durchschnittlichen Kinderzahl möglich.

[29]Nach Angaben des Bundesinstituts für Bevölkerungsforschung entscheiden sich 72% der (westdeutschen) Frauen, die Kinder bekommen, für mehr als ein Kind. Demnach polarisiert sich das generative Verhalten: Entweder Frauen entscheiden sich, keine Kinder oder mindestens zwei Kinder zu bekommen. Vgl. BMFSFJ (2003a), S.73f. Insgesamt ergibt sich eine durchschnittliche Kinderzahl von 1,69 Kinder je Familienhaushalt, während Bevölkerungsstatistiker von durchschnittlich 1,5 Kinder je Frau ausgehen, vgl. BMFSFJ (2003a), S.72. Zuweilen werden sogar geringere Werte angegeben: Sell (2005) geht beispielsweise für Deutschland in 2000 von einer Quote von 1,36 Kindern je Frau aus, vgl. Sell (2005), S. 148.

Ein weiteres mögliches Merkmal für die Plausibilität ist das Alter der Eltern in den Familienphasen. Jedoch kann keine quantitative Prüfung vorgenommen werden, da Kleinhenz und Werding Verläufe benutzen und keine Familienphasen bilden. Ebenso sind die Werte nicht direkt mit den Arbeiten von Stutzer (1999) bzw. Dathe (1999) zu vergleichen. Diese benutzen zwar das fünfgliedrige Familienphasenmodell, jedoch basiert deren Schichtung neben dem Alter der Kinder auf der Ehedauer und zudem mit dem baden-württembergischen Mikrozensus auf einer anderen Datengrundlage. Qualitativ stimmt die Entwicklung der Altersdurchschnitte bei Ehepaaren jedoch mit den Ergebnissen aus der Substichprobe gut überein, da Ehepaare in den beiden ersten Phasen Ende 20 bis Mitte 30, in der Stabilisierungsphase um die 40, in der Konsolidierungsphase Mitte 40 und in der Umorientierungsphase über 50 Jahre alt sind.[30]

Die Phasenschichtung der Familien der EVS-Substichprobe ist insgesamt plausibel. Dennoch ist bei der späteren Interpretation eine kritische Distanz zu den Ergebnissen geboten. Der Mangel an Prozessdaten wie z.B. Angaben über die Anzahl der insgesamt geborenen Kinder oder über eventuelle Wiederverheiratung bedingt eine verkürzte Darstellung des Familienzyklus durch die Querschnittsdaten. Die Konstruktion des Familienphasenmodells gleicht die Nachteile der Verwendung von Querschnittsdaten nur bedingt aus, die sich gegenüber der Verwendung eines echten Längsschnitts mit Hilfe von Panel-Daten ergeben.[31]

3.3 Familieneinkommen

Neben Familientyp und -phase ist das Familieneinkommen ein wesentlicher Indikator für die ökonomische Situation von Familien. Zunächst wird die Einkommenssituation anhand von relativen Einkommenspositionen und der Verteilung der Familien auf Einkommensgruppen beschrieben. Dies ist notwendig, um die spezifische wirtschaftliche Familiensituation transparent zu machen. Dann wird auf die Art der Einkommenserzielung der Familien eingegangen, um die Ergebnisse der Einkommenssituation zu erklären.

3.3.1 Einkommenssituation

Die Einkommenssituation der Familien wird in folgenden Schritten beschrieben: Nach einem einführenden Vergleich zwischen den Einkommen von Familien und Kinderlosen werden die Familien anhand ihres Nettoäquivalenzeinkommens in Quintile eingeteilt. Die Quintile werden dann anhand der Verteilung der Familientypen bzw. Familienphasen über die Einkommensgruppen hinweg charakterisiert. Ein Exkurs zur Armutslage schließt den Abschnitt ab und ermöglicht einen Vergleich mit Referenzstudien.

[30] Dathe weist für den Mikrozensus 1995 Durchschnittsalter der Ehepartner für die fünf Phasen aus, differenziert jedoch nicht nach der Kinderzahl. Vgl. Dathe (1999), S. 8. Für sich genommen erscheinen die durchschnittlichen Alter der Familienmitglieder, wie sie sich aus der EVS-Substichprobe 1998 ergeben, intuitiv plausibel. Zum einen entsprechen die Mittelwerte für das Kinderalter den Vorgaben aus der Definition der Phasen, zum anderen steigen die durchschnittlichen Alter der Eltern mit den Phasen hin an und weisen keine Brüche auf. Vgl. dazu Tabelle 1 im Anhang.

[31] Eine Diskussion der Vor- und Nachteile der Konstruktion des Quasi-Längsschnitts aus EVS-Daten findet sich bei BMFSFJ (2001), S. 142f.

3.3.1.1 Familien und Kinderlose

Die Einkommenslage von Familien definiert sich zunächst über einen Vergleich mit jener von kinderlosen Haushalten. Bei kinderlosen Haushalten sind jedoch nur jene Haushalte einzubeziehen, die sich zumindest annähernd in der gleichen Phase des Lebenszyklus' befinden. Daher werden nur jene Haushalte berücksichtigt, die ökonomisch aktiv sind. Als ökonomisch aktiv gelten Erwerbspersonen, die dem Arbeitsmarkt prinzipiell zur Verfügung stehen. Kinderlose werden daher um jene Haushalte korrigiert, deren Bezugsperson nicht überwiegend von Erwerbstätigkeit, Arbeitslosengeld bzw. -hilfe oder Sozialhilfe lebt. Dies sind im wesentlichen Haushalte von Rentnern oder Pensionären.

Die Tabelle 3.3 weist Haushaltsbrutto-, Haushaltsnettoeinkommen und Nettoäquivalenzeinkommen aus, wie sie sich aus dem *Scientific Use File* ergeben.[32] Die Spalte relative Einkommensposition setzt das jeweilige Einkommen eines Familientypen ins Verhältnis zum Durchschnittseinkommen aller Haushalte, um die typspezifische Einkommensposition in einem transparenten und einfachen Indikator darzustellen.[33]

Tabelle 3.3: Einkommensstrukturdaten

Haushaltstyp	Bruttoeink.	Relative Position	Nettoeink.	Relative Position	Äquivalenzeink.	Relative Position
Ehe, 1 Ki.	4.482	1,36	3.425	1,31	1.977	1,09
Ehe, 2 Ki.	4.837	1,47	3.736	1,43	1.868	1,04
Ehe,>2 Ki.	5.252	1,59	4.239	1,62	1.851	1,03
alle Ehepaare	*4.743*	*1,44*	*3.673*	*1,41*	*1.912*	*1,06*
Alleinerz.	2.404	0,73	1.980	0,76	1.291	0,72
Familien	4.372	1,33	3.404	1,30	1.814	1,01
Alleinlebende*	2.394	0,73	1.707	0,65	1.707	0,95
Kinderlose Paare*	4.561	1,38	3.359	1,29	2.375	1,32
Gesamt	3.297	1,00	2.613	1,00	1.803	1,00

Quelle: Eigene Berechnungen aus *Scientific Use File* zur EVS 1998. Einkommen in Euro, monatlich. *: Bezugsperson, deren überwiegender Lebensunterhalt Erwerbstätigkeit, Sozialhilfe oder Arbeitslosenhilfe bzw. -geld ist. Haushaltsnettoäquivalenzeinkommen nach der Quadratwurzelgewichtung.

Das durchschnittliche monatliche Haushaltsbruttoeinkommen im EVS-Basisjahr 1998 beträgt 3.297 Euro. Betrachtet man die einzelnen Haushaltstypen, so fällt auf, das Ehepaare mit Kindern sowie kinderlose Paare die höchsten relativen Einkommenspositionen aufweisen. Unter Ehepaaren steigt das Einkommen mit der Kinderzahl an. Die Einkommensposition von Familien bezogen auf das Haushaltsbruttoeinkommen ist deutlich überdurchschnittlich. Die relative Einkommensposition Alleinlebender und Alleinerziehender liegt deutlich unter dem Durchschnitt.

Das Haushaltsnettoeinkommen, also das Einkommen nach Steuern und Transfers, beläuft sich im Mittel über alle Haushalte auf monatlich 2.613 Euro. Ehepaare mit Kindern weisen weiterhin überdurchschnittliche und mit der Kinderzahl ansteigende Einkommenspositionen auf.

[32]Die Äquivalenzeinkommen werden nach der Quadratwurzelgewichtung gebildet. Zur Begründung der Auswahl der Quadratwurzelgewichtung, siehe Abschnitt 4.1.3.3, S. 61.

[33]Für die Berechnung der Durchschnittseinkommen wurden Sonstige Haushalte und nichteheliche Lebensgemeinschaften berücksichtigt, aber aus Gründen der Übersichtlichkeit nicht ausgewiesen.

Normfamilien (Ehepaare mit einem oder zwei Kindern) verschlechtern ihre Einkommensposition, Ehepaare mit drei und mehr Kinder verbessern ihre geringfügig. Die Einkommensposition der Alleinerziehenden verbessert sich leicht, liegt jedoch weiterhin deutlich unter denen der Ehepaare mit Kindern. Das Durchschnittseinkommen aller Familien liegt erheblich über dem Durchschnittseinkommen aller Haushalte. Alleinlebende verfügen über die schlechteste relative Einkommensposition. Die Einkommensposition der kinderlosen Paare liegt nach Steuern und Transfers geringfügig unter jenen der Ehepaare mit Kindern.

Die Nettoäquivalenzeinkommen zeigen ein differenzierteres Bild der Einkommenssituation. Durch die Berücksichtigung der Familiengröße liegen die mittleren Einkommen bzw. die relativen Einkommenspositionen der Ehepaare deutlich näher am Gesamtmittel und sinken erwartungsgemäß mit der Kinderzahl. Die relative Position der Alleinerziehenden verschlechtert sich. Jedoch verkleinert sich der Einkommensabstand zu den Ehepaaren mit Kindern. Insgesamt liegt das mittlere Familieneinkommen nur noch geringfügig über dem Durchschnitt. Kinderlose Paare weisen hingegen nach der Berücksichtigung der Haushaltsgröße mit erheblichem Abstand die beste Einkommensposition auf. Alleinlebende, deren Einkommen definitionsgemäß konstant bleiben, verfügen zwar immer noch über unterdurchschnittliche Einkommen, liegen nun aber oberhalb der Alleinerziehenden, die die niedrigste Wohlstandsposition aller Haushaltstypen aufweisen.[34]

3.3.1.2 Familientypen und Einkommensquintile

Die Familien werden nun in fünf gleich große Einkommensgruppen (Quintile) geschichtet, welche neben Familientypen und phasen die dritte Schichtungsart der Familien für diese Analyse darstellen. Die Einteilung der Quintile erfolgt anhand des Nettoäquivalenzeinkommens, da dieses hinsichtlich unterschiedlicher Haushaltsgrößen vorteilhafter als nicht bedarfsgewichtete Brutto- oder Nettoeinkommen ist.[35] Zunächst zeigt Tabelle 3.4 in der ersten Zeile die relativen Einkommenspositionen für die fünf Einkommensgruppen. Dabei zeigen sich sehr deutliche Einkommensabstände zwischen den Quintilen.[36] Daneben stellt die Tabelle 3.4 dar, auf welche Einkommensgruppen sich welche Familientypen konzentrieren. Die erste Zeile eines Familientyps (% von Familientyp) gibt an, wie viel Prozent des Familientyps auf das betreffende Quintil entfallen. Die zweite Zeile (% von Quintil) zeigt, wie viel Prozent des Quintils aus dem jeweiligen Familientyp bestehen. Schließlich zeigt die letzte Zeile der Tabelle die Verteilung der Kinder auf die Quintile.

Ehepaare mit einem Kind konzentrieren sich relativ deutlich auf die oberen Einkommens-

---

[34] Die Rangfolgen ändern sich nur geringfügig, wenn bei den kinderlosen Haushalten auch ökonomisch inaktive, in der Regel Rentner-Haushalte, einbezogen werden. Bei Brutto- und Nettoeinkommen liegen die relativen Einkommenspositionen der Alleinlebenden unterhalb der Alleinerziehenden und die der kinderlosen Paare unterhalb der von Ehepaaren mit Kindern. Bei den Äquivalenzeinkommen ändert sich die Rangfolge nicht, jedoch sind die Abstände geringer. Insgesamt stellen kinderlose Paare und vor allem Alleinlebende sehr heterogene Gruppen mit einer im Vergleich zu Familien sehr hohen Varianz der Einkommen dar. Becker I. (2003) sowie Münnich und Illgen (2000) gehen differenziert auf Unterschiede zwischen männlichen und weiblichen Alleinlebenden ein.

[35] Vgl. zur Begründung Abschnitt 4.1.3.3, S. 61.

[36] Die Quintile beinhalten ausschließlich Familien und keine Kinderlosen. Innerhalb eines Quintils unterscheiden sich die Einkommenspositionen der jeweiligen Familientypen kaum, sodass auf eine Darstellung verzichtet wird.

Tabelle 3.4: Familien und Kinder nach Quintilen

Familientyp	Quintil	I	II	III	IV	V
Alle	Einkommensposition	0,47	0,70	0,89	1,14	1,80
Ehepaare, 1 Kind	% von Familientyp	13,0	18,2	20,9	22,9	25,0
	% von Quintil	23,3	32,6	37,3	40,9	44,6
Ehepaare, 2 Ki.	% von Familientyp	14,6	21,0	22,1	21,4	20,8
	% von Quintil	26,8	38,8	40,8	39,6	38,5
Ehepaare, > 2Ki.	% von Familientyp	15,7	21,0	21,7	22,6	19,0
	% von Quintil	9,0	12,1	12,4	13,0	10,9
Alleinerziehende	% von Familientyp	51,6	20,8	11,9	8,2	7,5
	% von Quintil	40,9	16,5	9,4	6,5	6,0
Kinder	% je Quintil	19,5	20,4	20,4	20,2	19,6

Quelle: Eigene Berechnungen mit *Scientific Use File* der EVS 1998. Angaben in %. Bsp. zur Leseweise: Zeilenweise zeigt die Tabelle, welcher Anteil eines Familientyps auf welches Quintil entfällt, z.B 13,0% der Ehepaare mit einem Kind entfallen auf das erste Quintil, 25,0% auf das letzte Quintil. Spaltenweise zeigt die Tabelle, welchen Anteil ein Familientyp an den Haushalten eines Quintils hat, z.B. im ersten Quintil sind 23,3% der Familien Ehepaare mit einem Kind und 40,9% der Familien Alleinerziehende.

gruppen, Ehepaare mit zwei oder mehr Kindern stärker auf die mittleren Einkommensgruppen sowie Alleinerziehende auf die unteren beiden Quintile. Die oberen vier Fünftel ähneln sich in ihrer Zusammensetzung stark und werden von Normfamilien (Ehepaare mit ein oder zwei Kindern) dominiert. Der Anteil der Einkind-Ehepaare nimmt zu den oberen Quintilen hin zu. Mehrkinderehepaare verteilen sich relativ gleichmäßig auf die Einkommensschichtung ohne eine Einkommensgruppe zu prägen. Das unterste Quintil ist mehrheitlich von Alleinerziehenden besetzt.

Schließlich zeigt die Tabelle, dass sich die Schichtung nach dem Quadratwurzeleinkommen als sehr vorteilhaft erweist, da sich die Kinder der Familien nahezu gleichmäßig auf die Einkommensklassen verteilen. Der Vergleich der Einkommensklassen ist somit kaum durch unterschiedliche durchschnittliche Kinderzahlen der Familien verzerrt. Dies ist ein zentraler Vorteil der Quadratwurzelgewichtung gegenüber anderen Äquivalenzskalen, der für die Interpretation der Verteilungswirkungen im zweiten und dritten Teil dieser Arbeit wichtig ist.

3.3.1.3 Familienphasen und Einkommensquintile

Nun werden die Einkommensdaten für die Familienphasen aus der EVS ermittelt, die in der nachfolgenden Tabelle 3.5 dargestellt sind. Zunächst zeigt die erste Spalte der Tabelle die relativen Einkommenspositionen der Familienphasen. Die relativen Einkommenspositionen variieren über den Familienzyklus deutlich weniger stark als in der Einkommensschichtung. Die relative Einkommensposition verharrt zunächst bis zur Stabilisierungsphase zwischen 0,89 und 0,92, um dann zur Konsolidierungsphase deutlich anzusteigen. Zur letzten Phase verbessern die Familien ihre Einkommensposition.[37]

[37]Vgl. Tabelle 3.4, S. 40. Ergänzend weist die Tabelle 2 im Anhang die Einkommensentwicklung der einzelnen Familientypen über die Familienphasen hinweg aus. Zentrales Ergebnis ist dabei, dass für alle Ehepaare die

Tabelle 3.5: Familienphasen nach Quintilen

Familienphase	Quintile	I	II	III	IV	V
Alle	Einkommensposition	0,89	0,91	0,92	1,02	1,20
Gründung	% von Phase	25,6	23,4	20,4	16,8	13,8
	% von Quintil	10,5	9,5	8,3	6,8	5,6
Aufbau	% von Phase	23,1	24,4	20,7	18,4	13,5
	% von Quintil	23,9	25,3	20,7	18,4	13,5
Stabilisierung	% von Phase	23,2	23,1	21,1	18,1	14,4
	% von Quintil	31,8	31,7	29,0	24,9	19,8
Konsolidierung	% von Phase	20,7	17,2	20,2	20,4	21,6
	% von Quintil	21,1	17,5	20,6	20,7	22,0
Umorientierung	% von Phase	11,0	13,7	17,7	24,5	33,1
	% von Quintil	12,8	16,0	20,7	28,5	38,6

Quelle: Eigene Berechnungen mit *Scientific Use File* der EVS 1998. Angaben in %. Bsp. zur Leseweise: Zeilenweise zeigt die Tabelle, welcher Anteil der Familien einer Familienphase auf welches Quintil entfällt, z.B 25,6% der Gründungsfamilien entfallen auf das erste Quintil, 13,8% auf das letzte Quintil. Spaltenweise zeigt die Tabelle, welchen Anteil die Familien einer Familienphase an den Haushalten eines Quintils hat, z.B. im ersten Quintil sind 10,5% Gründungsfamilien und 12,8% der Familien Umorientierungsfamilien.

Dann zeigt die Tabelle wiederum die Zusammensetzung der Quintile bzw. die Verteilung der phasengeschichteten Familien über die Quintile. Die jeweils erste Zeile (% von Familienphase) gibt an, wie viel Prozent der Familien einer Familienphase auf das betreffende Quintil entfallen. Die zweite Zeile (% von Quintil) zeigt, wie viel Prozent des Quintils aus Familien der betreffenden Phase bestehen.

Die relative Häufigkeitsverteilung der altersgeschichteten Familien (Zeilen „% von Phase") ergänzt sich mit den phasenspezifischen relativen Einkommenspositionen. Gründungsfamilien konzentrieren sich auf die unteren Quintile. Diese linkssteile Verteilung der jüngeren Familien auf die unteren Quintile schwächt sich bis zur Stabilisierungsphase gering ab. Dies bedeutet, dass junge Familien mit Kindern unter zwölf Jahren in den beiden oberen Quintilen nur unterproportional vertreten sind. In der Konsolidierungsphase verteilen sich Familien eher gleichmäßig auf die Quintile. Die ältesten Familien (Umorientierungsphase) konzentrieren sich auf die beiden obersten Quintile und sind in den unteren 60% der familiären Einkommensverteilung nur unterproportional vertreten.

Die Zusammensetzung der Quintile (Zeilen „% von Quintil") zeigt, dass die Familien der zahlenmäßig bedeutsamsten Stabilisierungsfamilien die unteren drei Fünftel und Umorientierungsfamilien die oberen zwei dominieren. Gründungsfamilien hingegen prägen aufgrund ihrer geringen Anzahl keines der Quintile. Der untere Rand der Einkommensverteilung ist daher insgesamt weniger stark von jüngeren Familien besetzt wie der obere Rand der Einkommensverteilung von den ältesten Familien.

Einkommen ab der Konsolidierungsphase deutlich ansteigen. Die Einkommen der Alleinerziehenden sind in allen Phasen unterdurchschnittlich.

3.3.1.4 Exkurs: Relative Einkommensarmut

Im Zusammenhang mit der Einkommenslage der Familien ist auch die Betroffenheit von relativer Armut zu betrachten. Dabei stellt sich unmittelbar die Frage nach der Definition einer geeigneten Armutsgrenze, deren komplexe Bestimmung eine umfangreiche Literatur motiviert hat. Ohne auf die Vielfalt von Armutsgrenzen einzugehen, orientiert sich diese Analyse am Armuts- und Reichtumsbericht der Bundesregierung und verwendet die 50%-Armutsgrenze des arithmetischen Mittels des Nettoäquivalenzeinkommens, die auch eine international übliche Armutsschwelle darstellt.[38] Bei der Interpretation der Werte ist daher zu beachten, dass sich die Werte bei Unterstellung einer anderen Schwelle zum Teil deutlich ändern können. Gleichwohl ermöglicht die Tabelle 3.6 zumindest eine qualitative Aussage über die Betroffenheit der Familien von relativer Armut. Die Tabelle zeigt den prozentualen Anteil von Familien, die Einkommen unterhalb der definierten Armutsgrenze aufweisen.

Tabelle 3.6: Armutsquoten

Quintil	I	II	III	IV	V	Σ
Familien	54,6	0	0	0	0	10,9
Ehe, 1 Ki.	52,4	0	0	0	0	6,8
Ehe, 2 Ki.	(38,2)	0	0	0	0	5,6
Ehe, > 2Ki.	44,4	0	0	0	0	7,0
Alleinerz.	68,9	0	0	0	0	35,5
Familienphase	**Grdg.**	**Auf.**	**Stab.**	**Kons.**	**Umortg.**	**Σ**
Familien	15,4	11,5	13,1	11,5	5,7	10,9
Ehe, 1 Ki.	(12,8)	(11,7)	(7,8)	(7,7)	(2,2)	6,8
Ehe, 2 Ki.	./.	(6,4)	(7,7)	(3,5)	./.	5,6
Ehe, > 2Ki.	./.	(7,4)	(7,4)	./.	0	7,0
Alleinerz.	(59,2)	57,4	42,0	33,0	(20,8)	35,5

Quelle: Eigene Berechnungen mit *Scientific Use File* der EVS 1998. Angaben in Prozent. Armutsgrenze: 50% des arithmetischen Mittels des Nettoäquivalenzeinkommens nach der Quadratwurzelgewichtung. (xy): eingeschränkte Aussagekraft, da relativer Standardfehler zwischen 10 und 20%. (./.): keine Aussagekraft, da relativer Standardfehler größer als 20%. Vgl. dazu Abschnitt 4.1.1.3, S. 54.

Insgesamt sind 10,9% der Familien von relativer Einkommensarmut betroffen. Während die Armutsquoten unter den verheirateten Familien unterdurchschnittlich sind, weisen Alleinerziehende mit 35,5% einen sehr weit über dem Mittel liegenden Wert auf. Erwartungsgemäß befinden sich alle armen Haushalte im untersten Quintil, wobei sich in dieser Einkommensgruppe für alle Familientypen sehr hohe Quoten ergeben.

In der Familienphasenschichtung sinken die Armutsquoten insgesamt mit dem Familienalter, wobei der Wert zur Stabilisierungsphase noch einmal leicht ansteigt. Die familientypspe-

[38] Für eine Diskussion des relativen Armutsbegriffes sowie der zentralen Probleme der Messung, siehe BMWA (2001), S. 24ff. Der Armuts- und Reichtumsbericht weist insgesamt acht Armutsgrenzen aus, die verschiedene Einkommensschwellen, Einkommenskonzepte sowie Mittel bzw. Median berücksichtigen. Aus Gründen der Übersichtlichkeit wird hier auf eine Diskussion sowie den parallelen Ausweis weiterer Quoten verzichtet. Die Ergebnisse werden im zweiten Armut- und Reichtumsbericht aktualisiert, vgl. BMWA (2005b).

zifischen Verläufe zeigen, dass unter Ehepaaren lediglich Einkindfamilien überdurchschnittlich von relativer Armut betroffen sind. Jedoch sind die Ergebnisse aufgrund geringer Fallzahlen nur eingeschränkt aussagekräftig. Die Armutsquoten der Alleinerziehenden liegen zum Teil jedoch drastisch über dem Durchschnittswert.[39]

3.3.2 Einkommenserzielung

Um die im vorigen beschriebenen Ergebnisse zur Einkommenssituation von Familien zu erklären, wird nun die Art der Einkommenserzielung anhand der durchschnittlichen Anzahl von Erwerbstätigen und Einkommensbeziehern je Familie sowie anhand des überwiegenden Lebensunterhalts der Familie erläutert. Diese Ausführungen sind notwendig, da die Interpretation der Inzidenzergebnisse auf diese Ergebnisse zurückgreift.

3.3.2.1 Erwerbstätige

Die durchschnittliche Anzahl der Erwerbstätigen[40] eines Haushalts zeigt, inwieweit Unterschiede in der Erwerbstätigkeit der Familien bestehen. Erwerbstätige können Väter, Mütter und ältere Kinder sein. Die Tabelle 3.7 zeigt die mittlere Anzahl von Erwerbstätigen für Familientypen nach Quintilen und Familienphasen.

Tabelle 3.7: Erwerbstätige

Quintil	I	II	III	IV	V	Σ
Familien	0,90	1,41	1,62	1,76	1,85	1,51
Ehe, 1 Ki.	1,01	1,47	1,65	1,80	1,86	1,62
Ehe, 2 Ki.	1,16	1,57	1,73	1,86	1,97	1,68
Ehe, > 2Ki.	1,15	1,50	1,68	1,70	1,84	1,56
Alleinerz.	0,49	0,89	1,05	1,11	1,27	0,81
Familienphase	Grdg.	Auf.	Stab.	Kons.	Umortg.	Σ
Familien	1,53	1,38	1,40	1,53	1,73	1,51
Ehe, 1 Ki.	1,61	1,41	1,46	1,50	1,78	1,62
Ehe, 2 Ki.	1,67	1,49	1,56	1,83	2,35	1,68
Ehe, > 2Ki.	./.	1,40	1,53	2,01	2,11	1,56
Alleinerz.	0,60	0,41	0,68	0,84	1,06	0,81

Quelle: Eigene Berechnungen mit *Scientific Use File* der EVS 1998. (xy): eingeschränkte Aussagekraft, da relativer Standardfehler zwischen 10 und 20%. (./.): keine Aussagekraft, da relativer Standardfehler größer als 20%. Vgl. dazu Abschnitt 4.1.1.3, S. 54.

[39] Bei Verwendung der 50%-Armutsgrenze des Medianeinkommens liegen die Armutsquoten bei rund der Hälfte der Werte für das arithmetische Mittel. Die typspezifischen Unterschiede bleiben erhalten, wie ergänzende Berechnungen zeigen.

[40] „Als Erwerbstätiger gilt jede Person, die ihrer sozialen Stellung nach Selbstständiger, mithelfender Familienangehöriger oder Arbeitnehmer (einschließlich Auszubildender) war. Hatte ein Nichterwerbstätiger kleinere oder unregelmäßige Einkünfte aus Erwerbstätigkeit, wurde er nicht den Erwerbstätigen zugeordnet." Statistisches Bundesamt (1998), S. 9.

Die durchschnittliche Anzahl der Erwerbstätigen unterscheidet sich zwischen den Ehepaaren nur wenig. Am stärksten erwerbstätig sind Ehepaare mit zwei Kindern mit durchschnittlich 1,68 Erwerbstätigen. In Einkindfamilien sind im Mittel 1,62 und in Mehrkinderfamilien 1,56 Personen erwerbstätig. Diese Rangordnung überrascht, da sie weder mit der Kinderzahl noch mit der Rangordnung der Nettoeinkommenspositionen korrespondiert. Der Wert für alleinerziehende Familien liegt mit 0,81 deutlich unterhalb dem von Ehepaaren.

Die durchschnittliche Anzahl der Erwerbstätigen einer Familie steigt für alle Familientypen mit dem Einkommen an. Für alle Familientypen ist ein Sprung in der Erwerbstätigkeit vom ersten ins zweite Quintil festzustellen, worauf die Werte dann eher mäßig ansteigen. Die Rangordnung der oben beschriebenen typspezifischen Erwerbstätigkeit bleibt in der Regel auch innerhalb der Quintile erhalten. Den Minimalwert über alle Zellen hinweg stellen die Alleinerziehenden im untersten Quintil mit 0,49 erwerbstätigen Personen je Haushalt. Ab dem dritten Quintil gehen die Kinder der Alleinerziehenden einer eigenen Erwerbstätigkeit nach. Dabei ist zu beachten, dass die rasche Zunahme der Erwerbstätigkeit sich nicht in einer entsprechenden Verbesserung der relativen Einkommenspositionen von Alleinerziehenden niederschlägt.

Der nach Phasen differenzierte Verlauf der Kennziffern zeigt für alle Familientypen exklusive der Mehrkinderehepaare, die in dieser Phase nicht vorkommen, dass die Erwerbstätigkeit von der Gründungsphase zunächst in die Aufbauphase hin sinkt. Die Familienvergrößerung in der Aufbauphase erscheint für alle Familientypen als besonders prekäre Familienphase, die sich durch den hohen Betreuungsaufwand der Kinder in niedriger Erwerbstätigkeit niederschlägt. Die Erwerbstätigkeit aller Familientypen steigt dann zu den späteren Phasen hin an, allerdings in unterschiedlichem Umfang. Die Erwerbstätigkeit von Einkindpaaren übertrifft bemerkenswerterweise erst in der letzten Familienphase das Ausgangsniveau, während in größeren Familien die mittlere Erwerbstätigkeit deutlich schneller ansteigt. In Mehrkinderpaaren werden in den späteren Phasen verstärkt ältere Kinder erwerbstätig, sodass die Rangfolge der Gesamtmittelwerte in den späteren Phasen verschoben wird. Alleinerziehende Haushalte weisen sehr geringe Werte auf und stellen den Minimalwert aller Zellen in der Aufbauphase mit nur 0,41. Schließlich ist die weniger starke Variation der Werte im Vergleich zur Einkommensschichtung festzuhalten.[41]

3.3.2.2 Einkommensbezieher

Die durchschnittliche Anzahl der Einkommensbezieher[42] je Familie liegt aufgrund des insbesondere um Transferzahlungen erweiterten Einkommensbegriffs höher als die der Erwerbstätigen. So gelten Mütter als Einkommensbezieher, wenn sie z.B. kindbezogene Transfers wie das Erziehungsgeld beziehen. Darüber hinaus können Kinder selbst Einkommensbezieher sein, wenn sie z.B. Sozialhilfeleistungen beziehen. Die Tabelle 3.8 zeigt die Ergebnisse für Einkommensbezieher in der gleichen Tabellenstruktur wie bei Erwerbstätigen.

---

[41] Vgl. auch Tabelle 2 im Anhang.

[42] „Als Einkommensbezieher gilt jede Person, die im Laufe des Erhebungsjahres mindestens in einem Monat Einkommen der jeweils nachgewiesenen Art erhalten hat.“ Einkommen sind Bruttoeinkommen aus Erwerbstätigkeit, öffentlichen Transferzahlungen, Vermögen sowie laufende Übertragungen von anderen privaten Haushalten. Daher ist zu beachten, dass Einkommensbezieher, die nicht erwerbstätig sind, nicht zwangsläufig Transferempfänger

Tabelle 3.8: Einkommensbezieher

Quintil	I	II	III	IV	V	Σ
Familien	1,80	1,86	1,97	2,07	2,16	1,97
Ehe, 1 Ki.	1,87	2,02	2,06	2,16	2,20	2,09
Ehe, 2 Ki.	1,90	1,91	2,02	2,09	2,22	2,03
Ehe, > 2Ki.	2,06	1,95	2,07	2,05	2,17	2,05
Alleinerz.	1,58	1,38	1,37	1,58	1,72	1,52
Familienphase	**Grdg.**	**Auf.**	**Stab.**	**Kons.**	**Umortg.**	**Σ**
Familien	1,84	1,75	1,82	1,99	2,38	1,97
Ehe, 1 Ki.	1,87	1,77	1,80	1,96	2,41	2,09
Ehe, 2 Ki.	1,97	1,76	1,87	2,22	2,96	2,03
Ehe, > 2Ki.	.	1,79	2,03	2,54	3,33	2,05
Alleinerz.	1,46	1,56	1,38	1,42	1,75	1,52

Quelle: Eigene Berechnungen mit *Scientific Use File* der EVS 1998. (xy): eingeschränkte Aussagekraft, da relativer Standardfehler zwischen 10 und 20%. (./.): keine Aussagekraft, da relativer Standardfehler größer als 20%. Vgl. dazu Abschnitt 4.1.1.3, S. 54.

Differenziert nach Familientypen zeigt sich, dass Einkindfamilien mit 2,09 Personen trotz niedrigerer Erwerbstätigkeit und kleinerer Haushaltsgröße die meisten Einkommensbezieher aufweisen. Geringfügig darunter liegen die größeren Mehr- und Zweikinderfamilien mit 2,05 und 2,03 Personen. Alleinerziehende Familien weisen durchschnittlich 1,52 Einkommensbezieher auf. Jedoch ist der Abstand zwischen Alleinerziehenden und Ehepaaren geringer als bei der durchschnittlichen Anzahl der Erwerbstätigen, was auf die höhere Anzahl der Empfänger öffentlicher und privater Transfers zurückzuführen ist.[43]

Die Anzahl der Einkommensbezieher nimmt mit steigendem Einkommen zu, was stärker auf die oben dargestellte zunehmende Erwerbstätigkeit als auf vermehrten Transferbezug zurückzuführen ist. Zu beachten ist, dass die Werte im untersten Quintil bereits sehr hoch sind und dann nur mäßig ansteigen bzw. bei Mehrkinderfamilien und Alleinerziehenden abnehmen, was wiederum auf die relativ hohe Anzahl von Transferempfängern in diesen Einkommensgruppen bzw. Familientypen zurückzuführen ist. Offenbar wird die geringe Erwerbstätigkeit in den betreffenden Zellen durch eine hohe Anzahl von Transferempfängern kompensiert, da vor allem Kinder häufig selbst Transferempfänger sind.

In der Familienphasenschichtung entwickeln sich die Mittelwerte für Ehepaare ähnlich wie die der Erwerbstätigkeit, jedoch gleichmäßiger. Zunächst sinkt die Anzahl der Einkommensbezieher von der Gründungs- in die prekäre Aufbauphase, um dann in die späteren Phasen hin anzusteigen. Desto größer eine Familie ist, desto stärker steigt die mittlere Anzahl der Einkommensbezieher. Bei alleinerziehenden Haushalten verlaufen die Mittelwerte hingegen deutlich uneinheitlicher als bei den Ehepaaren, da die Anzahl der Einkommensbezieher in den beiden frühen sowie in der spätesten Phase über den Werten der mittleren Phasen liegen.

darstellen. Vgl. Statistisches Bundesamt (1998), S. 9.

[43]Die mittlere Anzahl der Erwerbstätigen in Alleinerziehenden-Haushalten beträgt 0,81 gegenüber 1,56 bis 1,68 für Ehepaare. Vgl. Tabelle 3.7, S. 43.

3.3.2.3 Überwiegender Lebensunterhalt

Die Analyse der Erwerbstätigkeit und des Einkommensbezugs von Familien wird nun durch die Darstellung des überwiegenden Lebensunterhalts der Erziehenden vervollständigt. Die EVS erfasst für jede im Haushalt lebende Person, mit welcher Einkunftsart der Lebensunterhalt überwiegend bestritten wird.[44]

Einkommensgruppen Die Tabelle 3.9 zeigt, wie viel Prozent der Ehemänner, -frauen bzw. Alleinerziehenden in einer Einkommensgruppe von welcher Einkunftsart überwiegend leben. Die Angaben für Ehegatten werden zur besseren Übersichtlichkeit zusammengefasst dargestellt und nicht nach der Kinderzahl differenziert.

Tabelle 3.9: Überwiegender Lebensunterhalt nach Quintilen

Einkunftsart	Person	I	II	III	IV	V
Erwerbstätigkeit	Ehemann	72,1	91,6	94,4	95,6	94,7
	Ehefrau	16,4	30,0	41,6	48,6	54,8
	Alleinerziehende	44,0	81,9	80,5	80,3	87,7
Unterhalt,	Ehemann	./.	./.	./.	0	./.
Vermögens-	Ehefrau	59,1	55,0	47,8	44,2	40,0
einkommen	Alleinerziehende	(5,9)	(2,5)	./.	./.	./.
Renten,	Ehemann	(5,7)	(2,8)	(2,)	(3,5)	4,1
Pensionen	Ehefrau	./.	(1,6)	(2,0)	(2,5)	2,2
	Alleinerziehende	(4,3)	./.	./.	./.	./.
Sozialtransfers	Ehemann	21,2	5,5	(2,7)	(0,9)	(1,2)
	Ehefrau	23,5	13,4	8,6	4,7	2,9
	Alleinerziehende	45,8	(12,2)	./.	./.	./.

Quelle: Eigene Berechnungen mit *Scientific Use File* der EVS 1998. (xy): eingeschränkte Aussagekraft, da relativer Standardfehler zwischen 10 und 20%. (./.): keine Aussagekraft, da relativer Standardfehler größer als 20%. Vgl. dazu Abschnitt 4.1.1.3, S. 54.

Ehemänner beziehen ihren Lebensunterhalt überwiegend aus Einkünften aus Erwerbstätigkeit. Lediglich im untersten Quintil stellen Sozialtransfers (Arbeitslosengeld und -hilfe, Sozialhilfe, sonstige öffentliche Transfers) für jeden fünften verheirateten Vater die wesentliche Einkunftsart dar. Ehemänner, die überwiegend von Alterseinkünften wie Renten oder Pensionen leben, verteilen sich auf alle Quintile, spielen zahlenmässig aber nur ein geringe Rolle.

Unter verheirateten Müttern sind Erwerbseinkünfte deutlich weniger häufig die wesentliche Einkunftsart, wobei der prozentuale Anteil mit dem Familieneinkommen ansteigt. Jedoch überwiegt erst im fünften Quintil der Anteil der verheirateten Mütter, die überwiegend von Erwerbseinkünften leben. Entsprechend hoch ist der Anteil jener verheirateten Frauen, die überwiegend Unterhaltszahlungen durch Ehepartner beziehen. Deren Anteil sinkt von 60 im untersten

[44] Die EVS unterscheidet insgesamt neun Einkunftsarten. Aufgrund der niedrigen Fallzahlen bei kleineren Einkunftsarten wie z.B. Pensionen wurden die Einkunftsarten zu den vier genannten Kategorien verdichtet. Haupteinkunftsart von Kindern ist in der Regel der Unterhalt durch die Eltern, sodass auf eine Darstellung verzichtet wird. Ebenso wird von einer Differenzierung in Vollzeit- oder Teilzeit-Erwerbstätigkeit abgesehen.

auf 40% im obersten Quintil. Insbesondere in den unteren Einkommensgruppen herrscht demnach das männliche Ernährermodell (*male breadwinner*) vor. Andererseits trägt die Aufnahme einer Erwerbstätigkeit durch die Frau zur Verbesserung der Einkommenssituation bei. Alterseinkünfte spielen eine marginale Rolle, während Sozialtransfers relativ häufig von Ehefrauen in den beiden unteren Einkommensgruppen als maßgebliche Einkommensart angegeben wurden.

Der Anteil der überwiegend von Erwerbseinkünften lebenden alleinerziehenden Eltern steigt sehr deutlich in die oberen Einkommensgruppen hin an. Im untersten Quintil, dass wie gezeigt nahezu die Hälfte der Alleinerziehenden umfasst, liegt der Anteil bei lediglich rund 44%. Trotz der im Vergleich zu verheirateten Müttern relativ hohen Erwerbstätigkeit verbleiben Alleinerziehende in der untersten Einkommensgruppe. Entsprechend hoch ist der Anteil von knapp 50% der Alleinerziehenden im untersten Quintil, die überwiegend von Transfers leben.

Familienphasen Die Differenzierung nach Familienphasen zeigt, wie sich die Wichtigkeit der Einkunftsarten für das Familienbudget über den Familienzyklus entwickelt. Die Tabelle 3.10 zeigt in Analogie zur Tabelle 3.9 die nach Familienphasen geschichteten Prozentwerte.

Tabelle 3.10: Überwiegender Lebensunterhalt nach Familienphasen

Einkunftsart	Person	Grdg.	Aufbau	Stab.	Konsol.	Umortg.
Erwerbstätigkeit	Ehemann	91,3	94,8	93,7	90,6	84,2
	Ehefrau	23,2	23,3	42,3	56,6	48,1
	Alleinerziehende	(26,8)	35,8	62,7	71,8	67,7
Unterhalt/	Ehemann	./.	./.	./.	./.	./.
Vermögen	Ehefrau	62,5	66,4	48,5	33,0	36,7
	Alleinerziehende	./.	(12,5)	(6,3)	./.	./.
Renten,	Ehemann	./.	./.	(1,2)	3,9	11,4
Pensionen	Ehefrau	./.	./.	(0,8)	2,1	5,8
	Alleinerziehende	./.	./.	(2,9)	(3,8)	11,9
Sozialtransfers	Ehemann	(7,7)	(4,9)	5,1	5,2	(4,3)
	Ehefrau	14,3	10,1	8,4	8,3	9,4
	Alleinerziehende	(67,6)	51,1	28,1	22,6	18,3

Quelle: Eigene Berechnungen mit *Scientific Use File* der EVS 1998. (xy): eingeschränkte Aussagekraft, da relativer Standardfehler zwischen 10 und 20%. (./.): keine Aussagekraft, da relativer Standardfehler größer als 20%. Vgl. dazu Abschnitt 4.1.1.3, S. 54.

Für den überwiegenden Anteil der Ehemänner stellen Einkünfte aus Erwerbstätigkeit die wichtigste Einkunftsart dar. Lediglich in der letzten Phase sinkt der Wert unter 90%. Entsprechend spielen für Ehemänner der Umorientierungsphase Alterseinkünfte eine größere Rolle. Sozialtransfers als überwiegende Einkunftsart konzentrieren sich eher auf die Ehemänner der Gründungsphase, fallen jedoch ebenso wie Unterhaltszahlungen und Vermögenseinkommen quantitativ wenig ins Gewicht.

Erwartungsgemäß steigen die Anteile der überwiegend von Erwerbstätigkeit lebenden Ehefrauen mit dem Familienalter an, während die Prozentwerte für den Unterhalt durch Partner und Dritte mit dem Familienalter sinken. Insgesamt zeigt sich in der Phasenbetrachtung unter Ehepaaren eine bemerkenswerte Dominanz des traditionellen männlichen Ernährermodells, das besonders stark in frühen Familienphasen sehr stark ausgeprägt ist. Ehemänner bestreiten zu über 90% ihren Lebensunterhalt aus Erwerbstätigkeit, während Ehefrauen zu über 60% überwiegend vom Ehepartner unterhalten werden.

Die Situation der Alleinerziehenden ist geprägt von einer sehr geringen Bedeutung der Erwerbseinkünfte in den beiden frühen Phasen, um dann jedoch rasch anzusteigen. Dies geht einher mit der außerordentlich hohen Abhängigkeit von öffentlichen Transfers in diesen beiden Phasen, in denen jeweils über die Hälfte der Alleinerziehenden überwiegend von öffentlichen Transfers lebt. Im Unterschied zu verheirateten Frauen spielen Unterhaltszahlungen keine große Rolle.

3.3.3 Plausibilität

Analog der Einteilung in Familienphasen sollen auch die Einkommensdaten anhand von Vergleichsdaten hinsichtlich ihrer Plausibilität diskutiert werden. In den absoluten Werten der Einkommensstrukturdaten in Tabelle 3.3, Seite 38 ergeben sich kleinere Abweichungen gegenüber Veröffentlichungen des Statistischen Bundesamts, die auf dem kompletten Datensatz zur EVS 1998 basieren. Diese Abweichungen folgen neben der Verwendung der anonymisierten Substichprobe aus Umstellungen in der Schichtung der Haushalte wie beispielsweise der Verwendung anderer Altersgrenzen für Kinder und alternativer Äquivalenzskalen, sofern Äquivalenzeinkommen ausgewiesen werden.

Die Rangordnung der Familientypen hinsichtlich ihres Haushaltsnettoeinkommens in der Substichprobe entspricht jedoch auch jenen Arbeiten, die mit der kompletten EVS arbeiten. Auch die Rangfolgeverschiebungen, die sich aus der Verwendung der Äquivalenzeinkommen ergeben, sind konform mit Vergleichsarbeiten.[45] Ebenso bestätigen Analysen, die nicht mit der EVS arbeiten, die Rangordnung der Nettoeinkommen und Nettoäquivalenzeinkommen in qualitativer Dimension.[46] Gleiches gilt auch für die Armutsquoten: Ähnliche bis identische Armutsquoten finden sich im Armut- und Reichtumsbericht der Bundesregierung, dessen Berechnungen sich ebenso auf die EVS 1998 stützen.[47]

Die Einkommenssituation der Familien im Lebenszyklus, wie sie sich aus dem EVS-*Scientific Use File* ergibt, kann mit den grundsätzlichen Aussagen ähnlicher Auswertungen verglichen werden. Dabei ist wiederum zu beachten, dass sich die Phaseneinteilungen zwischen der vorliegenden und den Vergleichsanalysen unterscheiden. Grabka und Kirner (2002) untersuchen die Einkommenslage von Familien anhand des Sozioökonomischen Panels (SOEP)

[45] Vgl. Münnich und Illgen (2000), S. 132ff sowie Becker I. (2003), S. 3ff.

[46] Vgl. Dickmann (2004), Eggen (1997) sowie Stutzer (2000) zur finanziellen Situation von Familien im Vergleich zu Kinderlosen.

[47] Abweichungen zum Armutsbericht ergeben sich durch eine andere Zusammensetzung des Einkommensbegriffs, der auf das Markteinkommen abstellt sowie durch die Bedarfsgewichtung mit alternativen Äquivalenzskalen, vgl. dazu BMWA (2001), Anhangtabellen I.21-I.24. Die in dieser Analyse verwendeten Nettoäquivalenzeinkommen stimmen mit der EVS-Auswertung des Statistischen Bundesamts überein, vgl. dazu Münnich (2000), S.23, sodass sich bei Verwendung des nicht-bedarfsgewichteten EVS-Haushaltsnettoeinkommens keine Abweichungen ergeben.

2000 und vergleichen sie mit jenen von kinderlosen Haushalten, indem sie die Familienhaushalte nach dem Alter der Kinder gruppieren. Übereinstimmungen ergeben sich hinsichtlich der sehr problematischen Einkommenssituation von jungen alleinerziehenden Familien, deren Einkommen und durchschnittliche Erwerbstätigkeit sich zwar mit dem Alter der Kinder erhöht, jedoch nicht den Einkommensabstand zu den verheirateten Familien aufholen kann. Daneben steigen übereinstimmend mit den EVS-Ergebnissen die relativen Einkommenspositionen sowie die Erwerbstätigkeit der verheirateten Paare mit dem Alter der Kinder an. Ebenso stellen die SOEP-Daten einen Sprung in der Einkommensposition fest, wenn die jüngsten Kinder den betreuungsintensiven Phasen bis zum Alter von rund 10 Jahren entwachsen sind.[48]

Eine weitere wichtige Referenz, um die Plausibilität der Ergebnisse zu diskutieren, ist die Analyse von Dathe (1999), der mit Mikrozensus-Daten für Baden-Württemberg für 1995 arbeitet und das fünfstufige Phasenmodell benutzt. Dathe stellt darin fest, dass sich Familien in den ersten drei Phasen in den wirtschaftlich am schwierigsten Phasen befinden, was grundsätzlich mit den vorgestellten Ergebnissen übereinstimmt. Die problematische Einkommenssituation verbessert sich auch in den Mikrozensus-Daten ab der Konsolidierungsphase, wenn das jüngste Kind mindestens sechs Jahre alt ist und damit verbunden Frauen verstärkt (wieder) erwerbstätig werden. Die Erwerbstätigkeit der Männer ist bis zur Umorientierungsphase sehr hoch und schwankt kaum, bis ältere Männer aus dem aktiven Arbeitsleben ausscheiden.[49]

Schließlich findet sich eine weitere Übereinstimmung der Ergebnisse aus der EVS-Substichprobe mit den von Kleinhenz und Werding (1997) modellierten Erwerbsverläufen für ausgewählte Familientypen, die auf der EVS 1988 basieren. Deren Ergebnisse bestätigen die Einkommensexpansion von Ehepaaren mit dem Alter der Kinder, wenn auch in den Verläufen die sprunghafte Verbesserung ab der kritischen Altersgrenze des jüngsten Kindes von sechs Jahren nicht so stark ausgeprägt ist. Daneben zeigen die Autoren den gleichen deutlichen Einkommensabstand von Alleinerziehenden gegenüber anderen Familien, der ebenso wiederum einer geringeren Dynamik unterliegt als in der vorliegenden Auswertung für 1998.[50]

Die Ergebnisse der nach Familientyp, Familienphase und Familieneinkommen geschichteten Diskussion sind daher insgesamt plausibel und bestätigen die „als stilisierte Fakten der ökonomischen Familienforschung“[51] geltenden Ergebnisse.

[48]Grabka und Kirner (2002) begrenzen das Alter der Kinder auf 16 Jahre, sodass die beiden Arbeiten nur etwa bis zur Konsolidierungsphase verglichen werden können. Vgl. Grabka und Kirner (2002), S.3ff.

[49]Zu beachten ist wiederum, dass Dathe die Phasen neben dem Kinderalter nach der Ehedauer abgrenzt. Vgl. Dathe (1999), S. 15ff.

[50]Vgl. Kleinhenz und Werding (1997), S. 48ff. Dort findet sich auch eine sehr anschauliche Zusammenfassung einiger älterer Studien zur Einkommensentwicklung von Familien im Längsschnitt sowie in Quasi-Längsschnitten, vgl. Kleinhenz und Werding (1997), S. 34ff.

[51]Althammer (2000), S. 11.

3.4 Zentrale Ergebnisse und weiterführende Argumente

- Die Familie ist das Verteilungssubjekt der Familienpolitik. Als Familie gelten Ehepaare mit Kindern sowie Alleinerziehende.
- Die Familien werden geschichtet nach Familientypen, Familienphasen und Einkommensgruppen. Die Schichtung nach Familienphasen benutzt ein fünfgliedriges Schema, dass die Familienkarriere von der Geburt des ersten Kindes bis zum Auszug des letzten Kindes modelliert. Die Schichtung nach dem Familieneinkommen bildet fünf Quintile nach dem Nettoäquivalenzeinkommen.
- Die materielle Situation der überwiegenden Anzahl von Familien ist prima facie sehr gut. Die intensive ökonomische Aktivität drückt sich in hoher Erwerbsbeteiligung sowie in entsprechend hohen Bruttoeinkommen gegenüber Haushalten ohne Kindern aus. Das *male breadwinner*-Modell ist sehr stark ausgeprägt.
- Wird die Anzahl der Haushaltsmitglieder berücksichtigt, relativiert sich die Einkommenssituation zu Gunsten kinderloser Haushalte. Die Mehrzahl der Familien verfügt nur über durchschnittliche Äquivalenzeinkommen.
- Familien in problematischer Einkommenslage sind Alleinerziehende und in geringerem Umfang Familien mit drei und mehr Kindern sowie jüngere Familien mit Kindern unter sechs Jahren. Einkommensschwache Familien treten jedoch in allen Familientypen und -phasen auf.
- Die stärksten Einkommensdisparitäten zwischen Familien zeigt die Einkommensschichtung. Die Einkommensabstände zwischen Familientypen und Familienphasen sind weniger stark ausgeprägt.
- Einkommensunterschiede zwischen Familien entstehen weitestgehend aus der unterschiedlichen Erwerbsbeteiligung. Die Anzahl der erwerbstätigen Familienmitglieder steigt stark mit dem Einkommen bzw. schwach mit dem Familienalter an. Das Mindestalter der Kinder von rund 12 Jahren stellt eine kritische Schwelle für die Einkommensentwicklung dar, da die Familieneinkommen ab der Konsolidierungsphase (Mindestalter 12) deutlich ansteigen.

Kapitel 4

Verteilungsanalyse

Das folgende Kapitel zeigt zunächst die wesentlichen methodischen Grundlagen auf. Dies beinhaltet die Auswahl der Einkommens-und Verbrauchsstichprobe (EVS) als Datengrundlage sowie eines fiskalischen Inzidenzmodells als Methode für die empirische Analyse. Daneben fasst ein Literaturüberblick über distributiv orientierte Studien zur Familienpolitik die wichtigsten inhaltlichen und methodischen Referenzpunkte für diese Arbeit zusammen.

4.1 Methodische Grundlagen

Im folgenden Abschnitt sind die methodischen Grundlagen der Analyse zu beschreiben. Zunächst wird grundsätzlich erklärt, warum die Einkommens- und Verbrauchsstichprobe (EVS) des Statistischen Bundesamtes als maßgebliche Datengrundlage für die empirische Analyse verwendet wird und welche Besonderheiten das so genannte *Scientific Use File* der EVS aufweist. Dann werden Auswahl und Eignung eines fiskalischen Inzidenzmodells für die Analysezwecke begründet und der Modellaufbau grundlegend beschrieben.

4.1.1 Datensatz

4.1.1.1 Datenauswahl

Die Inzidenzanalyse erfordert einen geeigneten mikroökonomischen Datensatz, der zum einen hohe Repräsentativität und zum anderen ein breite Palette von Variablen insbesondere zur Abbildung der Einkommenserzielung und der Konsumgewohnheiten aufweist. Prinzipiell stehen folgende Datenquellen zur Verfügung:

Mikrozensus Beim vom Statistischen Bundesamt erhobenen Mikrozensus handelt es sich um die umfangreichste Stichprobe der deutschen Wohnbevölkerung, die jährlich erhoben wird. Etwa 1% der im Inland Lebenden bzw. rund 370.000 Haushalte mit 820.000 Personen werden darin erfasst. Sie dient der Aufzeichnung der Lebensbedingungen der Bevölkerung in Deutschland und wird seit 1957 jährlich durchgeführt. Die Haushalte sind zur Auskunft verpflichtet. Aufgezeichnet werden vor allem sozioökonomische Angaben, jedoch werden Einkommens- und Ausgabendaten im Vergleich zur Einkommen- und Verbrauchsstichprobe EVS nur in sehr geringem Umfang erhoben. Daher dient der Mikrozensus eher als Vergleichsmöglichkeit für die EVS-Daten denn als grundlegende Datenbasis dieser Arbeit.[1]

Lohn- und Einkommensteuerstatistik Eine wichtige Datenbasis ist die Lohn- und Einkommensteuerstatistik, die bisher im Dreijahresabstand vom Statistischen Bundesamt in Zusammenarbeit mit den Finanzämtern aufbereitet wird. Die Lohn- und Einkommensteuerstatistik ist eine Totalerhebung der rund 30 Mio. steuerpflichtigen Personen. Zentraler Nachteil dieser Statistik ist, dass nicht private Haushalte, sondern Steuerpflichtige (Steuerfälle) die Erhebungseinheit darstellen. Ebenso fehlen Angaben zu privatem Konsum, die für die Analysezwecke unbedingt notwendig sind. Daher ist die Lohn- und Einkommensteuerstatistik nicht für die vorliegende Analyse vorteilhaft.[2]

SOEP Das sozioökonomische Panel SOEP ist eine seit 1984 existierende Längsschnittbefragung deutscher Haushalte, die federführend vom Deutschen Institut für Wirtschaftsforschung (DIW) durchgeführt wird. Das Panel erfasst u.a. Daten zur Erwerbs- und Familienbiographie, zu Einkommensverläufen und zur aktuellen Erwerbsbeteiligung.[3] Der zentrale Vorteil des SOEP gegenüber der EVS ist, dass es sich um einen „echten" Längsschnitt handelt, in dem eine vergleichsweise geringe Anzahl von Haushalten mit größtmöglicher Kontinuität erfasst wird. Der zentrale Nachteil gegenüber der EVS ist hingegen die geringere Stichprobengröße. So wurden bis zum Jahr 2000 nur etwa 7.000 und gegenwärtig etwa 14.000 Haushalte befragt, davon 2.200 seit 1990 in Ostdeutschland. Die auf Grundlage dieser Daten resultierenden Besetzungszahlen für Zellen einer noch zu diskutierenden tieferen Untergliederung von Familien würden deutlich hinter den bei Verwendung der EVS-Daten möglichen Besetzungen zurück bleiben.[4]

EVS Die EVS ist die grundlegende Datenquelle für die vorliegende Arbeit. In der Einkommens- und Verbrauchsstichprobe EVS des Statistischen Bundesamts werden alle fünf Jahre maximal 0,3% der Bevölkerung nach ihren Einnahmen und Ausgaben befragt. In der EVS 1998 berichteten in Deutschland rund 70.000 Haushalte freiwillig z.B. über ihre Wohnsituation, Ausstattung mit Gebrauchsgütern, Einnahmen und Verbrauchsgewohnheiten.[5] Diese Analyse verwendet die EVS, da die EVS gegenüber dem SOEP über den höheren Stichprobenumfang hinaus für unsere Analyse aus zwei Gründen vorteilhaft ist. Ein zentraler Vorteil der EVS ist die sehr hohe Anzahl von aufgeführten Ausgabe- bzw. Einnahmearten der Haushalte, die insbesondere bei der Zurechnung von konsumorientierten Steuern in der Inzidenzanalyse hilfreich sind. Zudem differenziert die EVS die Vielzahl der erfassten Ausgaben der privaten Haushalte nach Kategorien, die für allgemeinere Zurechnungsvarianten benötigt werden.

[1] Weitere Datenquellen sind das „International Social Survey Program" ISSP sowie die „Allgemeine Bevölkerungsumfrage der Sozialwissenschaften". Diese eignen sich jedoch eher für primär sozialwissenschaftliche Fragestellungen. Einkommensgrößen werden im Vergleich zu SOEP und EVS relativ undifferenziert dargestellt.

[2] Eine Zusammenfassung der Steuerpflichtigen zu Haushalten ist anhand der Steuerklassen möglich, aber methodisch aufwendig. Vgl. Fritzsche et. al (2003), S. 45

[3] Vgl. DIW (2004).

[4] Ein ausführlicher Vergleich von SOEP und EVS findet sich bei Becker I. et al. (2002).

[5] Vgl. Statistisches Bundesamt (2004a).

Ein weiterer Vorteil ist die sehr hohe Übereinstimmung der EVS mit den Einkommensdaten der Volkswirtschaftlichen Gesamtrechnung VGR. Die aggregierten Einkommen der Mikrodatensätze entsprechen den Makrodaten zwar nicht zu 100%, jedoch erreichen sie im Vergleich zu SOEP und anderen Datenquellen sehr hohe Erfassungsgrade. Zu diesem Ergebnis kommen Fritzsche et al. (2003) sowie Bork (2000). Insbesondere für die im weiteren sehr wichtigen monetären Sozialleistungen entspricht die EVS 1998 der VGR zu 94%. Der hohe Repräsentationsgrad der EVS gegenüber der VGR ist ein sehr wichtiges Kriterium, wenn die Plausibilität der berechneten Umverteilungswirkungen beurteilt wird. Die Übereinstimmung zwischen den Mikro- und Makrodaten erhöht die Plausibilität der berechneten Inzidenz, da zu hohe Abweichungen zwischen den in der Datenquelle enthaltenen Angaben (Mikrogröße, z.B. aggregiertes Einkommen der Haushalte) und den tatsächlichen VGR-Größen (Makrogröße, z.B. Einkommen der Haushalte) die Umverteilungswirkung verzerren.[6]

Nachteilig wirkt sich aus, dass Haushalte mit einem Einkommen über 35.000 DM (17.985 Euro) monatlich bzw. 420.000 DM (214.743 Euro) jährlich nicht in die EVS einbezogen sind.[7] Die Inzidenzanalyse ignoriert daher zu einem gewissen Umfang Steuerlasten, da sehr hohe Einkommensgruppen auch hohe Steuerzahlungen leisten dürften. Jedoch sind diese Einkommensgruppen auch im SOEP nur „rudimentär und über 500.000 DM ebenfalls nicht vorhanden".[8]

Trotz der geschilderten Nachteile überwiegen die Vorteile der Nutzung des EVS für diese Arbeit.

4.1.1.2 Spezifika des EVS *Scientific Use File*

Seit 1993 stellt das Statistische Bundesamt für die Forschung einen Datensatz mit Mikrodaten (*Scientific Use File*) der EVS zur Verfügung, der anstelle der bisherigen Print-Publikationen verwendet werden kann. Das *Scientific Use File* enthält die Einzeldatensätze der individuellen Haushalte. Gegenüber den regelmäßig veröffentlichten aggregierten Daten in Form von Tabellenbänden oder ähnlichen Zusammenstellungen bieten die Mikrodaten ein weitaus vielfältigeres Spektrum für die wissenschaftliche Datenanalyse. Ein zentraler Vorteil ist beispielsweise die durch die Mikrodaten beliebig mögliche Neuklassierung von Einzeldaten anstelle der Benutzung der in den Print-Publikationen vorgegebenen Klassierungen, wie beispielsweise der Einkommensklassen.

Die Weitergabe an wissenschaftliche Nutzer erfordert jedoch eine faktische Anonymisierung der Einzeldaten, um den rechtlichen Anforderungen aus dem Datenschutz nachzukommen. Die faktische Anonymisierung besteht im wesentlichen aus der Verwendung einer Unterstich-

[6] Vgl. dazu die Kritik am fiskalischen Inzidenzmodell in Abschnitt 4.1.3.5, S. 65ff. Vgl. zur selben Problematik Fritzsche et al. (2003), Tabelle 145, S. 165. Bork (2000) vergleicht die Repräsentationsgrade von EVS 1998, SOEP sowie weiteren Datenquellen und kommt zu einem ähnlichen Ergebnis, dass für die Verwendung der EVS spricht. Vgl. Bork (2000), S. 110.

[7] Begründet wird die Nichtberücksichtigung der Hocheinkommensbezieher damit, dass bei einer freiwilligen Erhebung Individuen dieser Gruppen deutlich weniger antworten würden und somit keine verlässlichen Angaben erhalten werden können. Daneben besteht für wohlhabende Haushalte das Problem einer schwierigen Anonymisierbarkeit gegenüber den sehr häufig besetzten Einkommensgruppen unter 35.000 DM monatlich. Ebenso nicht berücksichtigt werden Anstaltsbewohner.

[8] Bork (2000), S. 111.

probe aus der gesamten Stichprobe, in der Regionalangaben und andere Merkmale vergröbert werden.[9] Der Datensatz bezieht sich auf eine 80%-ige Unterstichprobe der EVS 1998 und beinhaltet Angaben zu insgesamt 49.720 Haushalten, die anhand von im *Scientific Use File* enthaltenen Hochrechnungsfaktoren auf die Gesamtheit der Haushalte hochgerechnet werden. Durch die Hochrechnung der Substichprobe entspricht die Gesamtzahl der betrachteten Haushalte der Gesamtheit aller 36,7 Mio. Haushalte in Deutschland.

4.1.1.3 Relativer Standardfehler

Die Angaben des *Scientific Use File* beinhalten einen so genannten Stichprobenfehler, der sich aus dem Stichprobenzufallsfehler und aus Verzerrungen des Schätzverfahrens zur Hochrechnung der Daten zusammensetzt. Für die EVS 1998 werden daher Fehlerrechnungen anhand des relativen Standardfehlers durchgeführt, wobei der relative Standardfehler angibt, in welchem Bereich um das Stichprobenergebnis der wahre Wert (bei vorgegebener Sicherheitswahrscheinlichkeit) liegt. Ab einem relativen Standardfehler von mehr als 10% gelten die Ergebnisse nicht mehr als statistisch gesichert.[10] Für Werte mit Standardfehlern über diesem Schwellenwert wird daher in Anlehnung an das Verfahren des Statistischen Bundesamts zwischen Werten unterschieden, die nur noch eingeschränkte bzw. keine Validität besitzen.

Für Zellen mit einem geschätzten Standardfehler zwischen 10 und 20% bzw. einer Fallzahl zwischen 25 und 100 Haushalten gilt der Aussagewert als eingeschränkt. Werte dieser Zellen werden in Anlehnung an die Notation des Statistischen Bundesamts in Klammern dargestellt.[11]

Nicht ausgewiesen werden Werte, deren zu erwartender relativer Standardfehler über 20% liegt. Ein relativer Standardfehler größer als 20% entspricht einer zugrunde liegenden Fallzahl von weniger als 25 Haushalten. Zellen mit einer Besetzung von weniger als 25 Haushalten bzw. einen relativen Standardfehler von mehr als 20% werden in Anlehnung an die Notation des Statistischen Bundesamtes mit „../..“ ausgewiesen.

Für alle anderen Ergebnisse mit einem relativen Standardfehler kleiner als 10% bzw. Fallzahlen von mehr als 100 Haushalten kann von einer sicheren Ergebnisvalidität ausgegangen werden, sodass diese ohne zusätzliche Kennzeichnung ausgewiesen sind.

4.1.2 Modellauswahl

Grundsätzlich können die für die Analyse der Inzidenz öffentlicher Maßnahmen in Frage kommenden Methoden nach der Analyseebene in mikroökonomische und makroökonomische Modelle differenziert werden. Unter Inzidenz sind Verteilungswirkungen öffentlicher Maßnahmen zu verstehen. Auf der Mikroebene stehen einzelne Wirtschaftssubjekte im Blickfeld, während die Makroebene aggregierte Größen betrachtet. Die hier verfolgte Fragestellung benötigt ein mikroökonomisches Modell, da die Verteilungswirkungen für individuelle (private) Haushalte berechnet werden. Mikroökonomische Modelle können wiederum zumindest grob in Simulationsmodelle und fiskalische (oder datenbasierte) Inzidenzanalysen unterteilt werden.

[9] Zum Prozeß der faktischen Anonymisierung en détail, siehe u.a. Köhler et al. (2000).

[10] Vgl. Krug et al. (1999), S.72. Haunschild weist für die relativen Standardfehler die entsprechenden Fallzahlen aus, vgl. Haunschild (2000), S. 56, Tabelle 9.

[11] Vgl. Statistisches Bundesamt (2002a), S. 44.

Zunächst werden die grundlegenden Eigenschaften von Simulationsmodellen aufgezeigt, um dann genauer auf die in dieser Analyse verwendete Methode der fiskalischen Inzidenzanalyse einzugehen.

4.1.2.1 Simulationsmodelle

Empirische Simulationsmodelle werden in der ökonomischen Wirkungsanalyse von Maßnahmen der Steuer- und Transferpolitik angewandt, um die Auswirkungen von Änderungen institutioneller Rahmenbedingungen auf die Wirtschaftssubjekte zu identifizieren. Als Unterscheidungsmerkmal wird der Aggregationsgrad der jeweiligen kleinsten Untersuchungseinheit verwendet. Die jeweils kleinste Untersuchungseinheit sind das Allgemeine Gleichgewicht, Gruppen von Wirtschaftssubjekten oder ein individuelles Wirtschaftssubjekt.

Allgemeine Gleichgewichtsmodelle Kleinste Untersuchungseinheit bei Allgemeinen Gleichgewichtsmodellen bilden homogene Produzenten- und Konsumentengruppen.[12] Die Modelle zielen auf eine umfassende Wirkungsanalyse, in der Interdependenzen zwischen möglichst vielen Faktoren berücksichtigt werden. In der Totalanalyse werden Faktor-, Güter- und Arbeitsmärkte sowie häufig auch die außenwirtschaftlichen Beziehungen einer Volkswirtschaft in das Modell integriert. Im wesentlichen können allgemeine Gleichgewichtsmodelle in drei Hauptkomponenten zerlegt werden: ein erstes Gleichungsset beschreibt das Angebots- und Nachfrageverhalten, ein zweites die Einkommensverteilung sowie ein letztes die Bedingungen für das Gleichgewicht auf den Faktor- und Gütermärkten sowie der makroökonomischen Aggregate. Im Grundmodell basieren allgemeine Gleichgewichtsmodelle auf den neoklassischen Annahmen vollkommener Märkte.[13]

Ein zentraler Vorteil der Allgemeinen Gleichgewichtsmodelle ist deren theoretische Konsistenz, da durch das geschlossene theoretische Gleichungssystem wohlfahrtstheoretische Grundaussagen empirisch unterstützt werden können. Allgemeine Gleichgewichtsmodelle werden daneben häufig für Analysen langfristiger Effekte verwendet, wie in lebenszeitbezogenen Inzidenzanalysen von Steuerreformkonzepten oder den so genannten Generational Accounting-Modellen.[14] Darüber hinaus werden Gleichgewichtsmodelle zur Analyse der Verteilungswirkungen von Steuern oder des gesamten Steuer- und Transfersystems eingesetzt.

Problematisch ist die Analyse von Verteilungswirkungen auf der Mikroebene, da der Haushaltssektor nur auf einem sehr hohen Abstraktionsgrad betrachtet wird. Die für diesen Abstraktionsgrad notwendigen zahlreichen Annahmen dieser Modelle wirken sich nachteilig aus, wobei insbesondere die Verwendung interpersonell vergleichbarer Nutzenfunktionen häufig kritisiert wird. Da zur Interpretation der Ergebnisse zudem ein zumindest erhöhtes Maß an theoretischem

[12] Es existiert eine Vielzahl an Modellen dieser Art, die auch unter den Namen Computable General Equilibrium (CGE), Applied General Equilibrium (AGE), Berechenbare Allgemeine Gleichgewichtsmodelle oder Empirische Allgemeine Gleichgewichtsmodelle (EAG) auftreten. Vgl. Bork (2000), S. 63ff., der auf zahlreiche Modellergänzungen und -erweiterungen eingeht.

[13] Eine übersichtliche Darstellung der Vorgehensweise findet sich neben Bork (2000) bei Boadway und Keen (2000), S. 769f. Für eine detaillierte Diskussion eines EAG-Modells siehe auch Lutz (1997), S. 81ff.

[14] Eine umfassende Darstellung von Generational Accounting-Modellen in Theorie und Anwendung bietet Bonin (2001). Eine übersichtliche Darstellung findet sich auch in BMF (2001b), S. 31ff.

Verständnis nötig ist, stoßen steuer- und transferpolitische Simulationen, die auf allgemeinen Gleichgewichtsmodellen basieren, im politischen Beratungsprozeß nur auf eine eingeschränkte Akzeptanz.[15]

Gruppensimulationsmodelle Die kleinste Untersuchungseinheit der stärker disaggregierten Gruppensimulationsmodelle sind homogene Bevölkerungsgruppen, die aus der jeweilig verwendeten Datenbasis abgeleitet werden. Die Klassifizierung der Gruppen erfolgt dabei nach sozioökonomischen Merkmalen wie beispielsweise Einkommen, Alter, Steuerklasse oder Haushaltsgröße. Im Vergleich mit Allgemeinen Gleichgewichtsmodellen weisen Gruppensimulationsmodelle einen geringeren Abstraktionsgrad auf. Da die Strukturmerkmale der Steuerpflichtigen explizit erfasst werden, sind stärker differenzierte Aussagen über die Wirkungen von Änderungen im Steuersystem als in Allgemeinen Gleichgewichtsmodellen möglich. Darüber hinaus erlauben einfache Modifikationen an der Modellstruktur eine hohe Flexibilität des Modells. Schließlich sind Gruppensimulationsmodelle durch ihren einfacheren Aufbau vergleichsweise transparent.[16]

Gruppensimulationsmodelle weisen einige Probleme auf. Um einen hohen Informationsgrad zu erreichen, wäre eine tiefgreifende Gliederung der Daten nötig, die in der Praxis aufgrund eingeschränkter Datenverfügbarkeit und der zu geringen Besetzung einzelner Zellen meist nicht möglich ist. Insbesondere zur Darstellung von Umverteilungswirkungen sind Gruppensimulationsmodelle ebenso wie Allgemeine Gleichgewichtsmodelle nur beschränkt geeignet, da die Umverteilungswirkungen nur zwischen den Gruppen und nicht innerhalb einer Gruppe untersucht werden können. Problematisch ist die starre Schichtung der Gruppen, die die Korrelation verschiedener Merkmale zwischen den Gruppen vernachlässigt. Darüber hinaus bleiben individuelle Merkmale der Untersuchungsobjekte, Haushalte oder Individuen jenseits des Schichtungsmerkmals unberücksichtigt. Die festgelegte Klassifizierung verhindert die Wanderung von Bevölkerungsteilen in verschiedene Einkommensklassen, wie beispielsweise durch die Gewährung staatlicher, einkommenserhöhender Transfers. Dynamische Prozesse in der Bevölkerung, wie Änderungen der Haushaltsgröße, können ebenfalls nicht analysiert werden. Als letzter Nachteil von Gruppensimulationsmodellen ist die Nichtberücksichtigung von Rückkoppelungseffekten durch steuerinduzierte Verhaltensänderungen oder Preisänderungen in Gruppensimulationsmodellen zu nennen.[17]

Mikrosimulationsmodelle Mikrosimulationsmodelle haben einzelne Mikroeinheiten wie Haushalte, Familien oder Individuen zur Bezugseinheit. Mit ihnen werden differenzierte individuelle Bedingungen der Mikroeinheiten abgebildet, soweit dies die zugrunde liegende Datenbasis zulässt. Idealtypisch stehen vollständige Strukturinformationen der Untersuchungsobjekte bereit. Als Einzelsimulationen werden Mikrosimulationen vorwiegend eingesetzt, um distributive Effekte von steuer- und transferpolitischen Maßnahmen auf individuelle Haushalte zu

[15] Eine ausführliche Diskussion einer Gruppensimulation im familienpolitischen Kontext bietet Schäfer (1996), deren Ergebnisse im Literaturüberblick in Abschnitt 4.2, S. 66ff. genauer erläutert werden.

[16] Eine sehr verständliche Beschreibung von Gruppensimulationsmodellen gibt Spahn et al. (1992), S. 8ff.

[17] Vgl. Bork (2000), S. 68f.

schätzen. Als Datengrundlage bieten sich Erhebungen mit Mikrodaten an, deren Erhebungseinheiten Personen oder Haushalte sind. Neben der Untersuchung von distributiven Effekten können Mikrosimulationsmodelle auch zur Schätzung von Aufkommenseffekten von Politikmaßnahmen eingesetzt werden. Simulationsmodelle können in statische und dynamische Modelle aufgeteilt werden.[18]

Statische Mikrosimulationsmodelle stellen eine häufig verwendete Analysemethode dar und basieren auf einer repräsentativen Bevölkerungsstichprobe, die umfassende Informationen über Struktur und Zusammensetzung der Bevölkerung liefert. Da die zugrunde liegenden Daten meist nicht aus dem Analysejahr stammen oder die Wirkung einer Politikmaßnahme in einem späteren Zeitpunkt interessiert, werden die Datensätze mit dem so genannten *Static Aging*-Verfahren in das Analysejahr oder die nahe Zukunft fortgeschrieben. Änderungen in der Bevölkerungsstruktur können dabei zum Teil berücksichtigt werden, indem bei der Hochrechnung auf die Gesamtbevölkerung die Gewichte nach aktuellen oder projizierten Schätzungen der Bevölkerungsentwicklung ausgerichtet werden. Die Stichprobenstruktur auf der Mikroebene bleibt im Gegensatz zu dynamischen Modellen jedoch immer konstant. Damit bilden sie ein wenig aufwändiges Instrument zur kurzfristigen Analyse von Politikmaßnahmen. Sie erweisen sich zudem als kostengünstiger und verständlicher als dynamische Modelle. Nachteilig ist die Nichtberücksichtigung von makroökonomischen und demografischen Entwicklungen. Ebenso gelten sie als ungeeignet, strukturelle Änderungen oder kurzfristige Anpassungsreaktionen der Haushalte abzubilden.[19]

Dynamische Modelle analysieren dynamische Prozesse wie demografische Entwicklungen, Veränderungen der Faktoreinkommen oder Modifikationen in der Einkommensverteilung bzw. -umverteilung im Quer- oder Längsschnitt. Querschnittsimulationen, die auch als *Dynamic Population Models* bezeichnet werden, basieren wiederum auf einer repräsentativen Querschnittstichprobe. Mit dem so genannten *Dynamic Aging*-Verfahren wird die Stichprobenpopulation in die Zukunft fortgeschrieben, indem für jede einzelne Mikroeinheit eine individuelle Biografie für den Simulationszeitraum erstellt wird. Unter Verwendung von Wahrscheinlichkeiten, die aus amtlichen Statistiken gewonnen werden, werden demografische Ereignisse wie Geburt, Heirat und Tod modelliert. Damit ist auch die Zahl der Mikroeinheiten in der Stichprobe nicht mehr konstant, sondern verändert sich mit der unterstellten demografischen Entwicklung. Die Ausgestaltung solcher Modelle ist sehr aufwändig, insbesondere für einen langfristigen Zeithorizont bestehen hohe Informationsanforderungen.

Häufig verwendet werden diese Modelle für die Analyse von lebenszyklusbezogenen Fragestellungen wie der Lebenseinkommensverteilung oder der Lebenszeitinzidenz von Steuern und Transfers. Dabei ist eine Längsschnittsimulation weniger komplex als eine Querschnittsimula-

[18]Diese Unterteilung kann allgemein für alle drei vorgestellten Simulationsmodelle getroffen werden, im Folgenden werden aus Gründen der Übersichtlichkeit nur Unterschiede zwischen statischen und dynamischen Mikrosimulationsmodellen explizit erläutert.

[19]Vgl. Bork (2000), S. 70ff. sowie Spahn et al. (1992), S. 14ff. Eine verwandte und häufig angewendete Methode sind Modellrechnungen, mit denen für ausgewählte Haushaltstypen die Auswirkungen von Politikalternativen anhand von beispielhaften Berechnungen der Be- oder Entlastung simuliert werden. Die OECD berechnet auf diese Weise so genannte Tax-Benefit-Positions für ausgewählte (repräsentative) Haushaltstypen, vgl. beispielsweise OECD (2005).

tion, sofern nur einzelne Kohorten betrachtet werden. Damit sind die Ergebnisse jedoch auch nicht repräsentativ für die zugrundeliegende Grundgesamtheit.[20]

4.1.2.2 Fiskalische Inzidenzanalyse

Fiskalische Inzidenzmodelle, häufig auch traditionelle datenbasierte Inzidenzanalysen oder Budgetinzidenzanalysen genannt, basieren auf den Ansätzen von Pechman und Okner (1974) sowie Musgrave et al. (1974). Diese Analysemethode ist bis heute national und international ein sehr häufig angewandtes Verfahren der Analyse von Umverteilungswirkungen und hat eine Vielzahl von methodischen Weiterentwicklungen erfahren. Neuere Inzidenzanalysen nähern sich durch die Verwendung von Mikrodaten und Statistik-Software sowie der Einbindung ökonometrischer Methoden in Aussagefähigkeit und Flexibilität der Berechnungen an statische Mikrosimulationen an.[21] In der oben beschriebenen Einteilung der mikroökonomischen Simulationsmodelle ist ihr Platz am ehesten bei den statischen Modellen der Mikrosimulation zu sehen. Mit dem Begriff der Simulationsanalyse wird jedoch vornehmlich die Analyse von Effekten alternativer Handlungen in einem betrachteten System verbunden. Hingegen untersuchen traditionelle Inzidenzanalysen vielmehr den status quo des bestehenden Steuersystems. Zudem wird das Steueraufkommen nicht simuliert, sondern das tatsächliche Aufkommen den Haushalten zugerechnet. Es handelt sich um eine statische Partialanalyse, die die Belastung privater Haushalte durch Abgaben und deren Entlastung durch Transfers untersucht.

Ein zentraler Vorteil fiskalischer Inzidenzmodelle besteht in deren Verständlichkeit, da die Ergebnisse ein aussagekräftiges und plastisches Abbild der gegebenen Situation zeichnen. Durch die Verwendung der Mikrodaten gewinnt die Ergebnisdarstellung zudem an Flexibilität, da die Ergebnisse für die individuellen Haushalte nach beliebig einzuteilenden Einkommensgruppen sowie auch für andere soziale oder demografische Klassifizierungen wie Familienalter oder Familienstand geschichtet werden können. Weiters kann auf die Spezifizierung und Schätzung von Nutzen- und Produktionsfunktionen verzichtet werden, sodass die Konzeption eines fiskalischen Inzidenzmodells im Vergleich zu Simulationsmodellen sehr transparent gelingt. Schließlich liegt ein weiterer Vorteil fiskalischer Modelle in deren empirischer Relevanz vor allem gegenüber Modellrechnungen wie in Mikrosimulationen, bei denen immer nur ein Einzelfall zugrunde liegt, während die Ergebnisse der fiskalischen Inzidenzanalyse auf die Gesamtheit der Untersuchungsobjekte abstellen.[22]

4.1.3 Modellaufbau

Diese Analyse verwendet ein fiskalisches Inzidenzmodell, dessen Analyseschritte im Folgenden skizziert werden. Dieser Überblick dient dazu, das grundlegende Vorgehen der Inzidenzanalyse zu verdeutlichen. Ausführliche methodische Anmerkungen zu den jeweiligen öffentlichen

[20] Vgl. Bork (2000), S. 74ff.

[21] Vgl. zu Weiterentwicklungen traditioneller fiskalischer Modelle die Analyse von Caminada und Goudswaard (2001), Guger und Mum (1999), Guger (1998) sowie allgemein Demery (2002).

[22] Vgl. Kleinhenz und Werding (1997), S. 35. Auch hier ist kritisch anzumerken, dass die Übergängen zwischen den Modellen zum Teil fließend sind. Durch die Verwendung von Mikrodaten nähern sich beispielsweise fiskalische Inzidenzmodelle und Mikro- bzw. Gruppensimulationen an. Dadurch ähneln sich auch die methodischen Probleme.

Maßnahmen in der empirischen Analyse ergänzen diese einführenden Ausführungen und dokumentieren die Berechnungen en détail.[23]

4.1.3.1 Vorgehen

Die Inzidenzanalyse setzt sich im wesentlichen aus drei Schritten zusammen. In einem ersten Schritt werden Transfersalden für Familien berechnet. Die Transfersalden zeigen für jede Familie den monetarisierten Vorteil aus den familienpolitischen Maßnahmen. In einem zweiten Schritt werden die Abgaben der privaten Haushalte an die öffentliche Hand via Überwälzungsannahmen berechnet. Ausgaben- und Einnahmen werden schließlich saldiert, um den Nettotransfersaldo des familienpolitischen Budgets zu bestimmen.

Der erste Analyseschritt besteht in der Berechnung der Inzidenz der familienpolitischen Leistungen. Die individuellen Transfersalden aus Geldtransfers wie beispielsweise dem Erziehungsgeld können direkt aus den Angaben der Datenquelle über empfangene Sozialtransfers entnommen werden. Die Zuteilung von Sachtransfers wie beispielsweise die kostenlose Bereitstellung von Kindergärten und Schulen, ist hingegen problematischer und unterliegt einer besonders kritischen Diskussion. Die vorliegende Analyse folgt dem Standardansatz, die Leistungen mit den Produktionskosten zu bewerten und Haushalten für die Nutzung kostenlos bereitgestellter Güter oder Dienstleistungen Transferäquivalente zuzuteilen.[24] Die Ausgabeninzidenz von impliziten Transfers wie Steuervorteilen ist ebenso sehr problematisch zu bestimmen. Steuervorteile wie Freibeträge für den Erziehungs- oder Betreuungsaufwand stellen Transfers dar, die die öffentlichen Haushalte über das Steuersystem gewähren. Der Steuervorteil erhöht das Nettoeinkommen der Familie, während die öffentlichen Haushalte eine Steuermindereinnahme verzeichnen. In dieser Analyse werden die individuellen Steuervorteile aus kindbezogenen Steuervorteilen über Vergleichsrechnungen zwischen Kinderlosen und Familien geschätzt.[25]

Für die Bildung der Nettotransfersalden sind neben den Transfersalden aus den Leistungen die individuellen Abgabenlasten notwendig, die unter Verwendung von Standardannahmen berechnet werden. Die Standardannahmen legen fest, wie die jeweilige Abgabenlast auf die Verbraucher überwälzt wird.[26]

Das gesamte Aufkommen einer Einnahmeart wird als jene Abgabenlast betrachtet, die den Haushalten zugerechnet wird. In der Aggregation werden also alle Einnahmen der öffentlichen Hand den Haushalten belastet. Die familienpolitisch relevante Abgabenlast stellt jedoch nur jener Anteil an der gesamten Last dar, der für die Finanzierung familienpolitischer Leistung

[23]Boadway und Keen orientieren über die Methodik fiskalischer (datenbasierter) Inzidenzmodelle, vgl. Boadway und Keen (2000), S. 764ff.

[24]Zu Einzelheiten der Behandlung von Sachtransfers in Verteilungsanalysen, siehe Smeeding et al. (1993), S. 237. Die Weltbank schlägt ebenso die Bewertung von Sachtransfers zu ihren Herstellungskosten vor, vgl. Demery (2003), p. 2-2. Die Zurechnung der Sachtransfers in der vorliegenden Analyse ist beispielsweise in den Abschnitten 5.2.1, S. 90ff. oder 5.2.2, S. 94ff. dokumentiert.

[25]Vgl. Ervik (2000), S. 3 für Details zu den Kosten von Steuervorteilen sowie OECD (2004) für Modellrechnungen. Die Zurechnung wird im Kapitel 6, S. 103ff. ausführlich dokumentiert.

[26]Die Annahmen werden im Abschnitt 10.1.1, S. 165ff. beschrieben und im Überblick in Tabelle 10.1, S. 167 dargestellt. In Sensitivitätsanalysen können ergänzend Ergebnisse für alternative Überwälzungsannahmen berechnet werden.

verwendet wird. Daher folgt diese Analyse dem so genannten Proportionalansatz und integriert jenen Prozentsatz der individuellen Abgabenlast, den auch die öffentlichen Haushalte aufgrund der Nonaffektation ihrer Einnahmen für die Finanzierung familienpolitischer Maßnahmen aufbringen. Werden beispielsweise 14% der öffentlichen Gesamteinnahmen für die Finanzierung familienpolitischer Leistungen verwendet, so gelten jeweils 14% der individuellen Abgabenlast eines Haushalts als relevante Abgabenlast.[27]

Die Behandlung der Steuervorteile auf der Finanzierungsseite ist ebenso problematisch, jedoch muss die Finanzierung der Steuerminderungen in der Nettotransferanalyse zumindest näherungsweise berücksichtigt werden. Die Steuervorteile verursachen eine Einnahmeminderung in Form einer entgangenen fiktiven Steuereinnahme der öffentlichen Haushalte bzw. einer nicht erbrachten Steuerlast der individuellen Haushalte. Die (fiktive) Gesamtsteuerlast der Zensiten im Inzidenzmodell umfasst daher auch Steuerzahlungen, die ohne die gewährten Steuervorteile erbracht werden müssten.[28]

4.1.3.2 Inzidenzkonzepte

In dieser Arbeit werden als Inzidenzstufen absolute, relative und relativierte Inzidenz unterschieden.[29]

Die absolute Inzidenz zeigt die Verteilungswirkungen öffentlicher Maßnahmen und misst die absolute Last und Leistung je Haushalt beispielsweise in monatlichen Euro-Beträgen. Die absolute Inzidenz wird im Teil 2 der Arbeit verwendet, der die Verteilung der familienpolitischen Ausgaben auf die Familien erläutert. Die monetarisierten Vorteile der Familien aus den Leistungen in ihrer absoluten Höhe sind jedoch mit kritischer Distanz zu interpretieren. Die Beträge gelten nur für das Bezugsjahr 2001 und unter den jeweils notwendigen Zuteilungsannahmen. Jedoch ist der Ausweis der absoluten Inzidenz dennoch sinnvoll. Zum einen vermitteln die Beträge in qualitativer Hinsicht Umfang und Richtung der Verteilungswirkung unabhängig von weiteren Kennzahlen wie einem möglicherweise umstrittenen Einkommenskonzept. Zum anderen dienen sie als Informationsbasis für die relativierte Inzidenz, die die zweite Inzidenzstufe im dritten Teil der Arbeit darstellt.

Die relativierte Inzidenz zeigt die tatsächliche Umverteilungswirkung, da nun die absoluten Beträge ins Verhältnis zum Haushaltsbruttoeinkommen gesetzt werden. Hierzu werden die für die einkommensgeschichteten Haushalte ermittelten Gesamtlasten und -leistungen sowie der daraus resultierende Nettoeffekt ins Verhältnis zum Haushaltsbruttoeinkommen gesetzt. Daraus erhält man Inzidenzverläufe (Quoten), die die Umverteilungswirkungen der Lasten und Leistungen veranschaulichen. Inzidenzverläufe haben einen progressiven (nivellierenden) Umverteilungseffekt, wenn sie vermindernd auf die Einkommenskonzentration wirken und einen

[27]Grüske (1994) verwendet den Proportionalansatz in einer methodisch sehr ähnlichen Studie für die Berechnung der Verteilungswirkungen der Hochschulfinanzierung. Dort findet sich auch eine überblickende Beschreibung der Standardannahmen. Vgl. Grüske (1994), S. 84f. Die Anteilswerte für die familienpolitische Abgabenlast der Haushalte werden im Kapitel 11, S. 183ff. erörtert.

[28]Vgl. für die Berechnung Abschnitt 11.1.2, S. 184ff.

[29]Vgl. allgemein zur Definition von Inzidenzstufen Zimmermann und Henke (2005), S. 256ff. und S. 507 sowie Bohnet (1999), S. 164f.

regressiven (differenzierenden) Umverteilungseffekt, wenn sie die Konzentration verstärken.[30]

Die relative Inzidenz zeigt die Verteilung von Lasten bzw. Leistungen auf Haushaltsgruppen. Die relative Inzidenz wird in Kapitel 12 verwendet, um die Eigenfinanzierungsanteile der Familien gegenüber Kinderlosen in einer transparenten Kennzahl zu vermitteln. Diese Kennzahl vermittelt, welcher Anteil der Gesamtheit welchen Anteil einer Last trägt bzw. Leistung erhält. Beispielsweise hat die relative Inzidenz den Wert 1, wenn 10% der Bevölkerung 10% der Steuerlast tragen. Werte über 1 drücken eine überproportionale Belastung aus, Werte unter 1 eine unterproportionale Belastung.[31]

4.1.3.3 Äquivalenzeinkommen

Das Haushaltseinkommen ist eine zentrale Größe in der Inzidenzanalyse, da die Familienhaushalte nach ihrem Einkommen geschichtet und in der Nettoinzidenzrechnung Leistungen bzw. Lasten am Einkommen relativiert werden. Vergleichbar werden die Einkommenslagen von Haushalten unterschiedlicher Größe jedoch erst, wenn Einkommen durch die Anwendung von Äquivalenzskalen korrigiert werden. Diese geben an, um wie viel Prozent sich das Haushaltseinkommen erhöhen muss, wenn eine neue Person dem Haushalt zugerechnet wird und das vorherige Lebensniveau gehalten werden soll. Jedem Haushaltsmitglied wird dabei ein bestimmtes Gewicht zugeordnet, die mit Stand im Haushalt oder Alter variieren können. Das Haushaltseinkommen wird durch die Summe der Gewichte dividiert. Die Gewichte selbst werden entweder durch Experten festgelegt, beruhen auf ökonometrischen Schätzungen von Ausgaben- und Konsumfunktionen oder werden durch Befragung der Haushaltsmitglieder bezüglich ihres Einkommens mittels ökonometrischer Verfahren abgeleitet.[32] Als Ergebnis erhält man das so genannte Nettoäquivalenzeinkommen. Dieses bildet die unterschiedlichen relativen Kosten der Haushaltsführung von Haushalten unterschiedlicher Größe ab, aber auch mögliche Vorteile aus Skaleneffekten, die größere Haushalte gegenüber kleineren Haushalten haben.

Ein Extremfall der Anpassung ist die Aufteilung des Haushaltseinkommens zu gleichen Teilen auf die Haushaltsmitglieder. Das so ermittelte Pro-Kopf-Einkommen unterstellt keine Skaleneffekte in der Haushaltsführung zwischen größeren und kleineren Haushalten. Unterbleibt dagegen im entgegengesetzten Extremfall eine Anpassung gänzlich (reines Haushaltseinkommen), so werden unterschiedliche Bedürfnisse zwischen Ein- und Mehrpersonenhaushalten nicht berücksichtigt. Zwischen diesen beiden Extremwerten hat die wissenschaftliche Diskussion eine Vielzahl von Konzepten entwickelt, die sowohl mit der Haushaltsgröße variierende Bedürfnisse als auch Skaleneffekte berücksichtigen. Zu hohe Gewichte der Äquivalenzskalen führen zur Unterschätzung der tatsächlichen Wohlstandsposition durch die Unterschätzung der *economies of scale* in der Haushaltsführung. Dass heißt, mit sinkender Elastizität der Skala werden größere Haushalte im Vergleich zu kleineren Haushalten systematisch reicher. Somit

[30]Die Berechnung des Umverteilungseffektes setzt prinzipiell voraus, dass die Lasten und Leistungen am reinen Markt- oder Primäreinkommen der Haushalte relativiert werden. Jedoch ist es kaum möglich, ein lediglich um familienpolitische Transfers korrigiertes Primäreinkommen zu bilden. Daher erfolgt die Relativierung in Anlehnung an Grüske (1994) am Haushaltsbruttoeinkommen. Vgl. dazu Grüske (1994), S. 73.

[31]Vgl. dazu Abschnitt 12.3, S. 209ff.

[32]Eine Expertenskala ist beispielsweise die BSHG-Skala, die aus dem Bundessozialhilfegesetz abgeleitet wird. Vgl. für einen allgemeineren Überblick Faik (1995), S. 46f.

ist die Wahl einer geeigneten Äquivalenzskala insbesondere im Zusammenhang mit familienbezogenen Analysen von besonderer Bedeutung. Neuere Äquivalenzskalen setzen daher die Gewichte niedriger an.[33] Jedoch gibt es keine allgemein akzeptierte Äquivalenzskala, da die Auswahl einer Skala letztlich immer auch eine normative Entscheidungsdimension beinhaltet. Daher empfiehlt es sich, die Sensitivität der Ergebnisse an alternativen Skalen zu testen.[34]

Grundsätzlich kommt in dieser Analyse die so genannte Quadratwurzelgewichtung zur Anwendung, die als Bedarfsgewicht die Quadratwurzel der Anzahl an Haushaltsmitgliedern verwendet. Einem Vierpersonenhaushalt wird ein Äquivalenzgewicht von 2 unterstellt, was bedeutet, dass ein Vierpersonenhaushalt das doppelte Einkommen eines Einpersonenhaushalts benötigt, um das gleiche materielle Wohlstandsniveau zu erreichen. Die Vorteile der Quadratwurzelgewichtung liegen in der einfachen Berechnung und der mittleren Elastizität des Äquivalenzeinkommens hinsichtlich der Haushaltsgröße. Empfohlen wird diese Skala unter anderem vom Sachverständigenrat zur Begutachtung der gesamtwirtschaftlichen Entwicklung.[35] Daneben verwenden zahlreiche prominente Studien zu Verteilungsfragen diese Äquivalenzgewichtung.[36]

4.1.3.4 Plausibilität der Ergebnisse

Die berechneten Ergebnisse für die Inzidenz von Leistungen und Lasten sind auf ihre Plausibilität zu diskutieren, um die Verbindlichkeit der Ergebnisse einschätzen zu können. Ziel der Plausibilitätsdiskussion ist es, keine gruppenspezifische Über- oder Unterschätzung der monetarisierten Leistungen bzw. Lasten auszuweisen. Die Plausibilität der Berechnungen wird in quantitativer und qualitativer Dimension diskutiert.[37]

Quantitative Plausibilität Die quantitative Plausibilität von monetären Transfers kann an verschiedenen Kriterien gemessen werden.[38]

Ein erstes Kriterium zur Beurteilung der quantitativen Plausibilität ist der Repräsentationsgrad einer Größe in der EVS im Vergleich zu einer in Sekundärquellen genannten Makrogröße. Beispielsweise können die in der EVS enthaltenen Transferzahlungen aus Erziehungs-

[33] Vgl. Hesse und Thiele (1998), S. 93f. Die Auswirkungen von Äquivalenzgewichtungen im familienpolitischen Kontext diskutiert Schwarze (2003), S. 23ff. Grundlegendes zur Äquivalenzgewichtung erläutern Buhmann et al. (1988), S. 116.

[34] Vgl. Smeeding und Weinberg (2001), S. 3.

[35] Vgl. DIW (2000), S. 292.

[36] Hierzu sind anzuführen insbesondere Smeeding (2000) sowie Atkinson et al. (1995). Zur Begründung der Wahl von Äquivalenzskalen, siehe Smeeding (2000), S. 6.

[37] Neuere fiskalische Inzidenzanalysen wie Demery (2002), Caminada (2001), Guger (1999) verwenden kein einheitliches Konzept für die Diskussion der Plausibilität der Ergebnisse. In der Regel werden Rechnungen mit verschiedenen Annahmensets (Sensitivitätsanalysen) durchgeführt, um die Abhängigkeit der Ergebnisse von den getroffenen Annahmen aufzuzeigen. Zusätzlich ist auf die datensatzimmanente Problematik des Relativen Standardfehlers zu verweisen, die im Abschnitt 4.1.1.3, S. 54f. diskutiert wird.

[38] Die deskriptive Statistik verwendet zur Beurteilung der Ergebnisse in der Regel Streuungsmaße, wie beispielsweise Variationskoeffizienten für die relative Streuung. Bei sehr hohen Fallzahlen wie im Fall des *Scientific Use File* nähern sich die Werte für die relative Streuung häufig sehr stark an, sodass ein Vergleich nur bedingt aussagekräftig ist. Vgl. zur Anwendung von Streuungsmaßen in der Sozialstatistik Tiede (2001), S. 88f. und Schwarze (2001), S. 83ff.

geld ins Verhältnis zu den tatsächlichen Ausgaben für diesen Transfer gesetzt werden, wie sie das BMFSFJ angibt.

Schwieriger gestaltet sich die Berechnung eines Repräsentationsgrades von Leistungen, die nicht explizit in der EVS als Einkommen angegeben werden. Dabei handelt es sich um familienbezogenen Komponenten (z.B. Kinderkomponente der Sozialhilfe), Sachtransfers, Steuervergünstigungen oder implizite Transfers (z.B. Anrechnung von Kindererziehungszeiten). Hier kann die Beurteilung des Repräsentationsgrades nur näherungsweise erfolgen oder muss ganz unterbleiben.

Zudem wird die Plausibilität der Teilnahmequote gemessen. Hierzu kann die absolute Anzahl der einen Transfer beziehenden Familien in der EVS mit den Empfängerzahlen aus Sekundärdaten verglichen werden. Jedoch kann diese Gegenüberstellung nur für explizit in der EVS ausgewiesene Transferarten erfolgen.

Ein weiteres Kriterium ist der Vergleich zwischen den berechneten Förderbeträgen mit den in der jeweiligen Rechtsgrundlage fixierten Regelbeträgen oder durchschnittlichen Förderbeträgen, die Sekundärdaten zu entnehmen sind. Diese Beurteilung ist ebenso nur für explizit ausgewiesene Transferarten möglich.

Qualitative Plausibilität Die qualitative Dimension der Plausibilität ist vor allem dann zu diskutieren, wenn kein quantitativer Vergleich möglich ist. Dies ist der Fall, wenn eine Last bzw. Leistung nicht direkt in der EVS erfasst ist und keine Repräsentationsgrade für eine Größe berechnet werden können. Die qualitative Dimension der Plausibilität stellt in erster Linie auf die Übereinstimmung der berechneten Ergebnisse mit Ergebnissen aus Referenzarbeiten oder Sensitivitätsanalysen mit alternativen Verteilungsannahmen ab. Ein weiteres, einfaches aber aussagekräftiges Kriterium ist die Übereinstimmung mit den erwarteten Verteilungswirkungen.

Beispielsweise ist die Zurechnung von Sachtransfers über Transferäquivalente lediglich in qualitativer Dimension zu diskutieren. Die quantitative Plausibilität der Sachtransfers kann nicht analog der Geldtransfers beurteilt werden, da die EVS keine Daten zur Inanspruchnahme von öffentlich bereitgestellten Gütern und Dienstleistungen erfasst. Somit ist kein Abgleich von Repräsentationsgrad, Teilnahmequote und Förderbetrag möglich. Um dennoch eine Beurteilung der Plausibilität vornehmen zu können, sind die berechneten Ergebnisse auf ihre Sensitivität hinsichtlich alternativer Annahmen für die Zurechnung zu überprüfen. Dies erfolgt über Sensitivitätsrechnungen, die alternative Annahmen für die Inanspruchnahme von Sachtransfers benutzen. Durch den Vergleich zwischen den Ergebnissen ist eine Diskussion der Plausibilität der Inzidenz von Sachtransfers in qualitativer Dimension möglich. Zudem ist ein Vergleich der eigenständig berechneten Ergebnissen mit Resultaten aus Referenzarbeiten möglich, sofern diese vorhanden sind.[39]

Skalierung Zur Beurteilung der Plausibilität ist eine geeignete Skalierung notwendig, um Unterschiede in der Bewertung der quantitativen und qualitativen Plausibilität der Ergebnisse zu erfassen. In der Inzidenzanalyse werden folgende Skalenmerkmale verwendet:

---

[39] Ähnlich verfahren Kleinhenz und Werding (1997) bei der Bestimmung von Transferäquivalenten für Sachleistungen, für die sie alternative Ansätze aus der Literatur diskutieren. Vgl. Kleinhenz und Werding (1997), S. 188ff.

Gute Plausibilität Die quantitative Plausibilität ist gut, wenn die berechneten Ergebnissen hohe Repräsentationsgrade, übereinstimmende Teilnahmequoten oder Förderbeträge haben. Als hoher Repräsentationsgrad gilt die Erfassung von mindestens 75% der Makrogröße oder Teilnehmer aus Sekundärdaten in der EVS-Substichprobe.[40] Die berechneten durchschnittlichen oder maximalen Förderbeträge sollten zumindest nicht in krassem Widerspruch zu den rechtlichen Vorgaben stehen.

Die qualitative Plausibilität wird als gut bezeichnet, wenn sich eine hohe Übereinstimmung mit Ergebnissen aus Referenzarbeiten oder aus einem Sensitivitätstest ergibt. Ein Schwellenwert für einen Grad der qualitativen Übereinstimmung kann nicht sinnvoll operationalisiert werden.

Wenn quantitative und qualitative Plausibilität als gut bezeichnet werden, so sind die berechneten Inzidenzbeträge in Richtung und Umfang verbindlich zu interpretieren. Ebenso vermitteln die absoluten Beträge für die monetarisierten Vor- oder Nachteile aus einer öffentlichen Leistung ein aussagekräftiges Bild über den mindestens näherungsweisen monetären Umfang der Verteilungswirkung im gegebenen Modell für das gegebene Bezugsjahr.

Eingeschränkte Plausibilität Die quantitative Plausibilität gilt als eingeschränkt, wenn für eine öffentliche Maßnahme keine Repräsentationsgrade für die Erfassung in der EVS berechnet werden können. Dies ist insbesondere der Fall für Sachtransfers oder implizite Transfers wie beispielsweise Steuervergünstigungen.

Die qualitative Plausibilität ist eingeschränkt, wenn die berechneten Ergebnisse keine Entsprechung in Referenzarbeiten oder Sensitivitätsanalysen mit alternativen Verteilungsannahmen finden. Auch hier ist schwerlich ein geeigneter Schwellenwert für die Übereinstimmung zu operationalisieren.

Sind quantitative und bzw. oder qualitative Plausibilität eingeschränkt, so sind die Ergebnisse mit kritischer Distanz zu interpretieren. Vor allem die absoluten Inzidenzbeträge bieten in diesem Fall keine verbindliche Aussagekraft und sollten allenfalls Richtung und ungefähren Umfang der Verteilungswirkung verdeutlichen.

Keine Aussage möglich In einigen Fällen ist keine Diskussion der Plausibilität möglich, da die Datenlage weder ausreichend Daten für eine hinreichend genaue Zurechnung noch für einen Vergleich der Ergebnisse ermöglicht. In diesen Fällen wird die Zurechnung weitestgehend verteilungsneutral vorgenommen. Verteilungsneutral bedeutet, die Zurechnung erfolgt auf einen sehr breiten Kreis von Haushalten oder proportional zu den Verteilungswirkungen der gesamten Leistungskategorie bzw. aller Leistungen.

[40]Die Bestimmung geeigneter Schwellenwerte für die Beurteilung der Repräsentativität ist problematisch, da in der Regel kein Repräsentationsgrad von 100% erreicht wird. Fritzsche et al. (2003) weisen keine Schwellenwerte aus, beurteilen aber Repräsentationsgrade von über 75% als hinreichende Erfassung von Makro-Daten in der Volkswirtschaftlichen Gesamtrechnung (VGR). Vgl. Fritzsche et al. (2003), S. 164ff. Die Autoren kommen zum Schluss, dass ein Vergleich zwischen EVS und VGR „eine hohe Repräsentativität der EVS-Daten“ zeigt. Fritzsche et al. (2003), S. 45.

Die Plausibilitätsprüfung kann in vielfacher Hinsicht verfeinert werden, insbesondere wenn spezifische Instrumente fokussiert werden. Die in dieser Analyse vorgenommene Analyse der Gesamtheit aller familienpolitischen Leistungen erfordert ein einfach zu handhabendes, möglichst zwischen verschiedenen Leistungen vergleichbares Vorgehen zur Beurteilung der Plausibilität. Daher erscheint das beschriebene Verfahren für das Analyseziel in der Gesamtschau als am besten geeignet, selbst wenn für einzelne Instrumente spezifisches Innovationspotential für eine vertiefte Plausibilitätsdiskussion besteht.

4.1.3.5 Grenzen des Inzidenzmodells

Boadway und Keen (2000) diskutieren die Grenzen von fiskalischen Inzidenzmodellen und konzentriert sich dabei auf drei wichtige Nachteile.[41] Zum einen berücksichtigen fiskalische Modelle wie oben angedeutet keine Verhaltensänderungen der Haushalte, wie dies Mikrosimulationen oder Allgemeine Gleichgewichtsmodelle tun. Diese Schwäche wird besonders virulent, wenn Politikalternativen modelliert werden. Das fiskalische Inzidenzmodell ist hier gegenüber Mikrosimulationsmodellen im Nachteil und kann nur auf jene Inzidenz des Steuervorteils abstellen, die sich ohne Verhaltensänderungen der Haushalte bei alternativer Besteuerung ergibt. In diesem Fall sind Mikrosimulationen fiskalischen Inzidenzmodellen überlegen, jedoch bleibt zu beachten, dass fiskalische Modelle in erster Linie auf das Dokumentieren von Umverteilungseffekten im Status Quo zielen. Um die Schwäche des fiskalischen Inzidenzmodells auszugleichen, werden in Berechnungsvarianten alternative Finanzierungsformen berücksichtigt.[42]

Inzidenzmodelle erscheinen als die am besten geeignete Methode, wenn der Forschungsgegenstand in der positiven Analyse der redistributiven Dimension im Status Quo eines Politikfeldes besteht, wie es in der vorliegenden Analyse der Fall ist. Ziel dieser Analyse ist es, zu klären, wie das gegenwärtige familienpolitische Budget die Einkommenssituation von Familien beeinflusst. Die Inzidenz von Änderungen des familienpolitischen Steuer-Transfer-Systems im Sinne einer marginalen Inzidenz ist hingegen nicht Gegenstand der Analyse.

Zum anderen wird kritisch angeführt, dass die Ergebnisse von Inzidenzmodellen stark von den getroffenen Annahmen abhängen. Diese Sensitivität der Ergebnisse erscheint jedoch oft überschätzt, wie verschiedene Berechnungsvarianten in dieser Analyse zeigen. Ohnehin werden Geldtransfers sowie einige Steuerarten ohne Annahmen direkt über die Datenangaben zugerechnet. Die darüber hinaus notwendigen Annahmen sind weitestgehend Standardannahmen, die mittlere Varianten zwischen extremen Annahmen darstellen. Zudem hilft die breite Erfassung von Konsumdaten in der Datenquelle bei der Konstruktion von sehr genauen Nutzerprofilen.[43]

Einen weiteren Kritikpunkt wirft Demery (2003) hinsichtlich der problematischen Zurechnung der Realtransfers auf. Bei der dargestellten Bewertung der Leistungen mit ihren Kosten

[41] Vgl. Boadway und Keen (2000), S. 764ff.

[42] Als Beispiel für Variantenrechnungen ist die Bestimmung des monetären Vorteils aus Steuervergünstigungen zu nennen, die ausführlich im Abschnitt 6, S. 103ff. dokumentiert ist.

[43] Um die Annahmenkritik zu entkräften, führen empirische Analysen Berechnungen mit extremen Annahmen durch. Grüske (1978) zeigt für Deutschland, dass die Abweichungen zwischen extrem regressiven und extrem progressiven Annahmen mit Spannweiten zwischen plusminus drei bis vier Prozentpunkten bemerkenswert gering sind.

zeigen die Ergebnisse die formale Verteilung der Leistung, also inwieweit die Zielgruppe durch den Transfer erreicht wird. Dagegen erlauben die Ergebnisse keine Aussage, ob die Transfergewährung hinsichtlich des *outcome* effizient ist. Die Höhe der Kosten spiegelt nicht wider, ob die öffentliche Bereitstellung Ressourcen effizient verwertet hat. Ein hoher Transfervorteil für den einzelnen Haushalt kann somit durch betriebliche Ineffizienz der öffentlichen Produktion zustande kommen.[44]

Schließlich führen Boadway und Keen die problematische Bestimmung von geeigneten Einkommensbegriffen an. Die Umverteilungswirkung der öffentlichen Maßnahmen werden gemessen, indem die individuellen Lasten oder Leistungen ins Verhältnis zum Einkommen gesetzt werden. Dabei determiniert die Höhe des Einkommens den Umfang der Umverteilungswirkung. Kritiker gehen daher davon aus, dass zu niedrig bzw. zu hoch ausgewiesene Einkommen die distributive Wirkung entweder verstärken oder abschwächen können. Zu niedrige bzw. zu hohe Einkommen können daraus resultieren, dass die Datenquelle Unter- bzw. Übererfassungen von Einkommensbegriffen beinhaltet. Um diese Unwägbarkeit zu kompensieren, werden die Haushaltseinkommen an die Makrodaten aus der Berichterstattung der Volkswirtschaftlichen Gesamtrechnung (VGR) adjustiert. Dass heißt, die in der EVS enthaltenen Einkommen werden auf die VGR-Größen hochgerechnet. Die Anpassung an die Makrogröße kompensiert die Untererfasssung von Einkommen in der EVS-Substichprobe sowie eine daraus folgende Überschätzung der Verteilungseffekte, wenn Transfersalden ins Verhältnis zu einem zu niedrigen Einkommen gesetzt werden. Dieses Vorgehen ist notwendig, da ebenso auf der Ausgabenseite die Leistungen in Höhe der Makrogröße an die Haushalte verteilt werden. Beispielsweise werden die in der EVS erfassten Einkommen aus Erziehungsgeld an die tatsächlichen Ausgaben der Gebietskörperschaften (Makrogröße) adjustiert.[45]

4.2 Überblick über distributive Analysen

Im Folgenden werden die zentralen Ergebnisse der wichtigsten Verteilungsanalysen mit familienpolitischer Relevanz dargestellt, um die Einzelergebnisse in der abschließenden Zusammenfassung zu einem Gesamtbild zu verdichten. Der Literaturüberblick orientiert über die wesentlichen Arbeiten zu distributiven Aspekten der Familienpolitik, die inhaltlich und methodisch für die vorliegende Arbeit wichtige Bezugspunkte darstellen. Die vorgestellten Arbeiten liefern einen Bezugsrahmen für die Fragestellungen dieser Arbeit.

Die Tabelle 4.1 fasst die Ergebnisse zusammen. Zwar sind die Studien aufgrund unterschiedlicher Methoden und Abgrenzungen nur sehr eingeschränkt direkt untereinander vergleichbar,

[44]Vgl. Demery (2003), S. 2ff. BMFSFJ (2001) diskutiert hingegen, warum die Bewertung der Realtransfers mit ihren Kosten auf eine Untererfassung hinausläuft. Maßgebliche Gründe dafür sind nicht berücksichtige Personalkosten, die für öffentliche Bedienstete und insbesondere Beamte anfallen, die Opportunitätskosten einer alternativen Ressourcenverwendung im nicht-öffentlichen Sektor, die Nicht-Erfassung der Kosten des eingesetzten Realkapitals sowie die Zusatzlasten der Besteuerung, um die öffentlichen Realtransfers zu finanzieren. Vgl. hierzu BMFSFJ (2001), S.125f.

[45]Die Adjustierung der Haushaltsbruttoeinkommen an die VGR-Größen dokumentiert Abschnitt 10.1.2, S. 168 sowie Tabelle 10.2, S. 169. Fritzsche et al. benutzen einen ähnlichen Ansatz, vgl. Fritzsche et al. (2003), S. 37ff. und 164ff.

jedoch zeigt sich aus den Einzelergebnissen ein zumindest qualitatives Gesamtbild, das als Ausgangspunkt für die distributive Analyse dient.

Tabelle 4.1: Literaturüberblick

Studie	Methode	Untersuchte Maßnahmen	Zentrales Ergebnis
Familienbezogene monetäre Transfers			
BMWA (2005b,2001)	EVS-Auswertung	Familienpolit. Geldtransfers	starke vertikale Umverteilung durch Geldtransfers, relativ hohe Vorteile für Alleinerziehende
Nettoeffekte			
Becker I. (2003)	EVS-Auswertung	gesamtes Steuer-Transfer-System	vertikale Umverteilung, wenig relative Vorteile für kleine Ehepaar-Familien
Guger und Mum (1999), Guger (1998)	Inzidenzanalyse	gesamte Familienpolitik	vertikale Umverteilung zwischen Familien, im Familienzyklus sind Familien weitestgehend Nettoempfänger
Steuervergünstigungen			
Meister und Ochel (2003)	Modellrechnungen, OECD-Daten	Steuervergünstigungen, direkte Transfers	relativ hohe Vorteile für Alleinerziehende, relativ geringe Vorteile für Ehepaare, Vorteile steigen nur leicht mit Kinderzahl
Schäfer (1996)	Mikrosimulation, Lohn/ESt-Statistik	Steuervergünstigungen	relative Vorteile für Familien mit höherem Einkommen, Vorteile steigen mit der Kinderzahl
Längsschnittergebnisse			
BMFSFJ (2001), Kleinhenz und Werding (1997)	Modellrechnungen im Längsschnitt, EVS-Daten	familienpolit. Geld- und Sachtransfers	Transfersalden steigen mit Kinderzahl, Geldtransfers eher konstant, relative Vorteile für mittelalte Familien
Kothmayer u. Rosner (2000)	Modellrechnungen	direkte und implizite Transfers	im Familienzyklus sind Familien weitestgehend Nettozahler
Eigenfinanzierungsanteil			
BMFSFJ (1995a)	Modellrechnung	steuer- und beitragsfinanz. Transfers	Eigenfinanzierungsanteil der Familien für steuerfinanz. Leistungen beträgt 32%

Quelle: Eigene Darstellung.

4.2.1 Familienbezogene monetäre Transfers

Die in diesem Abschnitt vorgestellten Arbeiten untersuchen die Inzidenz von familienpolitischen Transfers. Sie beschränken sich dabei auf die Ausgabenseite der öffentlichen Hand, ohne die Einnahmenseite zu berücksichtigen. Dies entspricht der in unserer Analyse vorgenommenen Untersuchung der Ausgabeninzidenz im zweiten Teil der Arbeit.

Primär stellen die Armut- und Reichtumsberichte der Bundesregierung auf die Analyse der Betroffenheit von Einkommensarmut bestimmter Bevölkerungsschichten ab. In den 2005 und 2001 erschienenen Armut- und Reichtumsberichten wird daneben auf Lebenslagen von Familien und Kindern eingegangen sowie die armutsreduzierende Wirkung von familienpolitischen

Transfers untersucht. Die Angaben basieren auf EVS-Auswertungen. Für verschiedene Haushaltstypen werden Einkommen vor sowie nach Steuern und Transfers verglichen. Die beiden bisherigen Berichte stellen heraus, dass vor allem junge Familien, Alleinerziehende und (Ehe-) Paare mit mehreren Kindern ein erhöhtes Armutsrisiko aufweisen. Die geleisteten staatlichen Transfers reduzieren die Armutslage der verschiedenen Haushaltstypen teils deutlich, gleichen aber nicht alle bestehenden Unterschiede aus. Familienpolitisch relevante Geldtransfers machen einen Großteil der Armutsreduzierung aus und senken vor allem das Armutsrisiko von Kindern und Alleinerziehenden.[46]

4.2.2 Nettoeffekt der Umverteilung

Die in diesem Abschnitt vorgestellten Arbeiten zielen auf die Ermittlung eines Nettoeffekts aus dem Steuer-Transfersystem. Sie entsprechen daher der Ermittlung von Nettotransfersalden, die im Kapitel 11 untersucht werden.

Becker (2003) ermittelt anhand Daten der EVS 1998 Nettotransfersalden aus direkten Steuern und steuerfinanzierten Transfers, die nach Haushaltstypen differenziert werden. Dabei ergibt sich ein vertikaler Umverteilungseffekt zu Gunsten der unteren Einkommensgruppen, der von den oberen Einkommensgruppen finanziert wird. Der Belastungsverlauf für die oberen Gruppen zeigt jedoch nur einen verhalten progressiven Verlauf. Die Differenzierung nach Haushaltstypen macht horizontale Umverteilungseffekte zu Gunsten von Paaren mit mehreren Kindern und Alleinerziehenden transparent. Während die horizontale Umverteilung in den untersten Einkommensklassen sehr deutlich ausfällt, sind die Unterschiede in den übrigen Klassen sehr gering. Zudem zeigen die Ergebnisse für Paare mit einem Kind und kinderlose Haushalte wenig unterschiedliche Nettoeffekte. Becker unterscheidet zwar nach Haushaltstypen, um differenzierte Umverteilungssalden für Familientypen zu ermitteln. Jedoch werden familienpolitisch relevante Transfers nicht von den übrigen Transfers abgegrenzt. Zudem werden auf der Einnahmenseite nur direkte Steuern einbezogen und die im allgemeinen regressiv wirkenden indirekten Steuern ausgegrenzt.[47]

Eine für diese Arbeit sehr wesentliche Referenzstudie ist Guger (1998), der die Verteilungswirkungen familienpolitisch motivierter Transfers in Österreich in einer fiskalischen Inzidenzanalyse bestimmt.[48] Analysiert werden die Verteilungswirkungen von monetären und realen Transfers sowie von Steuerabsetzbeträgen. Da Gugers Vorgehen methodisch sehr ähnlich zum Design dieser Inzidenzanalyse ist, wird im Folgenden ausführlicher auf diese Arbeit eingegangen.

---

[46] Betrachtet werden Kinder-, Erziehungsgeld, Unterhaltsvorschuss und BAföG, vgl. BMWA (2005), S. 76. Für den ersten Armutsbericht, vgl. BMWA (2001) sowie für den zweiten, vgl. BMWA (2005b). Die Verteilungswirkungen von ausgewählten bzw. neuen Instrumenten der Familienpolitik wie etwa dem Familiengeld erläutern in Modellrechnungen Homburg und Schnabel (2005).

[47] Vgl. Becker I. (2003), S. 7ff. Für einen internationalen Vergleich von Umverteilungswirkungen durch Steuer-Transfer-Systeme, vgl. Atkinson et al. (1995).

[48] Die Arbeit basiert auf einen Beitrag von Guger (1987) für das Analysejahr 1983. Auf eine Darstellung dieser Studie wird aufgrund des zeitlichen Abstands verzichtet.

Wichtigste Kriterien für die Zurechnung der Leistungen sind Kinderanzahl, Alter der Kinder, Dauer des Schulbesuchs sowie der in der Datenbasis erfasste Bezug von speziellen Transfers, wie z.B. des Mutterschaftsgelds. Die Zurechnung der steuerlichen Maßnahmen erfolgt nach der Kinderanzahl, da „die laufende Familienförderung vom Einkommen unabhängig"[49] ist.

Erster Analyseschritt ist die Berechnung der Verteilungswirkungen der Leistungen. Guger stellt dabei fest, dass die Familienförderung in Österreich als „horizontales Umverteilungsinstrument konzipiert ist"[50], da die Transfersalden über die Einkommensgruppen hinweg weitestgehend einheitlich zur Kinderanzahl in den Einkommensgruppen verlaufen. Daraus ergibt sich insgesamt ein leicht progressiver Verlauf. Die steuerlichen Absetzbeträge konzentrieren sich - anders als prima facie zu vermuten - in den untersten Einkommensgruppen. Guger erklärt dies mit der unterschiedlichen Staffelung der Leistungen nach Alter bzw. Kinderanzahl. Die Staffelung nach Kinderanzahl begünstigt in der Einkommensschichtung automatisch die unteren Einkommensgruppen (mit der höchsten durchschnittlichen Kinderanzahl), während sich nach dem Alter der Kinder gestaffelte Leistungen weniger progressiv verteilen. Ebenso begünstigen an die Geburt eines Kindes gekoppelte Leistungen die unteren Einkommensschichten, da dort aufgrund der Mutterschaft ein (potenzieller) Einkommensbezieher ausfällt.

In einem zweiten Analyseschritt berechnet Guger die Finanzierungsanteile, um zu klären, wer Nettoempfänger bzw. -zahler des familienpolitischen Steuer-Transfer-Systems ist. Die Finanzierung erfolgt in erster Linie aus Beiträgen der Arbeitgeber. Guger unterstellt, dass diese Mittel als Lohnbestandteil auf die unselbstständig Erwerbstätigen überwälzt werden. Die steuerfinanzierten Leistungen werden von allen Haushalten finanziert. Insgesamt ergibt sich für Haushalte mit Kindern auf der Einnahmenseite eine deutlich progressive Wirkung, da die überwälzten Arbeitgeberbeiträge die stärker erwerbstätigen oberen Einkommensgruppen relativ stärker belasten. Die Progressivität der Einnahmeninzidenz verstärkt die progressive Wirkung der Leistungen. Haushalte ohne Kinder tragen automatisch einen Finanzierungsanteil, der jedoch nicht näher bestimmt wird. Insgesamt zeigen diese Ergebnisse, dass von der als horizontales Umverteilungsinstrument angelegten Familienpolitik im Querschnitt beachtliche vertikale Umverteilungseffekte innerhalb der Familien ausgehen.

Schließlich analysiert Guger Umverteilungswirkungen im Lebenszyklus, indem er anhand der Querschnittsdaten Modellrechnungen für ausgewählte Familientypen erstellt. Die Modellrechnungen werden nach Lebenseinkommen, Kinderanzahl und Bildungsbeteiligung der Kinder (d.h. Studium) differenziert. Die Ergebnisse bestätigen neben der quasi-automatischen Umverteilung von Kinderlosen zu Haushalten mit Kindern vor allem die vertikalen Umverteilungseffekte, da allein gut verdienende Doppelverdienerehepaare mit nur einem Kind im Lebenszyklus zu den Nettozahlern gehören. Da die Anzahl der Nettozahler unter den Familien geringer als im Querschnitt erscheint, tragen Gugers Ergebnissen folgend die Kinderlosen im Lebenszyklus die Hauptfinanzierungslast der Familienpolitik in Österreich.[51]

---

49 Guger (1998), S. 15. Leider wird auf eine genauere Dokumentation der Zurechnung verzichtet. Ferner berücksichtigt Guger die Haushaltsgröße anhand von Nettoäquivalenzeinkommen.

50 Guger (1998), S. 22.

51 Guger und Mum (1999) untersuchen die Verteilungswirkungen einer Reform der österreichischen Familienpolitik im Jahr 2000.

4.2.3 Familienpolitische Steuervergünstigungen

Die in diesem Abschnitt zusammengefassten Arbeiten beziehen sich auf die Berechnung von Verteilungswirkungen von Steuervergünstigungen. Die vorliegende Arbeit fasst die Aspekte auf der Ausgabenseite im Kapitel 6 sowie in der Nettosicht im Abschnitt 11.3.2 auf. Ein Großteil der Familienpolitik vollzieht sich über steuerrechtliche Vorschriften, sodass deren Analyse Gegenstand zahlreicher Arbeiten ist.

Die OECD berechnet in Modellrechnungen so genannte *tax-benefit-positions* für ausgewählte Haushaltstypen, die Nettopositionen aus Transfers (allgemeine Geldtransfers) und Abgaben (Lohnsteuer und Sozialbeiträge) darstellen. Grundlage für die Berechnungen sind Transfers und Abgaben eines durchschnittlichen Arbeiter- oder Angestelltenhaushalts. Ein wesentlicher Vorteil dieser Berechnungen stellt deren internationale Vergleichbarkeit dar, die freilich zulasten eines sehr hohen Abstraktionsgrades geht. Familienpolitische Relevanz besitzen die OECD-Veröffentlichungen, da die Ergebnisse nach Haushaltstypen differenziert werden.[52]

Meister und Ochel (2003) erarbeiten aufbauend auf diesen OECD-Daten einen internationalen Vergleich von Steuervergünstigungen für Familien gegenüber kinderlosen Haushalten anhand von Modellrechnungen mit diesen Daten. Dabei werden zunächst die Nettoeinkommen von repräsentativen Haushalten mit und ohne Kindern miteinander verglichen, um den Umfang der Steuerprivilegien zu ermitteln. In einem weiteren Schritt werden familienpolitische Steuerprivilegien und direkte Transfers zwischen verschiedenen Modellhaushalten verglichen, um den Einfluss der Kinderanzahl auf die Höhe des Nettoeinkommens zu identifizieren. Die Autoren kommen zu dem Ergebnis, dass Alleinerziehende in Deutschland im internationalen Vergleich stark gefördert werden. Als Kriterium dient dabei der Einkommensunterschied zwischen Alleinerziehenden und vergleichbaren Haushalten nach der Umverteilung durch das Steuer-Transfers-System. Deutschland liegt nicht in der Spitzengruppe der Länder, in denen das Nettoeinkommen von Alleinerziehenden mehr als 40% über den Einkommen von vergleichbaren Haushalten ohne Kindern liegt (zum Vergleich: Deutschland ca. 30%). Erwartungsgemäß werden Ehepaare weniger stark gefördert als Alleinerziehende. Insgesamt übersteigen die Familieneinkommen nach Transfers die Einkommen der kinderlosen Haushalte im Durchschnitt um 12%. Ferner stellen Meister und Ochel fest, dass das deutsche Steuer-Transfer-System im internationalen Vergleich wenig mit der Kinderanzahl variiert.[53]

Allein auf die Einnahmeseite stellt eine Studie von Parsche et al. (2003) ab, die steuerlich induzierte Kinderlasten untersuchen. Die Autoren ermitteln, dass bis zur Neuregelung der Grundfreibeträge in 2000 bzw. 2002 bessergestellte Ehepaare eine „Kinderstrafsteuer" entrichteten, da die Steuervergünstigung nicht ausreichte, um den tatsächlichen Bedarf von Kindern steuerlich freizustellen. Alleinerziehende und verheiratete Familien der unteren Einkommensklassen bezahlen den Autoren zufolge keine Strafsteuer, da sie nicht oder in

[52]Unterschieden werden die Haushalte von Alleinlebenden, Alleinerziehenden mit zwei Kindern und verheirateten Paaren ohne bzw. mit zwei Kindern. Vgl. OECD (1998), S. 120f.

[53]Zu einem ähnlichen Ergebnis kommen Parsche und Osterkamp (2004) in einem internationalen Vergleich mit Modellrechnungen (ohne OECD-Daten) für kindbedingte Transfers und steuerliche Entlastungen, vgl. Parsche und Osterkamp (2004), S. 53f.

geringem Umfang von direkten Steuern belastet werden. Im Bereich der Verbrauchsteuern stellen die Autoren fest, dass in einigen Grenzfällen Verbrauchstrafsteuern anfallen, die jedoch aufgrund der schwierigen Bestimmung als vernachlässigbar gering eingestuft werden.[54]

Schäfer (1996) analysiert in einer Mikrosimulation die Verteilungswirkungen des Familienlastenausgleich in der 1996 praktizierten Form sowie neun zu diesem Zeitpunkt diskutierter Reformoptionen. Zu den betrachteten Maßnahmen des Status Quo gehören das bis 1996 als Transfer gewährte Kindergeld mit dem Kindergeldzuschlag sowie steuerliche kind- und ehebezogene Vergünstigungen (Freibeträge und Ehegattensplitting). Der Autor erstellt auf Grundlage der Einkommen- und Lohnsteuerstatistiken ein Gruppensimulationsmodell, in dem gleichartige Steuerfälle, z.B. alle Steuerfälle der Klasse II mit zwei Kindern, aggregiert werden. Die gruppierten Steuerfälle können so nach Steuerklasse, Kinderzahl und Bruttoeinkommen geschichtet werden, sodass unterschiedliche Verteilungswirkungen nach Haushaltstypen (Kinderlose, Ehepaare mit Kindern und Alleinerziehende) differenzierbar sind.

Das Simulationsmodell von Schäfer ist eine differentielle Inzidenzanalyse, d.h. die Simulation erfasst nur die Änderungen durch die simulierte Einführung eines Reformvorschlags gegenüber dem Status Quo. Die Simulation der Verteilungswirkungen der Einführung des Optionsmodells zeigt, dass eine Einführung bei nahezu allen Haushalten nur geringfügige Be- bzw. Entlastungswirkungen hervorruft. Einzig Alleinerziehende mit drei und mehr Kindern müssen signifikante Einkommenseinbußen hinnehmen. Schäfer fasst zusammen, dass das Optionsmodell den diskontinuierlichen Entlastungsverlauf des Dualen Systems weitestgehend beseitigt. Jedoch wird die vorhandene Regressivität der steuerlichen Instrumente kaum verändert. Zudem wird zwischen den Familientypen in geringem Umfang von Einkind- zu Zweikinderfamilien bzw. von Alleinerziehenden zu Ehepaaren mit Kindern umverteilt.[55]

4.2.4 Längsschnittergebnisse

Die in diesem Abschnitt erläuterten Arbeiten fassen Längsschnittaspekte auf. Diesen Apekten wird in der Arbeit die Schichtung der Haushalte nach Familienphasen gerecht, wie sie im Abschnitt 3.2 erläutert wird. Kleinhenz und Werding ermitteln im Rahmen eines Forschungsprojekts für das BMFSFJ die privaten und öffentlichen Aufwendungen für Kinder in unterschiedlichen Lebensphasen der Familien.[56] Sie analysieren in Modellrechnungen für bestimmte Familientypen ausgewählte familienpolitisch relevante Transfers und blenden die Finanzierungsseite aus. Die Autoren konstruieren einen so genannten Quasi-Längsschnitt, in dem aus den Querschnittsdaten anhand des Alters der Familien ein kontinuierlicher Familienlebenszyklus konstruiert wird. Hierbei dient das Alter der Mutter zum Geburtszeitpunkt der Kinder als verbindendes Element bzw. Startpunkt für den Familienzyklus. Die Ergebnisse werden für ausgewählte Familientypen differenziert nach Familienstand und Kinderzahl ausgewiesen. Für je-

[54] Vgl. Parsche et al. (2003), S. 82ff.

[55] Für die Zusammenfassung der Ergebnisse für das Optionsmodell, vgl. Schäfer (1996), S. 310ff.

[56] Kleinhenz und Werding (1997) basiert auf Ergebnissen der Einkommens- und Verbrauchsstichprobe 1988. Für das Gutachten des Beirats beim BMFSFJ (2001) werden die Ergebnisse anhand der EVS 1993 aktualisiert. Vgl. Kleinhenz und Werding (1997) und BMFSJF (2001).

den dieser Familientypen wird für jedes Jahr (bei Familien mit einem Kind bis zum Alter von 18 Jahren) ein Transfersaldo ausgewiesen, der sich aus den wichtigsten öffentlichen Leistungen für Familien zusammensetzt.[57]

Als zentrale Ergebnisse halten die Autoren fest, dass für alle Haushaltstypen die öffentlichen Leistungen ab Geburt des ersten Kindes (und bei der Geburt weiterer Kinder) ansteigen und erst im letzten Drittel des Familienzyklus abnehmen. Dabei unterscheiden sich die Wirkungen einzelner Instrumente beträchtlich. Der Löwenanteil der öffentlichen Aufwendungen entfällt auf Realtransfers, wie die kostenlose Nutzung von Schulen und Kindergärten. Die Salden steigen mit der Kinderzahl an und begünstigen vor allem mittelalte Familien mit schulpflichtigen Kindern. Die öffentlichen direkt monetären Aufwendungen sind hingegen zum einen dem Volumen nach geringer und bleiben zum anderen über den Familienzyklus hinweg eher konstant.[58]

Eine Längsschnittanalyse führen Kothmayr und Rosner (2000) anhand von Modellrechnungen für bestimmte Haushaltstypen in Österreich durch. Auf der Ausgabenseite werden Karenzgeld (Mutterschaftsgeld), Familienbeihilfen (Transfers) sowie Steuerabsetzbeträge betrachtet. Um den Eigenfinanzierungsanteil der Familien zu bestimmen, wird vereinfachend ein proportionaler Steuersatz von 4,5% unterstellt, der dem Beitragssatz der österreichischen Arbeitnehmer in den Familienlastenausgleichsfonds FLAF entspricht. Dabei ergibt sich, dass in der Lebenszeit-Perspektive nur wenige Haushalte netto von den familienpolitischen Leistungen profitieren. Mehrkinderhaushalte und sehr einkommensschwache Haushalte sind Nettonutznießer, während Normfamilien (Ein- und Zwei-Kinder-Familien) netto belastet werden. Kothmayr und Rosner stellen fest, dass nettobegünstigte „Haushalte hätten den Betrag nicht ansparen können, wäre ihr Einkommen um 4,5% höher gewesen."[59]

4.2.5 Eigenfinanzierungsanteil

Die Berechnung des Eigenfinanzierungsanteils der Familien an den familienpolitischen Leistungen ist eine zentrale Fragestellung dieser Arbeit, die im Kapitel 12 beantwortet wird.

Im so genannten fünften Familienbericht geht das BMFSFJ (1995a) der Frage nach, inwieweit Familien den damals so genannten Familienlastenausgleich selbst finanzieren. In einer Schätzung wird der Eigenfinanzierungsanteil der Familien ermittelt, der in 1990 für das alte Bundesgebiet mit 32% ausgewiesen wird.

Die Schätzung benutzt einige vereinfachende Annahmen. Zunächst wird unterstellt, dass die Finanzierung des Familienlastenausgleich vornehmlich aus Einkommen-, Lohn- und Umsatzsteuer erfolgt. Für diese Steuerarten werden Anteile der Steuerlast ermittelt, die von Familien getragen werden. Für die Inzidenz der Lohn- und Einkommensteuer wird dabei eine „im Durchschnitt gleiche Pro-Kopf-Steuerbelastung von erwerbstätigen Familienmitgliedern und erwerbstätigen Alleinlebenden sowie kinderlosen Ehegatten"[60] unterstellt. Im gewichteten Mittel zwischen den Anteilen an Umsatzsteuer- bzw. Lohn- und Einkommensteueraufkommen

[57] Für den Katalog der betrachteten Leistungen, siehe BMFSJF (2001), S. 291.
[58] Vgl. BMFSFJ (2001), S. 144ff.
[59] Kothmayr und Rosner (2003), S. 112.
[60] BMFSFJ (1995a), S. 294.

ergibt sich daraus der Eigenfinanzierungsanteil von 32%. Ohne auf die stark vereinfachenden Annahmen explizit einzugehen, besteht für die Berechnung dieser interessanten Kennzahl zweifellos methodisches Innovationspotential, das diese Analyse aufgreift.

4.3 Zentrale Ergebnisse und weiterführende Argumente

- Die empirische Analyse der (Um-)Verteilungswirkungen der Familienpolitik verwendet ein fiskalisches Inzidenzmodell, da es für die rein positive Inzidenzanalyse als das am besten geeignete Instrument erscheint. Die grundlegende Datenquelle ist das *Scientific Use File* der Einkommens- und Verbrauchsstichprobe 1998. Anhand der Mikrodaten werden die Verteilungswirkungen der Familienpolitik für das Bezugsjahr 2001 berechnet.
- Der Überblick über die wesentlichen Arbeiten zu distributiven Aspekten hat gezeigt, dass die finanzwissenschaftliche Literatur bisher keine systematische Analyse der Verteilungswirkungen der gesamten Familienpolitik kennt.
- Direkte monetäre Transfers scheinen eine stark vertikal umverteilende Wirkung von einkommensstarken zu einkommensschwachen Haushalten zu haben. Darüber hinaus werden Alleinerziehende offenbar besonders stark durch das Steuer-Transfer-System gefördert.
- Realtransfers entfalten schon aufgrund ihres hohen Volumens gemessen an den Bereitstellungskosten starke Verteilungswirkungen zu Gunsten mittelalter und kinderreicher Familien, die durch die hohe Kinderzahl öffentlich bereitgestellte familienpolitische Güter und Dienstleistungen intensiv nutzen.
- Die Verteilungswirkungen von Steuervergünstigungen (implizite Transfers) sind trotz ihrer methodisch problematischen Bestimmung von zentralem Interesse. Die bisherigen Ergebnisse zeigen, dass die absoluten Vorteile erwartungsgemäß mit dem Einkommen und gering mit der Kinderzahl ansteigen.
- Die Nettoeffekte der Familienpolitik sind wenig erforscht. Ergebnisse für Österreich deuten an, dass durch die vertikale Umverteilungswirkung unter Berücksichtigung der Eigenfinanzierung bestimmte Familientypen wie reiche, ältere Familien zu Nettozahlern werden.
- Der Eigenfinanzierungsanteil aller Familien wird auf knapp ein Drittel der Gesamtkosten für die familienpolitischen Leistungen geschätzt.

Teil II

Verteilungswirkungen der Familienpolitik

Kapitel 5

Transfers der Gebietskörperschaften

Bund, Länder und Gemeinden erbringen eine Vielzahl familienpolitischer Leistungen in Form von Geld- und Sachtransfers, deren Verteilungswirkungen in diesem Kapitel erläutert werden. Die aggregierten Transfers der Gebietskörperschaften (Öffentliche Transfers) betragen 73,2 Mrd. Euro im Bezugsjahr 2001. Die familienpolitischen Geldtransfers der Gebietskörperschaften belaufen sich auf insgesamt 8,5 Mrd. Euro. Im Abschnitt 5.1 werden die Geldtransfers im Einzelnen beschrieben, die Zurechnungsmethode dokumentiert, die Ergebnisse der absoluten Inzidenz dargestellt sowie auf deren Plausibilität eingegangen. Die mit ihren Kosten bewerteten Sachleistungen summieren sich auf 64,7 Mrd. Euro. Abschnitt 5.2 erörtert analog der Struktur der Ausführungen zu den Geldtransfers die Verteilungswirkungen der Sachtransfers.

5.1 Geldtransfers

5.1.1 Erziehungsgeld

5.1.1.1 Beschreibung

Das Erziehungsgeld gilt als das zentrale familienpolitische Instrument des Bundes „zur Förderung der Erziehung und zur Vereinbarung des Erziehungsauftrags der Eltern mit ihrer Erwerbstätigkeit“.[1] Die Aufwendungen für das Bundeserziehungsgeld beliefen sich im Bezugsjahr 2001 auf rund 3,5 Mrd. Euro. Daneben gewährten die Länder Baden-Württemberg, Bayern, Sachsen und Thüringen im Anschluss an die Bundesleistungen Ländererziehungsgeld in einem Gesamtumfang von rund 320 Mio. Euro. Da der Sozialbericht sowohl Bundes- als auch Landeserziehungsgeld in die Funktion Ehe und Familien einbezieht, belaufen sich die gesamten Ausgaben der Institution Erziehungsgeld auf 3,9 Mrd. Euro.[2]

Das Erziehungsgeld richtet sich unabhängig vom Familienstand an Eltern bzw. Elterntei-

[1] BMAS (1998), S. 202.

[2] Die Bezugsvoraussetzungen des Erziehungsgelds der Länder variieren stark von Land zu Land. In der Regel beträgt die Förderdauer maximal ein Jahr und die Erteilung richtet sich an nicht oder nicht voll erwerbstätige Haushalte der unteren Einkommensgruppen. Vgl. BMFS (2002a), S. 394 und S. 458. Das BMFSFJ (2003b) weist 3,3 Mrd. Euro im Jahr 2001 für das Bundeserziehungsgeld aus. Bei Rosenschon findet sich für 2001 eine Angabe des BMF über Ausgaben in Höhe von 3,5 Mrd. Euro, vgl. Rosenschon (2001), S. 21.

le, die nicht erwerbstätig oder teilzeitbeschäftigt sind. Bei Aufnahme einer Beschäftigung von über 30 Stunden entfällt das Erziehungsgeld. Die Gewährung ist an Einkommensgrenzen gebunden, die mit der Kinderzahl ansteigen. Die Einkommensdefinition unterscheidet sich vom steuerrechtlichen Einkommensbegriff, wobei das Jahresnettoeinkommen als Äquivalent dienen kann.[3] Neben der Einkommensgrenze besteht eine implizite Bindung des Transfers an eine Altersgrenze, da das Erziehungsgeld ab der Geburt des Kindes für maximal zwei Jahre bzw. seit dem Jahr 2001 alternativ als so genanntes Budgetangebot für nur ein Jahr mit dem entsprechend erhöhten Regelbetrag gewährt wird.

5.1.1.2 Methodische Anmerkungen

Die Zurechnung kann direkt über die Variable „Erziehungsgeld nach dem Bundeserziehungsgeldgesetz" der EVS-Mikrodaten erfolgen, da die Haushalte Einkommen aus Erziehungsgeldzahlungen angeben. Das Landeserziehungsgeld wird nicht mit dem Bundeserziehungsgeld-Zahlungen, sondern zusammen mit anderen öffentlichen Transfers in der Variable „Sonstige Übertragungen der Gebietskörperschaften" erfasst und ist daher nicht von anderen Leistungen dieser Kategorie zu isolieren. Vereinfachend wird daher das Landeserziehungsgeld unter Verwendung der EVS-Variablen für das Bundeserziehungsgeld verteilt.[4]

5.1.1.3 Absolute Inzidenz

In der Tabelle 5.1 sind die Ergebnisse für die absolute Inzidenz des Erziehungsgeldes dargestellt. Die Tabelle zeigt für die Schichtung der Familien nach Typ, Phase und Einkommensgruppe zunächst die Teilnahmequoten, d.h. wie viele Familien einer Zelle tatsächlich von dem Transfer profitieren. Daneben wird der durchschnittliche Förderbetrag für die tatsächlichen Empfänger-Familien sowie für alle Familien ausgewiesen.

Bei der Interpretation der Tabelle sind zwei Einschränkungen zu beachten, die im Folgenden für die Ergebnisinterpretation im gesamten Teil 2 dieser Arbeit gelten. Zum einen sind die Einschränkungen aufgrund der zum Teil zu niedrigen Fallzahlen zu berücksichtigen, wie sie in den Ausführungen zum relativen Standardfehler erläutert wurden.[5] Zum anderen werden die Mittelwerte für die Förderung bezogen auf alle Familien in der Tabelle ausgewiesen, jedoch nicht weiter interpretiert. Da die Mehrzahl der Familien keine Geldtransfers beziehen, dominiert die die hohe Anzahl von Null-Werten die Mittelwerte. Der Ausweis ist jedoch dennoch sinnvoll und notwendig: Erstens unterscheidet sich die Gesamtheit der Empfänger einer Leistung von der Gesamtheit der Empfänger einer anderen Leistung, sodass ein Vergleich der Inzidenz zweier Leistungen nur aussagekräftig ist, wenn sich die Inzidenz auf die Gesamtheit aller Familien bezieht. Zweitens gehen die ausgewiesenen Werte in die zusammengefasste absolute Inzidenz der Leistungsgruppe ein, die abschließend in diesem Kapitel erläutert wird.

---

[3] Vgl. BMFSFJ (2002), S. 13ff.

[4] Näherungsweise könnte das Landeserziehungsgeld auf jene Haushalte verteilt werden, die Einkommen aus anderen sonstigen Übertragungen angegeben haben und in denen Kinder unter drei Jahren leben. Jedoch erscheinen die in dieser Eingrenzung erhaltenen Ergebnisse wenig plausibel, da die Förderbeträge je Kind deutlich über dem maximalen Regelbetrag liegen.

[5] Vgl. Abschnitt 4.1.1.3, S. 54.

Tabelle 5.1: Erziehungsgeld, absolute Inzidenz

Familientyp	Ehe, 1 Ki.	Ehe, 2 Ki.	Ehe, >2 Ki.	Alleinerz.	Alle
Empfänger-Familien in %	12,1	11,4	17,6	4,2	11,2
Euro je Empfänger-Familie	216,46	232,35	254,95	273,02	232,68
Euro je Familie	26,25	26,42	44,81	11,46	26,10
Familienphasen	**Grdg.**	**Aufb.**	**Stab.**	**Kons.**	**Umortg.**
Empfänger-Familien in %	62,8	26,1	2,5	./.	./.
Euro je Empfänger-Familie	227,76	234,02	252,53	./.	./.
Euro je Familie	143,09	60,97	6,32	./.	./.
Quintile	**I**	**II**	**III**	**IV**	**V**
Empfänger-Familien in %	16,6	16,8	11,6	7,1	4,0
Euro je Empfänger-Familie	260,65	229,11	217,61	204,29	225,87
Euro je Familie	43,22	38,39	25,27	14,48	9,13

Quelle: Eigene Berechnungen mit dem EVS-Mikrofile 1998. Absolute Inzidenz in Euro monatlich für das Bezugsjahr 2001. (xy): eingeschränkte Aussagekraft, da relativer Standardfehler zwischen 10 und 20%. (./.): keine Aussagekraft, da relativer Standardfehler größer als 20%. Vgl. dazu Abschnitt 4.1.1.3, S. 54.

Das Erziehungsgeld weist mit 11,2% bzw. 1,2 Mio. Transferbeziehern die höchste Teilnahmequote bzw. die höchste Anzahl von Transferempfängern unter den steuerfinanzierten familienpolitischen Geldtransfers auf. Differenziert nach Familientypen zeigt sich, dass das Erziehungsgeld überdurchschnittlich häufig von verheirateten Familien und unterdurchschnittlich von Alleinerziehenden in Anspruch genommen wird. Dies erklärt sich aus der impliziten Altersgrenze des Erziehungsgelds, sodass sich der Transfer auf Gründungs- und Aufbaufamilien mit Kindern bis zwei Jahren konzentriert, die wiederum im wesentlichen aus Ehepaaren mit Kindern bestehen. Alleinerziehende Familien sind wie gezeigt stärker in den späteren Familienphasen repräsentiert. In der Gründungsphase selbst sind 62,8% der Familien tatsächlich Transferempfänger, was den starken Phasenbezug des Erziehungsgeldes unterstreicht. In der Einkommmensschichtung konzentrieren sich die Transferbezieher aufgrund der Einkommensgrenze des Erziehungsgelds deutlich auf die unteren Einkommensgruppen. Hinzu kommt, dass junge Familien leicht linkssteil auf die unteren Einkommensgruppen verteilt sind.[6]

Das durchschnittliche Erziehungsgeld beträgt für die Empfänger monatlich 233 Euro. Alleinerziehende Empfänger werden stärker gefördert als die übrigen Familientypen, da die einkommensabhängige Gestaltung des Erziehungsgelds die ungünstige Einkommenslage der Alleinerziehenden berücksichtigt. Die Förderbeträge steigen mit dem Familienalter an, da zusätzliche Kinder die Einkommensgrenzen erhöhen. Das Erziehungsgeld wird nur in sehr seltenen Fällen kumuliert, da aufgrund der engen Altersbeschränkung selten mehrere anspruchsberechtigte Kinder in einem Haushalt leben. In der Einkommensschichtung sinken erwartungsgemäß die Förderbeträge mit steigendem Einkommen, wobei der Rückgang im Vergleich zu den großen Einkommensunterschieden zwischen den Einkommensgruppen gering ausfällt.[7]

[6]Ergänzende Berechnungen für einen enger definierten potenziellen Nutzerkreis als in der Abgrenzung der Gründungsphase zeigen, dass unter Haushalten mit Kindern bis zwei Jahren 72,4% Erziehungsgeld beziehen. Vgl. zur Verteilung der Kinder auf Familienphasen und Quintile die Tabellen 3.2, S. 34 und 3.5, S. 41.

[7]Das mittlere Erziehungsgeld sinkt lediglich von 112 auf 97% des Durchschnittswertes, während das mittlere

5.1.1.4 Plausibilität

Die Zurechnung des Erziehungsgelds erreicht eine vergleichsweise gute quantitative Plausibilität, da der Repräsentationsgrad bei 117% liegt.[8] Ein wesentlicher Grund für die Übererfassung in der EVS-Substichprobe dürfte in der Hochrechnung der Quartalsangaben liegen, da keine Angaben über die genaue Bezugsdauer in Monaten enthalten sind.[9] Die Übererfassung in der EVS wird durch die Zurechnung der Makrogröße für 2001 kompensiert, sodass in der Inzidenzanalyse genau 3,6 Mrd. Euro auf die Haushalte verteilt werden.

Die Prüfung der Teilnahmequote ist problematisch. In der EVS sind 1,3 Mio. Empfänger erfasst, die während des Jahres 1998 Bundeserziehungsgeld erhalten haben. Aus der Sekundärstatistik gehen 1998 rund 725.000 bewilligte Erstanträge hervor,[10] jedoch sind keine Zahlen zum Empfängerbestand verfügbar. Jedoch entspricht der Bestand von 1,4 Mio. Empfänger-Haushalten im auf das Jahr 1998 bezogenen Mikrofile zumindest in einer Überschlagsrechnung den Angaben aus der Erziehungsgeldstatistik. Diese geht von einer jährlichen Erstbewilligungszahl von 0,7 Mio. Personen bei einer zweijährigen Laufzeit aus, was näherungsweise einen Bestand von rund 1,4 Mio. Familien annehmen lässt.

Zudem erscheint das berechnete mittlere Erziehungsgeld von 233 Euro als plausibel, da somit die Beträge im Durchschnitt deutlich unter dem Regelbetrag von maximal 307 Euro (2001) liegen. Die zugeteilten Beträge beinhalten zudem das miteinberechnete Landeserziehungsgeld. Bei isolierter Berechnung für das Bundeserziehungsgeld ergibt sich ein Mittel von 211 Euro, wobei die Werte für 95% der Bezieher unter dem Regelbetrag liegen.[11]

Qualitativ erscheinen die Ergebnisse plausibel, da sich die erwartete starke Phasenwirkung zu Gunsten der jüngeren Familien mit Kindern unter drei Jahren einstellt. Daher kann die Plausibilität der absoluten Inzidenz des Erziehungsgelds in beiden Dimensionen als gut beurteilt werden.

5.1.2 Kinderkomponente der Sozialhilfe

5.1.2.1 Beschreibung

Die familienpolitische Relevanz der Sozialhilfe besteht in den Familienkomponenten, die von Hilfen für Schwangere und Wöchnerinnen bis zu eigenen Sozialhilfeansprüchen von Kindern reichen. Der Sozialbericht weist das Volumen dieser Familienleistungen für 2001 mit 2,7 Mrd. Euro aus, was einem Anteil von 11% an den gesamten Sozialhilfeausgaben in Höhe von 26,3

Nettoäquivalenzeinkommen von 47 auf 180% von der untersten in die oberste Einkommensgruppe steigt. Vgl. dazu Tabelle 3.4, S. 40.

[8] Die Summe des im EVS-Mikrofile erfassten Bundeserziehungsgelds (ohne Landeserziehungsgeld) beträgt 4,2 Mrd. Euro, der Bund wendete 1998 nach seiner Rechnungslegung 3,6 Mrd. Euro auf. Vgl. BMFSFJ (2003b) sowie Statistisches Bundesamt (2000), S. 448.

[9] Um diesem Effekt zu begegnen, wählt das Statistische Bundesamt die befragten Haushalte nach einem zuvor festgelegten Rotationsschema aus. Die Haushalte berichten über ein Quartal des Jahres, wobei durch das Rotationsschema das ganze Beobachtungsjahr abgedeckt werden soll. Vgl. Kleinhenz und Werding (1997), S. 50.

[10] Statistisches Bundesamt (2000), S. 460.

[11] Vgl. Rosenschon (2001), S. 20.

Mrd. Euro (2001) entspricht.[12] Von den Familienleistungen der Sozialhilfe entfielen rund 82% (2,2 Mrd. Euro) auf kindbezogene sowie rund 18% (0,5 Mrd. Euro) auf ehebezogene Komponenten der laufenden Hilfe zum Lebensunterhalt. Dabei erhalten Sozialhilfeempfänger Zuschläge für Kinder bzw. Ehegatten zum Regelbedarf, die mit dem Alter der betroffenen Haushaltsangehörigen steigen. Ehepartner erhalten im Bundesdurchschnitt 80% und Kinder unter sieben Jahren 50% des Regelsatzes.[13] Aufgrund des kindbezogenen Familienbegriffs dieser Arbeit werden nur die kindbezogenen Zuschläge in der Inzidenzanalyse berücksichtigt.[14]

5.1.2.2 Methodische Anmerkungen

Die Zurechnung der Kinderkomponente der Sozialhilfe in Höhe von 2,2 Mrd. Euro erfolgt anhand der Angaben über Sozialhilfeeinkünfte aus der EVS-Substichprobe. Diese erfasst Einkommen aus Sozialhilfe, wobei nach Einnahmen aus laufender Hilfe zum Lebensunterhalt und Hilfe in besonderen Lebenslagen differenziert wird. Da der überwiegende Teil der kindbezogenen Sozialhilfeleistungen laut Sozialbericht aus Hilfe zum Lebensunterhalt besteht, wird die Makrogröße vereinfachend nach dieser Leistung verteilt, wobei nur Sozialhilfebezieher mit Kindern berücksichtigt werden.[15]

5.1.2.3 Absolute Inzidenz

Die absolute Inzidenz der Leistung ist in Tabelle 5.2 dargestellt. Die Kinderkomponente der Sozialhilfe konzentriert sich trotz ihres vergleichsweise hohen Ausgabevolumens von 3,2 Mrd. Euro auf einen relativ kleinen Empfängerkreis von 3,0% der Familien (332.000 Familien). Im Vergleich zum Erziehungsgeld fällt auf, dass die Leistung deutlich stärker von Alleinerziehenden als von Ehepaaren mit Kindern wahrgenommen wird. Unter verheirateten Paare sind lediglich Einkindehepaare häufiger Empfänger. Die Empfängerquoten in den Familienphasen sind sehr gering und sinken zudem leicht mit dem Alter, da sich die Einkommenssituation mit dem Familienalter verbessert. In der Einkommensschichtung zeigt sich die erwartete Konzentration auf das unterste Quintil, während in den oberen 80% der Familien nahezu keine Transferempfänger vertreten sind. Ergänzende Berechnungen zeigen, dass im Vergleich zu den relativen

[12] Vgl. Breuer und Engels (1999), S. 8f. In der Berichterstattung des Sozialberichts verteilen sich die Sozialhilfeausgaben neben der Funktion Ehe und Familie auf verschiedene andere Funktionen des Sozialbudgets, vgl. BMGS (2002a), S. 452ff. sowie S. 394.

[13] Kinder von Alleinerziehenden werden in dieser Altersgruppe mit 55% des Regelsatzes etwas stärker gefördert als die Kinder von Ehepaaren. Vgl. BMGS (2003), S. 1, Tabelle Regelsätze für die Hilfe zum Lebensunterhalt nach dem Bundessozialhilfegesetz, Stand 1.7.2003. Zu beachten ist, dass bei der Berechnung des Sozialhilfeniveaus alle anderen (familienpolitischen) Leistungen nahezu vollständig angerechnet werden.

[14] Das Gutachten des Familienbeirats berücksichtigt ausschließlich Sozialhilfeansprüche von Kindern als familienbezogene Maßnahme, vgl. BMFSFJ (2001), S. 226. In der Berichterstattung über die Haushaltswirkungen familienbezogener Transfers bei Bund und Ländern taucht die Kinderkomponente der (vorwiegend kommunal getragenen) Sozialhilfe nicht auf, vgl. BMFSFJ (2003b), Tabelle 1. Die Deutsche Bundesbank weist für 2000 einen Betrag von 2,8 Mrd. Euro auf Basis des Sozialberichts 2001 aus, wobei ehe- und kindbezogene Komponenten nicht getrennt werden, vgl. Deutsche Bundesbank (2002), S. 15ff. Rosenschon (2001) verfährt analog und schätzt die anteiligen Ausgaben für 2001 auf 3,4 Mrd. Euro, vgl. Rosenschon (2001), S. 24.

[15] Vgl. BMGS (2002a), S. 394.

Armutsquoten die Anteile der Sozialhilfebezieher unter jenen der Armutsquoten liegen. Somit bezieht offenbar nicht jeder Haushalt, der als arm gilt, tatsächlich Sozialhilfe.[16]

Tabelle 5.2: Kinderkomponente der Sozialhilfe, absolute Inzidenz

Familientyp	Ehe, 1 Ki.	Ehe, 2 Ki.	Ehe, >2 Ki.	Alleinerz.	Alle
Empfänger-Familien in %	(1,1)	./.	./.	13,2	3,0
Euro je Empfänger-Familie	(303,13)	./.	./.	517,78	493,82
Euro je Familie	3,28	3,76	13,69	68,55	15,01
Familienphasen	**Grdg.**	**Aufb.**	**Stab.**	**Kons.**	**Umortg.**
Empfänger-Familien in %	(5,19	(4,0)	3,4	(2,7)	./.
Euro je Empfänger-Familie	(490,78)	(469,16)	535,94	(519,18)	./.
Euro je Familie	24,93	18,65	17,95	14,19	5,54
Quintile	**I**	**II**	**III**	**IV**	**V**
Empfänger-Familien in %	13,6	(1,3)	./.	./.	./.
Euro je Empfänger-Familie	491,89	(536,81)	./.	./.	./.
Euro je Familie	67,13	6,92	0,00	0,00	0,00

Quelle: Eigene Berechnungen mit dem EVS-Mikrofile 1998. Absolute Inzidenz in Euro monatlich für das Bezugsjahr 2001. (xy): eingeschränkte Aussagekraft, da relativer Standardfehler zwischen 10 und 20%. (./.): keine Aussagekraft, da relativer Standardfehler größer als 20%. Vgl. dazu Abschnitt 4.1.1.3, S. 54.

Die durchschnittliche absolute Inzidenz der Kinderkomponente für Sozialhilfe-Empfänger beträgt 494 Euro. Die überdurchschnittliche Förderung von Alleinerziehenden weist auf die Berücksichtigung der schwachen Einkommenssituation von Alleinerziehenden hin. Unter aufgrund geringer Fallzahlen eingeschränkter Aussagefähigkeit ist zu beobachten, dass die durchschnittliche Förderung der Empfänger-Haushalte zur Mitte der Familienkarriere hin ansteigt, während der Familien die höchste Kinderzahl haben. In der Einkommensschichtung ist außer für das erste Quintil keine weitere Aussage möglich, da die Empfängerzahlen ab dem zweiten Quintil zu gering sind.

5.1.2.4 Plausibilität

Die Prüfung der quantitativen Plausibilität anhand des Repräsentationsgrades bezieht sich nur auf die Ausgaben für die laufende Hilfe zum Lebensunterhalt, da die Kinderkomponente wie erläutert im wesentlichen nur auf diese Sozialhilfe-Komponente entfällt. Die Ausgaben für Hilfen in besonderen Lebenslagen werden daher nicht auf ihren Repräsentationsgrad geprüft. Die aggregierten Transfers der laufenden Hilfe in der EVS-Substichprobe betragen 3,8 Mrd. Euro, während das Statistische Jahrbuch 9,0 Mrd. Euro im Jahr 1998 ausweist. Die EVS erfasst demnach nur 44% der Makrogröße.

Näherungsweise kann der Umfang der Kinderkomponente der laufenden Hilfe bestimmt werden. In einer (groben) Überschlagsrechnung lässt sich der Kinderzuschlag abschätzen, indem die Differenzbeträge der durchschnittlichen Förderung zwischen Sozialhilfebeziehern mit

[16]Dabei ist anzumerken, dass in der EVS-Substichprobe in einigen Einzelfällen für Familien, die deutlich über der relativen Armutsgrenze liegen, Einkünfte aus Sozialhilfe angegeben sind. Vgl. zu den Armutsquoten Tabelle 3.6, S. 42.

und ohne Kindern aggregiert werden. Familien beziehen demnach im Mittel 157 Euro mehr als kinderlose Bezieher, was in der Aggregation rund 0,7 Mrd. Euro für 1998 entspricht. Dieser Wert ist jedoch nicht um ehebezogene Zuschläge korrigiert. Gemessen an der gesamten Summe in der EVS entspricht dies für 1998 einem Anteil von rund 18%, während die Kinderkomponente (2,2 Mrd. Euro) 24% der gesamten Ausgaben für die laufende Hilfe von 8,1 Mrd. Euro in 2001 beträgt.[17]

Der Vergleich der Empfängerzahlen zeigt eine vergleichbare Untererfassung. Das Statistische Jahrbuch weist für 1998 insgesamt 2,7 Mio. Empfänger (außerhalb von Einrichtungen) der laufenden Hilfe zum Lebensunterhalt aus, während in der EVS 1,5 Mio. Empfänger erfasst sind (56% der Makrogröße), die in 890.000 Haushalten leben. Die Empfängerstruktur der sozialhilfebeziehenden Familien in der EVS erreicht hingegen eine deutlich bessere Übereinstimmung mit den Vergleichsdaten. Die EVS-Auswertung ergibt 102.000 Ehepaare mit Kindern sowie 229.000 Alleinerziehende, während das Statistische Jahrbuch für 1998 insgesamt 170.000 Ehepaare mit Anspruch auf laufende Hilfe sowie 343.000 Alleinerziehende mit Kindern ausweist. Der Repräsentationsgrad für die Empfänger beträgt demnach bei Ehepaaren 60 bzw. bei Alleinerziehenden 67%. Die Werte deuten insgesamt auf eine geringe Repräsentativität von Sozialhilfe-Empfängern und Sozialhilfeausgaben in der EVS-Substichprobe hin.[18]

Auf privater Haushaltsebene ergibt sich ein durchschnittlicher Förderbetrag von 355 Euro, während das Statistische Bundesamt einen durchschnittlichen Nettoanspruch auf laufende Hilfe für 1998 von monatlich 397 Euro berechnet.[19]

Die quantitative Plausibilität ist eingeschränkt. Jedoch stimmen die berechneten Beträge mit den erwarteten Verteilungswirkungen überein, zumal die Kinderkomponente der Sozialhilfe eine starke Einkommensbindung aufweist. Die hohe Teilnahmequote vor allem der einkommensproblematischen Alleinerziehenden sowie die nahezu ausschließliche Konzentration der Inzidenz auf das unterste Quintil bestätigen die zu erwartende Verteilung der Sozialhilfe-Kinderkomponente.

Zusammenfassend zeigt die Diskussion der Plausibilität, dass die Ergebnisse für die Zurechnung der Kinderkomponente der Sozialhilfe zwar mit kritischer Distanz zu interpretieren, aber nicht abzulehnen sind. Die Untererfassung des Ausgabevolumens wird zudem durch die Adjustierung an die Makrogröße kompensiert. Schließlich zeigt die Abschätzung des Volumens der Kinderkomponente, dass die zu verteilende Makrogröße aus dem Sozialbericht eine -wenn auch grobe- Entsprechung in den Daten findet. Die Plausibilität der Berechnung ist als quantitativ eingeschränkt, aber als qualitativ gut zu beurteilen.

---

[17] Berücksichtigt wird nur laufende Hilfe an Personen außerhalb von Einrichtungen, vgl. Statistisches Bundesamt (2003a), S. 488.

[18] Eine detaillierte Analyse der Struktur der Empfänger in den Haushalten gibt Burmester (2003), S. 75ff.

[19] Sekundärdaten aus Statistisches Bundesamt (2002b), S. 470ff. Der dort ausgewiesene Nettoanspruch entspricht zwar nicht der tatsächlichen Auszahlung, orientiert sich aber nahe daran. Der gewichtete Durchschnitt für die Empfänger in der EVS beträgt 206 Euro.

5.1.3 Kinderkomponente des Wohngelds

5.1.3.1 Beschreibung

Das Wohngeld zielt darauf ab, die Wohnkostenbelastung einkommensschwacher Haushalte abzufedern. Das Wohngeld nach dem Wohngeldgesetz wird entweder in Form des so genannten Tabellenwohngelds oder an Empfänger der laufenden Hilfe zum Lebensunterhalt als pauschalisierte Leistung ausbezahlt. Der Anteil der Sozialhilfebezieher unter den Empfängern von Wohngeld lag im Bezugsjahr 2001 bei 48%. Die Höhe des Wohngelds richtet sich nach Anzahl der Haushaltsmitglieder sowie nach der Höhe des Haushaltseinkommens. Der wohngeldrechtliche Einkommensbegriff orientiert sich am steuerrechtlichen, jedoch wird er um einige spezifische Abzugs- oder Freibeträge korrigiert. Die nach Mietsituation und Haushaltsgröße differenzierten Höchstbeträge reduzieren sich je nach anzurechnendem Einkommen.[20]

Ähnlich wie die Sozialhilfe ist das Wohngeld keine familienpolitische Leistung im engeren Sinn. Die Einbeziehung einer familienpolitischen Komponente des Wohngelds erscheint jedoch sinnvoll, da Haushalte mit Kindern im Vergleich zu kinderlosen Haushalten zusätzlich gefördert werden. Daher ordnet der Familienbeirat das familiengrößenabhängig gewährte Wohngeld als familienbezogene Maßnahme der Wohnungspolitik ein.[21] Diesem Ansatz folgen die Deutsche Bundesbank (2002) sowie Rosenschon (2001), die überdies die Kinderkomponente des Wohngelds quantitativ schätzen.

Die Gesamtausgaben für Wohngeld beliefen sich im Bezugsjahr 2001 auf 4,0 Mrd. Euro, wobei im Unterschied zur Sozialhilfe keine Kinder- oder Ehekomponenten ausgewiesen werden.[22] Als familienpolitisch relevant ist nur jener Betrag anzusetzen, den Haushalte mit Kindern zusätzlich im Vergleich zu kinderlosen Haushalten erhalten. Rosenschon (2001) veranschlagt pauschal ein Drittel des gesamten Volumens als Familienzuschlag, was im Bezugsjahr 1,5 Mrd. Euro entspricht. Die Deutsche Bundesbank schätzt den Anteil der familienrelevanten Ausgaben auf 1,2 Mrd. Euro für das Jahr 2000 (35% des gesamten Wohngelds). Schreibt man diesen Prozentwert auf das Jahr 2001 fort, so ergibt sich der in dieser Analyse verwendete Betrag von 1,4 Mrd. Euro.[23]

5.1.3.2 Methodische Anmerkungen

Die EVS erfasst Einkünfte aus dem Wohngeld in der Variable „Wohngeld nach dem Wohngeldgesetz", sodass die kindbezogene Komponente nach den Angaben aus der EVS-Substichprobe verteilt wird. Die Makrogröße von 1,4 Mrd. Euro ist proportional zum gesamten erhaltenen Wohngeld zuzurechnen, wobei die Analyse nur Wohngeldbezieher mit Kindern berücksichtigt.

[20] Vgl. Statistisches Bundesamt (2003a), S. 500. Zu den genauen Berechnungsmodalitäten siehe die Informationsbroschüren der Bundesregierung, vgl. BMVBW (2001), S. 17f.

[21] Vgl. BMFSJ (2001), S. 226, Abb. 7.5-1. Der Sozialbericht zählt das Wohngeld hingegen zur Funktion Wohnungs- und Städtebaupolitik, vgl. BMGS (2002a), S. 461.

[22] Angabe des BMFSFJ (2003b), S. 1. Dagegen geht der Sozialbericht von 4,4 Mrd. Euro für 2001 aus, vgl. BMGS (2002a), S. 461.

[23] Vgl. Deutsche Bundesbank (2002), S. 19 sowie Rosenschon (2001), S. 24.

5.1.3.3 Absolute Inzidenz

Die absolute Inzidenz der Kinderkomponente des Wohngelds zeigt die Tabelle 5.3. Die Familienkomponente des Wohngelds verteilt sich auf einen insbesondere im Vergleich zur Sozialhilfe relativ großen Empfängerkreis von 1,1 Mio. Familien, sodass 9,8% der Familien davon profitieren. Der größere Empfängerkreis zeigt eine ähnliche Struktur wie der Kreis der Sozialhilfebezieher, da 58,3% aller Sozialhilfe-Familien auch die Kinderkomponente des Wohngelds beziehen. Die Leistung wird ebenso deutlich stärker von Alleinerziehenden als von Ehepaaren mit Kindern wahrgenommen. Jedoch bezieht im Unterschied zur Sozialhilfe auch ein beträchtlicher Anteil von verheirateten Eltern Wohngeld. Insbesondere große verheiratete Familien nehmen Wohngeld häufig in Anspruch. Die Teilnahmequote bleibt über die ersten vier Phasen der Familienkarriere hinweg relativ konstant bei rund 10%, obwohl die Einkommen zum Familienalter leicht ansteigen.[24] In der Einkommensschichtung zeigt sich eine deutliche Konzentration der Empfänger auf die beiden untersten Quintile.

Tabelle 5.3: Kinderkomponente des Wohngelds, absolute Inzidenz

Familientyp	Ehe, 1 Ki.	Ehe, 2 Ki.	Ehe, >2 Ki.	Alleinerz.	Alle
Empfänger-Familien in %	4,3	6,2	14,2	27,3	9,8
Euro je Empfänger-Familie	86,80	99,76	124,99	100,40	102,23
Euro je Familie	3,71	6,20	17,77	27,43	10,01
Familienphasen	**Grdg.**	**Aufb.**	**Stab.**	**Kons.**	**Umortg.**
Empfänger-Familien in %	(10,6)	13,1	12,2	9,7	(3,9)
Euro je Empfänger-Familie	(103,73)	116,05	102,56	81,69	(102,81)
Euro je Familie	11,00	15,19	12,48	7,89	3,99
Quintile	**I**	**II**	**III**	**IV**	**V**
Empfänger-Familien in %	36,0	8,1	3,0	(1,2)	./.
Euro je Empfänger-Familie	103,06	87,95	105,01	(115,64)	./.
Euro je Familie	37,09	7,09	3,19	1,41	1,24

Quelle: Eigene Berechnungen mit dem EVS-Mikrofile 1998. Absolute Inzidenz in Euro monatlich für das Bezugsjahr 2001. (xy): eingeschränkte Aussagekraft, da relativer Standardfehler zwischen 10 und 20%. (./.): keine Aussagekraft, da relativer Standardfehler größer als 20%. Vgl. dazu Abschnitt 4.1.1.3, S. 54.

Die mittlere Kinderkomponente der Wohngeld-Bezieher beträgt 102 Euro. Der Wert für Ehepaare mit mehr als zwei Kindern liegt deutlich über dem Durchschnitt, während alleinerziehende Familien geringfügig unterdurchschnittlich profitieren. Während der Familienkarriere verlaufen die Mittelwerte uneinheitlich, wobei jedoch tendenziell jüngere Familien aufgrund ihrer schlechteren Einkommenssituation überdurchschnittlich profitieren. In der Einkommensschichtung wird der Mittelwert durch das unterste Quintil dominiert, auf dass die meisten Bezieher entfallen.

Im Vergleich zur Sozialhilfe-Kinderkomponente beziehen zwar vergleichsweise viele Familien Wohngeld-Kinderkomponenten, jedoch fällt die durchschnittliche Förderung durch die breite Streuung und durch das niedrige Gesamtausgabevolumen vergleichsweise gering aus.

[24]Zum Einkommen in den Familienphasen, vgl. Tabelle 3.5, S. 41.

5.1.3.4 Plausibilität

Da die Kinderkomponente nur anteilig nach dem erhaltenen Wohngeld verteilt wird, ist der Repräsentationsgrad des gesamten Wohngelds zu ermitteln. Der Repräsentationsgrad der in der EVS-Substichprobe erfassten Wohngeldzahlungen von 2,8 Mrd. Euro beträgt rund 78% der Makrogröße von 3,6 Mrd. Euro. Um den Umfang der Kinderkomponente zumindest näherungsweise zu bestimmen, wird ähnlich dem Vorgehen für die Sozialhilfe-Kinderkomponente eine grobe Schätzung der Kinderkomponente des Wohngelds aus den EVS-Daten unternommen. Dabei ist die Differenz der durchschnittlichen Förderung zwischen Empfängern mit bzw. ohne Kindern zu berechnen und zu aggregieren. Die Vergleichsrechnung zeigt, dass Familien durchschnittlich den 1,7-fachen Betrag von kinderlosen Haushalten empfangen. Die Familienzuschläge summieren sich auf 0,7 Mrd. Euro, was 24% des gesamten in der EVS-1998 angegebenen Wohngelds entspricht. Der Anteil aus der eher groben Überschlagsrechnung unterschreitet den Anteil von 35%, der sich aus der Bundesbank-Schätzung ergibt. Jedoch verdeutlicht das Volumen der EVS-Gegenrechnung zumindest, dass das Wohngeld eine merkbare Begünstigung für Familien beinhaltet.

Der Repräsentationsgrad der Empfänger liegt bei rund 90%, da die EVS für 1998 2,7 Mio. Empfängerhaushalte gegenüber 3,0 Mio. Haushalten aus der Wohngeldstatistik verzeichnet. Der Vergleich der Empfängerstruktur von EVS mit der Wohngeldstatistik hinsichtlich des Anteils der Familien wird erschwert, da letztere die Haushalte nur nach der Zahl der Haushaltsmitglieder und nicht nach Haushalts- bzw. Familientypen differenziert. Daher ist nicht ersichtlich, ob es sich beispielsweise bei einem 2-Personen-Haushalt um eine Alleinerziehende mit einem Kind oder ein kinderloses Paar handelt. Das durchschnittliche EVS-Wohngeld liegt mit 88 Euro unterhalb des Mittelwerts von 103 Euro aus der Wohngeldstatistik.[25]

Auch wenn die quantitativen Kriterien zur Beurteilung der Plausibilität nur eingeschränkt erfüllt sind, erscheinen die Ergebnisse aus qualitativer Sicht plausibel. Die Ergebnisse der absoluten Inzidenz entsprechen den erwarteten Verteilungswirkungen, da vor allem die Empfängerstruktur mit den Angaben der Wohngeldstatistik weitgehend übereinstimmt. Daher ist die Plausibilität als quantitativ eingeschränkt, aber als qualitativ gut zu beurteilen.

5.1.4 Unterhaltsvorschuss

5.1.4.1 Beschreibung

Um die finanzielle Belastung und erschwerte Erziehungssituation von Alleinerziehenden zu mildern, beziehen diese nach dem Unterhaltsvorschussgesetz Leistungen, um dem Mindestunterhalt der Kinder zu gewähren.[26] Für Unterhaltsvorschusszahlungen verausgabte der Bund in 2001 insgesamt 0,7 Mrd. Euro, wobei bereits die Einnahmen durch Rückgriff auf die Unterhaltsverpflichtungen berücksichtigt sind. Der Unterhaltsvorschuss ist nicht einkommensabhängig, sondern wird dann gewährt, wenn Unterhaltspflichtige nicht oder nicht regelmäßig ihren Un-

[25] Vgl. Haustein (2000), S. 112 und Statistisches Bundesamt (2000), S. 474f.

[26] Der Sozialbericht zählt die Leistungen nach dem Unterhaltsvorschussgesetz zu den Jugendhilfe-Leistungen. In der Analyse werden diese Leistungen als monetärer Transfer jedoch separat betrachtet, um die Jugendhilfe als homogene Ausgabengruppe unter den Sachtransfers zu behandeln.

terhaltsverpflichtungen nachkommen. Die Regelbeträge lagen 2001 bis zur Vollendung des 6. Lebensjahres bei monatlich 187 Euro und für Kinder zwischen sechs und zwölf Jahren bei monatlich 227 Euro. Die Bezugdauer beträgt maximal 72 Monate und die Leistung wird maximal bis zum 12. Lebensjahr des Kindes gewährt.[27]

5.1.4.2 Methodische Anmerkungen

Die Leistungen des Bundes für Unterhaltsvorschuss werden separat in der EVS erfasst, sodass die Verteilung der Makrogröße von 0,7 Mrd. Euro nach der Variable „Unterhaltsvorschussleistungen nach dem Bundessozialhilfegesetz" erfolgen kann.

5.1.4.3 Absolute Inzidenz

Die Inzidenz des Unterhaltsvorschusses stellt die Tabelle 5.4 dar. Unterhaltsvorschuss-Zahlungen empfangen aufgrund der institutionellen Ausgestaltung in der Analyse-Abgrenzung ausschließlich Alleinerziehende. Insgesamt weist die EVS-Substichprobe 266.000 Bezieher-Haushalte aus, von denen 230.000 Alleinerziehende darstellen. Die 36.000 Nicht-Alleinerziehenden sind weitestgehend unverheiratete Paare mit Kindern, da häufig anspruchsberechtigte Mütter mit neuen Partnern als zusammenlebende Paare leben. Dies belegt das eingangs dargestellte Abgrenzungsproblem zwischen unverheirateten Paaren und Alleinerziehenden. Somit beziehen rund 13% aller Alleinerziehenden Unterhaltsvorschuss-Leistungen. Aufgrund der impliziten Altersgrenze von zwölf Lebensjahren des Kindes konzentriert sich die Leistung auf die eher geringe Anzahl von Alleinerziehenden mit jüngeren Kindern bis zur Stabilisierungsphase. Entsprechend verteilen sich die Empfänger ausschließlich auf die beiden unteren Quintile, auf die sich (jüngere) Alleinerziehende konzentrieren. Die mittlere Förderung beträgt 209 Euro und unterliegt in beiden Schichtungen eher unsystematischen Schwankungen, die aufgrund der geringen Fallzahlen und quantitativen Bedeutung für den Gesamteffekt nicht eingehend diskutiert werden.

5.1.4.4 Plausibilität

Die Diskussion der Plausibilität weist sehr gute Ergebnisse für die Unterhaltsvorschuss-Zahlungen aus. Die EVS weist mit 86% einen sehr guten Repräsentationsgrad auf, da die aggregierten Angaben der EVS-Haushalte von 600 Mio. Euro der Makro-Größe von 700 Mio. Euro gut entsprechen. In der EVS sind 283.000 Bezieher in 278.000 Haushalten erfasst, wobei Vergleichsdaten für 1998 nicht zur Verfügung stehen. Darüber hinaus liegt für 99,8% der EVS-Familien der berechnete durchschnittliche Inzidenzbetrag von 208 Euro unter dem Regelbetrag von 228 (bzw. 211 Euro in Ostdeutschland) für ein Kind. Die berechneten Ergebnisse entsprechen daher ohne Einschränkung den erwarteten Ergebnissen. Die Unterhaltsvorschussleistungen sind insgesamt sehr gut erfasst, sodass die Plausibilität als quantitativ und qualitativ gut beurteilt werden kann.

---

[27] Vgl. Menzel (2003), S. 1.

Tabelle 5.4: Unterhaltsvorschuss, absolute Inzidenz

Familientyp	Ehe, 1 Ki.	Ehe, 2 Ki.	Ehe, >2 Ki.	Alleinerz.	Alle
Empfänger-Familien in %	./.	./.	./.	13,2	2,1
Euro je Empfänger-Familie	./.	./.	./.	208,82	208,47
Euro je Familie	0,00	0,00	0,00	27,48	4,39
Familienphasen	Grdg.	Aufb.	Stab.	Kons.	Umortg.
Empfänger-Familien in %	2,9	3,0	4,1	(0,6)	0,0
Euro je Empfänger-Familie	(143,87)	(222,42)	220,92	./.	./.
Euro je Familie	3,96	7,57	10,47	0,00	0,00
Quintile	I	II	III	IV	V
Empfänger-Familien in %	8,3	(1,7)	./.	./.	./.
Euro je Empfänger-Familie	212,88	(188,71)	./.	./.	./.
Euro je Familie	17,69	3,16	0,74	0,00	0,00

Quelle: Eigene Berechnungen mit dem EVS-Mikrofile 1998. Absolute Inzidenz in Euro monatlich für das Bezugsjahr 2001. (xy): eingeschränkte Aussagekraft, da relativer Standardfehler zwischen 10 und 20%. (./.): keine Aussagekraft, da relativer Standardfehler größer als 20%. Vgl. dazu Abschnitt 4.1.1.3, S. 54.

5.1.5 Ausbildungsförderung

5.1.5.1 Beschreibung

Bei der Ausbildungsförderung überlappen sich familien- und bildungspolitische Zielsetzungen stark, sodass die familienpolitische Literatur die BAföG-Leistungen uneinheitlich behandelt. Der Beirat des BMFSFJ definiert die BAföG-Leistungen und Berufsausbildungsbeihilfen als familienbezogene Maßnahmen der Bildungspolitik, während beispielsweise Rosenschon (2001) die Ausbildungsförderung aus dem Leistungskatalog ausblendet, da nach deren Auffassung das hochschulpolitische Element in der Ausbildungsförderung überwiegt.[28] Insgesamt wenden Bund und Länder für die Ausbildungsförderung 1,3 Mrd. Euro auf, wobei ein Teil der Leistungen als Darlehen ausbezahlt wird. Der Sozialbericht zählt daher nur jene 0,7 Mrd. Euro als familienpolitische Förderung, die nicht als Darlehen ausbezahlt werden. Von diesem Betrag gehen nach Angaben des BMFSFJ wiederum 323 Mio. an Schüler sowie 367 Mio. an Studierende.

Die Ausbildungsförderung ist einkommensabhängig ausgestaltet, es gibt jedoch keine allgemeine Einkommensgrenze wie beim Erziehungsgeld. Für die Bestimmung der individuellen Förderung wird zunächst der Bedarf des Auszubildenden ermittelt, wobei im Jahr 2001 der Förderungshöchstsatz bei monatlich 583 Euro lag. Auf den Bedarf wird das Einkommen der Eltern bzw. der Ehepartner angerechnet, wobei das Einkommen im Sinne des BAföG nicht dem einkommensteuerlichen Einkommensbegriff entspricht. Die Differenz ergibt den Förderbetrag. Schüler werden während ihrer gesamten Ausbildungszeit gefördert.[29]

[28] Vgl. Rosenschon (2001), S. 30. Das BMFSFJ selbst berichtet über die Haushaltswirkung der Ausbildungsförderung als familienbezogene Leistung, siehe BMFSFJ (2003b), Tabelle 1 sowie zur Abgrenzung, BMFSFJ (2001), S. 226 und Abb. 7.5-1. Zur Leistungsbeschreibung im Sozialbericht, siehe BMGS (2002a), S. 459f. Der Sozialbericht zählt die Ausbildungsförderung als eine phasenspezifische Förderung von Familien in der Ausbildungsphase der Kinder.

[29] Vgl. BMBF (2004), S. 10f.

5.1.5.2 Methodische Anmerkungen

Die Zurechnung des familienpolitisch relevanten Anteils der Ausbildungsförderung in Höhe von 0,3 Mrd. Euro kann direkt über die Variable „BAföG“ der EVS-Substichprobe erfolgen, da die Haushalte Einkünfte im Rahmen des Bundesausbildungsförderungsgesetz angeben.

5.1.5.3 Absolute Inzidenz

Die Ergebnisse der Berechnung der absoluten Inzidenz der Ausbildungsförderung sind in Tabelle 5.5 dargestellt. Leistungen der Ausbildungsförderung empfangen 266.000 bzw. 2,4% der Familien, die vor allem auf Familientypen mit einem höheren Anteil von älteren Kindern (Ehepaare mit einem Kind und Alleinerziehende) entfallen. Aufgrund der geringen Empfängerzahlen sowie der Streuung der Empfänger über die Zellen sind nur wenige Ergebnisse uneingeschränkt aussagefähig. Die Empfänger-Familien konzentrieren sich deutlich auf die letzte Phase des Familienzyklus und verteilen sich in der Einkommensschichtung gleichmäßig über die Quintile. Die mittlere Förderung beträgt 44 Euro, wobei die Werte zwischen den wenigen aussagekräftigen Zellen aller Schichtungen wenig schwanken.

Tabelle 5.5: Ausbildungsförderung, absolute Inzidenz

Familientyp	Ehe, 1 Ki.	Ehe, 2 Ki.	Ehe, >2 Ki.	Alleinerz.	Alle
Empfänger-Familien in %	3,1	(1,3)	(1,8)	(3,9)	2,4
Euro je Empfänger-Familie	41,71	(43,31)	(46,83)	(46,22)	43,61
Euro je Familie	1,31	0,57	0,85	1,80	1,06
Familienphasen	**Grdg.**	**Aufb.**	**Stab.**	**Kons.**	**Umortg.**
Empfänger-Familien in %	./.	./.	(0,7)	(1,8)	7,0
Euro je Empfänger-Familie	./.	./.	(54,03)	(35,25)	42,22
Euro je Familie	0,00	0,00	0,36	0,63	1,06
Quintile	**I**	**II**	**III**	**IV**	**V**
Empfänger-Familien in %	(4,1)	(2,1)	(2,5)	(2,1)	(1,3)
Euro je Empfänger-Familie	(42,44)	(41,81)	(44,60)	(42,37)	(50,31)
Euro je Familie	1,75	0,88	1,11	0,91	0,66

Quelle: Eigene Berechnungen mit dem EVS-Mikrofile 1998. Absolute Inzidenz in Euro monatlich für das Bezugsjahr 2001. (xy): eingeschränkte Aussagekraft, da relativer Standardfehler zwischen 10 und 20%. (./.): keine Aussagekraft, da relativer Standardfehler größer als 20%. Vgl. dazu Abschnitt 4.1.1.3, S. 54.

5.1.5.4 Plausibilität

Der Repräsentationsgrad bezieht sich auf alle Leistungen im Rahmen der Ausbildungsförderung, da die EVS nicht zwischen darlehensartigen und nichtdarlehensartigen Zahlungen unterscheidet. Ferner sind Auszahlungen an Schüler schwer von jenen an Studenten zu isolieren, sodass auf die Gesamtheit der BAföG-Leistungen bzw. Bezieher abgestellt wird. Daher basiert die ausgewiesene Empfängerstruktur der Ausbildungsförderung eher auf Leistungen für Studierende als für Schüler, was bei der Interpretation der Ausgabeninzidenz der Ausbildungsförderung beachtet werden muss. Für den Gesamteffekt der Inzidenzanalyse ist die Strukturverschiebung der Empfängerhaushalte aufgrund der geringen quantitativen Bedeutung dieser Transferleistung jedoch marginal.

Der Repräsentationsgrad beträgt 133%, da die aggregierten Leistungen in der EVS von 1,6 Mrd. Euro die tatsächlichen Gesamtausgaben von 1,2 Mrd. Euro übersteigen. Die Übererfassung dürfte wiederum in der Hochrechnung der Quartalszahlen auf den Jahreswert liegen.

Die Teilnahmequote liegt unter den Angaben aus den Sekundärdaten. Nach Daten des Statistischen Bundesamts wurden 582.000 Personen nach dem BAföG gefördert, während in der EVS 500.000 BAföG-Leistungsempfänger in 480.000 Haushalten erfasst sind.[30]

Die durchschnittliche BAföG-Förderung der EVS-Haushalte mit Vergleichsdaten aus der Bildungsstatistik des Statistischen Bundesamts zeigt trotz der genannten Unstimmigkeiten in der Aggregation eine gute Übereinstimmung. Die EVS-Bezieher weisen einen Durchschnittswert von 261 Euro auf, der den Durchschnittswert von 282 Euro für 1998 aus den Vergleichsdaten insgesamt gut entspricht.[31]

Insgesamt ist die Plausibilität der Zurechnung der Ausbildungsförderung als sowohl quantitativ und qualitativ eingeschränkt zu beurteilen. Da in der Datenbasis das Gesamtvolumen der Transfers zu hoch und die Anzahl der Bezieher zu gering ist, fällt die mittlere Förderung tendenziell zu hoch aus. Dies wird jedoch durch die Adjustierung des Ausgabenvolumens an die Makrogröße bzw. an den familienpolitisch relevanten Betrag von 0,3 Mrd. Euro kompensiert.

5.2 Sachtransfers

Neben den Geldtransfers leisten Bund, Länder und Gemeinden eine Reihe von Sachtransfers, die wie dargestellt, nach dem Ausgabenvolumen eine sehr wichtige Leistungsgruppe sind. Die familienpolitischen Sachtransfers umfassen in erster Linie den kostenlosen Schulbesuch, Kindergärten sowie Dienstleistungen im Rahmen der Jugendhilfe. Zudem beinhaltet der Soziale Wohnungsbau eine familienorientierte Komponente. Die Ausführungen untergliedern sich wiederum in Beschreibung, Methodische Anmerkungen, Absolute Inzidenz und Plausibilität.

5.2.1 Schulen

5.2.1.1 Beschreibung

Die Ausgaben für die kostenlose Bereitstellung von allgemein bildenden und beruflichen Schulen stellen die dem Umfang nach wichtigste familienbezogene Leistung der Gebietskörperschaften dar. Nach Angaben der Bund-Länder-Kommission verausgabten Länder und Kommunen 2001 insgesamt 47,6 Mrd. Euro für allgemeinbildende und berufliche Schulen. Dabei handelt es sich um die so genannten Grundmittel, die nicht aus eigenen Finanzierungsquellen der Schulen, sondern aus den öffentlichen Haushalten stammen.[32]

[30] Vgl. Statistisches Bundesamt (2000), S. 388f.

[31] Gewichtetes Mittel aus den EVS-Angaben bzw. Vergleichszahl aus Statistisches Bundesamt (1999a), S. 76 sowie eigene Berechnungen anhand der dort angegebenen klassierten Daten.

[32] Vgl. BLK (2003), S. 12f. sowie S. 24.

5.2.1.2 Methodische Anmerkungen

Problematisch ist jedoch die Zurechnung der schulartdifferenzierten Kosten auf die Familien, da über die individuellen Bildungswege der Kinder keine Angaben in der EVS vorliegen. Die Zurechnung erfolgt daher über Transferäquivalente, die sowohl die (den Familien ersparten) Kosten des Schulbesuchs je Kind als auch die durchschnittliche Beteiligung eines Kindes an der jeweiligen Schulart widerspiegeln. Die Bestimmung des Transferäquivalents orientiert sich am Vorgehen von Kleinhenz und Werding (1997), die in ihrer Analyse umfassend die Zurechnung von Transferäquivalenten für die Schulgebührenfreiheit diskutieren.[33]

Ausgangspunkt für die Bestimmung des Transferäquivalents sind die Ausgaben der Gebietskörperschaften je Schüler, die differenziert nach Schularten im Bildungsfinanzierungsbericht vorliegen. Die Werte sind in Tabelle 5.6 dargestellt. Die Ausgaben je Schüler steigen (abgesehen von Sonderschulen) mit der Höhe des angestrebten Schulabschlusses. So beträgt das monatliche Transferäquivalent für einen Grundschüler 300 Euro, während es für Gymnasiasten bei 433 Euro liegt. Das höchste Transferäquivalent weisen Sonderschüler auf, für die monatlich 908 Euro aufgewendet werden.[34]

Tabelle 5.6: Transferäquivalent für Schulbesuch

Schulart	Gesamtkosten Mio. Euro	Euro je Schüler/monatlich	Bildungsbeteiligung in %
Grund- und Hauptschulen	13.829	300	51,2
Realschulen	3.671	358	14,1
Gymnasien	7.345	433	25,0
Gesamtschulen	2.468	450	4,3
Sonderschulen	3.445	908	0,4
Schulverwaltung	10.900	*	100
Berufliche Schulen	5.065	267	**

Quelle: Bildungsbeteiligung in % der gesamten Kinder zwischen sechs und 18 Jahren. Eigene Berechnungen mit dem *Scientific Use File* der EVS 1998 nach Statistischem Bundesamt (1999a), S. 170 sowie Statistischem Bundesamt (2002b), S. 366. Die Angaben aus dem Mikrozensus wurden unter Verwendung der Prozentwerte für die Bildungsbeteiligung auf die EVS 1998 hochgerechnet. *: Verteilungsneutrale Zurechnung. **: Für berufliche Schulen werden Kinder über 18 Jahre berücksichtigt. Darstellung in Anlehnung an Kleinhenz und Werding (1997), S. 189, Tab. 3-7.

Um die tatsächliche Inanspruchnahme der Schularten durch die Kinder abzubilden, werden die Transferäquivalente mit den durchschnittlichen Bildungsbeteiligungen gewichtet.[35] Die Zu-

[33] Vgl. Kleinhenz und Werding (1997), S. 189ff. Kritisch anzumerken ist, dass die Kosten für Schulbildung stärker nach familienpolitisch relevanten und irrelevanten Kosten differenziert werden müssten. Als relevant im engeren Sinne gelten lehrbezogene Ausgaben, während stärker verwaltungsbezogene Kosten keine explizite familienpolitische Dimension aufweisen. Jedoch ist die Datenlage für eine solche Differenzierung nicht ausreichend.

[34] Vgl. BLK (2003), S. 70 und 71.

[35] Alternativ zur anteiligen Zurechnung können für die verschiedenen Schularten Fallbeispiele konstruiert werden. Angesichts der Vielzahl von Schul- und Familientypen würde jedoch eine Vielzahl von differenzierten Beispielen notwendig sein. Da keine biografischen Daten über den tatsächlichen Schulbesuch der Kinder vorliegen, wäre die Einteilung der Schüler in die Fallbeispiele zudem eher willkürlich. Die Zurechnung in Anlehnung an Kleinhenz und Werding (1997) erscheint aus diesen Gründen vorteilhafter.

rechnung erfolgt über die durchschnittliche Beteiligung der Kinder einer Altersklasse an der jeweiligen Schulart. Näherungsweise benutzt die Analyse hierfür den Mikrozensus 2001, um die durchschnittliche Beteiligung der Kinder aus den verschiedenen Altersklassen an allgemeinbildenden und beruflichen Schulen zu ermitteln. Beispielsweise besuchten 25% der Kinder zwischen sechs und 18 Jahren ein Gymnasium, während nur 4% auf eine Sonderschule gingen.[36] Vereinfachend bzw. der Datenlage entsprechend sind zwei Altersklassen für Kinder zwischen sechs und 18 Jahren sowie Kinder über 18 Jahren zu bilden, um die unterschiedliche Bildungsbeteiligung der Altersklassen in allgemeinbildenden und beruflichen Schulen abzubilden. Auf die Altersklasse der Kinder über 18 Jahren entfallen weitestgehend alle Ausgaben für berufliche Schulen, sodass hier auf eine getrennte Darstellung der Bildungsbeteiligung verzichtet wird. Schließlich werden die Ausgaben für Verwaltung in Höhe von 11,7 Mrd. Euro verteilungsneutral zugeteilt, dass heißt proportional zu den jeweiligen bereits gutgeschriebenen Saldi aus den Transferäquivalenten für berufs- und allgemeinbildende Schulen.

5.2.1.3 Absolute Inzidenz

Die absolute Inzidenz der Transferäquivalente für die kostenlose Bereitstellung von Schulen zeigt die Tabelle 5.7. Die Ausgaben für Schulen erreichen im Mittel 81,6% der Familien, wobei die Teilnahmequote unter Ehepaaren mit zwei und mehr Kindern am höchsten ist. Ebenso profitieren Alleinerziehende überdurchschnittlich, da deren Kinder weitestgehend bereits im schulpflichtigen Alter sind. Entsprechen niedrig ist die Quote für Ein-Kind-Ehepaare, die einen hohen Anteil von Gründungsfamilien ohne schulpflichtige Kinder aufweisen. Während in der Gründungsphase aufgrund der Altersgrenze (maximal 3 Jahre) Kinder nicht schulpflichtig sind, steigt die Quote von rund 50% in der Aufbauphase auf 100% in den späteren drei Phasen. Dabei ist zu beachten, dass sich in späteren Phasen Kinder nicht mehr zwingend in schulischer Ausbildung befinden, jedoch profitiert durch die anteilige Berechnung jedes Kind entsprechend der Bildungsbeteiligung in seiner Altersklasse. Schließlich zeigt die Einkommensschichtung den moderat steigenden Anteil von schulpflichtigen Kindern mit dem Einkommen, da jüngere Familien sich eher auf die unteren Einkommensklassen verteilen.[37]

Der durchschnittliche Vorteil für Familien mit schulpflichtigen Kindern beträgt 415 Euro. Durch die Kumulation der Transferäquivalente bei mehreren schulpflichtigen Kindern steigt der Betrag mit der durchschnittlichen Kinderzahl an. In der Schichtung nach Familienphasen nimmt der Mittelwert zunächst zur Stabilisierungsphase hin zu, da Kinderzahl bzw. -alter und somit die altersgruppenspezifische Bildungsbeteiligung steigt. Bis zum Ende der Familienkarriere sinken die Werte wieder, da sowohl Kinderzahl als auch Bildungsbeteiligung abnehmen. In der Umorientierungphase liegt vor allem aufgrund der niedrigen Beteiligung der ältesten Kinder an der Schulbildung der Mittelwert trotz der Empfängerquote von 100% bei nur 40% des Gesamtdurchschnitts. In der Einkommensschichtung verlaufen die mittleren Vorteile (ab dem zweiten Quintil) entgegen den Empfängerquoten und sinken, da mit zunehmenden Familieneinkommen bzw. Alter der Kinder die Bildungsbeteiligung abnimmt.

---

[36]Eigene Berechnungen nach Statistischem Bundesamt (1999a), S. 170.

[37]Vgl. dazu Tabelle 3.2, S. 34 für die Verteilung der Familientypen auf Familienphasen sowie Tabelle 3.5, S. 41 für die Verteilung der phasengeschichteten Familien auf die Quintile.

Tabelle 5.7: Schulen, absolute Inzidenz

Familientyp	Ehe, 1 Ki.	Ehe, 2 Ki.	Ehe, >2 Ki.	Alleinerz.	Alle
Empfänger-Familien in %	70,8	84,4	95,4	89,2	81,6
Euro je -Familie	217,63	485,29	754,00	351,54	415,15
Euro je Familie	154,03	409,60	719,48	313,57	338,59
Familienphasen	Grdg.	Aufb.	Stab.	Kons.	Umortg.
Empfänger-Familien in %	./.	50,4	100,0	100,0	100,0
Euro je Empfänger-Familie	./.	393,64	610,57	447,56	166,38
Euro je Familie	0,00	198,35	610,57	447,56	166,38
Quintile	I	II	III	IV	V
Empfänger-Familien in %	77,5	77,8	81,3	83,9	87,3
Euro je Empfänger-Familie	439,60	441,80	428,38	404,43	367,70
Euro je Familie	340,45	343,83	348,14	339,30	321,21

Quelle: Eigene Berechnungen mit dem EVS-Mikrofile 1998. Absolute Inzidenz in Euro monatlich für das Bezugsjahr 2001. (xy): eingeschränkte Aussagekraft, da relativer Standardfehler zwischen 10 und 20%. (./.): keine Aussagekraft, da relativer Standardfehler größer als 20%. Vgl. dazu Abschnitt 4.1.1.3, S. 54.

5.2.1.4 Plausibilität

Die Höhe des Transferäquivalents basiert auf der Verwendung des Berechnungsmethode à la Kleinhenz und Werding, die auf den schulartspezifischen Ausgabeprofilen und der durchschnittlichen altersspezifischen Bildungsbeteiligung beruht. Eine Diskussion der Plausibilität anhand von Vergleichsstatistiken hinsichtlich Empfängerzahlen und durchschnittlichen Transferbeträgen, wie sie für Geldtransfers unternommen wurde, ist daher nicht möglich. Ein Vergleich der Schülerzahlen ist nicht sinnvoll, da das Transferäquivalent für jede Schulart jedem Kind anteilig zugerechnet wird. Somit profitiert jedes Kind entsprechend der Summe seiner altersgruppenspezifischen Bildungsbeteiligung an den jeweiligen Schularten.[38]

Daher werden die Ergebnisse auf ihre Sensitivität hinsichtlich alternativer Nutzungsannahmen getestet. In einer ergänzenden Berechnung werden die Schulausgaben vereinfachend nach dem Alter der Kinder zugerechnet, ohne auf die spezifische Bildungsbeteiligung der Altersgruppen einzugehen. So werden beispielsweise die Ausgaben für Grundschulen zu jeweils gleichen Beträgen auf die Kinder der Altersgruppe zwischen 6 und 12 zugeteilt.[39]

Die Ergebnisse des Sensitivitätstests weichen wenig von den Beträgen nach Kleinhenz und Werding ab: Die Teilnahmequote fällt mit 58,1% gegenüber 81,6% niedriger aus, da sowohl Kindern unter sechs als auch Kindern über 18 Jahren keine Leistungen zugerechnet werden. Dies wirkt sich insbesondere auf Ein-Kind-Ehepaare aus, deren Teilnahmequote aufgrund des hohen Anteils älterer Kinder deutlich sinkt. In der Phasenschichtung verteilen sich die Nutznie-

[38]Die sich aus der Berechnung ergebenden aggregierten Vorteile werden an die Makrogröße adjustiert. Die summierten Transferäquivalente für Berufsschüler in Höhe von 5,8 Mrd. Euro übersteigen die aus der Bildungsstatistik vorgegebene Makrogröße von 5,1 Mrd. Euro vergleichsweise gering. Für die allgemeinbildenden Schulen ergibt sich ein höherer Differenzbetrag, da die aggregierten Äquivalente von 49,0 Mrd. Euro die Makrogröße von 30,8 Mrd. Euro übersteigen.

[39]Vgl. die Tabellen 3 und 4 im Anhang für die Verteilungsannahmen des Sensitivitätstests sowie dessen Ergebnisse.

ßer aufgrund der Altersgrenze bei der Zuteilung ausschließlich auf die drei mittleren Phasen. In der Einkommensschichtung sind die Teilnahmequoten in allen und insbesondere im letzten Quintil niedriger als in der Kleinhenz-Werding-Zurechnung.

Durch den engeren Nutzerkreis erhöhen sich die durchschnittlichen Transferäquivalente je Empfänger-Haushalt zum Teil beträchtlich. Vor allem für kleinere Haushalte mit älteren Kindern (Ehepaare mit einem Kind sowie Alleinerziehende) steigt der Förderbetrag im Vergleich zu den Kleinhenz-Werding-Ergebnissen, da bei letzteren aufgrund der anteiligen Zurechnung häufig sehr niedrige Werte den Mittelwert nach unten verzerren, wenn Zellen geringe Werte für die Bildungsbeteiligung aufweisen. Dies ist insbesondere bei Familien der Umorientierungphase der Fall. In der Phasenschichtung ergeben sich entsprechend hohe Beträge für die drei mittleren Phasen. In der Einkommensschichtung steigen die Beträge moderat mit dem Einkommen an, was auf die Kumulation sowie durch die höheren Förderbeträge für Familien mit tatsächlich schulpflichtigen Kinder zurückzuführen ist.

Zusammenfassend erscheinen die Abweichungen der Ergebnisse zwischen Sensitivitätstest und der zunächst dargestellten Berechnungsmethode nicht schwerwiegend genug, um sich in den grundlegenden Verteilungswirkungen zu widersprechen. Jedoch sprechen die gruppenspezifischen Übervorteilungen bzw. -benachteiligungen im Sensitivitätstest für die Verwendung der Kleinhenz-Werding-Ergebnisse. Die Plausibilität der Inzidenz ist aufgrund der nicht möglichen Berechnung eines Repräsentationsgrades der EVS als quantitativ eingeschränkt, aber qualitativ gut zu beurteilen.

5.2.2 Kindergärten

5.2.2.1 Beschreibung

Die Länder und Gemeinden verausgabten in 2001 zusammen 7,7 Mrd. Euro für Kindergärten, wobei die Gemeinden über 90% der Finanzierung bestritten.[40] Die Finanzstatistik weist für 2001 Nettoausgaben für Kindergärten in Höhe von 9,3 Mrd. Euro aus. Berücksichtigt man die Gebühren und Entgelte der Eltern in Höhe von 1,1 Mrd. Euro, so verbleiben rein öffentliche Nettoausgaben in Höhe von 8,2 Mrd. Euro.[41] Länder und Gemeinden müssen mit diesen Mitteln quasi eine Vollversorgung für Kindergartenplätze herstellen, da seit dem 1. Januar 1996 jedes Kind, welches das dritte Lebensjahr vollendet hat, einen Rechtsanspruch auf einen Kindergartenplatz hat. Nach Angaben des Statistischen Bundesamts wurden 2001 rund 80% der Drei- bis Achtjährigen in Kindergärten sowie 10% der Ein- bis Dreijährigen in Krippen betreut.[42]

5.2.2.2 Methodische Anmerkungen

Die Zurechnung der Ausgaben für Kindergärten und -krippen erfordert ein Transferäquivalent, das sich an den Gesamtkosten für die Bereitstellung von Betreuungsplätzen orientiert. Die Bestimmung des Transferäquivalents erfolgt wiederum in Anlehnung an das Vorgehen von Klein-

[40] Vgl. BMGS (2001), S. 456. Darunter fallen auch Ausgaben für Kinderkrippen. Institutionell zählt der Sozialbericht die Ausgaben für Kindergärten und -krippen zur Jugendhilfe.

[41] Vgl. Statisches Bundesamt (2001b), S. 152.

[42] Vgl. Statistisches Bundesamt (2002b), S. 482.

henz und Werding (1997) sowie in der Vergleichsrechnung für die Prüfung der Plausibilität analog dem Vorgehen bei Schulen nach einem vereinfachten Pro-Kopf-Ansatz.[43]

Die Bestimmung des Transferäquivalents erfordert zum einen Angaben über die Gesamtaufwendungen der öffentlichen Gesamthaushalte für Kindergärten. Dazu liefern die Rechnungsergebnisse der Gesamthaushalte genaue Angaben, bei denen die öffentlichen Ausgaben auch um Gebühren und Entgelte zu bereinigen sind, die Eltern entrichten.[44] Die monatlichen Kosten für einen Kindergartenplatz betragen für das Bezugsjahr 2001 im Gesamtdurchschnitt 339 Euro, wenn die Nettoausgaben auf die Anzahl der gesamt vorhandenen Kindergartenplätze aufgeteilt wird.

Zum anderen werden Daten zur tatsächlichen Inanspruchnahme der Kindergartenplätze durch die Familien benötigt. Da die EVS selbst nicht erfasst, wie die im Haushalt lebenden Kinder betreut werden, stützt sich die Analyse auf die Angaben des Mikrozensus. Dieser gibt an, inwieweit Kinder aus verschiedenen Altersgruppen bzw. Familientypen tatsächlich einen Betreuungsplatz nutzen. Kleinhenz und Werding beschränken sich auf die Altersgruppe der Drei- bis Sechsjährigen, von denen 2001 nach Angaben aus dem Mikrozensus 78,2% aller Kinder tatsächlich einen Betreuungsplatz in Anspruch nahmen. Aus der Differenzierung des Mikrozensus werden die Werte für Ehepaare sowie für Alleinerziehende übernommen. Aus der Multiplikation von Kindergartenbeteiligung und den durchschnittlichen Kosten eines Kindergartenplatzes ergeben sich die Transferäquivalente für die beiden Familientypen. Die nachstehende Tabelle 5.8 zeigt die Berechnung der Transferäquivalente für die Betreuung in Kindergärten in Anlehnung an das Vorgehen bei Kleinhenz und Werding (1997).

Tabelle 5.8: Transferäquivalent für Kindergärten

Nettoausgaben abzüglich Gebühren/Entgelte	8,2 Mrd. Euro
Zahl der Kindergartenplätze	2,0 Mio.
monatliche Ausgaben je Kindergartenplatz	339,03 Euro
Kinder mit Kindergartenplätzen in % im Alter von 3 bis 6	78,24%
darunter nur Ehepaare	77,55%
darunter nur Alleinerziehende	81,28%
Transferäquivalent je Kind von Ehepaaren	262,92 Euro
Transferäquivalent je Kind von Alleinerziehenden	275,56 Euro

Quelle: Eigene Berechnungen nach Statistisches Bundesamt (2001b), S. 152 sowie Statistisches Bundesamt (2002b), S. 482. Darstellung in Anlehnung an Kleinhenz und Werding (1997), S. 189, Tab. 3-7.

[43] Dabei werden die Ausgaben für die Betreuung in Krippen und Kindergärten pro Kopf an alle Kinder bis sechs Jahre verteilt.

[44] Berücksichtigt werden die Nettoausgaben abzüglich der Gebühren und Entgelte, vgl. Statistisches Bundesamt (2001b), S. 152. Aus den im Sozialbericht angegebenen Ausgaben für Kindergärten in Höhe von 7,7 Mrd. Euro geht nicht hervor, ob diese die Gebühren und Entgelte berücksichtigen. Vgl. BMGS (2001), S. 456. Da keine ausreichenden Daten zur Nutzung von Kinderkrippen zur Verfügung stehen, werden die Ausgaben für Kinderkrippen zu den Kindergärten hinzugerechnet.

5.2.2.3 Absolute Inzidenz

Die absolute Inzidenz der Transferäquivalente für Kindergärten stellt die Tabelle 5.9 dar. Die Ausgaben für Kindergärten erreichen durchschnittlich 20,3% der Familien. Ehepaare mit zwei und mehr Kindern profitieren überdurchschnittlich, da in diesen Haushalten überdurchschnittlich häufig Kinder zwischen drei und sechs Jahren leben. Aufgrund der engen Altersgrenzen für den Kindergartenbesuch konzentrieren sich die Empfänger auf die Aufbau- und in geringerem Umfang auf die Stabilisierungsphase. In der Einkommensschichtung bestätigt sich die leicht linksschiefe Verteilung der jüngeren Familien auf die unteren Einkommensgruppen, die jedoch im Vergleich zur Verteilung der jüngsten, neu gegründeten Familien bereits weniger steil ist, da sich die Einkommenssituation mit dem Familienalter entspannt.[45]

Tabelle 5.9: Kindergärten, absolute Inzidenz

Familientyp	Ehe, 1 Ki.	Ehe, 2 Ki.	Ehe, >2 Ki.	Alleinerz.	Alle
Empfänger-Familien in %	10,1	28,8	38,0	10,3	20,3
Euro je Empfänger-Familie	248,04	273,43	298,63	285,53	275,31
Euro je Familie	25,09	78,72	113,65	29,47	55,75
Familienphasen	**Grdg.**	**Aufb.**	**Stab.**	**Kons.**	**Umortg.**
Empfänger-Familien in %	./.	88,5	7,0	./.	./.
Euro je Empfänger-Familie	./.	276,67	262,28	./.	./.
Euro je Familie	0,00	244,80	18,23	0,00	0,00
Quintile	**I**	**II**	**III**	**IV**	**V**
Empfänger-Familien in %	23,1	23,7	20,9	19,1	14,4
Euro je Empfänger-Familie	273,66	279,63	274,99	273,36	273,92
Euro je Familie	63,26	66,38	57,34	52,22	39,54

Quelle: Eigene Berechnungen mit dem EVS-Mikrofile 1998. Absolute Inzidenz in Euro monatlich für das Bezugsjahr 2001. (xy): eingeschränkte Aussagekraft, da relativer Standardfehler zwischen 10 und 20%. (./.): keine Aussagekraft, da relativer Standardfehler größer als 20%. Vgl. dazu Abschnitt 4.1.1.3, S. 54.

Im Durchschnitt profitieren Familien mit Kindergarten-Kindern in Höhe von 275 Euro von der kostenlosen Bereitstellung. Die Werte streuen zwischen verheirateten Eltern wenig, da jedem Kind verheirateter Eltern ein identisches Transferäquivalent zugewiesen wurde. Zudem werden nur in wenigen Fällen Äquivalente kumuliert, da Familien weitestgehend nur ein Kind der Altersgruppe zwischen drei und sechs Jahren erziehen. Alleinerziehende verfügen aufgrund des etwas höheren Transferäquivalents ebenso über eine etwas höhere Förderung als Ehepaare mit der gleichen Kinderzahl. Die Phasenschichtung weist aufgrund der engen Altersbegrenzung der Zuteilung nur zwei Werte auf, sodass deren Unterschiede nicht weiter erläutert werden. In der Schichtung nach dem Einkommen sind die Werte weitestgehend konstant, da die mittlere Kinderzahl über die Quintile nur geringfügig variiert und Familien daher kaum disproportional Transferäquivalente kumulieren.[46]

[45] Zur Einkommensentwicklung über die Familienphasen, siehe Tabelle 3.5, S. 41.

[46] Zur durchschnittlichen Anzahl der Kinder in einem Quintil siehe die letzte Zeile der Tabelle 3.4, S. 40.

5.2.2.4 Plausibilität

Die Plausibilität des Transferäquivalents à la Kleinhenz und Werding basiert auf den Pro-Kopf-Ausgaben für Kindergärten sowie der anteiligen Zurechnung nach den Daten zur Inanspruchnahme. Eine Prüfung der quantitativen Plausibilität ist wie bei der Zurechnung der Schulausgaben nicht möglich, da die EVS keine Daten zur Nutzung von Kindergärten erfasst.

Für die Beurteilung der qualitativen Plausibilität wird ergänzend eine Berechnung mit einer alternativen Verteilungsannahme durchgeführt, in der anstatt der anteiligen Zurechnung ähnlich wie für Schulen jedem Kind im Kindergartenalter ein Transferäquivalent zugewiesen wird. Bei Kleinhenz und Werding wurden vereinfachend Ausgaben für Betreuungsangebote für Kinder unter drei Jahren vernachlässigt. Mangels Daten können Familien mit unter dreijährigen Kindern nicht isoliert werden, die so genannte Krippenplätze beanspruchen. In den ergänzenden Berechnungen wird daher allen Kindern unter sechs Jahren ein identisches Transferäquivalent zugewiesen.[47]

Diese Zurechnungsmethode ergibt ein niedrigeres Pro-Kopf-Transferäquivalent von rund 135 Euro, während die Kleinhenz-Werding-Methode Äquivalente von 248 Euro für Kinder von Ehepaaren bzw. 260 Euro für Kinder von Alleinerziehenden ergibt.[48]

Für alle Zellen sind aufgrund der breiteren Zurechnungsmethode und des geringeren Transferäquivalents die errechneten Beträge geringer. Dennoch bleibt das Grundmuster der Verteilung erhalten. Lediglich in der Phasenschichtung ergibt sich eine Verschiebung zu Gunsten von Gründungs- und Aufbaufamilien, die aufgrund der breiter gefassten Altersgrenze von null bis sechs Jahren zu 100% Empfängerfamilien darstellen.

Die Vergleichsrechnung zeigt, dass auch bei einer breiteren Zuteilung der Transferäquivalente das Grundmuster der absoluten Inzidenz erhalten bleibt. Daher gehen die Ergebnisse der Berechnung à la Kleinhenz-Werding in die weitere Berechnung des Gesamteffekts ein. Zudem hat dieses Verfahren den Vorteil, dass die Realtransfers für Kindergärten und Schulen nach einem konsistenten Berechnungsverfahren in Anlehnung an Kleinhenz und Werding (1997) berechnet werden.

Insgesamt ist die Plausibilität der Zurechnung der Ausgaben für Kindergärten aufgrund der nicht vorhandenen Daten in der EVS als quantitativ eingeschränkt, aber aufgrund der Ergebnisse des Sensitivitätstests als qualitativ gut zu beurteilen.

5.2.3 Jugendhilfe

5.2.3.1 Beschreibung

Kinder- und Jugendhilfe bezeichnet die im Sozialgesetzbuch durch das Kinder- und Jugendhilfegesetz (KJHG) verankerten Maßnahmen zum Schutz von Kindern und Jugendlichen. Das KJHG räumt jungen Menschen ein Recht auf Erziehung zur Eigenverantwortlichkeit und zur Förderung ihrer sozialen Entwicklung ein. Schwerpunkt ist hier die außerschulische sowie die

[47] Die Ergebnisse des Sensitivitätstests dokumentiert Tabelle 5 im Anhang.

[48] Vor Adjustierung betragen die Äquivalente 263 für Kinder von Ehepaaren bzw. 276 Euro für Kinder von Alleinerziehenden, vgl. Tabelle 5.8, S. 95.

offene Jugendarbeit, z.B. durch Freizeithilfen, Maßnahmen der politischen Bildung oder internationale Begegnungen. Der Sozialbericht definiert die Jugendhilfe als eigene Institution des Sozialbudgets, zu der neben den Maßnahmen im Rahmen des KJHG auch bereits getrennt betrachtete Ausgaben für Kindergärten und -krippen sowie der Unterhaltsvorschuss zählen. Im Bezugsjahr 2001 verausgabten die Gebietskörperschaften für die Jugendhilfe 17,1 Mrd. Euro, wobei nach Abzug der bereits separat analysierten Leistungen für Kindergärten und Unterhaltsvorschuss 8,7 Mrd. Euro verbleiben.[49] Die Ausgaben in Höhe von 8,7 Mrd. Euro verteilen sich auf Ausgaben für allgemeine Jugendhilfeleistungen (4,6 Mrd. Euro), für die so genannte freie Jugendhilfe (0,5 Mrd. Euro) sowie für Verwaltungskosten und Einrichtungen (3,6 Mrd. Euro).

5.2.3.2 Methodische Anmerkungen

Die Zurechnung dieser Leistungen erfolgt ähnlich dem Vorgehen für die anderen Sachleistungen über Transferäquivalente, jedoch ist über die Nutzerprofile der Jugendhilfe wenig bekannt. Zielgruppe sind „Kinder, Jugendliche und ihre Eltern".[50] Vereinfachend werden daher die Ausgaben für allgemeine und freie Jugendhilfe an Kinder ab sechs Jahren verteilt, während von den Ausgaben für Einrichtungen und Verwaltungskosten alle Familien mit Kindern ohne Altersbegrenzung profitieren. Die sich daraus ergebenden Transferäquivalente betragen 28,79 für dic Jugendhilfeleistungen bzw. 14,86 Euro für die allgemeinen Ausgaben. Dabei ist zu beachten, dass das kindbezogene Transferäquivalent für Jugendhilfe kumuliert werden kann, während das haushaltsbezogene Äquivalent für alle Familien identisch ist.

5.2.3.3 Absolute Inzidenz

Die Ergebnisse für die absolute Inzidenz der Transferäquivalente für die Jugendhilfeleistungen sind in Tabelle 5.10 dargestellt. Die Ausgaben für Jugendhilfe erreichen 100% der Familien, da die allgemeinen Ausgaben für Verwaltung und Einrichtungen als Pro-Kopf-Transferäquivalent zugerechnet wurden. Dadurch kann der separate Ausweis von Werten für Empfängerfamilien entfallen, da alle Familien Empfänger sind.

Die Beschreibung der absoluten Inzidenz kann kurz gehalten werden. Der mittlere Förderbetrag je Familie beträgt 62 Euro. Die Förderbeträge variieren aufgrund des kindbezogenen Transferäquivalents mit Kinderzahl und -alter, d.h. in der Phasenschichtung entsprechend Familienaufbau und -verkleinerung. Familien mit mehreren Kindern kumulieren die Leistungen. In der Einkommensschichtung variieren die Beträge daher kaum, da die Kinder nahezu gleich über die Quintile verteilt sind.

[49]Vgl. BMGS (2002a), S. 455ff. Rosenschon (2001) setzt für 2001 nach Abzug von Verwaltungskosten 7,4 Mrd. Euro für die Jugendhilfe an, vgl. Rosenschon (2001), S. 26. Die Deutsche Bundesbank (2002) geht für 2000 von 8,0 Mrd. Euro aus, vgl. Deutsche Bundesbank (2002), S. 20. Im Katalog des Familienbeirats taucht die Jugendhilfe nicht explizit auf, vgl. BMFSFJ (2001), S. 226, Abb. 7.5-1.

[50]BMGS (2002a), S. 455.

Tabelle 5.10: Jugendhilfe, absolute Inzidenz

Familientyp	Ehe, 1 Ki.	Ehe, 2 Ki.	Ehe, >2 Ki.	Alleinerz.	Alle
Empfänger-Familien in %	100,0	100,0	100,0	100,0	100,0
Euro je Empfänger-Familie	35,24	72,49	120,94	55,75	62,08
Familienphasen	Grdg.	Aufb.	Stab.	Kons.	Umortg.
Empfänger-Familien in %	100,0	100,0	100,0	100,0	100,0
Euro je Empfänger-Familie	16,18	47,12	86,96	72,85	52,74
Quintile	I	II	III	IV	V
Empfänger-Familien in %	100,0	100,0	100,0	100,0	100,0
Euro je Empfänger-Familie	58,38	60,79	63,01	63,95	64,27

Quelle: Eigene Berechnungen mit dem EVS-Mikrofile 1998. Absolute Inzidenz in Euro monatlich für das Bezugsjahr 2001. (xy): eingeschränkte Aussagekraft, da relativer Standardfehler zwischen 10 und 20%. (./.): keine Aussagekraft, da relativer Standardfehler größer als 20%. Vgl. dazu Abschnitt 4.1.1.3, S. 54.

5.2.3.4 Plausibilität

Die quantitative Plausibilität der Transferäquivalente selbst ist mangels Daten über die Nutzer der Jugendhilfe nicht prüfbar. Ein Sensitivitätstest für die Jugendhilfeleistungen ist nicht notwendig, da die Zuteilung durch die breite Altersgrenze der nutznießenden Kinder bzw. die Zuteilung der allgemeinen Ausgaben an alle Familien bereits weitestgehend verteilungsneutral wirkt. Daher kommt es nicht zu einer Über- bzw. Unterschätzung des Vorteils für eine spezifische Familiengruppe. Insgesamt kann jedoch keine Aussage zur Plausibilität gemacht werden.

5.2.4 Sozialer Wohnbau

5.2.4.1 Beschreibung

Ähnlich wie das Wohngeld weist der Soziale Wohnungsbau eine familienorientierte Komponente auf. Durch die Bevorzugung von einkommensschwachen und großen Familien beim öffentlichen Wohnungsbau soll deren Wohnsituation verbessert werden. Der Bezug einer Sozialwohnung ist an Einkommensgrenzen gebunden, die sich nach der Haushaltsgröße bzw. der Anwesenheit von Kindern erhöhen. Die Einkommensgrenzen sind im Wohnraumförderungsgesetz (WoFG) festgelegt. Für den Sozialen Wohnungsbau stellten Bund und Länder 2001 insgesamt 2,8 Mrd. Euro bereit, wobei keine familienpolitische Komponente ausgewiesen wird.[51]

5.2.4.2 Methodische Anmerkungen

Die Zuteilung ist problematisch, da sich in der EVS keine Angaben finden, welcher Haushalt eine Sozialwohnung bewohnt. Ebenso schwierig ist zu bestimmen, bis zu welchem Umfang diese Realtransfers als familienpolitische Leistung einbezogen werden können. Rosenschon (2001) veranschlagt 50% der Gesamtausgaben als Familienförderung, während die Deutsche Bundesbank die Ausgaben nicht berücksichtigt und der Familienbeirat die familienorientierte Komponente des Sozialen Wohnungsbaus nicht quantifiziert. Das BMFSFJ führt in seiner Aufstellung

[51] Vgl. BMGS (2002a), S. 268.

der familienbezogenen Transfers den Sozialen Wohnbau nicht auf. Da bei Rosenschon auch die ehebezogene Förderkomponente des Sozialen Wohnbaus als Familienförderung angesehen wird, werden vereinfachend nur 25% der Ausgaben als kindbezogene Förderung Haushalten mit Kindern in den beiden unteren Quintilen zugerechnet.[52] Da sich die Gewährung am Haushaltsnettoeinkommen und nicht am Nettoäquivalenzeinkommen orientiert, werden die Einkommensgruppen für die Zuteilung nach dem nicht-adjustierten Haushaltsnettoeinkommen gebildet. Schließlich wird bei der Zuteilung von Sozialwohnungen die Anzahl der Kinder berücksichtigt, sodass das Transferäquivalent kindbezogen in Höhe von monatlich 8,81 Euro je Kind ohne Altersgrenze zugerechnet wird.

5.2.4.3 Absolute Inzidenz

Die Verteilung der Transferäquivalente zeigt die Tabelle 5.11. Die Leistungen für den Sozialen Wohnbau erreichen durchschnittlich 40,0% der Familien, wobei die einkommensproblematischen Alleinerziehenden intensiv gefördert werden. Dies beruht auf der einkommensabhängigen Zurechnung, da sich unter den 20% einkommensschwächsten Haushalte rund vier Fünftel der Alleinerziehenden befinden. In der Phasenschichtung konzentrieren sich die Empfänger auf frühe Familienphasen, da die verheirateten Nutznießer-Familien häufiger in frühen Familienphasen vorkommen.[53]

Tabelle 5.11: Sozialer Wohnbau, absolute Inzidenz

Familientyp	Ehe, 1 Ki.	Ehe, 2 Ki.	Ehe, >2 Ki.	Alleinerz.	Alle
Empfänger-Familien in %	37,8	29,8	20,4	82,9	40,0
Euro je Empfänger-Familie	8,81	17,62	28,48	11,86	13,39
Euro je Familie	3,33	5,25	5,82	9,83	5,36
Familienphasen	**Grdg.**	**Aufb.**	**Stab.**	**Kons.**	**Umortg.**
Empfänger-Familien in %	55,3	42,1	42,0	39,0	31,3
Euro je Empfänger-Familie	9,29	16,36	15,61	12,62	9,71
Euro je Familie	5,14	6,88	6,55	4,92	3,04
Quintile	**I**	**II**	**III**	**IV**	**V**
Empfänger-Familien in %	99,9	79,8	19,3	(1,0)	./.
Euro je Empfänger-Familie	14,44	13,12	9,30	(8,81)	./.
Euro je Familie	14,42	10,47	1,79	0,09	0,00

Quelle: Eigene Berechnungen mit dem EVS-Mikrofile 1998. Absolute Inzidenz in Euro monatlich für das Bezugsjahr 2001. (xy): eingeschränkte Aussagekraft, da relativer Standardfehler zwischen 10 und 20%. (./.): keine Aussagekraft, da relativer Standardfehler größer als 20%. Vgl. dazu Abschnitt 4.1.1.3, S. 54.

Der mittlere Vorteil beträgt 13 Euro, wobei die mittlere Förderung unter Ehepaaren durch die kindbezogene Zuteilung entsprechend der Kinderzahl steigt. In der Phasenschichtung steigt

[52] Die hälftige Zuteilung erscheint prima facie willkürlich, jedoch mangels genauerer Angaben als gangbarer Weg. Ein höherer Wertansatz könnte zu einer Über- oder Unterschätzung führen. Vgl. Rosenschon (2001), S. 24.

[53] Da für die Zuteilung das Haushaltsnettoeinkommen berücksichtigt wurde, die Quintile der Tabelle jedoch anhand des Nettoäquivalenzeinkommens gebildet wurden, treten in der Einkommensschichtung der Tabelle 5.11 auch im dritten und vierten Quintil Empfänger auf.

und sinkt der Mittelwert wiederum entsprechend Familienaufbau und -verkleinerung. In der Einkommensschichtung (nach dem Nettoäquivalenzeinkommen) sinkt der Wert mit steigendem Einkommen bis ins vierte Quintil, da bei der Zurechnung das nicht-adjustierte Haushaltsnettoeinkommen benutzt wurde.

5.2.4.4 Plausibilität

Ähnlich der Jugendhilfe ist keine Aussage über die Plausibilität der Ergebnisse möglich. Eine alternative Zurechnung anhand des Wohngelds erweist sich als nicht sinnvoll, da der parallele Bezug von Wohngeld und Sozialwohnungen nicht zwingend ist. Daneben wirken sich die Ausgaben für die Familienkomponente des Sozialen Wohnbaus aufgrund ihrer geringen quantitativen Bedeutung nur marginal auf den Gesamteffekt aus.

5.3 Zentrale Ergebnisse und weiterführende Argumente

Die nachstehende Box fasst die zentralen Ergebnisse und weiterführenden Argumente zusammen.[54]

- Die familienpolitischen Geldtransfers stellen wegen ihrer geringen Teilnahmequoten selektive Maßnahmen dar. Allein Erziehungsgeld und Wohngeld erreichen jeweils rund jede zehnte Familie. Die höchsten Transfersalden realisieren die jeweiligen Empfänger aus der Kinderkomponente der Sozialhilfe, dem Erziehungsgeld sowie der Leistung aus dem Unterhaltsvorschuss.
  - Das Erziehungsgeld ist mit einer Teilnahmequote von 11,2% der Geldtransfer mit der größten Reichweite. Unter Familien mit Kindern unter 2 Jahren beziehen rund 72,4% Erziehungsgeld. Aufgrund der Einkommensbindung profitieren Alleinerziehende, sehr junge und einkommensschwache Familien überdurchschnittlich. Der mittlere Transfersaldo beträgt im Jahr 2001 rund 230 Euro.
  - Die Kinderkomponente der Sozialhilfe stellt eine sehr selektive Maßnahme dar und erreicht 3,0% der Familien. Durch die Orientierung an der Bedürftigkeit weisen unter den Beziehern Alleinerziehende, mittelalte und einkommensärmste Familien überdurchschnittliche Transfersalden auf. Der durchschnittliche Transfersaldo von rund 495 Euro ist quantitativ nur eingeschränkt plausibel.
  - Die Kinderkomponente des Wohngelds hat mit 9,8% aufgrund der weiter gefassten Bezugskriterien einen größeren Empfängerkreis als die der Sozialhilfe. Rund 58,3% aller Sozialhilfe-Familien kumulieren beide Leistungen. Daneben sind häufig größere Familien Wohngeld-Bezieher. Daher profitieren häufiger auch Mehrkinderehepaare bzw. mittelalte Familien mit höherer Kinderzahl. Im Mittel beziehen die Empfänger rund 100 Euro aus der Leistung.

[54] Daneben stellt die Tabelle 6 im Anhang die verwendeten Zurechnungsannahmen, die wichtigsten Ergebnisse sowie das Ergebnis der Plausibilitätsdiskussion im Überblick dar.

  - Der Unterhaltsvorschuss richtet sich ausschließlich an Alleinerziehende, von denen 13,2% die Leistung beziehen. Dies sind 2,1% aller Familien. Die Bezieher konzentrieren sich auf die ersten drei Familienphasen und die unteren beiden Quintile. Die Transfersalden stellen mit durchschnittlich rund 210 Euro eine wichtige Einkunftsart dar.
  - Die Leistungen der Ausbildungsförderung erreichen 2,4% aller Familien. Die Empfänger sind tendenziell eher Einkindehepaare und ältere Familien. Der Transfersaldo von durchschnittlich rund 45 Euro ist quantitativ nur eingeschränkt plausibel.

- Die familienpolitischen Sachtransfers richten sich je nach Leistung an deutlich größere Nutzergruppen als die Geldtransfers. Die monetarisierten Vorteile aus familienbezogenen Dienstleistungen wie Kindergärten und Schulen stellen höhere Beträge dar als die Mehrzahl der Geldtransfers, sind jedoch in ihrer quantitativen Dimension eingeschränkt plausibel.
  - Das Transferäquivalent für den kostenlosen Schulbesuch erreicht 81,6% der Familien. Die Transfersalden werden mit der Kinderzahl kumuliert, sodass mittelalte Familien die höchsten Vorteile aufweisen. Im Mittel belaufen sich die Transferäquivalente auf rund 415 Euro.
  - Der Kindergartenbesuch kommt aufgrund der Altersgrenze am stärksten Aufbaufamilien zu Gute, sodass mit 20,3% jede fünfte Familie von dieser Leistung profitiert. Die Transfersalden werden wie beim Schulbesuch mit der Kinderzahl kumuliert. Der durchschnittliche Transfersaldo beträgt rund 275 Euro.
  - Die beiden übrigen Sachleistungen für die Jugendhilfe sowie für den Sozialen Wohnbau fließen aufgrund der sehr breit gefassten Zurechnungsannahmen an 100% bzw. an 40% der Familien. Die Transfersalden fallen aufgrund der verteilungsneutralen Zuteilung mit rund 65 bzw. 15 Euro gering aus.

Kapitel 6

Steuervergünstigungen

Steuervergünstigungen für Familien stellen einen sehr bedeutsamen Bereich des familienpolitischen Budgets dar, werden aber hinsichtlich ihrer Zugehörigkeit zur Familienpolitik und ihrer problematischen Verteilungswirkungen intensiv diskutiert. Im Zentrum der Diskussion um Steuerprivilegien steht beispielsweise, ob deren Transferdesign auf steuer- oder familienpolitische Ziele abstellt. Zunächst werden analog dem Vorgehen im vorangegangenen Kapitel die zu analysierenden Leistungen beschrieben und die wichtigsten Kritikpunkte an den einzelnen Leistungen erläutert. Dann ist die methodisch komplexe Modellierung von Steuervorteilen ausführlich zu dokumentieren. Die Ergebnisse für die absolute Inzidenz der Steuervergünstigungen werden wiederum in den Schichtungen nach Familientyp, Familienphase und Einkommensgruppe dargestellt und schließlich deren Plausibilität diskutiert.

6.1 Familienleistungsausgleich

Der Familienleistungsausgleich (FLA) ist der in Deutschland wohl am deutlichsten wahrgenommene Teil der Familienpolitik. Unter den FLA fallen in erster Linie Kindergeld und Kinderfreibetrag, die über die Jahre in verschiedenen Formen und Zusammenspielen gewährt wurden. Gleichwohl steht dieser im Mittelpunkt einer besonders kritischen Diskussion, da die Zuordnung der Instrumente des FLA zur Steuer- oder Familienpolitik in der Literatur umstritten ist. Besonders kontrovers geschieht dies am Beispiel von Kinderfreibetrag und Kindergeld.[1]

6.1.1 Kindergeld

6.1.1.1 Beschreibung: Kindergeldzahlung versus effektiver Förderanteil?

Besonders strittig ist, in welchem Umfang das Kindergeld als familienpolitische Förderung oder als Maßnahme zur Herstellung von Steuergerechtigkeit zählt. Dies determiniert ebenso, auf welche Weise und in welchem Umfang das Kindergeld in diese Analyse integriert wird.

[1] In Deutschland wurde bis zur Einführung des Optionsmodells 1996 das so genannte Duale System aus Kindergeld und Kinderfreibetrag praktiziert. Ab 1996 wurde der Familienlastenausgleich durch zahlreiche Neuregelungen zum Familienleistungsausgleich reformiert und Kindergeld und -freibetrag in das so genannte Optionsmodell überführt, das im Folgenden erläutert wird. Für einen Überblick über den FLA, siehe Oepen (2003), S. 16ff.

Im Optionsmodell nehmen Familien entweder Kindergeld oder Kinderfreibetrag wahr, wobei faktisch das Finanzamt am Jahresende für die Zensiten entscheidet, welches Instrument das günstigere für die Familie ist. Für die meisten Familien ist das Kindergeld vorteilhafter, da die durch den Freibetrag induzierte Steuerentlastung geringer als die Kindergeldzahlung ist. Jedoch verzichtet dabei jede Familie rechnerisch auf eine Steuerersparnis, die sich aus dem Freibetrag ergeben würde.

Kritiker sehen das Optionsmodell prinzipiell eher als Maßnahme zur Herstellung horizontaler Steuergerechtigkeit als zur Verwirklichung von vertikaler Bedarfsgerechtigkeit bzw. als Familienförderung im engeren Sinne. Zudem verweisen sie auf die (weiterhin) problematischen Verteilungswirkungen anhand von Modellrechnungen. Die Entlastungswirkung durch den Kinderfreibetrag ist höher als das jährliche bzw. monatliche Kindergeld. Buchholz (2001) berechnet für 2001, dass der maximale Entlastungsbetrag das 1,5-fache der jährlichen Kindergeldzahlung beträgt.[2]

Moderate Kritiker führen daher an, dass nur der Unterschiedsbetrag zwischen rechnerischer Steuerersparnis durch den nicht in Anspruch genommenen Freibetrag und die Kindergeldzahlung als Familienförderung (effektiver Förderanteil) gelten kann. Die rechnerische Steuerersparnis resultiert aus der Herstellung der horizontalen Steuergerechtigkeit zwischen Kinderlosen und Familien, wie es die Rechtsprechung des Bundesverfassungsgerichts erfordert, und hängt in ihrem Betrag von dem für den jeweiligen Zensiten geltenden Grenzsteuersatz ab. Der Betrag steigt mit dem Einkommen an, bis die nominelle Höhe des Kinderfreibetrags erreicht ist. Entsprechend nimmt der effektive Förderanteil mit steigendem Einkommen ab.[3]

Ein weiterer Einwand der Kritiker des geltenden Optionsmodells, der in der Analyse zu berücksichtigen ist, stellt auf die Wahrnehmung des Optionsmechanismus ab. Das Transferdesign verzerrt die Wahrnehmung insofern, dass Familien die Kindergeldzahlung als familienpolitische Sozialleistung wahrnehmen, obwohl es aus fiskalischer Sicht eine Steuerrückvergütung darstellt. Familien werden dabei falsch in die Steuerprogression eingestuft, da ihre gegenüber Kinderlosen verminderte steuerliche Leistungsfähigkeit bei Wahrnehmung der Transferoption ignoriert wird. Familien entrichten zunächst zu hohe Steuerzahlungen, die der Fiskus anschließend über das Kindergeld zurückerstattet. Demnach unterliegen Eltern im Optionsmodell der „Illusion einer vermeintlichen Sozialleistung“.[4] Um diesen Doppelcharakter des Kindergelds zu berücksichtigen, sollte keine der beiden Wahrnehmungsarten ausgeblendet werden.

---

[2]Vgl. Buchholz (2001), S. 79. Weitere Modellrechnungen kommen zu dem Ergebnis, dass im Vergleich so genannte Spitzenverdiener 2002 monatlich um 230 Euro durch den Freibetrag entlastet werden, während das Kindergeld für die ersten drei Kinder lediglich 154 Euro beträgt. Zudem haben die Kindergelderhöhungen in den letzten Jahren um rund 10 bis 15 Euro nach Ansicht der Kritiker den Einkommensabstand zwischen Familien bzw. das Armutsrisiko von einkommensproblematischen Haushalten wenig reduziert. Insgesamt erscheint nach Auffassung dieser eher distributiv orientierten Kritiker das Kindergeld als wenig geeignet, das Armutsrisiko zu reduzieren. Vgl. Schratzenstaller (2002a), S. 129 und Butterwege (2001), S. 352.

[3]Vgl. Rosenschon (2001), S. 6f. Siehe dazu auch: Lampert (1996), Lüdeke (2000) oder Ott (2000). Zur Algebra, siehe Althammer (2000), S. 40f. Modellrechnungen finden sich auch bei BMFSFJ (2001), S. 180ff.

[4]BMFSFJ (2001), S. 183. Um der Gefahr der Fehldeutung zu begegnen, wird vorgeschlagen, auf dem Einkommensteuerbescheid auszuweisen, welcher Anteil des Kindergelds steuerpolitisch motiviert und welcher Anteil tatsächliche Familienförderung darstellt. Vgl. Oepen (2003), S. 54.

Die Analyse berechnet daher die Inzidenz des Kindergelds auf zwei Arten, um beide Auffassungen über die Transfernatur zu berücksichtigen:

- Die Zurechnung der Kindergeldzahlung als reine Transferlösung erfolgt über die Angaben aus der EVS analog dem Vorgehen für die Zurechnung der Geldtransfers der Gebietskörperschaften im vorangegangenen Kapitel.
- Für die Zurechnung des effektiven Förderanteils wird die rechnerische Steuerersparnis berücksichtigt, die die jeweiligen Kindergeldzahlungen vermindert. Dabei wird auf die Ergebnisse der Zurechnung der kindbezogenen Freibeträge vorgegriffen.

6.1.1.2 Methodische Anmerkungen

Kindergeldzahlung Die Zurechnung der Kindergeldzahlung ist methodisch vergleichsweise unproblematisch und kann direkt nach der EVS-Variable vorgenommen werden, da die Haushalte Einkünfte aus dem Kindergeld angeben. Das Vorgehen orientiert sich an der Zurechnung der monetären Transfers der Gebietskörperschaften wie etwa dem Erziehungsgeld.[5] Die Makrogröße ist der Literatur zu entnehmen. Für das Kindergeld gibt das BMFSFJ im Bezugsjahr 2001 Aufwendungen in Höhe von 31,2 Mrd. Euro an.[6] Hinzu kommen weitere 0,1 Mrd. Euro, die nach Ansprüchen aufgrund einer Übergangsregelung für den Familienlastenausgleich vor 1996 weiterhin als Transfers ausgezahlt wurden.[7]

Effektiver Förderanteil am Kindergeld Die Zurechnung des effektiven Förderanteils am Kindergeld ist dagegen methodisch umfangreicher. Definiert man den effektiven Förderbetrag als Differenz zwischen verfassungsgemäß gebotener Familienbesteuerung (rechnerischer Steuerersparnis) und Kindergeldzahlung, so ist zunächst eine Schätzgröße für die rechnerische Steuerersparnis zu konstruieren. Da der Wert mit dem zu versteuerndem Einkommen bzw. mit individuellen Besteuerungstatbeständen variiert, ist dieser problematisch zu bestimmen. Die Kindergeldzahlungen, mit denen die rechnerische Steuerersparnis verrechnet wird, sind hingegen in der EVS erfasst. Der Gesamtumfang der Aufwendungen ist aus dem Sozialbericht zu entnehmen. Dieser weist in seiner Beschreibung der Institution FLA insgesamt 31,9 Mrd. Euro für 2001 aus, wobei nach Ausgaben für die Sicherstellung verfassungsgemäßer Besteuerung bzw. für den effektiven Förderanteil getrennt wird. Die Ausgaben für den Förderanteil belaufen sich auf 12,3 Mrd. Euro. Dieser Wertansatz wird in der Analyse als zu verteilende Makrogröße unterstellt, um die Inzidenz der effektiven Familienförderung zu errechnen.[8]

Für die Bestimmung der rechnerischen Steuerersparnis ist auf die Vergleichsrechnung der Steuervorteile für die Zuteilung der kindbezogenen Freibeträge vorzugreifen.[9] Dabei wird un-

[5] Siehe Abschnitt 5.1, S. 77f.

[6] Vgl. BMFSFJ (2003b), Tabelle 2. Rosenschon weist für das Kindergeld 31,1 Mrd. Euro sowie für 0,7 Mrd. Euro für die FLA-Freibeträge aus, vgl. Rosenschon (2001), S. 29. Der Sozialbericht geht in seiner Beschreibung der Institution Familienleistungsausgleich von insgesamt 31,9 Mrd. Euro für 2001 aus, vgl. BMGS (2002a), S. 394 und 466f. Davon entfallen 0,7 Mrd. Euro auf den Kinderfreibetrag, der zusammen mit den kindbezogenen Freibeträgen analysiert wird.

[7] Vgl. BMGS (2002a), S. 465.

[8] Vgl. BMGS (2002a), S. 394 und 466f. Die Deutsche Bundesbank beziffert den effektiven Förderanteil für das Jahr 2000 auf 11 Mrd. Euro, vgl. Deutsche Bundesbank (2002), S. 17.

[9] Zur Dokumentation der Zurechnungsmethode, siehe Abschnitt 6.2.2, S. 112ff.

terstellt, dass die Steuervorteile der Familien gegenüber kinderlosen Haushalten mit gleichem Einkommen einen Proxy für die rechnerische Steuerersparnis durch den Kinderfreibetrag darstellen. Anhand des Verteilungsschlüssels für die kindbezogenen Freibeträge verteilt die Analyse die Makrogröße für die rechnerische Steuerersparnis (Sicherstellung verfassungsgemäßer Besteuerung) aus dem Sozialbericht in Höhe von 19,6 Mrd. Euro auf die Familien. Die Kindergeldzahlungen werden an die Makrogröße von 31,9 Mrd. Euro angepasst. Dann sind die berechneten Steuervorteile der Familien mit der durchschnittlichen Kindergeldzahlung zu saldieren, die der EVS zu entnehmen ist. Übersteigt die geschätzte Steuerminderung die Kindergeldzahlung, so beträgt der effektive Förderanteil Null.[10] Die Beträge werden schließlich wieder an die Makrogröße für den effektiven Förderanteil in Höhe von 12,3 Mrd. Euro adjustiert.[11]

6.1.1.3 Absolute Inzidenz

Kindergeldzahlung Die Ergebnisse für die Kindergeldzahlung sind in Tabelle 6.1 dargestellt. Die Teilnahmequote für das Kindergeld im Optionsmodell liegt bei 91,7% der Familien. Die nicht-profitierenden Familien sind zumeist ältere und besserverdienende Einkind-Ehepaare mit einem selbst erwerbstätigen Kind. Dies wird besonders deutlich in der Phasenschichtung, da in den ersten vier Phasen nahezu alle Familien Empfänger darstellen, während die Teilnahmequote zur letzten Phase hin stark auf 67,8% absinkt. In der Einkommensschichtung sinkt die Teilnahmequote zu den oberen Quintilen hin ab, jedoch weniger stark als in der Phasenschichtung.

Tabelle 6.1: Kindergeldzahlung (reine Transferlösung), absolute Inzidenz

Familientyp	Ehe, 1 Ki.	Ehe, 2 Ki.	Ehe, >2 Ki.	Alleinerz.	Alle
Empfänger-Familien in %	84,3	97,5	98,8	89,6	91,7
Euro je Empfänger-Familie	137,34	254,98	477,09	188,70	233,55
Euro je Familie	115,79	248,65	471,53	169,11	214,13
Familienphasen	Grdg.	Aufb.	Stab.	Kons.	Umortg.
Empfänger-Familien in %	98,1	99,5	99,1	98,7	67,8
Euro je Empfänger-Familie	142,10	272,90	284,80	219,54	158,09
Euro je Familie	139,46	271,37	282,09	216,66	107,13
Quintile	I	II	III	IV	V
Empfänger-Familien in %	94,7	95,0	92,4	89,8	86,6
Euro je Empfänger-Familie	223,92	237,02	236,63	235,76	234,57
Euro je Familie	212,06	225,17	218,71	211,65	203,07

Quelle: Eigene Berechnungen mit dem EVS-Mikrofile 1998. Absolute Inzidenz in Euro monatlich für das Bezugsjahr 2001. (xy): eingeschränkte Aussagekraft, da relativer Standardfehler zwischen 10 und 20%. (./.): keine Aussagekraft, da relativer Standardfehler größer als 20%. Vgl. dazu Abschnitt 4.1.1.3, S. 54.

[10] Alleinerziehenden wird der Gesamtdurchschnitt der Familien zugerechnet. Zur Begründung, siehe Abschnitt 6.2.2, S. 116.

[11] Kleinhenz und Werding verfahren ähnlich und saldieren das von ihnen berechnete Transferäquivalent des Kinderfreibetrags mit der Kindergeldzahlung. Vgl. BMFSFJ (2001), S. 274. Fritzsche et al. (2003) differenzieren nicht zwischen effektivem Transfer und rechnerischer Steuerersparnis. Die Analysen von Schäfer (1996) sowie Kleinhenz und Werding (1997) beziehen sich auf die Rechtslage vor der Einführung des Optionsmodells. Die übrige Literatur beschränkt sich auf eine qualitative Interpretation.

Die absolute Inzidenz der Kindergeldzahlung beträgt im Mittel für die Empfänger 233,55 Euro. Die Beträge variieren mit der Kinderzahl, was durch die Schichtung nach Familientypen und -phasen deutlich wird. Die vom Einkommen unabhängige Gestaltung spiegelt sich in dem nahezu konstanten Betrag über die Einkommensklassen hinweg, da die mittlere Kinderzahl über die Quintile hinweg ebenso nahezu konstant sind.

Förderanteil am Kindergeld Die Ergebnisse für den effektiven Förderanteil am Kindergeld zeigt die Tabelle 6.2. Die Teilnahmequote bildet ab, welche Haushalte nach Abzug der rechnerischen Steuerersparnis weiterhin einen positiven Förderanteil aufweisen. Die Teilnahmequote von 86,0% bleibt unter der für die Kindergeldzahlung von 91,7%.[12] Die Quoten liegen bei Ehepaaren deutlicher unter den Werten für die Kindergeldzahlung in der reinen Transferlösung, während bei den einkommensschwachen Alleinerziehenden nur eine geringe Abweichung auftritt. Insbesondere in der Einkommensschichtung zeigt sich mit höherem Einkommen eine steigende Abweichung zwischen den beiden Werten.

Tabelle 6.2: Effektiver Förderanteil am Kindergeld, absolute Inzidenz

Familientyp	Ehe, 1 Ki.	Ehe, 2 Ki.	Ehe, >2 Ki.	Alleinerz.	Alle
Empfänger-Familien in %	77,6	91,7	89,4	89,4	86,0
Euro je Empfänger-Familie	50,21	108,04	223,71	93,95	100,89
Euro je Familie	38,95	99,04	200,10	83,98	86,78
Familienphasen	**Grdg.**	**Aufb.**	**Stab.**	**Kons.**	**Umortg.**
Empfänger-Familien in %	96,0	95,7	94,3	90,2	60,5
Euro je Empfänger-Familie	52,85	122,45	123,30	92,47	67,08
Euro je Familie	50,76	117,19	116,27	83,38	40,57
Quintile	**I**	**II**	**III**	**IV**	**V**
Empfänger-Familien in %	97,2	95,3	91,7	80,4	65,5
Euro je Empfänger-Familie	115,17	98,96	100,08	97,44	87,84
Euro je Familie	111,88	94,35	91,79	78,32	57,52

Quelle: Eigene Berechnungen mit dem EVS-Mikrofile 1998. Absolute Inzidenz in Euro monatlich für das Bezugsjahr 2001. (xy): eingeschränkte Aussagekraft, da relativer Standardfehler zwischen 10 und 20%. (./.): keine Aussagekraft, da relativer Standardfehler größer als 20%. Vgl. dazu Abschnitt 4.1.1.3, S. 54.

Die absolute Inzidenz des effektiven Förderanteils beträgt im Mittel für alle tatsächlichen Empfänger 100,89 Euro gegenüber 233,55 Euro für die Kindergeldzahlung. Die Abweichung ergibt sich aus dem höheren Transfervolumen der Kindergeldzahlung, verdeutlicht jedoch, dass die effektive Förderung unterhalb der tatsächlich wahrgenommenen Kindergeldzahlung liegt.[13] In der Schichtung nach Familientypen bzw. -phasen ergeben sich keine Abweichungen in der Rangordnung der Beträge für die absolute Inzidenz im Vergleich zur Kindergeldzahlung. Hingegen zeigen sich in der Einkommensschichtung deutliche Unterschiede, da die mittlere Förde-

[12] Vgl. Tabelle 6.1, S. 106.

[13] Ein um den Volumeneffekt bereinigter Wert für das Kindergeld wird ergänzend in Tabelle 11 im Anhang ausgewiesen, indem für die Kindergeldzahlungen zu Vergleichszwecken eine dem Förderanteil identische Makrogröße in Höhe von 12,3 Mrd. Euro anstatt 31,2 Mrd. Euro unterstellt wird.

rung je Empfänger mit dem Einkommen sinkt, während die Kindergeldzahlung nahezu konstant bleibt.

In den unteren Quintilen sind die Steuervorteile gering, sodass die Kindergeldzahlungen kaum durch die Berücksichtigung des Steuervorteils verringert werden. Da die geschätzten Steuervorteile für mittlere Einkommen konstant sind und für hohe Einkommen ansteigen, sinkt der effektive Förderanteil erst zum obersten Quintil deutlich ab. Das fünfte Quintil realisiert hohe Steuervorteile, die in einigen Fällen die Kindergeldzahlungen kompensieren. Daher weist dieses Quintil die höchste Anzahl von Familien auf, die zwar Kindergeldzahlungen erhalten, aber deren effektiver Vorteil 0 ist.[14]

Vergleich Zusammenfassend werden die wichtigsten Beobachtungen des Vergleichs zwischen Kindergeldzahlung als reiner Transferlösung und des effektiven Förderanteils kurz festgehalten:

- In der Empfängerstruktur ergeben sich keine grundsätzlichen Abweichungen. Jedoch liegt die Teilnahmequote für den effektiven Förderanteil unterhalb der Kindergeldzahlung, da vor allem bei einkommensstarken Ehepaaren die rechnerische Steuerersparnis die Kindergeldzahlung überwiegt.

- Die wichtigste Abweichung macht die Einkommensschichtung deutlich: Während die Kindergeldzahlung aufgrund der Empfängerstruktur nur gering mit dem Einkommen abnimmt, sinkt der effektive Förderanteil stärker mit dem Einkommen ab.

- Während die Kindergeldzahlung entsprechend nahezu vollständig von der Kinderzahl abhängig erscheint, bestimmt sich die Höhe des effektiven Förderanteils sowohl aus Kinderzahl als auch Einkommen. Der Förderanteil kann daher als einkommensabhängige Leistung verstanden werden, obwohl das Kindergeld im FLA als einkommensunabhängige Leistung dargestellt wird.

6.1.1.4 Plausibilität

Kindergeldzahlung Die quantitative Plausibilität zeigt einen sehr guten Repräsentationsgrad von 105% für das Kindergeld.[15] Die Anzahl der Empfänger ist indes etwas problematischer mit Sekundärdaten zu vergleichen. Die EVS-Auswertung ergibt 11,5 Mio. Empfänger in 11,5 Mio. Haushalten. In über 80% der Haushalte ist die Bezugsperson oder deren Partner Empfänger der Leistung, wodurch nicht deutlich wird, für wie viele Kinder in diesem Haushalt Ansprüche bestehen.[16] Da aus der EVS nicht hervorgeht, für wie viele Kinder Kindergeldansprüche bestehen, kann der Wert nicht mit der im Statistischen Jahrbuch angegebenen Anzahl von 8,6

[14] Nur rund 75% der Kindergeld-Transfer-Empfänger im obersten Quintil realisieren ebenso einen effektiven Förderanteil größer als Null. Zum Vergleich: Im mittleren Quintil beträgt deren Anteil 99%.

[15] Das aggregierte Kindergeld in der EVS beläuft sich auf 26,9 Mrd. Euro, während das BMFSFJ für 1998 25,6 Mrd. Euro verzeichnet.Vgl. BMFSFJ (2003b), Tabelle 2.

[16] In weniger als 20% der Haushalte sind Kinder selbst anspruchsberechtigt.

Mio. Empfangsberechtigten verglichen werden, die für 14,5 Mio. Kinder Kindergeld beziehen.[17] Die Förderbeträge der EVS-Empfänger entsprechen den Vorgaben sehr gut. Die Mittelwerte liegen jeweils unter bzw. die Medianwerte sind identisch mit den Beträgen, die sich aus der Kindergeld-Regelung von 1998 ergeben.[18] Da im Volumen das Kindergeld in der EVS gut erfasst ist, können die zugerechneten Beträge insgesamt als quantitativ und qualitativ plausibel beurteilt werden.

Förderanteil am Kindergeld Anders als für die Kindergeldzahlung kann die quantitative Plausibilität nicht direkt gemessen werden, da die EVS den tatsächlichen Förderanteil des Kindergelds nicht erfasst. Prinzipiell gilt jedoch für die Plausibilität der Berechnung, dass die in die Rechnung eingehenden Größen Erwerbseinkünfte sowie Einkommen- und Lohnsteuer in der EVS im Vergleich zu Makrodaten aus der VGR sehr gut bis gut erfasst sind, wie in den Ausführungen zur Plausibilität der kindbezogenen Freibeträge dargestellt wird.[19] Sowohl Steuervorteil (rechnerische Steuerersparnis), Kindergeld als auch effektiver Förderanteil werden an die Makrogrößen adjustiert, sodass Über- oder Untererfassungen kompensiert werden. Daraus ergibt sich ein mittlerer effektiver Förderanteil in Höhe von 93,88 Euro, der unter Ehepaaren mit der Kinderzahl ansteigt, sich während des Familienzyklus an der durchschnittlichen Familiengröße orientiert und mit dem Einkommen der Haushalte sinkt.

In ihrer qualitativen Dimension erscheinen sich die Ergebnisse mit der Literatur zu ergänzen. Wichtigste Übereinstimmung ist die mit dem Einkommen abnehmende Höhe der Förderbeträge, die sich a priori mit den theoretischen Erwartungen deckt.[20] Zudem stimmen die Verläufe der Werte hinsichtlich Kinderzahl und Familienzyklus auch mit den Ergebnissen von Kleinhenz und Werding im Gutachten des Familienbeirats überein. Diese stellen fest, dass die Förderbeträge mit der Kinderzahl zunehmen und zum Ende der Familienkarriere absinken.[21] Insgesamt kann die Plausibilität des effektiven Förderanteils daher zwar als quantitativ eingeschränkt, aber qualitativ gut beurteilt werden.

6.1.2 Kinderfreibetrag

6.1.2.1 Beschreibung

Die tatsächliche Entlastungswirkung des Kinderfreibetrags hängt vom für die Familie geltenden Grenzsteuersatz ab. Die Freibeträge werden erst dann wirksam, wenn das gezahlte Kindergeld nicht reicht, die durch das Urteil des Bundesverfassungsgerichts gebotene Steuerfreistellung zu bewirken.[22] Bei der überwiegenden Mehrheit der Haushalte ist dies nicht der Fall, da deren zu versteuerndes Einkommen zu niedrig ist. Von den in der Berichterstattung des BMFSFJ angege-

---

[17]Vgl. Statistisches Bundesamt (2000), S. 460.

[18]Für erste und zweite Kinder wurden 1998 jeweils 112 Euro (220 DM), für dritte 153 Euro (300 DM) sowie für zusätzliche 179 Euro (350 DM) bezahlt, vgl. BMFSFJ (2003b), Tabelle 2.

[19]Vgl. Abschnitt 6.2.4, S. 118ff.

[20]Vgl. Althammer (2000), S. 42 sowie auch BMFSFJ (2001), S. 273.

[21]Vgl. BMFSFJ (2001), S. 291ff.

[22]Die Höhe des Freibetrags regelt §32 EStG. In 2001 galt ein Kinderfreibetrag von 3.534 Euro sowie zusätzlich der Betreuungsfreibetrag von 1.546 Euro. Vgl. BMFSFJ (2003b), Tabelle 2.

benen Gesamtausgaben für den FLA entfallen 97% auf das Kindergeld als Steuerrückvergütung und 3% auf den Kinderfreibetrag als steuerliche Freistellung der Kinderbetreuungkosten.[23]

Das BMFSFJ gibt für das Jahr 2001 für den Kinder- und Betreuungsfreibetrag Steuermindereinnahmen in Höhe von 0,7 Mrd. Euro an, wobei auch Rosenschon auf Basis der BMF-Zahlen diese Zahl ausweist.[24]

6.1.2.2 Methodische Anmerkungen

Für die Zurechnung des Kinderfreibetrags im Optionsmodell kommen a priori alle Familien in Frage, die über ein hinreichend hohes Einkommen verfügen. Da jene Haushalte, die den Kinderfreibetrag wahrnehmen, im laufenden Jahr Kindergeld beziehen, sind die Freibetrags-Nutzer nicht direkt, sondern nur über das Einkommen zu identifizieren. Jedoch gelingt dies nur schwerlich, da das zu versteuernde Einkommen als maßgeblicher Einkommensbegriff für das Optionsmodell nicht in der EVS ausgewiesen ist. Fritzsche et al. (2003) gehen auf Basis der Lohn- und Einkommensteuerstatistik von „mehreren 100.000 Haushalten"[25] aus, die den Freibetrag in Anspruch nehmen, während eine Auswertung der EVS 1998 weniger als 100 Haushalte ergibt, für die der Kinderfreibetrag in Betracht kommt.

Da die Nutzergruppe des Kinderfreibetrags kaum zu identifizieren ist, erfolgt die Zurechnung des Kinderfreibetrages zusammen mit den übrigen kindbezogenen Freibeträgen, die der folgende Abschnitt erläutert. Dadurch ist gewährleistet, dass die Analyse zum einen die Steuermindereinnahmen vollständig berücksichtigt. Zum anderen stellt die Zurechnung des Kinderfreibetrags analog der übrigen Freibeträge eine eher konservative Zurechnungsmethode dar, sodass die sich ergebenden Inzidenzbeträge nicht systematisch überschätzt werden. Die absolute Inzidenz des Kinderfreibetrags ist daher zusammen mit den übrigen kindbezogenen Freibeträgen im folgenden Abschnitt aufgeführt.

6.2 Kindbezogene Freibeträge

6.2.1 Beschreibung

Im Rahmen des Einkommensteuerrechts werden Familien eine Reihe von Vergünstigungen gewährt, bei denen sich steuer- und sozialpolitische Ziele stark überlappen.[26] Über deren qualitative und quantitative familienpolitische Relevanz orientiert der folgende Überblick über die für diese Analyse maßgeblichen Referenzquellen. Zudem soll der Überblick die Abgrenzungsprobleme verdeutlichen, die bei der Diskussion der zahlreichen Freibeträge auftreten.

---

[23] Vgl. BMFSFJ (2003b), Tabelle 2. Seit 2000 gilt der verfassungskonform breiter gefasste Betreuungsfreibetrag, der den allgemeinen Betreuungsbedarf, den Erziehungsbedarf und den allgemeinen Ausbildungsbedarf eines Kindes steuerlich freistellt. Vgl. BMF (2001a), S. 21.

[24] Vgl. BMFSFJ (2003b), Tabelle 2 sowie Rosenschon (2001), S. 29, Tabelle 1. Im Sozialbericht werden die Kosten für den Kinderfreibetrag unter der Institution FLA hingegen nicht getrennt aufgeführt, vgl. BMGS (2002a), S. 465f.

[25] Fritzsche et al. (2003), S. 63, Fußnote 16.

[26] Der Beirat des BMFSFJ kategorisiert diese Instrumente als familienbezogene Maßnahmen des Politikfelds Steuerpolitik. Vgl. BMFSFJ (2001), S. 226, Abb. 7.5-1.

Der Sozialbericht weist im Bezugsjahr 2001 für die Funktion Ehe und Familie 4,8 Mrd. Euro als kindbezogene Maßnahmen aus, die nach dem Einkommensteuerrecht sowie dem Eigenheimzulagengesetz gewährt werden, ohne diese genau zu benennen.[27] Dazu dürften im Rahmen des EStG die den Betreuungsfreibetrag des Optionsmodells ergänzenden Ausbildungs-, Haushalts-,[28] Unterhaltsfrei- und Pflegepauschbeträge sowie Freibeträge für die familienbedingte Beschäftigung von Haushaltshilfen zählen. Die Inanspruchnahme dieser Freibeträge ist jeweils an spezifische Tatbestände geknüpft, wobei bei Überschreitung der Altersgrenze von rund 21 Jahren sowie bei eigener Erwerbstätigkeit der Kinder die Abzugsmöglichkeiten in der Regel entfallen. Im Rahmen des Eigenheimzulagengesetz wird Familien bei der Förderung von Bauvorhaben ein Kinderzuschlag gewährt.[29]

Die Deutsche Bundesbank (2002) weist im Jahr 2000 für sonstige steuerliche Maßnahmen außerhalb des Familienleistungsausgleichs (vor allem Haushalts-, Unterhalts- und Ausbildungsfreibeträge) 2,9 Mrd. Euro sowie für die als familienpolitisch relevant eingestufte Bauförderung (Eigenheimzulage) 2,8 Mrd. Euro aus.[30]

Rosenschon (2001) veranschlagt insgesamt Steuermindereinnahmen von 5,9 Mrd. Euro. Davon entfallen auf Ausbildungs- und Unterhaltsfreibeträge Steuermindereinnahmen von jeweils 0,6 Mrd. Euro sowie auf Freibeträge für die Beschäftigung von kindbedingten Haushaltshilfen 0,1 Mrd. Euro. Der Steuerausfall für den ausschließlich Alleinerziehenden gewährtem Haushaltsfreibetrag beläuft sich auf 0,9 Mrd. Euro. In der Summe geht Rosenschon (2001) von 2,6 Mrd. Euro für Freibeträge außerhalb des Familienleistungsausgleichs (Ausbildungs-, Haushalts-, Unterhaltsfreibeträge, Freibetrag für Haushaltshilfen sowie Realsplitting) aus und bezieht ebenso die Kinderkomponente der Eigenheimförderung in Höhe von 3,3 Mrd. Euro für 2001 ein.[31]

Das BMFSFJ gibt insgesamt Steuermindereinnahmen von 3,3 Mrd. Euro an, die auf verschiedenen Steuerabzugsmöglichkeiten im Einkommensteuerrecht basieren.[32] Der niedrigere Betrag ist darauf zurückzuführen, dass die Kinderkomponente der Eigenheimförderung zum Teil als Transferleistung (2,6 Mrd. Euro) und zum Teil als Steuermindereinnahme (0,5 Mrd.

[27]Vgl. BMGS (2002a), S. 393 sowie 463ff.

[28]Der Haushaltsfreibetrag in seiner Form von 2001 begünstigte exklusiv Alleinerziehende. Aus verfassungsrechtlichen Gründen wird dieser bis 2006 auf 0 Euro zurückgeführt. Dafür wird für Alleinerziehende mit Kindern unter 18 Jahren ein Alleinerziehenden-Entlastungsbetrag eingeführt. Kritiker dieser Lösung führen an, dass es sich beim Haushaltsfreibetrag bzw. beim Entlastungsbetrag weniger um eine steuerliche *Förderung* Alleinerziehender handelt, sondern vielmehr um eine *Kompensation* für das Ehegattensplitting, von dem unverheiratete Familien nicht profitieren, vgl. EAF (2004), S. 4f.

[29]Dabei wird der auch als Baukindergeld bezeichnete Betrag direkt von der Einkommensteuerschuld abgezogen, sodass er zu den weiteren steuerlichen Maßnahmen gezählt wird. Die Kinderkomponente in der Eigenheimförderung läuft zum Jahr 2006 aus, vgl. Rosenschon (2006), S. 4f.

[30]Vgl. Deutsche Bundesbank (2002), S. 17.

[31]Vgl. Rosenschon (2001), S. 8f.

[32]Abzugsmöglichkeiten für Haushaltshilfen, Haushaltsfreibetrag für Alleinerziehende, Unterhaltsleistungen für nahe Angehörige, Ausbildungsfreibeträge, Haushaltshilfe bei pflegebedürftigen Angehörigen, Pflegepauschbetrag, Kinderkomponente bei der Eigenheimförderung sowie das Realsplitting, vgl. BMFSFJ (2003b), Tabelle 2.

Euro) definiert wird.[33] In der Summe addieren sich die Beträge jedoch wieder auf die von Rosenschon angeführten 5,9 Mrd. Euro.

Diese Summe wird daher in der Inzidenzanalyse berücksichtigt. Insgesamt werden 5,9 Mrd. Euro Steuervorteile aus kindbezogenen Freibeträgen zugerechnet. Hinzu kommen die 0,7 Mrd. Euro, die im Rahmen des FLA für den Kinderfreibetrag aufgewendet werden.

6.2.2 Methodische Anmerkungen

Die Zurechnung dieser Steuervergünstigungen ist methodisch komplex und erfolgt über approximative Vergleichsrechnungen mit den EVS-Haushalten, die sich im Ansatz am Mikrosimulationsmodell von Schäfer (1996) orientieren. Dieser erstellt Schätzungen für die Entlastungswirkung von familienpolitischen Maßnahmen im Einkommensteuerrecht.[34] Schäfers Modell dient als Referenz für die Zurechnungsmethode dieser Analyse.

Referenzmodell Ziel der Analyse von Schäfer ist es, Abzugbetragsfunktionen für die dynamische Modellierung von steuerlichen Reformoptionen zu gewinnen. Ausgangspunkt des Modells ist dabei zunächst die Bestimmung eines Status Quo als Referenzpunkt für die Simulationsrechnungen. Da die individuellen Steuervorteile von Familien gegenüber kinderlosen Haushalten in keiner Datengrundlage explizit ausgewiesen sind, müssen diese Beträge aus geeigneten Daten geschätzt werden. Dabei bietet es sich an, die Entlastungswirkung der diversen kindbezogenen Steuervergünstigungen in ihrer Summe zu bestimmen, da für eine differenzierte Betrachtung einzelner Privilegien mangels Daten willkürliche Annahmen getroffen werden müssten. Deswegen wird auch der Kinderfreibetrag im Rahmen des FLA in diesen Analyseschritt miteinbezogen, da eine separate Analyse aus dem angeführtem Grund nicht sinnvoll erscheint. Schäfer verwendet als Datengrundlage die Lohn- und Einkommensteuerstatistik und ermittelt die Höhe der gesamten familienbedingten Abzugsbeträge, indem er die Differenz zwischen Bruttoeinkommen und zu versteuerndem Einkommen bestimmt. Diese Einkommensbegriffe sind in der Lohn- und Einkommensteuerstatistik enthalten. Die Haushalte werden nach dem Bruttoeinkommen in Einkommensklassen geschichtet, um für die Haushalte einer Gruppe weitestgehend gleiche Besteuerungsgrundlagen unterstellen zu können. Die als steuerliche Tatbestände relevanten spezifischen Unterschiede wie Familienstand und Kinderzahl berücksichtigt Schäfer, indem er die Einkommensklassen anhand dieser Merkmale in Untergruppen differenziert. Für alle Einkommensklassen bzw. deren Untergruppen können nun aus der Differenz der beiden Einkommensbegriffe spezifische Steuervorteile bestimmt werden. Gewichtet mit den Fallzahlen der jeweiligen Gruppe ergeben die gruppenspezifischen Entlastungen die Höhe der Gesamtentlastung aller Haushalte im Status Quo.

---

[33] Steuermindereinnahmen sind Aufwendungen im Sinne der bis 1995 bestehenden Regelung, als Transferleistung sind Aufwendungen im Sinne der seit 1996 angewandten Handhabung zu verstehen.

[34] Auch in der angelsächsischen Literatur existieren kaum Arbeiten, die sich mit den Verteilungswirkungen von Steuervergünstigungen beschäftigen. Witte (1998) und Salisbury (1994) ermitteln in Modellrechnungen Verteilungswirkungen für Vergünstigungen in der Alterssicherung. Davies (1989) analysiert die Ausgabeninzidenz US-amerikanischer Steuerprivilegien anhand von Lorenzkurven und Verhältniszahlen. Jedoch sind die Ergebnisse aufgrund der sehr komplexen Rechtslage in der US-amerikanischen Sozialpolitik und insbesondere Alterssicherung kaum für unsere Zwecke interpretierbar.

Aufgrund der zu Schäfer abweichenden Methode und Datengrundlage in dieser Analyse wird das Verfahren in einigen Punkten angepasst.[35] Der zentrale Unterschied besteht in den unterschiedlichen Einkommensbegriffen der beiden Datenbasen. Da die EVS das zu versteuernde Einkommen nicht als Einkommensbegriff erfasst, kann die Entlastungswirkung nicht über den Unterschiedsbetrag zwischen Brutto- und zu versteuerndem Einkommen ermittelt werden. Die Haushalte geben jedoch ihre tatsächlichen Lohn- und Einkommensteuerzahlungen an, sodass die Analyse für die Bestimmung der kindbezogenen Steuerminderung die Steuerzahlungen von Familien jenen von Kinderlosen gegenübergestellt. Die Abbildung 6.1 zeigt das Berechnungsverfahren im Überblick.

Abbildung 6.1: Schematische Darstellung der Berechnung des kindbezogenen Steuervorteils

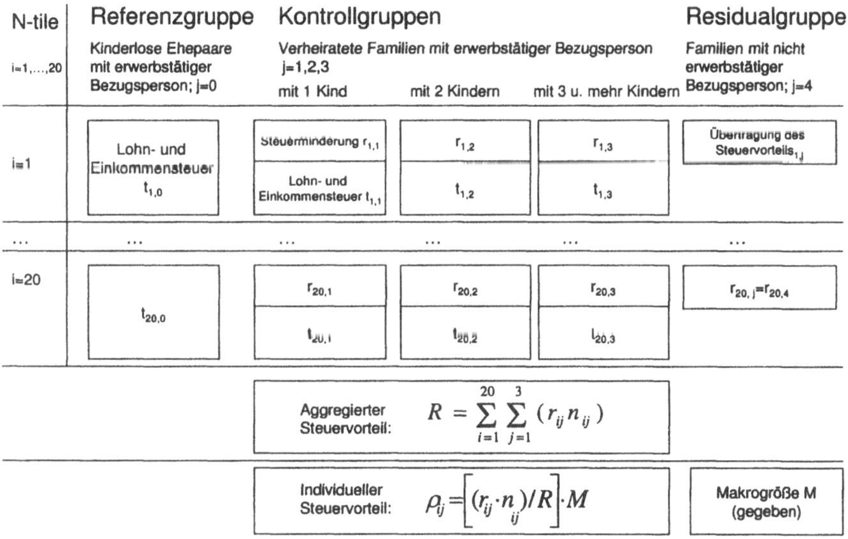

$$R = \sum_{i=1}^{20} \sum_{j=1}^{3} (r_{ij} n_{ij})$$

$$\rho_{ij} = \left[(r_{ij} \cdot n_{ij})/R\right] \cdot M$$

Quelle: Eigene Darstellung.

Einkommensklassen In einem ersten Schritt werden die Haushalte für den Vergleich der Steuerminderung *r* in Einkommensklassen *i* (N-Tile) geschichtet. Als Einkommensbegriff dient hierbei das Bruttoeinkommen aus (unselbstständiger und selbstständiger) Erwerbstätigkeit, das dem in der EVS nicht erfassten zu versteuerndem Einkommen im Sinne der einkommensteuerrechtlichen Summe der Einkünfte nach §2 Abs. 1 EStG sehr nahe kommt. Die zwar ebenso zur

[35] Schäfer ermittelt Abzugbetragsfunktionen für die dynamische Modellierung von steuerlichen Reformoptionen, hingegen schließt die vorliegende Analyse mit der Ermittlung des Status Quo bzw. mit der Ermittlung der gruppenspezifischen Werte ab. Vgl. Schäfer (1996), S. 152f. Alternative Schätzverfahren mit EVS-Daten finden sich bei Kleinhenz und Werding (1997), S. 167ff sowie bei Fritzsche (2003), S. 63ff. Daher orientiert sich das Vorgehen dieser Analyse in einigen Punkten an den Modellrechnungen mit EVS-Daten von Kleinhenz und Werding (1997) bzw. in BMFSFJ (2001) sowie von Fritzsche (2003).

Summe der Einkünfte zählenden Vermögenseinkommen werden hierbei in Anlehnung an Fritzsche et al. (2003) nicht berücksichtigt, da der Erfasssungsgrad der Kapitaleinkünfte in der EVS problematisch ist und dadurch die individuellen Werte in den einzelnen Gruppen stark schwanken und somit die Ergebnisse verzerren können.[36] Da die Einkommen die Besteuerungsgrundlage darstellen, müssen diese innerhalb einer Einkommensgruppe weitestgehend identisch sein. Insgesamt werden daher 20 Einkommensklassen $i = 1, \ldots, 20$ gebildet, um die Abweichungen der Einkommen zwischen Haushalten einer Einkommensgruppe möglichst gering zu halten. Die Abweichungen vom Mittelwert einer Einkommensgruppe betragen in der überwiegenden Anzahl der N-tile nur einen Prozentpunkt, lediglich an den Rändern sind die Abweichungen größer als ein Prozentpunkt.[37]

Referenzgruppe Die Einkommensklassen i sind jeweils untergliedert in sieben Gruppen j, um die Steuerminderung r weitestgehend nach den individuellen besteuerungsrelevanten Tatbeständen der Haushalte differenzieren zu können. Zunächst wird eine Referenzgruppe $j = 0$ gebildet, die nicht von den relevanten kindbezogenen Steuerermäßigungen profitiert. Haushalte der Referenzgruppe sind kinderlose Ehepaare, deren Bezugsperson erwerbstätig ist. Die Beschränkung auf Ehepaare ist notwendig, um Verzerrungen durch das Ehegattensplitting zu neutralisieren. Als kinderlos gelten dabei auch Ehepaare, deren Kinder bereits selbst erwerbstätig sind, da durch die eigene Erwerbstätigkeit die Steuerprivilegien der Eltern weitestgehend entfallen. Daneben bleiben durch die vorgenommene Eingrenzung nichterwerbstätige kinderlose Ehepaare (insbesondere Rentner) unberücksichtigt, die aufgrund ihrer geringen Einkommensteuerlast ebenso die Ergebnisse verzerren könnten. Somit werden nur ökonomisch aktive Haushalte miteinander verglichen. Für die Referenzgruppe $j = 0$ können aus dem EVS-Mikrofile für die jeweilige Einkommenklasse i eine durchschnittliche Lohn- und Einkommensteuerlast $t_{i,0}$ ermittelt werden.

Kontrollgruppen Um die tatsächliche Steuerminderung r zu bestimmen, werden so genannte Kontrollgruppen $j = 1, 2, 3$ gebildet, auf deren Einkommen sich die Steuerermäßigungen tatsächlich auswirken. Die drei Kontrollgruppen umfassen verheiratete Paare, die nach der Kinderzahl 1, 2 sowie 3 und mehr getrennt sind. Selbst erwerbstätige Kinder zählen nicht als Kinder. Durch die Beschränkung auf Ehepaare ist wiederum sicher gestellt, dass alle Haushalte in Referenz- und Kontrollgruppen vom Ehegattensplitting profitieren, sodass die mit dem zu versteuerndem Einkommen verbundene Steuerlast prima facie nicht mit dem Familienstand,

[36] Der Repräsentationsgrad der Kapitaleinkommmen liegt nach Fritzsche et al. bei nur rund 13% im Vergleich zu VGR-Daten. Vgl. Fritzsche et al. (2003), S. 63f und S. 145. Kleinhenz und Werding, die ebenso ein zu versteuerndes Einkommen ausgehend vom Bruttoeinkommen konstruieren, beziehen Vermögenseinkommen ein. Vgl. Kleinhenz und Werding (1997), S. 169. Bei Schäfer entsteht diese Problem dagegen nicht, da er auf das in der Lohn- und Einkommensteuerstatistik erfasste zu versteuernde Einkommen zurückgreifen kann.

[37] Die gewählte Anzahl der Einkommensgruppen erscheint prima facie willkürlich, jedoch ergeben Variationsrechnungen, dass 20 Einkommensklassen eine hinreichend große Untergliederung darstellen. Bei Bildung von 30 Einkommensklassen streuen aufgrund der niedrigen Fallzahlen in den Klassen die Einkommen bzw. die Besteuerungsgrundlagen stärker, sodass die Aussagekraft eingeschränkt wird. Bei einer Anzahl von unter 20 Klassen wird dagegen nicht die gewünschte Differenzierung erreicht.

sondern nur mit der Kinderzahl variiert. Andere steuerliche Tatbestände bleiben bei diesem Verfahren freilich ausgeblendet, jedoch können mangels Daten keine weiteren Differenzierungen vorgenommen werden. Weiters gilt, dass die Bezugspersonen der Familien in den Kontrollgruppen erwerbstätig sind, um nur ökonomisch aktive Haushalte miteinander zu vergleichen. Für die Haushalte in den einkommensgeschichteten Kontrollgruppen können wiederum aus dem EVS-Mikrofile durchschnittliche Einkommen- und Lohnsteuerbelastungen $t_{i,j}$ mit $j = 1,2,3$ ermittelt werden.

Steuervorteil Die Steuerminderung $r_{i,j}$ einer einkommensgeschichteten Kontrollgruppe durch die kindbezogenen Steuermaßnahmen ergibt sich aus der Differenz der durchschnittlichen Einkommen- und Lohnsteuer $t_{i,0}$ der Referenzgruppe sowie der Einkommen- und Lohnsteuer eines Haushalts der jeweiligen Kontrollgruppe $t_{i,j}$ mit $j = 1,2,3$.[38] Dabei werden jeweils die Steuerzahlungen beider Ehepartner, sofern vorhanden, zusammen addiert, um die gesamte Steuerlast der in der Regel zusammen veranlagten Haushalte zu erfassen. So werden für jede der 20 Einkommensgruppen jeweils drei nach der Kinderzahl gestaffelte Steuerminderungen $r_{i,j}$ bestimmt, die sich aus der Gesamtheit der kindbezogenen Steuervergünstigungen im Einkommensteuerrecht ergeben. Die Steuervorteile $r_{i,0}$ der Haushalte der Referenzgruppe betragen folglich Null.[39]

Residualgruppe Schließlich wird eine Residualgruppe $j = 4$ mit $i = 1,...,20$ gebildet, die jene Familien enthält, deren Steuerlast aufgrund der Gefahr von Verzerrungen nicht in die Vergleichsrechnung eingehen soll, aber die dennoch von Steuerprivilegien profitieren. Bei diesen Familien handelt es sich aufgrund der oben getroffenen Eingrenzungen um nichtverheiratete Familien sowie Familien mit nichterwerbstätigem Haushaltsvorstand. Die Behandlung der Familien ohne erwerbstätigen Haushaltsvorstand ist dabei vergleichsweise unproblematisch. Im wesentlichen handelt es sich dabei um Rentner-Ehepaare, in deren Haushalt ältere Kinder leben sowie um Alleinerziehende, die überwiegend von Nichterwerbseinkünften leben. Aufgrund deren geringer Erwerbseinkünfte konzentrieren sich diese auf die beiden untersten N-Tile, für die keine oder nur geringe Steuervorteile berechnet wurden. In den oberen N-Tilen sind hingegen Alleinerziehende kaum vertreten. Da diese Verteilung auch der Intuition entspricht, kann vereinfachend der geschätzte Steuervorteil $r_{i,j}$ einer Kontrollgruppe der gleichen Einkommensklasse i mit der gleichen Kinderzahl auf die nichterwerbstätigen Familien in der entsprechenden Residualgruppe verteilt werden.[40]

[38]Beispielsweise für den Steuervorteil $r_{1,1}$ einer Ein-Kind-Familie in der ersten Einkommensgruppe gilt: $r_{1,1} = t_{1,0} - t_{1,1}$.

[39]Die Werte für die N-tile an den Rändern der Einkommensschichtung sind aufgrund der geringen Fallzahlen von erwerbstätigen Ehepartnern nur eingeschränkt aussagekräftig, sodass in den untersten vier und im obersten N-Til nur die Steuerzahlungen der Bezugsperson berücksichtigt werden.

[40]Alternative Berechnungen zeigen, dass andere Verfahrensweisen die Ergebnisse beeinträchtigen. Werden die nichterwerbstätigen Familien in die Kontrollgruppen einbezogen, so verstärken diese aufgrund ihrer geringen Erwerbseinkommen die Einkommensungleichheit zwischen den N-Tilen deutlich, sodass die Besteuerungsgrundlagen innerhalb der N-Tile sowie in der gesamten Einkommensschichtung stärker differieren. Weiters erscheint es ebenso nicht sinnvoll, nichterwerbstätigen Familien keinen Steuervorteil zuzuweisen. Diese entrichten häufig, aber in geringem Umfang Einkommensteuer aufgrund der Besteuerung des Ertragsanteils von gesetzlichen Renten, von

Verteilungsschlüssel Im letztem Schritt werden die Steuerminderungen der 60 Kontrollgruppen aggregiert, indem die errechneten durchschnittlichen Steuervorteile $r_{i,j}$ mit der Häufigkeit $n_{i,j}$ der Haushalte einer Gruppe multipliziert werden. Das erhaltene Aggregat R stellt die Summe aller aus der EVS geschätzten Steuervorteile aus den kindbezogenen Steuermaßnahmen in der Lohn- und Einkommensteuer dar. Da die saldierten Steuervorteile eine Schätzung darstellen, wird analog zum Vorgehen bei der Zurechnung der öffentlichen Transfers wiederum eine Makrogröße M anstelle des direkt aus den Daten berechneten Aggregats R verwendet. Aus dem gesamten Volumen der Steuervorteile werden daher die relativen Anteile einer Gruppe am Aggregat $(r_{i,j} \cdot n_{i,j})/R)$ ermittelt, die als Verteilungsschlüssel für die Zurechnung der Makrogröße M dienen. Durch die Gewichtung kann nun jedem Haushalt einer Gruppe i, j die durchschnittliche Steuerminderung $\rho_{i,j}$ zugewiesen werden. Dabei werden die beschriebenen kindbezogenen Steuervorteile außer dem Haushaltsfreibetrag für Alleinerziehende in ihrer Gesamthöhe von 5,0 Mrd. Euro zusammen verteilt, da die Daten ohne die Verwendung eher willkürlicher Annahmen keine differenzierte Zurechnung der einzelnen Vorteile erlauben.

Alleinerziehende Die Behandlung von erwerbstätigen Alleinerziehenden ist indes schwieriger. Diese verteilen sich ab dem dritten N-Til in einer linkssteilen Verteilung über alle restlichen N-Tile. Ein Vergleich der EVS-Angaben zur Einkommensteuerlast zeigt, dass diese Haushalte gegenüber den verheirateten Haushalten der entsprechenden Kontrollgruppe höhere Steuerzahlungen aufweisen. Der Steuernachteil gegenüber verheirateten Haushalten mit der gleichen Kinderzahl dürfte a priori zu einem bedeutenden Teil auf die Nichtinanspruchnahme des Ehegattensplittings zurückzuführen sein, zumal sich aus den Daten keine Angaben zur Inanspruchnahme anderer Steuerprivilegien entnehmen lassen. Die vereinfachende Übertragung des identischen Vorteils der Kontrollgruppe auf die Residualgruppe wie bei den nichterwerbstätigen verheirateten Paaren erscheint daher nicht praktikabel, da sie zu einer Überschätzung der Steuerentlastung der Alleinerziehenden insbesondere in der unteren Hälfte der Einkommensverteilung führt.[41] Kleinhenz und Werding (1997) stoßen auf ein ähnlich gelagertes Problem. Als Lösung schlagen sie vor, Alleinerziehenden vereinfachend den Gesamtdurchschnittswert einer Einkommensgruppe zuzurechnen, der sich für alle Familien dieser Einkommensgruppe ergibt. Dies führt in der Analyse von Kleinhenz und Werding zwar ebenso zu einer Überschätzung der relevanten Größe, jedoch fällt diese geringer aus und erweist sich in Variationsrechnungen als alleinig praktikabel.[42] An diesem Vorgehen orientiert sich diese Analyse. Für die Ermittlung des Gesamtdurchschnitts à la Kleinhenz und Werding werden die Kontrollgruppen j in den Einkommensgruppen i unter Einbeziehung der (erwerbstätigen) Alleinerziehenden neu gebildet.[43]

(geringfügigen) Einkommen erwerbstätiger Partner oder Vermögenseinkommen. Insgesamt erscheint daher das oben vorgeschlagene Verfahren als am besten geeignet.

[41] Die Berechnung eines eigenen Steuervorteils für diese Haushalte im Vergleich zur Referenzgruppe (kinderlose, verheirate Ehepaare) erscheint ebenso wenig darstellbar, da die Haushaltstypen bzw. deren Besteuerung insbesondere durch das Ehegattensplitting nicht miteinander zu vergleichen sind.

[42] Vgl. Kleinhenz und Werding (1997), S. 171.

[43] Die Referenzgruppe (kinderlose Ehepaare) $j = 0$ bleibt identisch, da es per Definition keine kinderlosen Alleinerziehenden gibt. Nichterwerbstätige Alleinerziehende werden analog der nichterwerbstätigen Ehepaare behandelt, d.h. verbleiben in den Residualgruppen. Durch die Einbeziehung der erwerbstätigen Alleinerziehenden ändert sich jedoch die Anzahl der Haushalte $n^*_{i,j}$ in den jeweiligen Gruppen durch die veränderte Zusammensetzung der Ein-

Die in analoger Weise gebildeten Steuerminderungen $\rho^{\star}_{i,j}$ beziehen sich nun auf die Gesamtheit der (erwerbstätigen) Familien. Zwar überschätzt das Gesamtmittel immer noch die Höhe der Steuerminderung für (erwerbstätige) Alleinerziehende, jedoch fällt die Überschätzung deutlich niedriger aus als ohne diese Korrekturmethode nach Kleinhenz und Werding (1997).

Der im Jahr 2001 Alleinerziehenden noch gewährte Haushaltsfreibetrag in Höhe von 0,9 Mrd. Euro wird exklusiv den Alleinerziehenden zugerechnet, um die Rechtslage von 2001 vollständig abzubilden. Dabei werden die 0,9 Mrd. Euro entsprechend den Vorteilen aus den übrigen Steuervorteilen verteilt.

6.2.3 Absolute Inzidenz

Die absolute Inzidenz der kindbezogenen Freibeträge stellt Tabelle 6.3 dar. Kindbezogene Freibeträge werden von 86,0% der Familien bezogen, während Familien ohne Steuervorteil neben älteren Familien mit selbst erwerbstätigen Kindern vor allem Haushalte am unteren Rand der Einkommensverteilung darstellen. Diese weisen keine Einkommensteuerlast auf und können somit keine Steuervorteile realisieren. Ehepaare mit einem Kind sowie Alleinerziehende verfügen unter den Familientypen über unterdurchschnittliche Teilnahmequoten, da erstere häufig ältere, selbst erwerbstätige Kinder bzw. letztere häufig keine Einkommensteuerlast haben.

Über den Familienzyklus bleiben die Quoten in den ersten vier Phasen weitestgehend konstant und sinken zur Umorientierungsphase hin deutlich ab, wenn Kinder häufig selbst erwerbstätig werden. In der Einkommensschichtung steigen die Werte zunächst an und sinken zum oberen Rand hin wieder ab. Der Anstieg vom ersten zum zweiten Quintil ist auf die Konzentration der Familien ohne Einkommensteuerlast auf das unterste Quintil zurückzuführen. In den oberen Einkommensgruppen nimmt der Anteil der Familien mit selbst erwerbstätigen Kindern zu, sodass die Quote sinkt.

Im Mittel beträgt der Steuervorteil für alle Empfänger 55,56 Euro. Unter Ehepaaren steigt das Mittel mit der Kinderzahl bzw. mit dem unadjustiertem Einkommen an und weist einen deutlichen Sprung von Zweikinder- zu Mehrkinderehepaaren auf. Alleinerziehende profitieren aufgrund des Haushaltsfreibetrags überdurchschnittlich, da dieser nur diesem Familientyp zugerechnet wurde. In der Schichtung nach Familienphasen steigen die Mittel für die Empfänger zur Mitte der Familienkarriere hin an und sinken ab der Stabilisierungsphase, was a priori auf eine Kopplung der Freibeträge an die Kinderzahl deutet. Jedoch fällt auf, dass der geschätzte Steuervorteil relativ konstant bleibt. Ältere Familien profitieren durch ihre höheren Einkommen stärker von den kindbezogenen Transfers als jüngere Familien. Die Einkommensschichtung belegt diese Beobachtung, da die mittleren Steuervorteile leicht nach oben ansteigen. Zusammenfassend ist daher festzuhalten, dass sich Effekte aus Kinderzahl bzw. -alter und Einkommen überlagern.

---

kommensschichtung, die durchschnittlichen Steuerzahlungen $t^{\star}_{i,j}$ sowie die durchschnittlichen Steuervorteile $r^{\star}_{i,j}$. Die Steuerzahlungen von selbst erwerbstätigen Kindern gehen wiederum nicht in die Analyse ein.

Tabelle 6.3: Kindbezogene Freibeträge, absolute Inzidenz

Familientyp	Ehe, 1 Ki.	Ehe, 2 Ki.	Ehe, >2 Ki.	Alleinerz.	Alle
Empfänger-Familien in %	79,9	95,8	97,4	68,3	86,0
Euro je Empfänger-Familie	40,37	46,73	83,82	95,28	55,56
Euro je Familie	32,27	44,76	81,66	65,10	47,76
Familienphasen	Grdg.	Aufb.	Stab.	Kons.	Umortg.
Empfänger-Familien in %	91,4	94,3	93,6	91,9	62,4
Euro je Empfänger-Familie	41,74	53,68	61,97	57,84	50,94
Euro je Familie	38,16	50,59	58,02	53,16	31,77
Quintile	I	II	III	IV	V
Empfänger-Familien in %	72,1	92,0	91,2	87,8	86,7
Euro je Empfänger-Familie	63,06	49,38	47,50	53,38	66,58
Euro je Familie	45,44	45,45	43,29	46,84	57,76

Quelle: Eigene Berechnungen mit dem EVS-Mikrofile 1998. Absolute Inzidenz in Euro monatlich für das Bezugsjahr 2001. (xy): eingeschränkte Aussagekraft, da relativer Standardfehler zwischen 10 und 20%. (./.): keine Aussagekraft, da relativer Standardfehler größer als 20%. Vgl. dazu Abschnitt 4.1.1.3, S. 54.

6.2.4 Plausibilität

Die quantitative Plausibilität kann nicht diskutiert werden, da die Entlastungswirkung von Freibeträgen nicht in der EVS erfasst ist. Jedoch ist der Repräsentationsgrad der Parameter Einkommen und Einkommensteuer, die als maßgebliche Größen der Simulationsrechnung dienen, im Vergleich zu Makrogrößen aus der VGR sehr gut. Fritzsche et al. (2003) zeigen für die EVS 1998, dass Bruttoeinkommen aus unselbstständiger und selbstständiger Arbeit Repräsentationsgrade von 95 bzw. 101% erreichen, während der Wert für die Einkommensteuer bei 81% liegt.[44] Daher ist davon auszugehen, dass sowohl bei der Bildung der Einkommenklassen als auch bei der Berechnung des Steuerunterschiedes keine systematischen Fehler durch die Datengrundlage entstehen.

Die qualitative Plausibilität bemisst sich an den Parametern der Simulationsrechnung. Diese integriert alle analyserelevanten Haushalte, sodass es zu keiner systematischen Ausgrenzung von Haushalten kommt. Die insgesamt 140 Untergruppen umfassen 15,8 Mio. Haushalte, wovon die Referenzgruppe 4,8 Mio. Ehepaare ohne nichterwerbstätige Kinder beinhaltet. Zählt man erwerbstätige Alleinerziehende zur Residualgruppe, umfassen die drei Kontrollgruppen 7,8 Mio. Ehepaare mit nichterwerbstätigen Kindern sowie die Residualgruppen 3,3 Mio. Familien.[45] Die Mehrheit der Familien profitiert von den kindbezogenen Steuervorteilen, davon weisen wiederum 0,7 Mio. bzw. 7% einen Steuervorteil von 0 auf. Dies sind sehr einkommensschwache, meist nichterwerbstätige Alleinerziehende, die keine Einkommensteuer bezahlen und somit keine Steuervorteile realisieren.

Die berechneten durchschnittlichen Steuervorteile können in ihrer qualitativen Dimension mit Ergebnissen der Referenzliteratur verglichen werden. Der mittlere Steuervorteil für alle

[44]Die Bruttoeinkommen aus Erwerbstätigkeit wurden als Äquivalent zum Zu versteuerndem Einkommen für die Bildung der Einkommensgruppen verwandt. Vgl. Fritzsche et al. (2003), S. 164f.

[45]Nicht in der Simulationsrechnung enthalten sind 0,2 Mio. Alleinerziehende sowie 0,1 Mio. nichterwerbstätige Ehepaare, denen aufgrund der eigenen Erwerbstätigkeit der Kinder kein Steuervorteil zugerechnet wird.

Familien beträgt 47,76 Euro, steigt unter Ehepaaren mit der Kinderzahl an, ist über den Familienzyklus relativ konstant und nimmt mit dem Einkommen der Familien zu. Kleinhenz und Werding weisen im Gutachten des Familienbeirats für Steuerminderungen durch einkommensteuerrechtliche Kinderfreibeträge Beträge aus, die bei Ehepaaren ebenfalls mit der Kinderzahl ansteigen. Im Familienzyklus bedeutet dies, dass die Steuervorteile mit Familienaufbau und -abbau steigen bzw. sinken, was konform mit den Ergebnissen dieser Analyse geht.[46] Daneben stellt Schäfer für Alleinerziehende einen relativ steilen Anstieg der Abzugsbeträge mit dem Einkommen von einem vergleichsweise sehr niedrigen Ausgangsniveau fest, was sich insofern mit den beobachteten niedrigen Steuervorteilen für die im Mittel sehr einkommensschwachen Alleinerziehenden ergänzt.[47]

Die Beträge erscheinen auch intuitiv plausibel. Aufgrund der Bindung bzw. Kumulation der Freibeträge an bzw. mit der Kinderzahl entsprechen die jeweiligen Beträge für Familientypen sowie Familienphasen den erwarteten Ergebnissen. Ebenso spiegelt die Einkommensschichtung den erwarteten distributiven Effekt wider, da die Steuervorteile mit dem Einkommen zunehmen. Insgesamt erscheinen die Ergebnisse unter den gegebenen Einschränkungen quantitativ eingeschränkt, aber in qualitativer Dimension gut plausibel.

6.3 Ehegattensplitting

6.3.1 Beschreibung

Das Ehegattensplitting zählt nach Maßgabe des Sozialberichts im Rahmen der Funktion Ehe und Familie als ein qualitativ zentrales und quantitativ umfangreiches Element zum familienpolitischen Instrumentarium.[48] Hingegen erachtet zum einen jener Teil der Literatur, der den Begriff Familie an das Vorhandensein von Kindern anknüpft, das Ehegattensplitting nicht als familienpolitische Maßnahme. Dabei wird argumentiert, dass die Gewährung des steuerlichen Vorteils nicht an die Existenz von Kindern gebunden ist und somit keine Förderung von Kindern im eigenen Sinne darstellt. Zum anderen wird häufig das Ehegattensplitting nicht zu den familienpolitischen Leistungen gerechnet, da es sich um einen Ausfluss der verfassungsgemäßen Besteuerung nach der Leistungsfähigkeit darstellt und somit steuer- anstatt sozialpolitische Zwecke verfolgt.[49] Der Beirat des BMFSFJ nimmt hingegen eine mittlere Position ein und rechnet das Ehegattensplitting nur bedingt zu den familienbezogenen Maßnahmen.[50]

---

[46]Eine Abweichung ergibt sich beim Vergleich zwischen Alleinerziehenden und Ehepaaren, da bei Kleinhenz und Werding Alleinerziehende etwas höhere Steuerminderungen als Ehepaare mit der gleichen Kinderzahl haben. Dies ist auf die in dieser Analyse für die Berechnung notwendige neue Einkommensschichtung zurückzuführen, sodass sich die Einkommensverteilung für die Neuberechnung verschiebt. Vgl. BMFSFJ (2001), S. 291ff.

[47]Zum Familienzyklus trifft Schäfer keine Aussage. Vgl. Schäfer (1996), S. 154f.

[48]Vgl. BMGS (2002a), S. 225.

[49]Zur Argumentation vgl. Buchholz (2001), S. 86f. Dazu auch Rosenschon (2001), S. 9f. Kleinhenz und Werding (1997) stellen in ihrer Analyse nur auf kindbezogene Fördermaßnahmen ab, sodass das Ehegattensplitting ausgeblendet wird.

[50]Bedingt, da es zwar als familienbezogene Maßnahme im Leistungskatalog aufgeführt wird, aber nur in Klammern ohne weitere Erklärung, vgl. BMFSJF (2001), S. 226. Im empirischen Teil des Gutachtens wird das Ehegattensplitting wiederum nicht einbezogen. In den Berichten zur Kassenwirkung familienbezogener Transfer wird das

Quantitative Dimension Zunächst wird die quantitative Dimension des Splittingvorteils erläutert, d.h. in welcher Höhe Steuervorteile aus dem Ehegattensplitting in die Analyse eingehen sollen. Das Ehegattensplitting beruht darauf, dass verheiratete Paare eine Erwerbs- und Verbrauchsgemeinschaft darstellen. Die Eheleute verfügen gemeinsam über ihr Einkommen, gleichwohl wer es tatsächlich erwirtschaftet. Entsprechend soll auch die Besteuerung nur von der Summe der Einkommen abhängen und nicht von dessen Verteilung (Gebot der Globaleinskommenbesteuerung).[51] Die Funktionsweise des Splitting-Verfahrens beruht grundsätzlich auf dem Gedanken, Ehepartner so zu besteuern, als hätte jeder die Hälfte zum gemeinsamen Einkommen beigetragen. Der Steuervorteil entsteht immer dann, wenn sich die Einkommen der Ehepartner unterscheiden. Dabei wird durch das Splitting-Verfahren, d.h. durch die gemeinsame Veranlagung, die Grenzbelastung des besserverdienenden Ehepartners vermindert, indem ein Teil seines Einkommens dem schlechterverdienenenden Ehepartner mit dem geringeren Grenzsteuersatz fiktiv zugerechnet wird. Desto stärker sich die beiden Einkommen unterscheiden, desto stärker wirkt sich auch der Splitting-Vorteil aus. Der maximale Steuervorteil wird dann erreicht, wenn ein Partner kein Einkommen hat und der andere Partner das Doppelte jenes Einkommens verdient, mit dem er bei Einzelveranlagung in die obere Proportionalzone geraten würde.[52] Erzielen die beiden Eheleute identische (zu versteuernde) Einkommen, werden beide identisch besteuert und zahlen die identische Steuerlast. Der Splitting-Vorteil beträgt in diesem Spezialfall Null und die Besteuerung entspricht der individuellen Besteuerung.

Jedoch sind im formalen und im faktischen Splitting-Vorteil zwei verschiedene Notionen des Splitting-Verfahrens zu differenzieren, die sich hinsichtlich der Höhe der Steuerentlastung unterscheiden. Die eben beschriebene Berechnung des so genannten formalen Splitting-Vorteils negiert dabei das Verfassungsgebot eines Grundfreibetrags: Die gedachte Individualbesteuerung der Ehegatten ohne Berücksichtigung des steuerfrei zu stellenden Existenzminimums ist nicht verfassungskonform, sodass der formale Splitting-Vorteil um jenen Anteil vermindert werden muss, der dem Besteuerten durch die Freistellung des Existenzminimums entgeht. Der maximale faktische Splittingvorteil entspricht daher dem maximalen formalen Splittingvorteil, vermindert um das Produkt aus Grundfreibetrag und Grenzsteuersatz.[53] Der faktische Splittingvorteil liegt systematisch unter dem formalen Splittingvorteil in Höhe von 23,2 Mrd. Euro, der im Sozialbericht als Entlastungsvolumen der Familien angegeben ist.

Die beiden Konzepte kommen zu sehr unterschiedlichen Beträgen für die Höhe der Steuermindereinnahmen. Während der Sozialbericht für den formalen Splitting-Vorteil für 2001 rund 23,2 Mrd. Euro angibt, berechnen Studien für den faktischen Vorteil ein deutlich niedrigeres Volumen. Diese Beträge entsprechen in ihrer Logik jenen Beträgen, die beim Übergang von der bisherigen Praxis des Ehegattensplittings auf eine Reformoption als tatsächliche Mehreinnahmen für die öffentlichen Haushalte zu erwarten sind. Fritzsche et al. (2003) kommen für 1998 auf einen Wert von lediglich 6,4 Mrd. Euro, wenn zur verfassungskonformen Individualbesteuerung übergegangen wird.[54]

Ehegattensplitting *nachrichtlich* in der Höhe von 23,2 Mrd. Euro ausgewiesen, vgl. BMFSFJ (2003b), Tabelle 2.

[51] Zur Algebra vgl. Homburg (2000), S. 92.

[52] Vgl. Fritzsche et al. (2003), S. 56.

[53] Vgl. Homburg (2000), S. 90ff.

[54] Vgl. Fritzsche et al. (2003), S. 60. Das DIW kommt in einer vergleichbaren Analyse zu Mehreinnahmen von

Qualitative Dimension Neben dieser quantitativ orientierten Frage nach der relevanten Steuerentlastung bleibt zu klären, wie das Ehegattensplitting in qualitativer Hinsicht als familienpolitisch relevant gilt. Wie beschrieben ist strittig, ob das Ehegattensplitting als Familienförderung im engeren Sinne gelten darf, da die Förderung nicht an das Vorhandensein von Kindern anknüpft. Diese Analyse argumentiert, dass die familienpolitische Relevanz in den ökonomischen Implikationen auf Familien besteht und somit die Einbeziehung des Ehegattensplitting notwendig macht, um eine abschließende Diskussion familienpolitisch relevanter Leistungen zu gewährleisten. Zur Begründung werden die drei wesentlichen Kritikpunkte der Diskussion um das Ehegattensplitting zusammengefasst.[55]

- In erster Linie ist fraglich, ob mit der Förderung der Institution Ehe gleichzeitig Familienpolitik betrieben wird. Befürworter des Ehegattensplittings sehen eine Parallelität zwischen dem Schutz von Ehe und Familie und Familienpolitik, da die Ehe als traditionelles Familienmodell trotz der beschriebenen Evolutionen des Familienleitbilds immer noch qualitativ und quantitativ große Bedeutung hat. Zudem stellt das Ehegattensplitting eine Form der Familienförderung dar, mit der Ehepaare vor und nach der aktiven Familienphase erreicht werden.[56] Die Gegner dieses Verfahrens argumentieren hingegen zum einen, dass das Ehegattensplitting an die Ehe anknüpft und daher keine direkte Förderung von Familien mit Kindern darstellt. Zum anderen wird angeführt, dass aus familienpolitischer Sicht die noch zu erläuternden negativen Anreizeffekte zu einer Verfestigung des *male breadwinner*-Modells führen, die der modernen familienpolitischen Auffassung kaum entspricht. Zudem werden nichtverheiratete Familien systematisch vom Ehegattensplitting ausgegrenzt, sodass beispielsweise für Alleinerziehende Kompensationsleistungen wie der mittlerweile abgeschaffte Haushaltsfreibetrag notwendig werden.[57] Insgesamt ist jedoch nicht zu negieren, dass das Ehegattensplitting aufgrund der angeführten Gründe keine vollständige Entscheidungsneutralität hinsichtlich der Wahl der Familienform gewährleistet und daher gerade aufgrund seiner problematischen Zielgenauigkeit zweifellos eine familienpolitische Implikation besitzt.

- Eine weitere familienpolitisch relevante Implikation des Ehegattensplittings auf die Situation von Familien ist die Anreizwirkung auf die Erwerbskonstellation von Ehepaaren.

rund 10 Mrd. Euro, wenn das vom DIW vorgeschlagene Konzept des Ehegatten-Realsplittings angewendet werden würde, vgl. Seidel et al. (1999), S. 9. Da der Splitting-Vorteil bei sinkendem Spitzensteuersatz oder mit sinkender Progression des Tarifs abnimmt, ist ein Teil des auf dem formalen Vorteil beruhenden Betrags der Steuermindereinnahmen ohnehin bereits durch aktuelle Steueränderungen wie die Senkung der Spitzensteuersätze oder der Abflachung der Progression des Einkommensteuertarifs erodiert. Zudem werden die maximalen Entlastungsbeträge selten ausgeschöpft, da die dafür notwendige extreme Einkommenssituation in den wenigsten Fällen gegeben ist. In der fiskalischen Realität liegen daher die individuellen Entlastungsbeträge weitestgehend unter den maximalen Werten. Vgl. Fritzsche et al. (2003), S. 56f. Der maximale (formale) Splittingvorteil beträgt bei dem seit 2005 geltenden Tarif 7.900 Euro und liegt somit um 3.000 Euro niedriger als noch 1999. Vgl. Hülskamp und Seyda (2004), S. 45.

[55] Vgl. Fritzsche et al. (2003), S. 58f.

[56] Zur quantitativen Bedeutung der Ehe als Familienform, siehe Abschnitt 3.1.1, S. 27. Dingeldey erläutert, inwieweit die im internationalen Vergleich hohe Beliebtheit der Ehe in Deutschland auf die ökonomische Anreizwirkung des Splittingverfahrens zurückzuführen ist, vgl. Dingeldey (2000), S. 40.

[57] Zur Kritik der familienpolitischen Dimension des Ehegattensplittings, siehe auch Seidel et al. (1999), S. 4f.

Aufgrund seiner Funktionsweise birgt das Ehegattensplitting problematische Erwerbsanreize für Ehepartner, die eine Erwerbstätigkeit aufnehmen bzw. wieder aufnehmen. Dies betrifft insbesondere Mütter, die nach der Kleinkinderbetreuung wieder in den Arbeitsmarkt zurückkehren wollen. Das zusätzliche Einkommen unterliegt einer hohen Grenzsteuerbelastung, da der erste verdiente Euro mit dem Grenzsteuersatz des letzten verdienten Euros des Ehepartners besteuert wird. Die negative Anreizwirkung ist daher umso höher, desto besser der Partner verdient bzw. der Splittingvorteil ausgereizt wird.[58]

- Schließlich ist das Ehegattensplitting besonders aus distributiver Sicht analyserelevant, da ihm ähnlich dem Kinderfreibetrag oder den sonstigen Freibetragsregelungen problematische, da vertikale Verteilungswirkungen unterstellt werden. Da die absolute Entlastung prima facie mit steigendem Einkommen zunimmt, birgt das Splitting den gleichen strittigen Verteilungseffekt, der unter anderem zur Neuordnung des FLA beitrug. Fritzsche et al. (2003) erstellen Schätzungen zur Konzentration der faktischen Splitting-Entlastung auf in Einkommensgruppen geschichtete Haushalte. Dabei konzentrieren sich rund 80% der Entlastung auf die 20% reichsten Einkommensgruppen, was die Aussage über die problematische Verteilungswirkung zweifellos unterstützt.[59] Auch dieser Kritikpunkt am Ehegattensplitting lässt die Einbeziehung in diese Analyse sinnvoll erscheinen.

Zusammenfassend ist festzuhalten, dass insbesondere aus qualitativer Sicht die Einbeziehung des Ehegattensplittings für eine vollständige (distributive) Analyse familienpolitischer Leistungen notwendig erscheint, da dieses aufgrund der beschriebenen Implikationen die sozioökonomische Situation von Familien erheblich beeinflusst. Um der quantitativen Diskussion um faktischen oder formalen Splittingvorteil Rechnung zu tragen, werden alternative Berechnungen mit unterschiedlichen Beträgen durchgeführt. Dabei wird in der Analyse der formale Splittingvorteil ausgewiesen, da eine Zurechnung des faktischen Splittingvorteils aufgrund methodischer Grenzen nur mit sehr engen Annahmen durchgeführt werden kann. Ergänzende Berechnungen verweisen im Folgenden auf den faktischen Splittingvorteil.

6.3.2 Methodische Anmerkungen

Die Berechnung der Inzidenz des Ehegattensplittings erfolgt über Vergleichsrechnungen, die sich wiederum im Ansatz am Mikrosimulationsmodell von Schäfer (1996) orientieren. Dabei wird weitestgehend analog der Berechnung der Ausgabeninzidenz der kindbezogenen Freibeträge vorgegangen. Jedoch können die Ergebnisse der Freibetrag-Vergleichsrechnung nicht übertragen werden, da zum einen der Splitting-Vorteil keine Freibetragsregelung darstellt und

[58] Vgl. Rürup und Gruescu (2003), S. 39. Insbesondere die arbeitsmarktpolitischen Nachteile des Splitting-Verfahrens führten dazu, dass viele Staaten in der Vergangenheit den Übergang zur Individualbesteuerung vollzogen haben. Vgl. dazu Hülskamp und Seyda (2004), S. 46ff und die dort angegebenen Studien. Dingeldey vergleicht internationale Formen der Familienbesteuerung und deren Auswirkungen auf das Erwerbsverhalten, vgl. Dingeldey (2000), S. 14ff.

[59] Dabei ist kritisch anzumerken, dass Fritzsche et al. (2003) die Einkommensgruppen auf alle Haushalte beziehen, sodass die untersten Quintile von Alleinlebenden dominiert werden, die gar nicht vom Ehegattensplitting profitieren können. Familien mit Kinder konzentrieren sich auf die beiden obersten Quintile.

zum anderen an das Merkmal Ehe anstatt dem Merkmal Kind anknüpft. Daher ist es notwendig, einen neuen Verteilungsschlüssel für die Zurechnung der Makrogröße des Ehegattensplittings zu bestimmen. Die nachstehende Abbildung 6.2 zeigt das Berechnungsverfahren im Überblick.

Der erste Schritt besteht wiederum in der Schätzung der Höhe der Steuerminderung ρ, da dieser in den Daten nicht ausgewiesen ist. Die Entlastungsbeträge werden erneut durch einen Vergleich der abgeführten Lohn- und Einkommensteuer t zwischen Referenz- und Kontrollgruppe geschätzt, die nach ihrem Erwerbseinkünften in Einkommensklassen (N-Tile) geschichtet sind.

Abbildung 6.2: Schematische Darstellung der Berechnung des Splitting-Steuervorteils

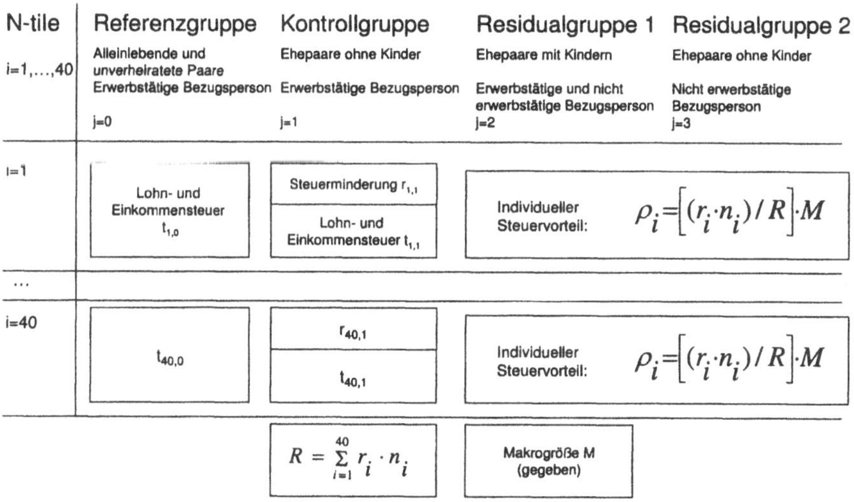

Quelle: Eigene Darstellung.

Die Einkommensklassen (N-Tile) $i = 1, \ldots 40$ selbst werden nach den Bruttoeinkommen aus Erwerbstätigkeit geschichtet, da dieser Einkommensbegriff dem zu versteuernden Einkommen am nächsten kommt.[60] Vermögenseinkommen bleiben aufgrund ihres geringen Erfassungsgrades ausgeblendet. Damit die durchschnittlichen Einkommen bzw. die Bemessungsgrundlagen zwischen den Haushalten innerhalb einer Einkommensklasse möglichst wenig differieren, werden insgesamt 40 Einkommensklassen gebildet. Durch die hohe Zahl von Klassen weichen die durchschnittlichen Einkommen der Haushalte einer Klasse nur maximal 0,2 Prozentpunkte vom Durchschnittseinkommen der Klasse ab, sodass die zu vergleichenden Haushalte nahezu über identische (zu versteuernde) Erwerbseinkommen verfügen.

[60] Ebenso wie bei den kindbezogenen Freibeträgen erscheint die Auswahl von 40 Einkommensklassen a priori als willkürlich. Jedoch zeigen ergänzende Berechnungen, dass eine höhere Anzahl von Einkommensklassen zu geringe Fallzahlen in den Untergruppen zur Folge hat. Die Anzahl 40 erweist sich dabei als hinreichend große Anzahl an Einkommensklassen.

Für die Schätzung des ehebedingten Steuervorteils ρ werden die Haushalte einer Einkommensklasse wiederum in eine Referenzgruppe $j = 0$, die nicht von der Steuervergünstigung profitiert, sowie in eine Kontrollgruppe $j = 1$ eingeteilt, die die Maßnahme in Anspruch nimmt. Die Referenzgruppe beinhaltet unverheiratete und erwerbstätige Haushalte, dass heißt erwerbstätige Alleinlebende und kinderlose unverheiratete Lebensgemeinschaften, deren Bezugsperson erwerbstätig ist. Die Kontrollgruppe umfasst Ehepaare ohne Kinder, deren Haushaltsvorstand erwerbstätig ist. Durch die Begrenzung auf kinderlose Ehepaare werden Steuervorteile, die sich aus kindbezogenen Steuervergünstigungen ergeben, systematisch ausgeblendet. Ebenso werden durch die Einschränkung auf Ehepaare mit erwerbstätiger Bezugsperson Verzerrungen durch die hohe Anzahl von Ehepaaren ausgeschlossen, die überwiegend von Transfers wie Renten leben. Da das Ehegattensplitting nicht an kindbezogene Merkmale anknüpft, wird im Gegensatz zu den obigen Berechnungen nicht nach der Erwerbstätigkeit der Kinder differenziert. Die beiden Residualgruppen $j = 2,3$ beinhalten die übrigen Ehepaare, dass heißt Ehepaare mit Kindern unabhängig vom überwiegenden Lebensunterhalt der Bezugsperson sowie kinderlose Ehepaare ohne erwerbstätigen Haushaltsvorstand.

Die (rechnerische) Steuerminderung $r_{i,j}$ durch das Ehegattensplitting ergibt sich aus der Differenz der durchschnittlichen Steuerlast $t_{i,j}$ zwischen den Haushalten der Referenz- und den Haushalten der Kontrollgruppe. Dazu werden die Einkommen- und Lohnsteuer des erwerbstätigen Haushaltsvorstands der Referenzgruppe sowie seines, sofern vorhanden, unverheirateten Partners addiert bzw. die Steuerzahlungen der beiden Eheleute der Kontrollgruppe saldiert. Insgesamt werden somit 40 Steuerminderungen $r_{i,1}$ geschätzt.[61] Dann werden die Steuerminderungen $r_{i,1}$ der einkommensgeschichteten Kontrollgruppen zur gesamten Steuerminderung R aggregiert, indem die Werte mit der Besetzung der Kontrollgruppe $n_{i,1}$ multipliziert werden. Die Gesamtersparnis R ergibt sich als $\Sigma_{i=1}^{40} r_{i,1} \cdot n_{i,1}$ über alle Einkommensklassen. Die Makrogröße M für den Steuervorteil ist der Literatur zu entnehmen. Die relativen Anteile einer Kontrollgruppe $(r_{i,1} \cdot n_{i,1})/R$ an der Gesamtentlastung dienen wiederum als Verteilungsschlüssel für die Zurechnung der Makrogröße M. Daraus ergibt sich der geschätzte Steuervorteil $\rho_{i,1}$ für eine Einkommensklasse. Vereinfachend wird den beiden Residualgruppen $j = 2,3$ der gleiche Entlastungsbetrag zugerechnet.

Mit diesem Verfahren gelingt es, die Entlastungswirkung des Ehegattensplittings zu schätzen. In der Analyse wird zunächst wie beschrieben aus methodischen Gründen der formale Splittingvorteil angesetzt. Durch die Zurechnung des Steuervorteils anhand des Verteilungsschlüssels kann jedoch auch alternativ der faktische Splittingvorteil angesetzt werden, um die unterschiedlichen Entlastungswirkungen abzubilden. Bei Verwendung des formalen Steuervorteils werden 23,2 Mrd. Euro auf die Haushalte verteilt, wovon 15,5 Mrd. Euro an Ehepaare mit Kindern und 7,7 Mrd. Euro an Ehepaare ohne Kinder fließen. Im Folgenden werden nur jene 15,5 Mrd. Euro berücksichtigt, die an Ehepaare mit Kindern fließen. Dies ergibt sich zwangsläufig aus der Definition des Familienbegriffs dieser Analyse, der an das Vorhandensein von Kindern anknüpft.[62]

[61] Die Werte für die untersten vier N-tile sind aufgrund der geringen Fallzahlen von erwerbstätigen Ehepaaren nur eingeschränkt aussagekräftig.

[62] Bei Unterstellung des faktischen Splittingvorteils im Volumen nach Fritzsche et al. (2003) teilen sich die Steuermindereinnahmen im gleichen Verhältnis auf die beiden Gruppen, wobei 4,3 Mrd. Euro Ehepaaren mit Kindern

6.3.3 Absolute Inzidenz

Die Tabelle 6.4 zeigt die absolute Inzidenz des Ehegattensplittings. Vom Ehegattensplitting profitieren neben kinderlosen Ehepaaren die 9,2 Mio. Ehepaare mit Kindern in der Analyse-Abgrenzung. Bezogen auf die Analyse-Gesamtheit sind dies 80,4%. Die übrigen 19,6% stellen zum Großteil Alleinerziehende dar, denen keine ehebezogenen Leistungen zugerechnet wurden sowie in geringem Umfang Ehepaare, die keine Einkommensteuer bezahlen. Entsprechend der Verteilung von Alleinerziehenden auf die Familiengruppen sinkt die Anzahl der Splitting-Nutzer mit dem Familienalter bzw. steigt mit dem Einkommen. Im untersten Quintil, dass von Alleinerziehenden dominiert wird, liegt die Quote bei nur rund 47,2%.

Tabelle 6.4: Ehegattensplitting für Familien, absolute Inzidenz

Familientyp	Ehe, 1 Ki.	Ehe, 2 Ki.	Ehe, >2 Ki.	Alleinerz.	Alle
Empfänger-Familien in %	93,8	97,1	96,3	0,0	80,4
Euro je Empfänger-Familie	142,91	151,65	149,87	0,00	147,77
Euro je Familie	133,99	147,30	144,41	0,00	118,85
Familienphasen	**Grdg.**	**Aufb.**	**Stab.**	**Kons.**	**Umortg.**
Empfänger-Familien in %	87,0	88,7	81,0	73,7	76,0
Euro je Empfänger-Familie	138,11	149,22	150,25	149,45	145,57
Euro je Familie	120,23	132,28	121,77	110,10	110,63
Quintile	**I**	**II**	**III**	**IV**	**V**
Empfänger-Familien in %	47,2	80,4	89,2	92,3	93,1
Euro je Empfänger-Familie	100,94	140,98	154,13	160,56	158,59
Euro je Familie	47,65	113,32	137,51	148,14	147,66

Quelle: Eigene Berechnungen mit dem EVS-Mikrofile 1998. Absolute Inzidenz in Euro monatlich für das Bezugsjahr 2001. (xy): eingeschränkte Aussagekraft, da relativer Standardfehler zwischen 10 und 20%. (./.): keine Aussagekraft, da relativer Standardfehler größer als 20%. Vgl. dazu Abschnitt 4.1.1.3, S. 54.

Im Mittel beträgt die Steuerentlastung durch das Ehegattensplitting für die Bezieher 147,77 Euro. In der Schichtung nach dem Familienalter ergibt sich ein relativ konstanter Entlastungsbetrag. Da bei der Berechnung des Steuervorteils die Kinderzahl ausgeblendet wurde, variieren die Werte zwischen Familientypen kaum mit der Kinderzahl. Trotzdem überrascht die Konstanz der Werte insofern, als dass die Haushaltseinkommen der Familien in der Phasenschichtung stufenweise ansteigen, was einen steigenden Entlastungsbetrag auslösen sollte. Die dennoch vorliegende Konstanz dürfte jedoch auf die höhere Erwerbstätigkeit der Ehepartner in späteren Phasen zurückzuführen sein.[63] Mit dem dadurch sinkenden Einkommensabstand zwischen den Ehepartnern reduziert sich der Splittingvorteil. Entsprechend ist die zu erwartende Entlastung in den mittleren Phasen aufgrund der niedrigeren Einkommen zwar geringer, jedoch wirkt sich der Splitting-Vorteil in den *male breadwinner*-Familien dieser Phase stärker aus, da deren Einkommen ungleicher zwischen den Ehepartnern verteilt sind.

bzw. 1,1 Mrd. Euro kinderlosen Ehepaare zugerechnet werden. Ebenso stellt das DIW anhand einer Auswertung von Steuerstatistiken fest, dass rund zwei Drittel des Splittingeffekts auf Ehepaare mit kindergeldberechtigten Kindern entfallen, vgl. Schlick (2005), S. 316.

[63]Vgl. Tabelle 3.7, S. 43.

In der Einkommensschichtung zeigen sich die deutlichsten Abweichungen. Die Entlastung steigt bis ins vierte Quintil an, was auf die progressionsmildernde Wirkung des Splittingverfahrens zurückzuführen ist. In den oberen 60% der Einkommensverteilung bleibt der Splitting-Vorteil jedoch nahezu konstant. Dies dürfte zum einen daher rühren, dass der Splittingvorteil konstant bleibt, wenn die Einkommen dem Spitzensteuersatz unterliegen, was prinzipiell nur in den oberen bzw. im obersten Quintil der Fall sein dürfte.[64] Zudem wird die mit dem Einkommen steigende Entlastungswirkung dadurch kompensiert, als dass in oberen Einkommensklassen häufig beide Elternteile erwerbstätig sind. Die gleichmäßigere Verteilung der Einkommen auf beide Ehepartner führt wie dargestellt zu einem Absinken des Splitting-Vorteils. Das Zusammenspiel dieser beiden Gründe dürfte den schwächeren Anstieg in den mittleren Quintilen bzw. den Rückgang der Entlastung zum obersten Quintil erklären.

6.3.4 Plausibilität

Die quantitative Plausibilität ist wiederum nicht zu ermitteln, da die EVS die Entlastungswirkung des Ehegattensplittings nicht direkt ausweist. Die qualitative Plausibilität kann hingegen als gut beurteilt werden, da die Schätzmethode zu einer guten Annäherung führt. Zunächst ist wiederum darauf zu verweisen, dass die eingehenden EVS-Größen Erwerbseinkünfte und direkte Steuern im Vergleich zur VGR einen guten Repräsentationsgrad aufweisen, sodass keine systematischen Fehler durch die Datenbasis entstehen.[65] Der aggregierte Vorteil R der Steuerminderungen der Kontroll- gegenüber den Referenzhaushalten beträgt 7,7 Mrd. Euro. Jedoch ist dieser Wert nicht der Makrogröße M von 23,2 Mrd. Euro gegenüberzustellen, die das BMFSFJ als Steuermindereinnahmen durch das Ehegattensplitting ausweist.[66] Der aggregierte Wert berechnet sich allein aus den Steuervorteilen der Kontrollgruppe gegenüber der Referenzgruppe, die jedoch nur einen Teil der Ehepaare beinhaltet. Die Zurechnung der tatsächlichen Makrogröße erfolgt wiederum anhand des errechneten Verteilungsschlüssels, sodass die Untererfassung des Steuervorteils kompensiert wird.

In die 160 Untergruppen der Simulationsrechnung gehen die Steuerzahlungen von insgesamt 25,3 Mio. Familien ein. Die Referenzgruppe umfasst 6,6 Mio. kinderlose Haushalte und die Kontrollgruppe 4,2 Mio. kinderlose Ehepaare, sodass die 40 Einkommensklassen eine hinreichende Besetzung aufweisen. Die erste Residualgruppe beinhaltet die 9,2 Mio. Ehepaare mit Kindern der Analyse-Abgrenzung, wovon immerhin 0,6 Mio. aufgrund sehr geringer Einkommensteuerzahlungen keinen Splittingvorteil realisieren. Die zweite Residualgruppe umfasst 5,3 Mio. kinderlose und nichterwerbstätige Ehepaare, die überwiegend Rentner- und Pensionärshaushalte darstellen.[67] Die Familien, die keinen Steuervorteil aus dem Ehegattensplitting reali-

[64] Da die EVS nicht das zu versteuernde Einkommen ausweist, ist keine Aussage möglich, welche Haushalte tatsächlich dem Spitzensteuersatz unterliegen. Darüber hinaus werden Haushalte mit einem monatlichen Einkommen von über 35.000 Euro nicht mehr erfasst, bei denen die Anwendung des Spitzensteuersatzes sehr wahrscheinlich erscheint.

[65] Vgl. Abschnitt 6.2.4, S. 118f. zur Plausibilität der Zurechnung der kindbezogenen Freibeträge.

[66] Vgl. BMFSFJ (2003b), Tabelle 2. In der Größenordnung entspricht der rechnerische Steuervorteil eher dem faktischen Splittingvorteil bei Fritzsche et al. (2003) in Höhe von 5,4 Mrd. Euro. Aufgrund der methodischen Probleme ist hier jedoch keine für die Plausibilität zuverlässige Äquivalenz festzustellen.

[67] Vereinfachend wurde der der Einkommensgruppe entsprechende Splitting-Vorteil den Rentner-Haushalten

sieren, sind weitestgehend Alleinerziehende und kinderlose Ehepaare, die nicht in die Analyse eingehen.

Der durchschnittliche rechnerische Steuervorteil r aus dem Ehegattensplitting beträgt für alle Ehepaare (inklusive der kinderlosen) 103,41 Euro monatlich bzw. für Ehepaare mit Kindern 141,25 Euro. Die Differenz zwischen allen Ehepaaren und Ehepaaren mit Kindern zeigt deutlich, dass letztere aufgrund ihrer insgesamt hohen Erwerbstätigkeit einen großen Teil der Steuermindereinnahmen in Anspruch nehmen können. Diese Ergebnisse sind jedoch in ihrem quantitativen Umfang ebenso wie die kindbezogenen Steuervorteile schwer zu interpretieren.[68] Zwar lässt sich für ein bestimmtes zu versteuerndes Einkommen der entsprechende Splitting-Vorteil ermitteln, jedoch geht dieser Einkommensbegriff wie dargestellt wurde, nicht aus der EVS hervor.[69]

Die Ergebnisse sind daher nur hinsichtlich ihrer qualitativen Plausibilität zu diskutieren. Die beiden wichtigsten Kriterien des Splittingvorteils sind der Anstieg mit dem Einkommen sowie mit der Ungleichverteilung der Partnereinkommen. Der Anstieg mit dem Einkommen ist festzustellen, da der Splitting-Vorteil mit den Erwerbseinkommen über die 40 Einkommensgruppen der Simulationsrechnung relativ deutlich ansteigt, um in den oberen Einkommensgruppen auf konstant überdurchschnittlichen Niveau zu verbleiben.[70] Das Abflachen hängt mit der zweiten wesentlichen Eigenschaft des Splitting-Vorteils eng zusammen, da der absolute Vorteil mit zunehmender Gleichverteilung der Einkommen zwischen den Ehepartnern abnimmt. Durch die zunehmende Erwerbstätigkeit der Ehepartner in den oberen Einkommensgruppen, verringert sich der Splittingvorteil bzw. bremst den Anstieg mit dem Einkommen.[71] Die weitestgehend konstanten Beträge in den oberen Einkommensgruppen sind daher auf diese beiden sich überlagernden Effekte zurückzuführen.[72] Insgesamt ist daher davon auszugehen, dass die errechneten Beträge qualitativ und quantitativ plausibel bzw. nicht aufgrund systematischer Verzerrungen abzulehnen sind.

---

gutgeschrieben.

[68]Der maximal mögliche formale Splittingvorteil betrug in 2001 monatlich 867 Euro, vgl. IDW (2001), S. 1. Bei Fritzsche et al. (2003) finden sich geschätzte Splitting-Vorteile auf Basis der EVS 1998, die sich allerdings auf den dort berechneten, mit rund 6,4 Mrd. Euro im Volumen viel geringeren faktischen Splitting-Vorteil beziehen. Der durchschnittliche Splittingvorteil steigt dort über die Einkommensgruppen auf monatlich maximal 77 Euro. Vgl. Fritzsche et al. (2003), S. 60f. Verteilt man in der Vergleichsrechnung das Volumen von Fritzsche (6,4 Mrd. Euro), so beträgt der durchschnittliche Vorteil nur 38,97 Euro.

[69]Eine sehr übersichtliche Darstellung von Modellrechnungen hierzu findet sich bei Seidel et al. (1999), S. 12f.

[70]Ergänzende Berechnungen zeigen, dass der Anstieg nicht kontinuierlich verläuft, aber im Trend zeigt sich ein rasches Ansteigen bis ins ca. zehnte N-Til. Im Anschluss verlangsamt sich der Anstieg und bleibt in den obersten 15 N-Tilen weitestgehend konstant.

[71]Die durchschnittliche Anzahl der Erwerbstätigen in verheirateten Paaren steigt beispielsweise bei Ein-Kind-Ehepaaren von 1,01 im untersten auf 1,86 im obersten Quintil. Vgl. Tabelle 3.7, S. 43.

[72]Keinen nennenswerten Einfluss dürfte hingegen die automatische Begrenzung des Splittingvorteils bei Erreichen des linearen Spitzensteuersatzes haben, da die EVS nur Haushalte bis zur Einkommensgrenze von 35.000 Euro monatlich berücksichtigt. Daher dürften wenig Haushalte in der EVS enthalten sein, die über ein ausreichend hohes zu versteuerndes Einkommen verfügen, als dass der Splittingvorteil durch die Besteuerung mit dem Spitzensteuersatz konstant ist.

6.4 Zentrale Ergebnisse und weiterführende Argumente

Die zentralen Ergebnisse sowie weiterführende Argumente stellt die folgende Box dar.[73]

- Für das Kindergeld im Rahmen des FLA werden zwei Transferarten berücksichtigt:
  - Die Kindergeldzahlung als reine Transferlösung erreicht 91,7% aller Familien. Der Förderbetrag für Empfänger variiert mit der Kinderzahl und ist einkommensunabhängig. Der mittlere Transfersaldo beträgt rund 235 Euro.
  - Der effektive Förderanteil am Kindergeld wird von 86,0% der Familien bezogen. Der Förderbetrag ist im Unterschied zur Kindergeldzahlung einkommensabhängig, da er mit steigendem Einkommen sinkt. Aufgrund des geringeren Volumens beläuft sich der mittlere Förderbetrag auf rund 100 Euro.
- Kindbezogene Freibeträge inklusive dem Kinderfreibetrag erreichen wiederum 86,0% der Familien. Die Nicht-Bezieher weisen zu geringe (einkommensteuerpflichtige) Einkommen auf, als dass sie von Steuervergünstigungen profitieren könnten. Die Transfersalden sind eher uneinheitlich, da sich Effekte aus Familientyp, Familienalter und Einkommen überlagern. Der mittlere Transfersaldo beträgt rund 55 Euro.
- Vom Ehegattensplitting profitieren 80,4% aller Familien bzw. 93,5% aller Ehepaare. Der Förderbetrag ist von der Kinderzahl unabhängig, steigt aber mit dem Einkommen an. Überdurchschnittlich profitieren deshalb größere verheiratete, mittlere und ältere Familien sowie mittlere und obere Einkommensgruppen. Der durchschnittliche Förderbetrag beträgt rund 150 Euro.
- Die Berechnungen für die Kindergeldzahlung sind uneingeschränkt plausibel. Die Werte für die übrigen Leistungen sind qualitativ uneingeschränkt und quantitativ eingeschränkt plausibel.

[73] Ergänzend fasst die Tabelle 7 im Anhang die Ergebnisse für alle Steuermindereinnahmen zusammen.

Kapitel 7

Leistungen der Parafisci

Eine weitere wichtige Säule der Familienpolitik stellen jene Leistungen dar, die von den Sozialversicherungen erbracht werden. Mit der Gesetzlichen Krankenversicherung (GKV), der Gesetzlichen Rentenversicherung (GRV) sowie der Arbeitslosenversicherung (ALV) wendeten die drei wichtigsten Zweige der Sozialversicherung in 2001 insgesamt 23,2 Mrd. Euro für Familien auf. Ebenso wie in den beiden vorangegangenen Kapiteln werden in diesem Kapitel die familienpolitischen Maßnahmen der Sozialversicherungszweige zunächst kurz beschrieben und die Zurechnungsmethode dokumentiert, um dann die Ergebnisse der absoluten Inzidenz darzustellen und deren Plausibilität zu diskutieren.

7.1 Gesetzliche Krankenversicherung

Familienpolitisch relevante Leistungen der Gesetzlichen Krankenversicherer sind die beitragsfreie Mitversicherung von Familienangehörigen der Versicherten, das Mutterschaftsgeld sowie Sachtransfers insbesondere für Behandlungen im Rahmen der Mutterschaft.

7.1.1 Beitragsfreie Mitversicherung

7.1.1.1 Beschreibung

Die beitragsfreie Mitversicherung in der GKV gilt als eines der zentralen Elemente der parafiskalischen Familienförderung. Dabei sind Ehepartner und Kinder eines Mitglieds entgeltfrei mitversichert, sofern sie keiner eigenen Erwerbstätigkeit nachgehen bzw. über kein regelmäßiges Gesamteinkommen verfügen, das die Grenze für versicherungsfreie geringfügige Beschäftigungen überschreitet. Für Kinder besteht zudem eine Altersgrenze für die Mitversicherung, die sich jedoch bei Erwerbslosigkeit oder fortgesetzter Ausbildung verlängern kann.[1]

Zur Bestimmung der Kosten für die beitragsfreie Mitversicherung liegen unterschiedliche Schätzungen vor. Die angesetzten Volumen variieren beträchtlich in Abhängigkeit von den für die Schätzungen verwandten Methoden. Das Bundesministerium für Gesundheit und Soziale Sicherung (BMGS) erstellt jährlich statistische und finanzielle Berichte zur Lage der GKV, die

[1] Geregelt in SGB V, zitiert in Rosenschon (2001), S.10.

jedoch nur über die Gesamtkosten der beitragsfreien Mitversicherung sowie über die Anzahl der entgeltfrei Versicherten Auskunft geben.[2] Schätzungen für die Gesamtkosten der beitragsfreien Mitversicherung gehen von Kosten zwischen 25,0 Mrd. Euro für 1997 (Bernöster), 25,9 Mrd. Euro für 1994 (Seffen) und 30,7 Mrd. Euro für 1997 (Beske und Kern) aus. Unter den genannten Studien differenziert alleine Bernöster zwischen Kosten für Ehegatten und Kindern, wobei nach Bernösters Angaben 12,2 von 25,0 Mrd. Euro für Kinder aufgewendet werden.[3] Die Deutsche Bundesbank (2002) beziffert die Gesamtkosten für die Mitversicherung von Kindern in 2000 auf 11,5 Mrd. Euro, die auf altersbezogenen Ausgabenprofilen der Krankenversicherung rekurieren. Jedoch gehen aus diesem Aggregat keine Angaben zu individuellen Transferäquivalenten hervor, wie sie für die Zurechnung benötigt werden.[4] Aufgrund der abweichenden Angaben wird daher eine eigenständig geschätzte Makrogröße in Höhe von 12,0 Mrd. Euro in der Analyse verwendet, die sich aus der im Folgenden beschriebenen Zurechnungsmethode ergibt.

7.1.1.2 Methodische Anmerkungen

Die Berechnung der absoluten Inzidenz der beitragsfreien Mitversicherung in dieser Analyse orientiert sich an Kleinhenz und Werding (1997) sowie BMFSFJ (2001), die ausgehend von den altersbezogenen Ausgabenprofilen spezifische Transferäquivalente für mitversicherte Kinder bestimmen. Dabei werden für beide Geschlechter jeweils Beträge für zwei Altersklassen ausgewiesen, das heißt Mädchen und Jungen zwischen einem und 15 sowie zwischen 16 und 20 Jahren. Die Ausgaben werden differenziert in Leistungs- und Verwaltungsausgaben und ausgehend von den für 1995 berechneten Daten von Kleinhenz und Werding auf das Analysejahr 2001 fortgeschrieben, um die zwischenzeitlichen Ausgabensteigerungen zu berücksichtigen. Dabei wird unterstellt, dass sich die altersabhängige Struktur der Ausgaben nicht verändert.[5]

Für die Zurechnung werden die Kinder der EVS-Substichprobe nach Alter und Geschlecht gruppiert, um jeder Gruppe das entsprechende Transferäquivalent zuzuweisen. Da das EVS-Mikrofile eine Differenzierung nach Versicherungsart erlaubt, werden nur (gesetzlich oder frei-

---

[2]Aus diesen Angaben zu Gesamtkosten und Anzahl der mitversicherten Angehörigen lassen sich zwar Pro-Kopf-Ausgaben ableiten, die allenfalls als grobe Schätzung für den monetären Vorteil der beitragsfreien Mitversicherung dienen können. 1992 beliefen sich die Pro-Kopf-Ausgaben, also auch für mitversicherte Ehegatten oder Kinder, auf rund 75 Euro im Monat. Vgl. Kleinhenz und Werding (1997), S. 183.

[3]Studien von Beske und Kern (2000), Bernöster (2000) und Seffen (1996), alle zitiert in Rosenschon (2001), S. 10f. Rosenschon (2001) setzt Kosten in Höhe von lediglich rund 3 Mrd. Euro an, die auf einer Mikrosimulation von Wenzel (1999) beruhen. Dabei handelt es sich jedoch bereits um einen Nettotransfer, da eine fiktive Eigenfinanzierung in Form der risikoäquivalenten Prämie unterstellt wird.

[4]Vgl. Deutsche Bundesbank (2002), S. 21. Die altersbezogenen Ausgabenprofile wurden erstmals in den 90er Jahren im Rahmen der Umsetzung des Risikostrukturausgleichs vom Institut für Gesundheits- und Sozialforschung IGES ermittelt. Vgl. Erbsland und Wille (1995).

[5]Weiters werden die Profile der alten Länder als pars pro toto für das gesamte Bundesgebiet benutzt, da sich die altersspezifischen Ausgabenprofile in den neuen Bundesländern im Zeitablauf an jene der alten Bundesländer annähern dürften. Vgl. BMGS (2002b), Tabelle 10.8. Die Altersgrenze der mitversicherten Kinder wird auf 27 Jahre angehoben, wobei das geschlechtsspezifische Transferäquivalent für Jugendliche bis 20 Jahre fortgeschrieben wird. Kleinhenz und Werding berechnen nur Transferäquivalente für Kinder und keine für mitversicherte Ehepartner. Da die Mitversicherung der Ehepartner nicht an eine Erziehungstätigkeit geknüpft ist, stellt diese Komponente nach ihrem Ermessen keine familienpolitisch motivierte Leistung dar. Vgl. BMFSJF (2001), S. 279ff.

willig) mitversicherte Kinder in Betracht gezogen. Selbst oder privat versicherten Kindern werden keine Vorteile zugerechnet. Insgesamt belaufen sich die aggregierten Transferäquivalente auf 12,0 Mrd. Euro. Im einzelnen ergeben sich für mitversicherte Kinder und Jugendliche die in der nachfolgenden Tabelle 7.1 dargestellten Transferäquivalente für das Jahr 2001.

Tabelle 7.1: Transferäquivalente für beitragsfreie Mitversicherung

	Kind (1-15)		Jugendlicher (16-20)	
	männlich	weiblich	männlich	weiblich
Leistungsausgaben	692,85	610,18	669,48	835,16
Verwaltungsausgaben	104,58	104,58	104,58	104,58
Ausgaben jährlich	797,43	714,76	774,05	939,74
Ausgaben monatlich	66,45	59,56	64,50	78,31

Quelle: Darstellung in Anlehnung an BMFSFJ (2001), S. 280 unter Verwendung von Daten aus BMGS (2002b). Angaben in Euro, monatlich.

7.1.1.3 Absolute Inzidenz

Die Tabelle 7.2 stellt die absolute Inzidenz der beitragsfreien Mitversicherung dar. Die beitragsfreie Mitversicherung erreicht 8,7 Mio. Familien bzw. 79,6% aller Haushalte der Analyse-Abgrenzung, wobei Ein-Kind-Ehepaare und Alleinerziehende unterdurchschnittlich oft profitieren. In diesen Familientypen leben häufiger ältere, selbst erwerbstätige und somit selbst versicherte Kinder. Die Selbstversicherung älterer Kinder wird in der Schichtung nach Familienphasen besonders deutlich, da die Teilnahmequote gegen Ende der Familienkarriere von 86,0% relativ drastisch auf 45,8% fällt. Auch in der Einkommensschichtung fällt der Anteil der Familien mit mitversicherten Kindern zu den oberen Einkommensgruppen hin ab. Dies liegt zum einen wiederum in der eigenen Erwerbstätigkeit der Kinder begründet, die zum Haushaltseinkommen beitragen. Zum anderen nimmt der Anteil der privat Versicherten erwartungsgemäß in den oberen Quintilen zu.[6]

Der absolute Vorteil für die Empfänger-Familien liegt im Mittel bei 108,49 Euro, wobei Ehepaare mit zwei und mehr Kindern überdurchschnittlich gefördert werden. Dies gilt sowohl für die tatsächlichen Empfänger als auch für alle Familien, da Familien mit mehreren Kindern Transferäquivalente kumulieren. Dadurch erklärt sich auch die Zunahme der absoluten Förderbeträge zur Mitte der Familienkarriere, während der Familien die höchste Kinderzahl haben. Durch private bzw. selbst versicherte Kinder nehmen die mittleren Förderbeträge zum Ende der Familienkarriere hin ab. Indes bleibt in der Einkommensschichtung der mittlere Förderbetrag für die Empfänger vergleichsweise konstant, was auf die relative Gleichverteilung der Kinder auf die nach dem Nettoäquivalenzeinkommen geschichteten Quintile zurückzuführen ist.[7]

[6]Der Anteil der privat versicherten Kinder steigt über die Einkommensgruppen von 1 auf 26% im obersten Quintil sehr stark an. Der Anteil der selbst versicherten Kinder nimmt weniger stark von 10 auf 17% zu.

[7]Bezogen auf alle Familien bleibt die mittlere Förderung in den ersten drei Quintilen relativ konstant, um dann aus den bereits genannten Gründen in den beiden oberen Quintilen relativ rasch zu sinken. Vgl. Tabelle 3.4, S. 40, die die konstante relative Häufigkeit der Kinder über die Quintile durch die Verwendung der Quadratwurzelgewichtung als mittlere Äquivalenzskala dokumentiert.

Tabelle 7.2: Beitragsfreie Mitversicherung, absolute Inzidenz

Familientyp	Ehe, 1 Ki.	Ehe, 2 Ki.	Ehe, >2 Ki.	Alleinerz.	Alle
Empfänger-Familien in %	71,8	86,6	87,0	75,3	79,6
Euro je Empfänger-Familie	65,36	121,82	198,11	90,60	108,49
Euro je Familie	46,96	105,48	172,43	68,20	86,33
Familienphasen	Grdg.	Aufb.	Stab.	Kons.	Umortg.
Empfänger-Familien in %	92,4	91,7	90,4	86,0	45,8
Euro je Empfänger-Familie	68,54	125,54	126,67	98,59	80,43
Euro je Familie	63,39	115,10	114,56	84,82	36,85
Quintile	I	II	III	IV	V
Empfänger-Familien in %	92,1	90,2	84,6	74,2	56,7
Euro je Empfänger-Familie	105,90	111,19	110,25	108,78	105,41
Euro je Familie	97,57	100,32	93,22	80,72	59,81

Quelle: Eigene Berechnungen mit dem EVS-Mikrofile 1998. Absolute Inzidenz in Euro monatlich für das Bezugsjahr 2001. (xy): eingeschränkte Aussagekraft, da relativer Standardfehler zwischen 10 und 20%. (./.): keine Aussagekraft, da relativer Standardfehler größer als 20%. Vgl. dazu Abschnitt 4.1.1.3, S. 54.

7.1.1.4 Plausibilität

Die quantitative Plausibilität kann nicht diskutiert werden, da die EVS keinen monetarisierten Vorteil aus der beitragsfreien Mitversicherung erfassen kann. Die qualitative Plausibilität ergibt hingegen eine gute Übereinstimmung der berechneten Werte mit Referenzstudien. Zum einen entspricht der aggregierte Vorteil der Schätzgröße, die die Deutsche Bundesbank (2002) ausweist. Die aggregierten Äquivalente für die beitragsfreie Mitversicherung von Kindern belaufen sich auf 12,0 Mrd. Euro. Der errechnete Gesamtwert entspricht in der Größenordnung den von der Deutschen Bundesbank angegebenen 11,5 Mrd. Euro für das Jahr 2000.[8] Beide Werte beruhen auf jenen altersspezifischen Ausgabenprofilen, die auch von Kleinhenz und Werding (1997) sowie in dieser Analyse benutzt werden.

Allerdings weicht die Zahl der mitversicherten Kinder in der EVS von der Zahl ab, die die Deutsche Bundesbank angibt. Während die Auswertung der EVS 1998 15,0 Mio. mitversicherte Kinder bis 20 Jahre ergibt, geht die Deutsche Bundesbank für 2000 von nur 13,8 Mio. Kindern aus.[9] Insgesamt erscheint die sich aus der unterschiedlichen Anzahl der mitversicherten Kinder ergebende tendenzielle Unterschätzung des individuellen Transferäquivalents insofern akzeptabel, als die aggregierte Größe der Sekundärquelle weitestgehend entspricht. Daher geht der aggregierte Wert als eigenständiger Wertansatz in die Inzidenzanalyse ein.[10] Insgesamt ist die Inzidenz der Mitversicherung wie geschildert zwar quantitativ eingeschränkt, aber qualitativ gut plausibel.

[8] Ebenso entspricht die eigenständig geschätzte Größe den von Bernöster (2000) errechneten Wert von 12,2 Mrd. Euro für das Jahr 1997. Ergänzende Berechnungen mit einer Altersgrenze der mitversicherten Kindern von maximal 20 Jahren ergeben einen aggregierten Vorteil von 11,5 Mrd. Euro.

[9] Vgl. Deutsche Bundesbank (2002), S. 21.

[10] Weitere Referenzarbeiten zu den Umverteilungswirkungen der Sozialversicherung beinhalten bereits Nettoeffekte. Simon (2002) fasst die Ergebnisse von empirischen Arbeiten zur Umverteilung in der GKV zusammen.

7.1.2 Mutterschaftsgeld

7.1.2.1 Beschreibung

Die gesetzlichen Krankenversicherer kompensieren mit dem Mutterschaftsgeld Verdienstausfälle berufstätiger Mütter während der Schutzfrist sechs Wochen vor und acht Wochen nach der Entbindung. Ergänzend zum parafiskalischen Mutterschaftsgeld wirkt die Entgeltfortzahlung der Arbeitgeber.[11] Die Leistung richtet sich an gesetzlich krankenversicherte Mütter, die sich vor und nach der Entbindung im Mutterschaftsurlaub befinden. Im Normalfall beträgt die Leistungsdauer 14 Wochen, die sich bei Frühgeburten und vergleichbaren Komplikationen verlängert. Die Höhe des Mutterschaftsgeldes richtet sich nach den letzten drei Nettomonatsverdiensten der Frau und wird auf Tagessätze umgerechnet. Die Krankenversicherungen leisten nur bis zu einem Tageshöchstsatz von 13 Euro, darüber hinausgehende Ansprüche muss der Arbeitgeber bestreiten.[12]

Der Sozialbericht weist für 2001 Kosten von 600 Mio. Euro für das Mutterschaftsgeld aus.[13] Das Mutterschaftsgeld setzt sich aus dem Tagessatz von maximal 13 Euro (insgesamt 592 Mio. Euro) sowie einem einmalig gewährten Entbindungsgeld von maximal 77 Euro (insgesamt 16 Mio. Euro) zusammen.[14] Dieser Betrag wird nahezu vollständig durch Beiträge finanziert. Für nicht gesetzlich krankenversicherte Mütter bezahlt der Bund das Mutterschaftsgeld, wobei für diese Leistung in 2001 lediglich zwei Millionen Euro aufgewandt wurden.

7.1.2.2 Methodische Anmerkungen

Die Zurechnung der Makrogröße kann direkt über die Angaben aus der EVS erfolgen, da das Mutterschaftsgeld der GKV als eigene Variable erfasst wird. Die Ausgaben für das Entbindungsgeld werden vereinfachend entsprechend dem Mutterschaftsgeld zugeteilt, da Entbindungsgeld nicht in der EVS erfasst wird.

7.1.2.3 Absolute Inzidenz

Die absolute Inzidenz des Mutterschaftsgeldes zeigt Tabelle 7.3. Das Mutterschaftsgeld wird innerhalb der Analyseabgrenzung 143.000 Haushalten zugerechnet, sodass im Mittel nur 1,3% der Familien diese Leistung beziehen. Aufgrund der engen Altersgrenze des Kindes für den Bezug kommen für den Transfer nur jene 302.000 in der EVS erfassten Familien mit Kindern unter einem Jahr in Frage. Bezogen auf diese Gruppe liegt der Empfängeranteil bei 47,3%. In über der Hälfte der Familien werden die Bezugsvoraussetzungen nicht erfüllt bzw. ist der Mutterschutz zum Zeitpunkt der Erfassung abgelaufen. Die Empfänger konzentrieren sich auf die Gründungsphase, in der die ältesten Kinder maximal drei Jahre alt sind. In den Familientypen bzw. Quintilen liegen die Anteile lediglich zwischen einem und zwei Prozent.

[11] Siehe dazu Abschnitt 8.2, S. 150ff.

[12] Vgl. BMFSFJ (2004), S. 30ff.

[13] Vgl. BMGS (2002a), S. 394. Das BMFSFJ (2003b) dokumentiert den gleichen Betrag, während Rosenschon (2001, S. 21) 700 Mio. Euro ansetzt.

[14] Das Entbindungsgeld wurde 2001 auch an Versicherte ausgezahlt, die keinen Anspruch auf Mutterschaftsgeld hatten und entfällt mit der Gesundheitsreform 2004.

Tabelle 7.3: Mutterschaftsgeld, absolute Inzidenz

Familientyp	Ehe, 1 Ki.	Ehe, 2 Ki.	Ehe, >2 Ki.	Alleinerz.	Alle
Empfänger-Familien in %	1,9	1,1	1,4	(0,6)	1,3
Euro je Empfänger-Familie	263,18	288,03	298,90	(212,10)	246,29
Euro je Familie	4,88	3,03	4,21	1,34	3,56
Familienphasen	**Grdg.**	**Aufb.**	**Stab.**	**Kons.**	**Umortg.**
Empfänger-Familien in %	9,6	2,0	(0,4)	./.	./.
Euro je Empfänger-Familie	271,08	275,36	(254,75)	./.	./.
Euro je Familie	26,05	5,54	(1,05)	0,00	0,00
Quintile	**I**	**II**	**III**	**IV**	**V**
Empfänger-Familien in %	./.	(1,6)	(1,7)	(1,5)	(1,0)
Euro je Empfänger-Familie	./.	(262,63)	(286,68)	(313,97)	(248,11)
Euro je Familie	1,26	4,31	4,92	4,82	2,49

Quelle: Eigene Berechnungen mit dem EVS-Mikrofile 1998. Absolute Inzidenz in Euro monatlich für das Bezugsjahr 2001. (xy): eingeschränkte Aussagekraft, da relativer Standardfehler zwischen 10 und 20%. (./.): keine Aussagekraft, da relativer Standardfehler größer als 20%. Vgl. dazu Abschnitt 4.1.1.3, S. 54.

Aufgrund der geringen Fallzahlen von Beziehern von Mutterschaftsgeld sind die meisten Werte für die Empfänger nur eingeschränkt interpretierbar. Unter den tatsächlichen Beziehern fällt die im Vergleich zu Ehepaaren niedrige Förderung von alleinerziehenden Transferempfängern auf, die nur 86,1% des Durchschnittswertes beziehen.[15] In der Familienphasenschichtung ist der absolute Förderbetrag für die Bezieher relativ konstant, wobei bedingt durch die implizite Altersgrenze der Kinder nur in den zwei frühesten Familienphasen Mutterschaftsgeld bezogen wird. Hinsichtlich der Einkommensgruppen wird deutlich, dass das durchschnittliche Mutterschaftsgeld der Bezieher bis zum vierten Quintil ansteigt, um dann relativ deutlich abzufallen. Dabei macht sich die Kopplung des Mutterschaftsgeldes an eine frühere Erwerbstätigkeit bemerkbar, die bei den unterdurchschnittlich geförderten Alleinerziehenden und in der untersten Einkommensgruppe ebenso unterdurchschnittlich sein dürfte.[16]

7.1.2.4 Plausibilität

Die quantitative Plausibilität zeigt einen Repräsentationsgrad von 99%, da die EVS Mutterschaftsgeld in Höhe von 592 Mio. Euro erfasst, was der Makrogröße von 600 Mio. Euro aus dem Sozialbericht nahezu vollständig entspricht. Die Anzahl der Empfänger von Mutterschaftsgeld ist aus der üblichen Berichterstattung der GKV nicht direkt ersichtlich, da Mutterschaftsgeldzahlungen nicht explizit ausgewiesen werden.[17] Vergleichszahlen über die tatsächlich empfangenen Beträge sind ebenso nicht erhältlich. Jedoch erscheint die Schätzung plausibel, da Median

[15] Bei Ein-Kind-Ehepaaren beträgt das Mittel 106,9% des Durchschnittswerts, für 2-Kind-Ehepaare 116,9% sowie bei Ehepaaren mit drei und mehr Kindern 121,3%.

[16] Da die EVS keine biografischen Daten erhebt, können keine Aussagen über eine frühere Erwerbstätigkeit der Mutter getroffen werden. Der relativ große Einkommensabstand von Alleinerziehenden und der unteren Einkommensgruppen zu den übrigen Familienhaushalten sowie deren niedrige durchschnittliche Anzahl an Erwerbstätigen wurden in Abschnitt 3.3.1, S. 37ff. erläutert.

[17] Vgl. BMGS (2000), S. T133/1999 bis T142/1999.

und Mittel mit 246 Euro bzw. 271 Euro unter dem maximal möglichen Satz von 390 Euro (30 Tagessätze von maximal 13 Euro) liegen. Aufgrund der guten quantitativen Plausibilität sind die Verteilungswirkungen auch qualitativ plausibel.

7.1.3 Sonstige Leistungen

7.1.3.1 Beschreibung

Unter den sonstigen Leistungen sind Ausgaben der GKV zusammengefasst, die im wesentlichen als Realtransfers für die klinische und stationäre Versorgung während der Mutterschaft gewährt werden. Der Sozialbericht gibt für die Sonstigen Leistungen für das Jahr 2001 Ausgaben von insgesamt 3,1 Mrd. Euro an, wobei auf die Teilfunktion Mutterschaft 2,4 Mrd. Euro, auf Ehegatten 0,5 Mrd. Euro sowie auf Kinder und Jugendliche 0,3 Mrd. Euro entfallen. Da die ehebezogenen Leistungen nicht in die Analyse eingehen, wird insgesamt ein Betrag von 2,7 Mrd. Euro angesetzt.[18]

7.1.3.2 Methodische Anmerkungen

Da keine genauen Angaben zur Mittelverwendung vorliegen, werden einige vereinfachende Annahmen für die Zurechnung der Leistungen unterstellt. Für die rein mutterschaftsbezogenen Leistungen in Höhe von 2,4 Mrd. Euro lässt sich näherungsweise aus den Daten der GKV ein Transferäquivalent ableiten. Näherungsweise kann ein Wert bestimmt werden, indem man die Anzahl der verzeichneten Leistungsfälle auf die Gesamtausgaben bezieht (368,66 Euro) und für das Ausgabenniveau von 2001 adjustiert (436,36 Euro). Dieses Transferäquivalent wird jedem Kind unter einem Lebensjahr zugerechnet.[19] Die aggregierten Transferäquivalente belaufen sich auf insgesamt 1,8 Mrd. Euro. Der Restbetrag der mutterschaftsbezogenen Leistungen von 0,6 Mrd. Euro wird zusammen mit den kindbezogenen Leistungen in Höhe von 0,3 Mrd. Euro als allgemeines Transferäquivalent von 8,26 Euro an die 9,3 Mio. Familien mit nichtselbstversicherten Kinder verteilt.

7.1.3.3 Absolute Inzidenz

Die absolute Inzidenz der Sonstigen Leistungen ist in Tabelle 7.4 dargestellt. Der Bezug von Sachtransfers setzt die Mitversicherung der Kinder beim Versicherten voraus, sodass die Empfängeranteile identisch mit jenen der beitragsfreien Mitversicherung sind. Daher wird für die Interpretation auf die Ausführungen im vorangegangenen Abschnitt verwiesen.[20]

Für die Empfänger von Sonstigen Leistungen ergibt sich ein mittlerer Förderbetrag von 23,65 Euro. Die Werte schwanken jedoch zwischen den Familientypen wenig um den Mittel-

[18] Vgl. BMGS (2002a), S. 394. Rosenschon (2001) setzt Kosten in Höhe von 2,7 Mrd. Euro an, während die Deutsche Bundesbank von 2,9 Mrd. Euro inklusive Mutterschaftsgeld ausgeht.

[19] Eigene Berechnungen anhand der Tabellen S. 48 und T137/1999, Tabelle 29, in BMGS (2000). Die Krankenversicherer weisen die Höhe der Leistungen bei Schwangerschaft und Mutterschaft sowie daraus entstehende Pro-Kopf-Werte aus. Jedoch beziehen sich die Pro-Kopf-Werte nicht auf die tatsächlichen Leistungsempfänger, sondern auf die Gesamtheit der versicherten Mitglieder.

[20] Vgl. Tabelle 7.2, S. 132 und die dortige Diskussion.

Tabelle 7.4: GKV-Sachtransfers, absolute Inzidenz

Familientyp	Ehe, 1 Ki.	Ehe, 2 Ki.	Ehe, >2 Ki.	Alleinerz.	Alle
Empfänger-Familien in %	71,8	86,6	87,0	75,3	79,6
Euro je Empfänger-Familie	24,38	23,05	32,44	16,33	23,65
Euro je Familie	17,56	20,02	28,37	12,29	18,87
Familienphasen	Grdg.	Aufb.	Stab.	Kons.	Umortg.
Empfänger-Familien in %	92,4	91,7	90,4	86,0	45,8
Euro je Empfänger-Familie	99,52	33,12	10,43	8,26	8,26
Euro je Familie	93,53	30,52	9,44	7,11	3,78
Quintile	I	II	III	IV	V
Empfänger-Familien in %	92,1	90,2	84,6	74,2	56,7
Euro je Empfänger-Familie	22,55	22,97	23,53	23,66	26,66
Euro je Familie	20,78	20,73	19,92	17,61	15,33

Quelle: Eigene Berechnungen mit dem EVS-Mikrofile 1998. Absolute Inzidenz in Euro monatlich für das Bezugsjahr 2001. (xy): eingeschränkte Aussagekraft, da relativer Standardfehler zwischen 10 und 20%. (./.): keine Aussagekraft, da relativer Standardfehler größer als 20%. Vgl. dazu Abschnitt 4.1.1.3, S. 54.

wert. Alleinerziehende und Ein-Kind-Ehepaare werden unterdurchschnittlich stark gefördert, während größere verheiratete Familien Transferäquivalente kumulieren.

In der Phasenschichtung ergeben sich die deutlichsten Unterschiede, da die Förderbeträge mit dem Familienalter stark abnehmen. Junge Familien verfügen über höhere Förderbeträge, da Familien mit Kindern unter einem Jahr das höhere Transferäquivalent (436,36 Euro) für mutterschaftsbezogene Leistungen zugerechnet wurde. Ältere Familien hingen profitieren nur von dem niedrigeren allgemeinen Transferäquivalent (8,26 Euro).

In der Einkommmensschichtung schwanken die Werte für die Empfänger wenig um den Mittelwert. Besserverdienende Familien werden etwas überraschend stärker gefördert als weniger einkommensstarke Familien, wobei sich dieser (geringfügige) Anstieg eher aus strukturellen Besonderheiten des Datensatzes ergibt. Bezogen auf alle Familien ergibt sich der erwartete, mit dem Einkommen abnehmende Verlauf.

7.1.3.4 Plausibilität

Die Plausibilität der beiden Transferäquivalente ist schwer zu beurteilen, da keine Vergleichsdaten zur Verfügung stehen. Die Transferäquivalente wurden anhand von Sekundärdaten zu den Versicherungsfällen und Ausgaben konstruiert und dem identischen Teilnehmerkreis zugerechnet wie die Vorteile aus der beitragsfreien Mitversicherung.

Alternative Berechnungen zeigen, dass die angewandte verteilungsneutrale Berechnungsmethode zumindest keine systematische Über- oder Unterschätzung des zugerechneten Vorteils gewährleistet. Zum Vergleich können die Gesamtausgaben für Sonstige Leistungen vereinfachend nur gemäß der Anzahl der Kinder verteilt werden. Hier ergibt sich für die mutterschaftsbezogenen Leistungen ein Förderbetrag von 855,02 Euro (2,4 Mrd. Euro an Kinder unter einem Jahr) und für die allgemeinen Leistungen von 1,24 Euro (0,3 Mrd. Euro an alle Kinder ohne Altersgrenze). Da diese Beträge stark überzeichnet erscheinen, wird die beschriebene Lösung mit dem stärker verteilungsneutral wirkenden Transferäquivalent vorgezogen, welches sich aus dem Verhältnis von Leistungsfällen und Gesamtausgaben ergibt (436,36 Euro bzw. 8,26 Euro).

7.2 Gesetzliche Rentenversicherung

Die familienpolitisch relevanten Leistungen der Gesetzlichen Rentenversicherung (GRV) sind die Anrechnung von Erziehungszeiten sowie die Gewährung von Waisenrenten.

7.2.1 Erziehungszeiten in der GRV

7.2.1.1 Beschreibung

Seit 1986 werden Versicherten bei der Rentenberechnung Kindererziehungszeiten angerechnet. Dadurch sollen in erster Linie jene Einbußen im Rentenniveau kompensiert werden, die Erziehungspersonen entstanden sind, wenn sie aufgrund ihrer Erziehungstätigkeit nicht oder nur eingeschränkt erwerbstätig waren und entsprechend keine oder wenig Rentenversicherungsbeiträge leisten konnten. Zwar weist der Sozialbericht die Ausgaben für die Kindererziehungszeiten nicht als familienpolitische Leistung im Rahmen der Funktionsgruppe Ehe und Familie aus, jedoch besteht in der Literatur weitestgehend Einigkeit über die familienpolitische Relevanz dieser Leistung. Das BMFSFJ gibt die Ausgaben der Rentenversicherungsträger für 2001 mit 5,8 Mrd. Euro an.[21]

7.2.1.2 Methodische Anmerkungen

Die Behandlung dieser Maßnahme in der Inzidenzanalyse trifft vor allem auf zwei methodische Probleme: Die Frage nach der Höhe des Wertansatzes sowie die Frage nach der Art der Zurechnung. Die methodischen Probleme der Zurechnung von Erziehungszeiten in der GRV diskutieren Kleinhenz und Werding in BMFSFJ (2001), die ausführlich die Frage nach der geeigneten Art und Höhe des Transferäquivalents erläutern. Dabei stellen sie fest, dass eine erstbeste Lösung nicht möglich ist: Der heutige, monetarisierte Vorteil besteht im diskontierten Barwert des auf die Erziehungszeit begründeten Rentenanspruchs. Die Ermittlung dieses Wertes ist jedoch nicht umsetzbar, da insbesondere die tatsächliche zukünftige Höhe des Rentenanspruchs „kaum seriös"[22] vorherzusagen ist. Dennoch vorliegende Schätzungen für den Barwert einer kindbedingten Rente gehen von maximal 24.000 Euro aus.[23] Dieser Wert erscheint nach Werding (2003) jedoch aufgrund seiner Vergangenheitsorientierung als problematisch, da er nicht auf die Situation einer jungen Frau abstellt, die gegenwärtig vor der Entscheidung für oder gegen ein Kind steht. Bezieht man aktuellere Entwicklungen und Reformbestrebungen ein, so

[21] Vgl. BMFSJF (2003b). Die Deutsche Bundesbank beziffert die Aufwendungen in 2000 auf 11,5 Mrd. Euro, vgl. Deutsche Bundesbank (2002), S. 19. Rosenschon geht von 5,8 Mrd. Euro aus, vgl. Rosenschon (2001), S. 29. Zum Sozialbericht, siehe BMGS (2002a), S. 394ff.

[22] BMFSFJ (2001), S. 277.

[23] Vgl. Hülskamp und Seyda (2004), S. 43 und die dort angegebenen Studien.

geht Werding nur noch von einem Barwert zwischen 9.000 und 14.200 Euro aus.[24] Darüber hinaus ist fraglich, ob durch die Anrechnung von Erziehungszeiten tatsächlich ein Rentenanspruch entsteht, da für den Rentenanspruch zunächst die generelle Mindestversicherungszeit von fünf Jahren erreicht werden muss.

Daher ermitteln Kleinhenz und Werding in BMFSFJ (2001) ein zweitbestes Transferäquivalent, dass von den rechnerischen Beitragszahlungen ausgeht, die der Erziehungsperson durch die Anrechnung der Erziehungszeiten gutgeschrieben werden, ohne dass tatsächliche Zahlungen erfolgen.[25] Dabei treten jedoch ebenso einige Probleme auf. Zunächst werden Familien grundsätzlich monetarisierte Vorteile zugerechnet, die erst bei Eintritt ins Rentenalter anfallen und über deren tatsächliche Höhe Unsicherheit herrscht. Gleichzeitig stellen die gutgeschriebenen (ersparten) Rentenbeiträge zwar gegenwärtig einen monetären Vorteil dar, erhöhen jedoch nicht das tatsächliche Familieneinkommen. Daneben erscheinen die Beträge für die Beitragsersparnisse zu hoch, da sowohl heute und erwartungsgemäß ebenso zukünftig Rentenzahlungen zu einem gewissen Anteil aus Steuermitteln bestritten werden. Bezieht man die zu erwartende zumindest anteilige Steuerfinanzierung mit in die Berechnung ein, so müsste die Beitragsersparnis niedriger ausfallen. Trotz der genannten methodischen Probleme begründen Kleinhenz und Werding die Verwendung von rechnerischen Beitragsersparnissen als Transferäquivalent damit, dass letztlich alle Versicherten "von Unsicherheit über den individuellen Gegenwert monetärer Beitragszahlungen zur Gesetzlichen Rentenversicherung [...] in ähnlicher Weise betroffen"[26] sind.

Das durchschnittliche Transferäquivalent für eine Erziehungsperson beträgt nach den Berechnungen für 1996 von Kleinhenz und Werding 305,91 Euro monatlich in den ersten drei Jahren nach der Geburt.[27] Eine Aktualisierung der Berechnungen ergibt für 2001 ein Transferäquivalent von 325,79 Euro monatlich.[28]

Die Zurechnung des aktualisierten Transferäquivalents erfolgt in Anlehnung an Kleinhenz und Werding (1997) an Familien mit Kindern bis drei Jahren. Die Transferäquivalente werden nicht mit der Kinderzahl multipliziert, weil die rechnerische Beitragsersparnis nur einmal erfolgen kann. Vereinfachend wird ein einheitliches Transferäquivalent für Ost- und Westdeutsch-

[24] Vgl. Werding (2003), S. 212. Die Vorausschätzungen sind mit Hilfe des CESifo-Rentenmodells erstellt worden. Rosenschon (2001) definiert ein Transferäquivalent, dass auf die auf Erziehungszeiten begründete *heutige* erziehungsbedingte Rentenzahlung abstellt. Dabei geht sie im Jahr 2001 von knapp 77 Euro aus. Dieses Transferäquivalent erscheint jedoch für die Inzidenzanalyse insofern problematisch, als dass die von diesem Betrag begünstigten Individuen heute bereits Rentner sind und somit nicht den untersuchten Familien im Sinne dieser Analyse entsprechen. Vgl. Rosenschon (2001), S. 15.

[25] Vgl. BMFSFJ (2001), S. 277f.

[26] Kleinhenz und Werding (1997), S. 181.

[27] BMFSJ (2001), S. 278. Für 1992 berechnen die Autoren 264,82 Euro monatlich, vgl. Kleinhenz und Werding (1997), S. 182.

[28] Die Berechnung ist dokumentiert in Tabelle 3-4 bei Kleinhenz und Werding (1997), S. 182 bzw. in BMFSJ (2001), S. 278f. Die aktuellen Zahlen für 2001 sind entnommen: Durchschnittliches Bruttojahresarbeitsentgelt für Gesamtdeutschland jährlich 55.216 Euro und Faktor zur Umrechnung der Beitragsbemessungsgrundlage in den neuen Bundesländern 1,2003, vgl. vdr (2004), S. 43; die Anzahl der sozialversicherungspflichtig Beschäftigen in Westdeutschland 22.267 Mio. bzw. Ostdeutschland 5.550 Mio., vgl. BMGS (2004); der Beitragssatz 19,1%, vgl. idw (2003), S. 81.

land berechnet. Da die aggregierten Transferäquivalente die Makrogröße übersteigen, wird der zugerechnete Vorteil auf die kassenwirksamen 5,8 Mrd. Euro adjustiert.[29]

7.2.1.3 Absolute Inzidenz

Tabelle 7.5 zeigt die absolute Inzidenz der Kindererziehungszeiten. Die Teilnahmequote beträgt im Gesamtdurchschnitt 17,3% und ergibt sich aus der altersabhängigen Zurechnung an Eltern mit Kindern unter drei Lebensjahren. Ehepaare sind daher häufiger Empfänger als alleinerziehende Eltern, da letztere tendenziell ältere Kinder haben. Entsprechend konzentrieren sich die Bezieher auf die ersten drei Phasen der Familienkarriere, in denen sich die Familie vergrößert. In der ersten Phase erreicht die Förderung 100% der Gründungsfamilien, da alle Kinder maximal drei Jahre alt sind und somit alle Familien das Zuteilungskriterium erfüllen. Spiegelbildlich betragen die Teilnahmequoten in den beiden letzten Familienphasen Null, da die Kinder dieser Familien die Altersgrenze überschreiten. Die Einkommensschichtung verdeutlicht das Bild, da sich Familien mit jüngeren Kindern eher auf die unteren Einkommensgruppen verteilen.

Tabelle 7.5: Kindererziehungszeiten, absolute Inzidenz

Familientyp	Ehe, 1 Ki.	Ehe, 2 Ki.	Ehe, >2 Ki.	Alleinerz.	Alle
Empfänger-Familien in %	19,1	17,9	25,3	5,9	17,3
Euro je Empfänger-Familie	234,08	234,08	234,08	234,08	234,08
Euro je Familie	44,72	41,97	59,27	13,92	40,49
Familienphasen	**Grdg.**	**Aufb.**	**Stab.**	**Kons.**	**Umortg.**
Empfänger-Familien in %	100,0	39,4	3,6	./.	./.
Euro je Empfänger-Familie	234,08	234,08	234,08	./.	./.
Euro je Familie	234,08	92,17	8,34	0,00	0,00
Quintile	**I**	**II**	**III**	**IV**	**V**
Empfänger-Familien in %	20,7	21,9	18,0	14,9	11,0
Euro je Empfänger-Familie	234,08	234,08	234,08	234,08	234,08
Euro je Familie	48,57	51,15	42,10	34,80	25,82

Quelle: Eigene Berechnungen mit dem EVS-Mikrofile 1998. Absolute Inzidenz in Euro monatlich für das Bezugsjahr 2001. (xy): eingeschränkte Aussagekraft, da relativer Standardfehler zwischen 10 und 20%. (./.): keine Aussagekraft, da relativer Standardfehler größer als 20%. Vgl. dazu Abschnitt 4.1.1.3, S. 54.

Der durchschnittliche Vorteil in Höhe von 234,08 Euro aus der Anrechnung der Kindererziehungszeiten variiert unter Empfängern nicht, da er einkommens- und kinderzahlunabhängig zugeteilt wurde. Das Transferäquivalent wird daher nicht weiter interpretiert.

7.2.1.4 Plausibilität

Die Plausibilität des Transferäquivalents dieser Analyse ist eng an jene des Transferäquivalents von Kleinhenz und Werding gebunden. Diese gilt als quantitativ eingeschränkt, aber qualitativ

[29] Das rechnerische Transferäquivalent nach Adjustierung beträgt somit 234,08 Euro.

gut plausibel. Das Zurechnungsverfahren wurde bereits ausführlich erläutert und alternativen Ansätzen gegenübergestellt, sodass auf weitere Ausführungen verzichtet wird.[30]

7.2.2 Waisenrenten

7.2.2.1 Beschreibung

Die Waisenrenten sind eine familienpolitisch relevante Leistung der GRV für Kinder von gesetzlich rentenversichert Verstorbenen. Nach dem Sozialbericht wendeten im Bezugsjahr 2001 die Rentenversicherer 1,2 Mrd. Euro für Waisenrenten auf. Die Kinder eines verstorbenen Versicherten erhalten bis zur Vollendung des 18. Lebensjahres und in Sonderfällen bis zum 27. Lebensjahr Waisenrente.[31]

7.2.2.2 Methodische Anmerkungen

Die Zurechnung erfolgt über ein Transferäquivalent, da die EVS Waisenrenten nicht separat, sondern zusammen mit Verletzten-, Witwen- bzw. Witwerrenten und ähnlichen Renten erfasst. Die in der Diskussion der Plausibilität dokumentierten ergänzenden Berechnungen zeigen, dass bei der Allokation der Waisenrenten ein Transferäquivalent anstelle einer Pro-Kopf-Aufteilung der Makrogröße verwendet werden muss. Daher erfolgt die Zurechnung in zwei Schritten. Zunächst wird den 143.000 Haushalten mit Kindern, die gleichzeitig Einkünfte aus den genannten Rentenarten angegeben haben, ein Transferäquivalent zugewiesen. Dieses entspricht dem gewichteten Mittel der Waisenrentenzahlungen für 2001 von 161,05 Euro monatlich, welches die Rentenversicherer ausweisen.[32] Über dieses Verfahren können rund 0,3 Mrd. Euro bzw. 23% der Makrogröße zweifelsfrei an bezugsberechtigte Personen verteilt werden. Danach wird der verbleibende Restbetrag von 0,9 Mrd. Euro bzw. 77% der Makrogröße mangels Daten verteilungsneutral auf jene Haushalte verteilt, die Einkünfte aus öffentlichen Transferzahlungen angegeben haben.

7.2.2.3 Absolute Inzidenz

Die Ergebnisse der absoluten Inzidenz der Waisenrenten sind in Tabelle 7.6 dargestellt. Die Teilnahmequoten für die Waisenrente liegen aufgrund der verteilungsneutralen Zurechnung der Restgröße an Haushalte mit Einkünften aus öffentlichen Transferzahlungen bei 96,5%. Für das eigentliche Transferäquivalent ergibt sich hingegen eine Teilnahmequote von insgesamt nur rund 1% der Familien, sodass die Fallzahlen häufig nur eingeschränkt aussagekräftig sind. Der durchschnittliche Förderbetrag beträgt je Empfängerfamilie 11,38 Euro. Aufgrund der weitestgehend verteilungsneutralen Zuweisung wird auf eine Diskussion der Werte verzichtet.

[30]Da das aggregierte Transferäquivalent über den ausgewiesenen Gesamtkosten liegt, wurden die Werte auf die Makrogröße von 5,8 Mrd. Euro adjustiert. Somit ergibt sich keine systematische Überschätzung des Vorteils.

[31]Vgl. BMGS (2002a), S. 394. Die Deutsche Bundesbank (2002) weist 1,1 Mrd. Euro für das Jahr 2001 aus. Bei Rosenschon (2001), BMFSFJ (2001) sowie in den Tabellen des BFMFSJ (2003b) erscheinen Waisenrenten nicht als familienpolitisch relevante Transfers.

[32]Gewichteter Durchschnitt der Waisenrenten der verschiedenen Rentenversicherungsträger in den alten Bundesländern für 2001, vgl. Statistisches Bundesamt (2002b), S. 460.

Tabelle 7.6: Waisenrenten, absolute Inzidenz

Familientyp	Ehe, 1 Ki.	Ehe, 2 Ki.	Ehe, >2 Ki.	Alleinerz.	Alle
Empfänger-Familien in %	93,0	98,9	99,7	96,8	96,5
Euro je Empfänger-Familie	8,72	6,61	9,51	7,24	7,78
Euro je Familie	8,11	6,53	9,48	7,01	7,51
Familienphasen	Grdg.	Aufb.	Stab.	Kons.	Umortg.
Empfänger-Familien in %	99,3	99,7	99,6	99,4	86,7
Euro je Empfänger-Familie	6,64	6,67	6,96	6,89	11,38
Euro je Familie	6,59	6,65	6,93	6,85	9,87
Quintile	I	II	III	IV	V
Empfänger-Familien in %	98,5	98,1	97,1	94,7	94,2
Euro je Empfänger-Familie	7,42	6,25	6,75	8,15	10,45
Euro je Familie	7,31	6,13	6,55	7,72	9,85

Quelle: Eigene Berechnungen mit dem EVS-Mikrofile 1998. Absolute Inzidenz in Euro monatlich für das Bezugsjahr 2001. (xy): eingeschränkte Aussagekraft, da relativer Standardfehler zwischen 10 und 20%. (./.): keine Aussagekraft, da relativer Standardfehler größer als 20%. Vgl. dazu Abschnitt 4.1.1.3, S. 54.

7.2.2.4 Plausibilität

Die Zurechnung der Waisenrenten ist aufgrund der mangelnden Trennschärfe in der Datengrundlage problematisch. Berechnungen zeigen, dass die Anzahl potenzieller Bezieher in der EVS-Substichprobe gegenüber den Angaben der Rentenversicherer zu niedrig ist. Für alle Rentenarten der betreffenden Variable gibt die Mikrodatei zwar 590.000 Rentenbezieher an, von denen jedoch nur 15.000 Kinder (ohne Altersbeschränkung) sind. Erweitert man die Eingrenzung auf Haushalte mit Kindern, so werden nun 143.000 Haushalte mit Empfängern gezählt. Zwar können mehrere Personen in einem Haushalt Renten beziehen, doch ist die Anzahl immer noch zu niedrig, da die Rentenversicherer einen Bestand von 405.000 Waisenrenten verzeichneten.[33]

Die Empfänger von Waisenrenten sind daher weder direkt aus den EVS-Angaben noch indirekt über ergänzende Auswertungen zu isolieren. Für die kindbezogene Waisenrente kommen im *Scientific Use File* maximal 143.000 Haushalte mit Kindern in Frage, die dem tatsächlichen Bestand von 400.000 Waisenrenten gegenüberstehen. Durch die geringe Anzahl von Beziehern fällt der durchschnittliche Förderbetrag deutlich zu hoch aus, wenn dieser wie bei anderen Transferarten an die Makrogröße angepasst wird. Die mittlere Förderung von rund 700 Euro erscheint nicht plausibel, da das von den Rentenversicherungen ausgewiesene Mittel bei 161 Euro liegt.

Daher wird das beschriebene 2-stufige Zurechnungsverfahren angewandt, indem zweifelsfrei bezugsberechtigten Familien ein Transferäquivalent zugewiesen wird. Da dessen Höhe aus Sekundärdaten entnommen wurde, ist dieses uneingeschränkt plausibel. Die Differenz aus Ma-

[33] Zahl für 1999, vgl. Statistisches Bundesamt (2000), S. 454. Der Rentenbestand in 2001 belief sich auf 399.000 Renten, vgl. Statistisches Bundesamt (2002b), S. 460. Die mangelnde Übereinstimmung mit den Angaben der Rentenversicherer kann darauf zurückzuführen sein, dass in den befragten Haushalten der EVS Einkünfte der anderen Haushaltsmitglieder häufig dem Haushaltsvorstand zugerechnet werden, oder dass die Kinder außerhalb des Haushalts leben.

krogröße und dem aggregierten Transferäquivalenten wurde wie geschildert verteilungsneutral zugewiesen, um keine systematische Über- oder Unterschätzung des Vorteils auszuweisen.

7.3 Arbeitslosenversicherung

7.3.1 Beschreibung

Die Lohnersatzleistungen der Bundesagentur für Arbeit enthalten Kinderkomponenten, die in die Analyse einzubeziehen sind. Besonderes Gewicht hat dabei die Kinderkomponente im Arbeitslosengeld. Dabei bekommt ein Arbeitsloser mit Kind 67% des pauschalisierten Nettolohns, während kinderlosen Arbeitslosen nur 60% ausbezahlt werden. Die Kinderkomponente beträgt somit rund 10% der gesamten Leistung. Bei der Arbeitslosenhilfe betragen die entsprechenden Werte 57 bzw. 53% sowie 7% der gesamten Leistung. Daneben werden ebenso bei übrigen Lohnersatzleistungen Kinderzuschläge gewährt.

Die Aufwendungen für alle Kinderkomponenten in 2001 beliefen sich auf insgesamt 833 Mio. Euro, die sich auf verschiedene Leistungen verteilen. Im Arbeitslosengeld betrugen die Ausgaben 460 Mio. Euro, bei der steuerfinanzierten Arbeitslosenhilfe 255 Mio. Euro sowie bei den übrigen Lohnersatzleistungen 118 Mio. Euro.[34]

7.3.2 Methodische Anmerkungen

Die Zuteilung der arbeitsmarktbezogenen Komponenten ist unproblematisch und kann direkt über EVS-Variablen erfolgen, da Arbeitslosengeld, sonstige Lohnersatzleistungen sowie die Arbeitslosenhilfe als Einnahmearten in der EVS von den Haushalten angegeben werden. Dabei werden nur Haushalte berücksichtigt, die gleichzeitig Transfers beziehen und Kinder haben.

7.3.3 Absolute Inzidenz

Die absolute Inzidenz der arbeitsmarktbezogenen Komponenten zeigt Tabelle 7.7. Die Kinderkomponenten im Arbeitslosengeld, in den sonstigen Lohnersatzleistungen sowie in der Arbeitslosenhilfe werden im Folgenden zusammengefasst dargestellt, da die jeweilige Anzahl der Empfänger der einzelnen Leistungen sehr gering ist.

Im Gesamtmittel beziehen 14,6% der Familien mindestens eine arbeitsmarktpolitische Leistung. Alleinerziehende und Ein-Kind-Ehepaare, Familien der beiden letzten Familienphasen sowie Familien in den beiden untersten Quintilen sind überdurchschnittlich häufig Empfänger. Der Anteil der Bezieher nimmt mit der Kinderzahl ab, steigt mit dem Familienalter und sinkt mit dem Familieneinkommen. Der sinkende Anteil von Empfängern mit der Kinderzahl bzw. dem

[34] Zahlen aus Rosenschon (2001), S. 17 und 21. Die Deutsche Bundesbank (2002) geht für 2000 von 0,8 Mrd. Euro aus, während BMFSFJ (2003b) sowie der Sozialbericht 2001 keine Angaben machen. In 2005 wurden im Rahmen der Zusammenlegung von Sozial- und Arbeitslosenhilfe ein Kinderzuschlag, ein Mehrbedarfszuschlag für Alleinerziehende zum so genannten Arbeitslosengeld II (ALG II) sowie ein Sozialgeld für mit ALG II- Empfängern zusammenlebende Angehörige eingeführt. Vgl. Rosenschon (2006), S. 56f.

Tabelle 7.7: Kinderkomponente der ALV-Leistungen, absolute Inzidenz

Familientyp	Ehe, 1 Ki.	Ehe, 2 Ki.	Ehe, >2 Ki.	Alleinerz.	Alle
Empfänger-Familien in %	16,1	13,0	10,0	18,1	14,6
Euro je Empfänger-Familie	40,20	34,69	38,84	36,77	37,60
Euro je Familie	6,48	4,50	3,89	6,67	5,48
Familienphasen	Grdg.	Aufb.	Stab.	Kons.	Umortg.
Empfänger-Familien in %	8,0	12,5	14,0	16,7	17,5
Euro je Empfänger-Familie	36,20	33,33	37,50	37,40	40,80
Euro je Familie	2,90	4,16	5,26	6,26	7,14
Quintile	I	II	III	IV	V
Empfänger-Familien in %	29,9	16,4	12,6	8,3	5,7
Euro je Empfänger-Familie	39,61	38,38	35,36	32,18	37,69
Euro je Familie	11,86	6,29	4,44	2,67	2,14

Quelle: Eigene Berechnungen mit dem EVS-Mikrofile 1998. Absolute Inzidenz in Euro monatlich für das Bezugsjahr 2001. (xy): eingeschränkte Aussagekraft, da relativer Standardfehler zwischen 10 und 20%. (./.): keine Aussagekraft, da relativer Standardfehler größer als 20%. Vgl. dazu Abschnitt 4.1.1.3, S. 54.

Einkommen geht konform mit der Entwicklung der Einkommenssituation der Familien.[35] Der Anstieg mit dem Familienalter erklärt sich vor allem aus dem häufigeren Bezug von Arbeitslosengeld durch ältere Eltern. Die Anzahl von Arbeitslosengeld beziehenden Haushaltsvorständen steigt von 43.000 in der ersten auf 154.000 in der letzten Phase sowie die Anzahl der Mütter von 12.000 auf 142.000. Kinder können die Leistung per se erst in späteren Phasen in Anspruch nehmen, wenn sie im erwerbsfähigen Alter sind. Daher steigt deren Anzahl von 0 auf 60.000 an.

Die mittlere Förderung beträgt für die tatsächlichen Empfänger 37,60 Euro im Monat. In allen drei Schichtungen variieren die berechneten Vorteile jedoch wenig um den Gesamtdurchschnitt. In der Familientypschichtung profitieren Alleinerziehende und Ein-Kind-Ehepaare stärker als die anderen Familientypen. In der Phasenschichtung steigen neben den Teilnahmequoten auch die Beträge leicht mit dem Alter an. In der Einkommensschichtung liegen die Mittelwerte innerhalb einer geringen Spannweite, sodass nicht weiter auf die geringen Unterschiede eingegangen werden muss.

7.3.4 Plausibilität

Die Zurechnung aller drei Transferarten erreicht eine sehr gute quantitative Plausibilität, da sich die Zurechnung der drei (monetären) Transfers im Vergleich zu den Sachleistungen oder impliziten Transfers unproblematisch darstellt. Die drei Leistungen werden im Folgenden separat diskutiert.

Der Repräsentationsgrad des gesamten Arbeitslosengelds liegt bei 73%, wenn die aggregierten EVS-Angaben mit den Gesamtausgaben der Bundesagentur für Arbeit (BA) verglichen

[35] Vgl. Abschnitt 3.3.1, S. 37ff.

werden.[36] Die Kinderkomponente für die 958.000 Empfängerhaushalte mit Kindern (9% der Familien) beträgt durchschnittlich 34,55 Euro im Monat. Dieser Betrag beträgt im Mittel rund 10% der gesamten empfangenen ALV-Leistungen eines privaten Haushaltes, was dem oben angegebenem Anteilswert gut entspricht.

Der Anteil der Haushalte mit Transferempfängern und Kindern liegt für das Arbeitslosengeld bei 44%, für die übrigen Lohnersatzleistungen bei 54% sowie für die Arbeitslosenhilfe bei 40% aller Empfänger des jeweiligen Transfers.[37] Für das Arbeitslosengeld liegt die Anzahl der Empfänger (2,5 Mio. Haushalte mit Empfängern) über dem Jahresdurchschnitt von 2,0 Mio. Empfängern, wie sie das Statistische Jahrbuch ausweist.[38]

Die Ausgaben für die Arbeitslosenhilfe sind in der EVS nur zu 46% erfasst. Für die Arbeitslosenhilfe beträgt die Kinderkomponente für die 427.000 begünstigten Haushalte (4% der Familien) in 2001 durchschnittlich 42 Euro, was unter den vorgegebenen 7%-Anteil der Kinderkomponente an der Arbeitslosenhilfe liegt. Die Empfänger von Arbeitslosenhilfe sind in der EVS gut repräsentiert, da die 1,3 Mio. Haushalte mit Beziehern den im Statistischen Jahrbuch ausgewiesenen Jahresdurchschnitt von 1,5 Mio. Leistungsempfängern gut entsprechen.[39] Der Unterschiedsbetrag zwischen Familien und Kinderlosen spiegelt die Kinderkomponente gut wider: Während kinderlose Bezieher im Mittel 447 Euro empfingen, betrug die mittlere Förderung für Familien 492 Euro, dass heißt, Familien empfingen im Mittel rund 45 Euro mehr als kinderlose Empfängerhaushalte. Im Durchschnitt betrug 1998 die Arbeitslosenhilfe 466 Euro im Monat.

Insgesamt beziehen 0,7 Mio. EVS-Haushalte eine sonstige Lohnersatzleistung wie beispielsweise Kurzarbeitergeld oder Winterbauförderung. Da unter diese Leistungsgruppe unterschiedliche Transfereinkünfte fallen, kann die Empfängerzahl nur annähernd mit der im Statistischen Jahrbuch angegebenen Zahl von Empfängern von Unterhaltsgeld bei Fortbildungsmaßnahmen sowie Kurzarbeitergeld verglichen werden, die im Jahresdurchschnitt rund 400.000 Personen bezogen.[40] Die Kinderkomponente der übrigen Lohnersatzleistungen beträgt durchschnittlich 24,88 Euro für die 342.000 Empfängerhaushalte (3% der Familien) bzw. unter 5% der durchschnittlichen Förderung von Familien.

Die Inzidenz der ALV-Leistungen kann trotz der genannten Mängel als quantitativ und qualitativ gut plausibel beurteilt werden, da die Zurechnung direkt anhand der EVS-Daten vorgenommen wurde und die Ergebnisse den erwarteten Verteilungswirkungen entsprechen.

[36] Die BA gibt an, 52,8 Mrd. DM für Arbeitslosengeld im Jahr 1998 aufgewendet zu haben, während sich die aggregierte Größe in der EVS auf 38,2 Mrd. DM beläuft. Vgl. Statistisches Bundesamt (2000), S. 458.

[37] Dabei ist zu beachten, dass in der Zurechnung die Leistungen auf Haushaltsebene aggregiert wurden. Empfängerhaushalt ist somit jeder Haushalt, in dem mindestens eine Person (Vater, Mutter oder Kind) zumindest zeitweise eine Leistung bezogen hat.

[38] Vgl. Statistisches Bundesamt (2000), S. 458. Die Abweichung rührt zum Teil davon, dass es sich bei der Zahl des Statistischen Jahrbuchs um den durchschnittlichen Bestand handelt, während die EVS zeitpunktbezogene Daten ausweist.

[39] Vgl. Statistisches Bundesamt (2000), S. 458.

[40] Vgl. Statistisches Bundesamt (2000), S. 458. Zum Repräsentationsgrad kann hier keine sinnvolle Aussage getroffen werden, da unklar ist, welche Leistungen im einzelnen unter diese Kategorie subsumiert werden.

7.4 Zentrale Ergebnisse und weiterführende Argumente

Die nachstehende Box fasst die zentralen Ergebnisse sowie die weiterführenden Argumente zusammen.[41]

- Die kostenlose Familienmitversicherung ist dem Volumen nach die wichtigste Leistung aller drei Sozialversicherungszweige. Die Maßnahme erreicht 79,6% der Familien. Dabei kumulieren Familien die Transferäquivalente mit der Kinderzahl. Daher steigen und sinken die Transfersalden parallel zur Familiengröße. Zum Einkommen verlaufen die Beträge unter den Beziehern konstant. Der durchschnittliche Förderbetrag von rund 110 Euro ist in seiner quantitativen Dimension eingeschränkt plausibel.
- Das Mutterschaftsgeld beziehen aufgrund der engen Altersgrenze nur 1,3% der Familien. Ehepaare sowie jüngere Familien profitieren überdurchschnittlich. Zudem steigen die Transfersalden leicht mit dem Einkommen an. Die Empfänger profitieren im Mittel von rund 245 Euro.
- Transferäquivalente für Sachleistungen wurden 79,6% der Familien zugerechnet. Dabei profitieren vor allem junge Familien überdurchschnittlich, da die Leistungen vor allem gebärenden Müttern zu Gute kommen. Der verteilungsneutral zugerechnete mittlere Transfersaldo beträgt rund 25 Euro.
- Die Anrechnung der Kindererziehungszeiten in der GRV erreicht 17,3% der Familien. Der Betrag ist aufgrund der Zurechnungsmethode für alle Empfänger konstant und beträgt rund 235 Euro. Ebenso wie der Wert für die beitragsfreie Mitversicherung ist dieser Wert quantitativ eingeschränkt plausibel.
- Die Waisenrenten wurden weitestgehend verteilungsneutral zugerechnet, sodass 96,5% der Familien einen positiven und weitestgehend konstanten Transfersaldo aufweisen. Der mittlere Förderbetrag beläuft sich auf rund 10 Euro.
- Die Leistungen der ALV erreichen 14,6% der Familien. Dabei weisen Alleinerziehende und Einkindehepaare überdurchschnittliche Transfersalden auf. Die Beträge sind unter den Empfängern zum Familienalter sowie zum Einkommen konstant. Der mittlere Transfersaldo beziffert sich auf rund 40 Euro.

[41] Vgl. dazu ergänzend die Tabelle 8 im Anhang.

Kapitel 8

Leistungen der Arbeitgeber

Familienpolitische Maßnahmen der Arbeitgeber stellen den letzten zu analysierenden Bereich des familienpolitischen Budgets dar. Öffentliche und private Arbeitgeber erbringen eine Vielzahl von Leistungen, um familienfreundliche Arbeitsbedingungen zu gewährleisten. Im Zentrum der Analyse stehen freilich monetäre Transfers wie Kinderzuschläge im Entlohnungssystem und die Entgeltfortzahlung der Arbeitgeber. Zunächst werden analog dem Vorgehen in den vorangegangenen Kapiteln die zu analysierenden Leistungen beschrieben sowie die Zurechnungsmethode dokumentiert. Die Ergebnisse für die absolute Inzidenz der Arbeitgeberleistungen werden wiederum in den Schichtungen nach Familientyp, Familienphase und Einkommensgruppe dargestellt und deren Plausibilität diskutiert.

8.1 Familienzuschläge der Arbeitgeber

8.1.1 Beschreibung

Private und öffentliche Arbeitgeber gewähren in einigen Fällen Familienzuschläge zur Entlohnung, die prinzipiell an den Familienstand oder an das Vorhandensein von Kindern geknüpft sein können. Der öffentliche Dienst stellt dabei jedoch den einzigen Sektor dar, in dem Kinderzahl und Familienstand systematisch nachvollziehbar in der Entlohnung berücksichtigt werden. Die Familienzuschläge der öffentlichen (und privaten) Arbeitgeber belaufen sich nach Angaben des Sozialberichts 2001 auf 7,9 Mrd. Euro, wobei 4,1 Mrd. kindbezogen und 3,8 Mrd. Euro ehebezogene Leistungen darstellen. Der größte Anteil dieser Leistungen entfällt auf das Leistungssystem des öffentlichen Dienstes, das 2001 insgesamt Familienzuschläge in Höhe von 7,2 Mrd. Euro gewährte. Nur 0,7 Mrd. Euro werden von privaten Arbeitgebern für Familienzuschläge aufgebracht.[1] In dieser Analyse wird für die Zurechnung nur der kindbezogene Fami-

[1] Vgl. BMGS (2002a), S. 439f. Die Deutsche Bundesbank weist für Kinderzuschläge des öffentlichen Dienstes für das Jahr 2000 einen Betrag von 4,0 Mrd. Euro aus und kategorisiert diesen als Transfer der Gebietskörperschaften, vgl. Deutsche Bundesbank (2002), S. 19. Ebenso zählt Rosenschon die Familienzuschläge des öffentlichen Dienstes als monetären Transfer der Gebietskörperschaften und weist für ehe- und kindbezogene Zuschläge in der Summe 7,3 Mrd. Euro aus. Für die Leistungen der privaten Arbeitgeber werden 0,7 Mio. Euro aufgeführt, wobei bei beiden Beträgen nicht nach Kinder- oder Ehezuschlag differenziert wird. Vgl. Rosenschon (2001), S. 22 und 28. Das BMFSFJ berichtet nicht über die Haushaltswirkung der Familienzuschläge. Ebenso sind diese nicht im

lienzuschlag berücksichtigt, da das Merkmal Kind (mit Ausnahme des Ehegattensplittings) als konstituierendes Merkmal für Familienpolitik gilt. Die Makrogröße für die Zuschläge öffentlicher Arbeitgeber beträgt daher 4,0 Mrd. Euro und für die privaten Arbeitgeber 0,1 Mrd. Euro.

8.1.2 Methodische Anmerkungen

Für die Zurechnung sind mangels differenzierter Daten zur Inanspruchnahme vereinfachende Annahmen zu treffen. Familien- bzw. Kinderzuschläge sind in der EVS nicht als getrennte Einkommensart definiert, sondern wie die Zuschüsse des Arbeitgebers zum Mutterschaftsgeld in der Variablen „Sonstige Zuschläge und Einkommen" erfasst. Dabei bleibt offen, ob Kinderzuschläge von den Haushalten tatsächlich als separate Einkommensart angegeben werden oder in das regelmäßige Erwerbseinkommen eingehen, was intuitiv plausibel erscheint.[2] Für eine eher konservative Zurechnung bietet es sich daher an, die Zuschläge proportional zum Bruttoeinkommen aus unselbstständiger Arbeit zuzurechnen.

Der Löwenanteil der Zuschläge fließt an öffentlich Bedienstete, das heißt an Arbeiter und Angestellte im öffentlichen Dienst, Beamte und Pensionäre. Während Beamte und Pensionäre in der EVS zu identifizieren sind, sind Angestellte und Arbeiter des öffentlichen Dienstes nicht von in der Privatwirtschaft angestellten Arbeitnehmern zu unterscheiden. Mangels ausreichend differenzierter Angaben in der EVS werden die Ausgaben also allen potenziell in Frage kommenden Haushalten zugerechnet. Dies sind alle Haushalte mit Kindern, bei denen Elternteile entweder Angestellte, Arbeiter, Beamte oder Pensionäre sind.[3] Bei der Zurechnung der privaten Kinderzuschläge verkürzt sich der Personenkreis entsprechend auf Elternteile, die ihrer sozialen Stellung nach Arbeiter oder Angestellte sind.

8.1.3 Absolute Inzidenz

Die absolute Inzidenz der Kinderzuschläge ist in Tabelle 8.1 dargestellt. Die Kinderzuschläge der Arbeitgeber wurden einem sehr breit definierten Empfängerkreis zugerechnet, sodass im Mittel 85,1% aller Familien davon profitieren. Die Zurechnung ist an Erwerbstätigkeit (bzw. in wenigen Fällen an Pensionen) der Eltern geknüpft, während die Kinderzahl keine Rolle spielt. Daher nutznießen unter den Familientypen Alleinerziehende aufgrund ihrer relativ geringen Erwerbstätigkeit deutlich unterdurchschnittlich diese Leistung.

Die Teilnahmequoten bleiben über die Familienphasen hinweg relativ konstant. In älteren Ehepaaren ist zumindest einer der beiden Partner weiterhin erwerbstätig, sodass häufig auch älteren Haushalten ein Vorteil zugerechnet wird. In der Einkommensschichtung zeigt sich ein relativ deutlicher Anstieg hin zu den mittleren Einkommensgruppen, während die Empfängerquote zum letzten Quintil aufgrund des hohen Anteils an Selbstständigen etwas rückläufig ist.[4]

Maßnahmenkatalog des Beirats als familienbezogene Maßnahme aufgeführt.

[2]Eine ergänzende Berechnung zeigt, dass unter den Haushalten, die Sonstige Zuschläge und Einkommen empfangen, nicht überproportional viele Beamte oder Pensionäre sind. Daher ist anzunehmen, dass die Kinderzuschläge im öffentlichen Dienst bei der Erfassung der Daten eher in die Erwerbseinkünfte einfließen als getrennt angegeben werden.

[3]Bei Pensionären erfolgt die Verteilung entsprechend der Pensionszahlungen.

[4]Zur Einkommenssituation und Einkommenserzielung der Familien, vgl. Abschnitt 3.3.1, S. 37ff. sowie Ab-

Tabelle 8.1: Kinderzuschläge der Arbeitgeber, absolute Inzidenz

Familientyp	Ehe, 1 Ki.	Ehe, 2 Ki.	Ehe, >2 Ki.	Alleinerz.	Alle
Empfänger-Familien in %	87,3	91,5	86,5	64,0	85,1
Euro je Empfänger-Familie	35,41	36,08	34,73	19,52	33,77
Euro je Familie	30,92	33,01)	30,05	12,50	28,67
Familienphasen	Grdg.	Aufb.	Stab.	Kons.	Umortg.
Empfänger-Familien in %	84,1	85,0	85,9	85,2	84,4
Euro je Empfänger-Familie	28,23	30,93	31,93	34,98	39,07
Euro je Familie	23,73	26,30	27,43	29,80	32,99
Quintile	I	II	III	IV	V
Empfänger-Familien in %	60,7	88,9	92,5	93,3	90,0
Euro je Empfänger-Familie	16,07	24,94	31,07	38,94	51,52
Euro je Familie	9,75	22,17	28,76	36,34	46,35

Quelle: Eigene Berechnungen mit dem EVS-Mikrofile 1998. Absolute Inzidenz in Euro monatlich für das Bezugsjahr 2001. (xy): eingeschränkte Aussagekraft, da relativer Standardfehler zwischen 10 und 20%. (./.): keine Aussagekraft, da relativer Standardfehler größer als 20%. Vgl. dazu Abschnitt 4.1.1.3, S. 54.

Die Beträge für die absolute Inzidenz fallen aufgrund der breiten Verteilung gering aus. Im Durchschnitt beträgt die Förderung für tatsächliche Leistungsbezieher 33,77 Euro. Die Förderbeträge je Empfänger bleiben unter Familientypen relativ konstant, lediglich Alleinerziehende profitieren unterdurchschnittlich. Die Abhängigkeit des Förderbetrags vom Einkommen zeigt sich moderat in der Familienphasenschichtung sowie deutlich in der Einkommensschichtung. Die Beträge steigen entsprechend dem Einkommensverlauf während des Familienzyklus an, während der Anstieg über die Einkommensgruppen aufgrund der größeren Einkommensabstände zwischen den Quintilen stärker ausfällt. Insgesamt profitieren Alleinerziehende, junge und einkommensschwache Familien unterdurchschnittlich von den Kinderzuschlägen zum Erwerbseinkommen.

8.1.4 Plausibilität

Der durchschnittliche Förderbetrag von 33,77 Euro ist in seiner quantitativen Dimension nicht zu überprüfen, da die Leistung nicht in der EVS erfasst wird. Qualitativ erscheint die absolute Inzidenz insofern plausibel, als dass sie der Intuition weitestgehend entspricht.[5]

9,3 Mio. Familien innerhalb der Analyse-Abgrenzung profitieren von den Leistungen. In den übrigen Haushalten sind alle Elternteile weder Arbeiter, Angestellte, Beamte noch Pensionäre. Dabei handelt es sich neben Rentner-Ehepaaren vornehmlich um Alleinerziehende, die von öffentlichen oder privaten Transfers leben. Die Anzahl der Nutzer von Kinderzuschlägen kann der Anzahl der Beschäftigen im öffentlichen Dienst gegenübergestellt werden. Im Jahr 1998 waren insgesamt 5,1 Mio. Personen im öffentlichen Dienst beschäftigt, wobei nicht er-

schnitt 3.3.1.3, S. 40ff.

[5]Auf den guten Repräsentationsgrad der Erwerbseinkommen in der EVS, die als Basis für die Zurechnung dienen, wurde bereits eingegangen. Fritzsche et al. (2003) gehen von einem Erfassungsgrad von 95% im Vergleich zur VGR aus, vgl. Fritzsche et al. (2003), S. 165.

mittelbar ist, wie viele Personen Kinder haben und auf wie viele Haushalte diese Personen entfallen.[6] Dem gegenüber stehen aus der EVS-Auswertung insgesamt 14,9 Mio. Personen, die in 10,3 Mio. Haushalten mit Kindern leben. Der deutlich breiter gefasste Nutzerkreis ist wie oben beschrieben bewusst gewählt, um gruppenspezifische Überschätzungen zu verhindern.

In einer Variationsrechnung mit einem enger gefassten Nutzerkreis ergibt sich ein durchschnittlicher Förderbetrag von 108,72 Euro. Diese ergänzende Berechnung bezieht nur jene Haushalte der obigen Eingrenzung ein, die zusätzlich angegeben haben, Sonstige Zuschläge und Einkommen (Kinderzuschläge) bezogen zu haben. Bei der engeren Definition umfasst die Nutzergruppe 4,9 Mio. Personen, die in 3,1 Mio. Haushalten mit Kindern leben. Um jedoch keine gruppenspezifische Überschätzung des Vorteils auszuweisen, bezieht sich die diskutierte absolute Inzidenz auf den breiter gefassten Nutzerkreis.

Die absolute Inzidenz der Kinderzuschläge ist daher insgesamt quantitativ eingeschränkt, aber aufgrund der sehr breiten Zurechnung qualitativ plausibel.

8.2 Entgeltfortzahlung

8.2.1 Beschreibung

Frauen mit Anspruch auf Mutterschaftsgeld in bestehenden Arbeitsverhältnissen erhalten nach § 14 Mutterschutzgesetz MuSchG von ihrem Arbeitgeber einen Zuschuss zum Mutterschaftsgeld. Der Zuschuss berechnet sich als Unterschiedsbetrag zwischen der Leistung der Krankenversicherung und dem durchschnittlichen Nettolohn der letzten drei Monate vor Beginn der Mutterschutzfrist, d.h. die Entgeltfortzahlung durch den Arbeitgeber beginnt ab einem monatlichen Durchschnittslohn von rund 390 Euro. Bei einem Lohn unterhalb dieser Schwelle erfolgt keine Bezuschussung. Für die Entgeltfortzahlung während des Mutterschutzes wendeten die Arbeitgeber nach Angaben des Sozialberichts 1,5 Mrd. Euro im Bezugsjahr 2001 auf. Die Arbeitgeber entrichten damit für die als Zuschlag zum Mutterschaftsgeld konzipierte Leistung die zweieinhalbfache Summe, die die Krankenversicherer für die Basisleistung aufwenden.[7]

8.2.2 Methodische Anmerkungen

Bei der Zurechnung wird als Makrogröße für die Entgeltfortzahlung bei Mutterschaft nach Angabe des Sozialberichts ein Betrag von 1,5 Mrd. Euro berücksichtigt. Der Wert beruht auf Schätzungen, da die „finanzstatistische Datenlage bei den Arbeitgeberleistungen“[8] unvollständig ist. Die Entgeltfortzahlung bzw. die Zuschüsse zum Mutterschaftsgeld werden in der EVS nicht separat, sondern zusammen mit Sonstigen Zuschlägen und Einkommen erfasst

[6] Beschäftigte im unmittelbaren und mittelbaren öffentlichen Dienst, vgl. Statistisches Bundesamt (1999b), S. 514.

[7] Für den parafiskalischen Transfer, siehe Abschnitt 7.1.2, S. 133 sowie die Tabelle 7.3, S. 134.

[8] BMGS (2002a), S. 442. Bei Rosenschon findet sich ein Wert von 1,3 Mrd. Euro, der auf älteren BMAS-Angaben beruht, vgl. Rosenschon (2001), S. 28. Das BMFSFJ berichtet nicht über die Volumen der (öffentlichen und privaten) Arbeitgeberleistungen. Ebenso bezieht die Deutsche Bundesbank die Entgeltfortzahlung nicht in ihre Analyse ein.

(z.B. mit Kinder-, Essensgeld-, Mietkosten- oder Überstundenzuschlägen). Eine ausschließliche Zurechnung nach dieser Variablen erscheint nicht geeignet, um ungewollte gruppenspezifische Schätzfehler zu verhindern. Da die Entgeltfortzahlung häufig zusätzlich zum parafiskalischen Mutterschaftsgeld gezahlt wird, wird dieses als ergänzende Variable für die Verteilung des Arbeitgeber-Mutterschaftsgeldes herangezogen. Die Makrogröße für die Entgeltfortzahlung wird daher vereinfachend zu 50% an Familien mit Kindern unter einem Lebensjahr entsprechend ihrer Einkünfte aus Sonstigen Zuschlägen und Einkommen verteilt sowie zu 50% entsprechend dem erhaltenen Mutterschaftsgeld.

8.2.3 Absolute Inzidenz

Tabelle 8.2 zeigt die absolute Inzidenz der Entgeltfortzahlung. Die Entgeltfortzahlung bei Mutterschaft stellt aufgrund der engen Zuteilungskriterien (insbesondere der engen Altersgrenze für die Kinder) eine sehr selektive Leistung dar, da nur 1,8% der Familien davon profitieren. Dabei zeigen sich erwartungsgemäß Parallelen zum Mutterschaftsgeld der GKV, dass durch die Zahlungen der Arbeitgeber ergänzt wird. Der Nutzerkreis ist ähnlich wie bei der parafiskalischen Leistung sehr gering, da nur rund 0,4 Mio. Familien nutznießen.[9] Erwartungsgemäß konzentrieren sich die Empfänger in der Gründungsphase. Aufgrund der geringen Fallzahlen sind vor allem die Werte in der Einkommensschichtung nur eingeschränkt aussagekräftig.

Tabelle 8.2: Entgeltfortzahlung, absolute Inzidenz

Familientyp	Ehe, 1 Ki.	Ehe, 2 Ki.	Ehe, >2 Ki.	Alleinerz.	Alle
Empfänger-Familien in %	2,3	1,6	2,0	(0,6)	(1,8)
Euro je Empfänger-Familie	606,15	478,28	514,06	(438,01)	(541,21)
Euro je Familie	14,14	7,72	10,47	2,77	9,55
Familienphasen	**Grdg.**	**Aufb.**	**Stab.**	**Kons.**	**Umortg.**
Empfänger-Familien in %	12,9	2,8	(0,5)	./.	./.
Euro je Empfänger-Familie	627,98	423,03	(429,90)	./.	./.
Euro je Familie	80,71	12,02	(1,71)	0,00	0,00
Quintile	**I**	**II**	**III**	**IV**	**V**
Empfänger-Familien in %	(1,1)	(2,2)	(2,2)	(1,9)	(1,8)
Euro je Empfänger-Familie	(307,52)	(393,22)	(546,67)	(733,00)	(682,37)
Euro je Familie	3,31	8,74	11,94	14,04	9,71

Quelle: Eigene Berechnungen mit dem EVS-Mikrofile 1998. Absolute Inzidenz in Euro monatlich für das Bezugsjahr 2001. (xy): eingeschränkte Aussagekraft, da relativer Standardfehler zwischen 10 und 20%. (./.): keine Aussagekraft, da relativer Standardfehler größer als 20%. Vgl. dazu Abschnitt 4.1.1.3, S. 54.

Die absolute Inzidenz der Entgeltfortzahlung spielt zwar im Mittel für alle Familien mit 9,55 Euro keine große Rolle, ist aber für die tatsächlichen Empfänger dieser Leistung mit durchschnittlich 541,21 Euro von großer Bedeutung. Die hohe absolute Inzidenz erklärt sich aus dem zweieinhalbfachen Gesamtvolumen für die Entgeltfortzahlung (1,5 Mrd. Euro) gegenüber dem parafiskalischen Zahlungen (0,6 Mrd. Euro). Im Mittel betrug das Mutterschaftsgeld für die Empfänger 246,29 Euro. Zwischen den Familientypen sind aufgrund der niedrigen

[9] Vgl. Tabelle 7.3, S. 134.

Fallzahlen kaum Aussagen machbar, jedoch ist die unterdurchschnittliche Inzidenz für Alleinerziehende hervorzuheben. Die ohnehin geringe Anzahl von Alleinerziehenden, die eine Familie gründen, ist vor der Mutterschaft selten erwerbstätig, sodass viele der alleinerziehenden Mütter von der an eine vorangegangene Erwerbstätigkeit geknüpften Leistung nicht profitieren können. Gründungsfamilien erreichen erwartungsgemäß in der Familienphasenschichtung einen sehr hohen Wert, während die Beträge dann schnell auf Null sinken. In der Einkommensschichtung steigen die Mittelwerte recht deutlich in die oberen Einkommensgruppen an, sind jedoch aufgrund der niedrigen Fallzahlen kaum zu interpretieren.

8.2.4 Plausibilität

Eine quantitative Plausibilitätsdiskussion ist nicht möglich, da die Entgeltfortzahlung nicht direkt in der EVS erfasst wird. Ebenso ist die qualitative Plausibilität der Ergebnisse aufgrund der problematischen Isolation der tatsächlichen Nutzer sowie der auf Schätzungen beruhenden Makrogröße eingeschränkt. Daher wird die Verteilung soweit wie möglich verteilungsneutral vorgenommen.

Die EVS erfasst die Entgeltfortzahlung der Arbeitgeber nicht in einer getrennten Variable, sondern als zusammengefasste Einkommensart Sonstige Zuschläge und Einkommen. Daher ist der Nutzerkreis schwer zu isolieren. Bei der angewandten hälftigen Zurechnung nach Sonstigen Zuschlägen und GKV-Mutterschaftsgeld werden insgesamt 360.000 Familien Vorteile aus der Entgeltfortzahlung zugerechnet. Da der Bezug des GKV-Transfers keine zwingende Voraussetzung für die Arbeitgeber-Leistung ist, erscheint die geringfügig größere Anzahl von Empfängern als im Falle der GKV-Leistung jedoch plausibel. Einkünfte aus Sonstigen Zuschlägen empfangen 6,1 Mio. Haushalte, davon 125.000 Familien mit Kinder unter einem Jahr. Diese stehen den in der EVS erfassten 186.000 Beziehern des parafiskalischen Mutterschaftsgeldes gegenüber. Gleichzeitig Mutterschaftsgeld und Sonstige Zuschläge haben lediglich 106.000 Haushalte erhalten.[10]

Für den berechneten Vorteil liegen keine Referenzstudien vor, jedoch lassen sich anhand von ergänzenden Modellrechnungen Vergleichsdaten ermitteln. Die berechnete durchschnittliche monatliche Förderung beträgt 541,21 Euro.[11] Nach Modellrechnungen des BMFSFJ liegt die private Entgeltfortzahlung bei monatlich 600 Euro, wenn Mütter vor der Mutterschaft einen Nettolohn von 975 Euro erhielten. Der berechnete Mittelwert entspricht dem Wert aus der repräsentativen Modellrechnung.[12]

[10]Zudem ist die dem Sozialbericht entnommene Makrogröße für die Entgeltfortzahlung eine Schätzung, für die laut BMAS wegen der unzureichenden Datenlage keine ausreichende Fehlerschätzung vorgenommen werden kann. Vgl. BMGS (2002a), S. 442f.

[11]Bei einer reinen Zurechnung nach Sonstigen Zuschlägen ergibt sich ein Mittelwert von 1.024,04 Euro bzw. bei einer reinen Zurechnung nach dem Mutterschaftsgeld ein Mittelwert von 677,59 Euro. Wie die Werte zeigen, besteht die Gefahr einer gruppenspezifischen Überschätzung.

[12]Für einen Durchschnittswert von rund 1.000 Euro ist ein durchschnittlicher Nettolohn von rund 1.380 Euro notwendig. Vgl. BMFSFJ (2004), S. 37.

8.3 Zentrale Ergebnisse und weiterführende Argumente

Abschließend stellt die nachstehende Box die zentralen Ergebnisse für die beiden Leistungen im Überblick dar.[13]

- Die Kinderzuschläge erreichen aufgrund der breiten Zuteilung rund 85% der Familien. Ältere Familien, höhere Einkommensgruppen und stärker erwerbstätige Familien weisen überdurchschnittliche Transfersalden auf, während Alleinerziehende nur unterdurchschnittlich profitieren. Der mittlere Förderbetrag beträgt aufgrund der breiten Zuteilung rund 35 Euro, die nur qualitativ uneingeschränkt plausibel sind.
- Die Entgeltfortzahlung bei Mutterschaft erreicht 1,8% der Familien, da sie nahezu ausschließlich an Gründungsfamilien fließt. Sie weist dadurch einen starken Phasenbezug auf. Der mittlere Förderbetrag von rund 540 Euro ist quantitativ nur eingeschränkt plausibel, da sich die Förderung auf einen sehr kleinen Nutzerkreis konzentriert.

[13]Vgl. dazu ergänzend die Tabelle 9 im Anhang.

Kapitel 9

Zwischenzusammenfassung

Die Zwischenzusammenfassung zum Teil 2 dieser Arbeit wechselt nun die Perspektive weg von der instrumentspezifischen Sicht hin zu einer aggregierten Darstellung der familienpolitischen Leistungsgruppen. Die absolute Inzidenz der einzelnen Instrumente wird zum Gesamteffekt aus den familienpolitischen Leistungen verdichtet. Zudem werden für die vier Leistungskategorien spezifische Transfersalden bestimmt. Deren Inzidenz wird analog den vorangegangenen Ausführungen für die drei Schichtungen nach Familientyp, Familienphase sowie Einkommensgruppe differenziert. Für die Erläuterungen sind jedoch einige Vorbemerkungen notwendig.

Zunächst entfällt in der aggregierten Darstellung der separate Ausweis der mittleren Förderung für Empfänger-Familien. Es wird nur der Mittelwert für alle Familien aufgeführt. Dieses Vorgehen ist notwendig, da sich die Empfängergruppen einzelner Leistungen in der Aggregation überschneiden. Zum Beispiel beziehen Sozialhilfe-Empfänger häufig zusätzlich Wohngeld, während Wohngeld-Empfänger nicht zwingend Sozialhilfeleistungen empfangen. Aufgrund der Überlappungen ist es daher nicht sinnvoll, eine nur scheinbar homogene Empfängergruppe zu bilden, sondern bietet sich vielmehr der Ausweis des Mittelwerts über alle Familien an.

Schließlich werden die Ergebnisse nicht in Tabellen, sondern in Abbildungen dargestellt. Dies erscheint insofern sinnvoll, da die Aggregation der spezifischen Leistungen vielmehr die qualitative Dimension der Verteilung der Leistungen verdeutlichen soll, als deren quantitativen Umfang zu bestimmen. Dadurch gewinnen die aggregierten Ergebnisse über das Analysejahr 2001 hinaus an Aussagekraft, da sich die strukturellen Verteilungswirkungen der familienpolitischen Leistungen mittelfristig nur wenig verändern dürften.

9.1 Gesamteffekt

Die Abbildung 9.1 zeigt den Gesamteffekt aus den familienpolitischen Leistungen, wie er sich aus den Verteilungswirkungen der aggregierten Leistungskategorien ergibt. Der linke Teil der Abbildung zeigt die mittlere Gesamtförderung für die Familientypen als gestapeltes Balkendiagramm, der mittlere Teil für die Familienphasen sowie der rechte Teil für die Einkommensgruppen als Liniendiagramm, da letztere beide Schichtungen Verläufe darstellen.[1]

[1] Vgl. im Anhang die Datentabelle zur Abbildung Tabelle 14.

Abbildung 9.1: Ausgabeninzidenz, Familienpolitik

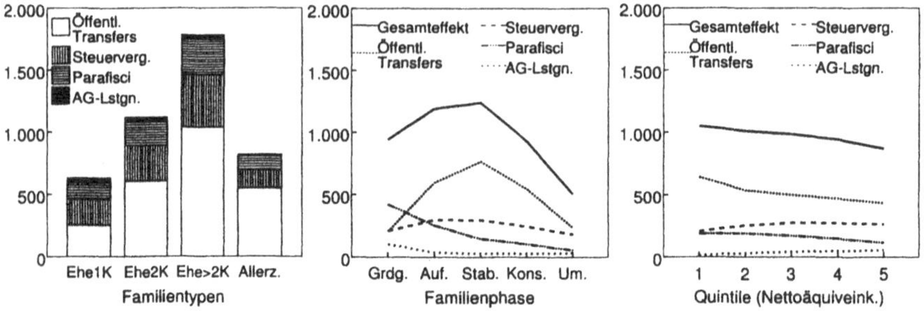

Quelle: Eigene Berechnungen mit dem *Scientific Use File* der EVS 1998. Alle Werte in Euro je Monat. Steuervergünstigungen mit effektivem Förderanteil des Kindergelds (Variante 2).

- Der Transfersaldo aller familienpolitischen Leistungen steigt unter Ehepaaren mit der Kinderzahl deutlich an. Ehepaare mit nur einem Kind profitieren mit 64,9% des durchschnittlichen Transfersaldos über alle Familien am geringsten. Ehepaare mit drei und mehr Kindern hingegen weisen 183,2% des mittleren Transfersaldos auf, da sie die wichtigen kinderzahlabhängigen Leistungen kumulieren. Alleinerziehende verfügen über einen unterdurchschnittlichen Transfersaldo (84,3% des Durchschnittswertes). Die Teileffekte ergänzen sich zum Gesamteffekt, da sich keine gegenläufigen spezifischen Transfersalden ergeben.

- Die Schichtung nach Familienphasen zeigt, dass der Transfersaldo aller familienpolitischen Leistungen sich a priori durch das starke Gewicht der kinderzahlabhängigen Leistungen parallel zur Familienkarriere entwickelt. Der Transfersaldo steigt zunächst mit der Familienvergrößerung an, um dann ab der Stabilisierungsphase mit der Familienverkleinerung abzusinken. Jedoch gilt es zu beachten, dass aufgrund der Phasenwirkung einiger Leistungen zu Gunsten jüngerer Familien der Transfersaldo je Kind mit zunehmenden Familienalter absinkt.[2] Zudem überlagern sich in der Phasenschichtung die spezifischen Transfersalden im Unterschied zur Schichtung nach dem Familientyp, in der sich die Teileffekte eher ergänzen. Die Transfersalden streuen daher weniger stark um den Mittelwert als in der Schichtung nach Familientyp. Zwischen dem Maximalwert von 127,5% (Stabilisierungsphase) und dem Minimalwert von 52,3% (Umorientierungsphase) ergibt sich eine Spannweite von rund 75 Prozentpunkten gegenüber rund 118 Prozentpunkten in der Schichtung nach Familientypen.

- In der Einkommensschichtung ergibt sich ein moderat mit dem Einkommen sinkender Transfersaldo. Während die unterste Einkommensgruppe 107,9% des mittleren Transfersaldos empfängt, weist die oberste Einkommensgruppe immerhin noch 89,5% des Mit-

[2] Der Transfersaldo je Kind beträgt in der Gründungsphase rund 865 Euro, in Aufbau- und Stabilisierungsphase rund 595 bzw. 600 Euro, in der Konsolidierungsphase rund 560 Euro und schließlich in der Umorientierungsphase nur noch rund 420 Euro. Vgl. dazu die Tabellen 3.2, S. 34 sowie die Datentabelle 10.

telwertes auf. Hierbei neutralisieren sich die mit dem Einkommen ansteigenden Transfersalden aus Steuervergünstigungen sowie Arbeitgeber-Leistungen mit den mit dem Einkommen absinkenden Transfers der Gebietskörperschaften und Parafisci.

- Im Vergleich zwischen den drei Schichtungen zeigt sich, dass der Transfersaldo aus allen familienpolitischen Leistungen am stärksten mit der Kinderzahl schwankt und am geringsten mit dem Einkommen. Dies ist zum einen auf das hohe Gewicht der kinderzahlabhängig zugerechneten Leistungen wie insbesondere den Schulausgaben zurückzuführen. Zum anderen neutralisieren sich in der Schichtung nach dem Einkommen gegenläufige Effekte vor allem aus Transfers der Gebietskörperschaften und Steuervergünstigungen. Die Phasenschichtung zeigt eine mittlere Spannweite der Extreme, da sich die stärker phasenabhängigen Leistungen (Transfers der Parafisci) mit den stärker kinderzahlabhängigen Leistungen (Transfers der Gebietskörperschaften) ergänzen.

9.2 Spezifische Transfersalden

9.2.1 Transfers der Gebietskörperschaften

Die Abbildung 9.2 zeigt den Transfersaldo aus den aggregierten Geld- und Sachtransfers der Gebietskörperschaften.[3]

Abbildung 9.2: Ausgabeninzidenz, Transfers der Gebietskörperschaften

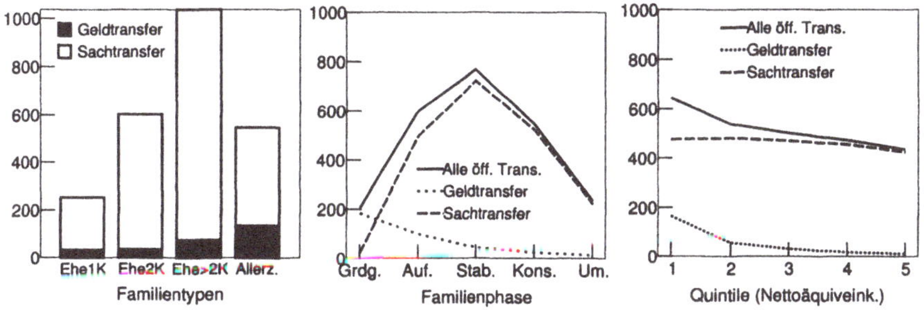

Quelle: Eigene Berechnungen mit dem *Scientific Use File* der EVS 1998. Alle Werte in Euro je Monat.

- Die Transfers der Gebietskörperschaften sind mit Gesamtkosten in Höhe von 73,2 Mrd. Euro im Bezugsjahr 2001 die wichtigste familienpolitische Leistungskategorie (54% des gesamten familienpolitischen Budgets). Die Ausgaben für Sachtransfers wie Schulen, Kindergärten oder Jugendhilfeleistungen in Höhe von 64 Mrd. Euro (87% der Transfers der Gebietskörperschaften) dominieren die absolute Inzidenz der Ausgabengruppe.[4]

[3] Vgl. im Anhang die Datentabelle zur Abbildung Tabelle 10.

[4] Der Anteil der absoluten Inzidenz der Schulen am Transfersaldo aller Transfers der Gebietskörperschaften beträgt 73,3%. Vgl. hierzu Tabelle 5.7, S. 93 sowie Tabelle 10 im Anhang. Dabei ist zu beachten, dass im Gesamt-

- Der Transfersaldo aller Transfers der Gebietskörperschaften wird aufgrund des hohen Volumens von der Inzidenz der Sachtransfers geprägt, jedoch unterscheiden sich Geld- und Sachtransfers stark in ihren Verteilungswirkungen. Die Verteilung der Sachtransfers steigt und fällt mit der Kinderzahl und ist weitestgehend unabhängig vom Familienstand und vom Einkommen. Die Teilnahmequote von 100% zeigt, dass jede Familie von mindestens einem Sachtransfer profitiert. Die Verteilung der Geldtransfers ist deutlich selektiver als diejenige der Sachtransfers.

- Die Geldtransfers begünstigen vor allem Alleinerziehende, jüngere Familien sowie einkommensschwache Familien. Etwas mehr als jede fünfte Familie (23%) empfängt mindestens einen Geldtransfer, während die überwiegende Mehrheit der Familien keinen einzigen Geldtransfer bezieht.[5]

- Auch wenn die berechneten monetarisierten Vorteile als absolute Größen mit kritischer Distanz zu interpretieren sind, so sind die berechneten Verteilungswirkungen in Umfang und Richtung mindestens qualitativ plausibel. Die Analyse zeigt, welche Familien über- oder unterdurchschnittlich von welchen Transfers der Gebietskörperschaften profitieren.

9.2.2 Steuervergünstigungen

Die aggregierte absolute Inzidenz der Steuervorteile wird in der nachstehenden Abbildung 9.3 für die drei Schichtungen nach Familientyp, Familienphasen sowie Einkommensgruppen dargestellt. Der Transfersaldo wird in zwei Varianten erläutert: Die Variante 1 umfasst dabei insgesamt Steuervorteile in Höhe von 52,6 Mrd. Euro, darunter das Kindergeld als reine Transferlösung (31,2 Mrd. Euro). Die Variante 2 hingegen bezieht sich auf Steuervorteile in Höhe von 34,4 Mrd. Euro, darunter das Kindergeld nur in Höhe des effektiven Förderanteils (12,3 Mrd. Euro).[6]

- Die Steuervergünstigungen sind im Bezugsjahr mit Kosten in Höhe von 53,3 (Variante 1) bzw. 34,4 Mrd. Euro (Variante 2) die dem Ausgabenvolumen nach zweitwichtigste familienpolitische Leistungsart (34 bzw. 25% des familienpolitischen Budgets). Steuervergünstigungen wie das im Optionsmodell gewährte Kindergeld sowie das Ehegattensplitting

---

effekt die moderatere Verteilungsvariante à la Kleinhenz-Werding unterstellt wird. Bei Verwendung alternativer Nutzungsannahmen im Sensitivitätstest verstärkt sich der Anstieg mit der Kinderzahl, wie im Abschnitt 5.2.1, S. 90ff. ausgeführt wurde.

[5]Für die einzelnen Leistungen werden insgesamt 3,1 Mio. Empfängerfamilien bestimmt, während nur 2,5 Mio. Familienhaushalte von den saldierten Geldtransfers profitieren. Im Mittel bezieht demnach ein Empfängerhaushalt 1,3 Transfers. Für die Sachtransfers liegt die Teilnahmequote bei 100%, da jeder Familie zumindest das Transferäquivalent für die allgemeine Jugendhilfe zugerechnet wurde.

[6]Da die Verläufe für die beiden Varianten aufgrund des unterschiedlichen Transfervolumens des Kindergelds voneinander abweichen, wird zwecks besserer Übersichtlichkeit eine um diesen Volumeneffekt bereinigte Abbildung ergänzend im Anhang dargestellt. Die Variante 1 (bereinigt) bezieht sich im Anhang daher auf ein als Transfer gewährtes Kindergeld in Höhe von 12,3 Mrd. Euro anstatt 31,2 Mrd. Euro. Vgl. dazu Abbildung 1 sowie die Datentabelle Tabelle 11 im Anhang.

Abbildung 9.3: Ausgabeninzidenz, Steuervorteile

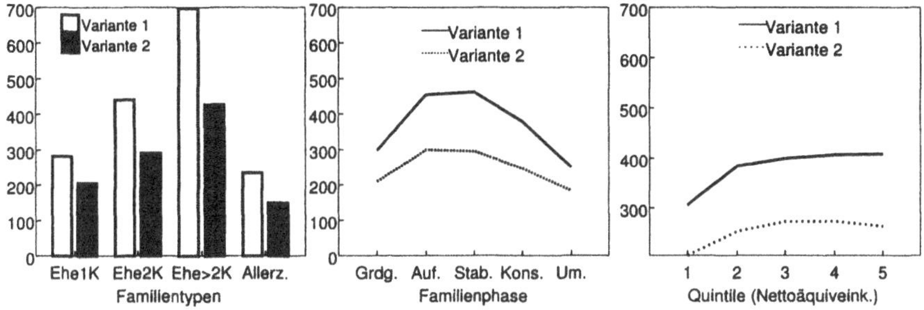

Quelle: Eigene Berechnungen mit dem *Scientific Use File* der EVS 1998. Alle Werte in Euro je Monat. Variante 1: Steuervergünstigungen mit Kindergeld als Transferzahlung; Variante 2: Steuervergünstigungen mit effektivem Förderanteil des Kindergelds.

stehen in einer intensiven Diskussion, inwieweit und bis zu welchem Umfang sie als familienpolitisches Instrument gelten. Die Inzidenzanalyse berücksichtigt dies durch die Berechnung von zwei Varianten.

- Die aggregierten Steuervergünstigungen erreichen mit einer gesamten Teilnahmequote von 99% prinzipiell alle Familien, obwohl das kostenmäßig wichtige Ehegattensplitting Alleinerziehende ausschließt.[7]

- Die individuell realisierten Transfersalden unterscheiden sich jedoch in ihrer Höhe sehr stark. Familien empfangen im Gesamtmittel einen zusammengefassten Steuervorteil in Variante 1 von 380,74 Euro und in Variante 2 von 253,38 Euro. In beiden Varianten steigen unter Ehepaaren die Vorteile sehr stark mit Kinderzahl an, wobei der Anstieg für die Variante 2 relativ stärker ausfällt. In Variante 1 weisen Ehepaare mit mehr als zwei Kindern 168% der mittleren Förderung auf, in Variante 2 sogar 183%. Der Effekt geht wiederum auf die Verknüpfung von steigendem (nicht-bedarfsgewichtetem) Einkommen und steigender Kinderzahl unter Ehepaaren zurück, sodass kinderreiche Familien sehr stark von Steuervergünstigungen profitieren.

- Alleinerziehende weisen in beiden Varianten mit 234,20 bzw. 149,08 Euro den geringsten Vorteil unter Familientypen auf, was jeweils nur rund 60% des durchschnittlichen Vorteils aller Familien entspricht. Der relative Nachteil der Alleinerziehenden bei den Steuervergünstigungen geht zum einen auf deren Einkommensschwäche zurück, zum anderen auf den Ausschluss vom Splittingvorteil.[8]

[7] In der Summe erreichen die Steuervergünstigungen in der ersten Variante 98,6% und in der zweiten Variante 98,8% aller Familien. Die Unterschiede der Teilnahmequoten sind für die einzelnen Zellen der drei Schichtungen gering, sodass auf eine getrennte Diskussion verzichtet werden kann. Nicht-Empfänger sind häufig Alleinerziehende oder ältere Ehepaare, die aufgrund ihrer geringen Einkommen nicht von Steuervorteilen oder aufgrund der eigenen Erwerbstätigkeit der Kinder kein Kindergeld empfangen.

[8] Der Haushaltsfreibetrag für Alleinerziehende nach Rechtslage des Jahres 2001 kompensiert diesen Nachteil nicht. Für die Bezieher des Haushaltsfreibetrags wurde ein Vorteil von durchschnittlich rund 64 Euro berechnet,

- Die beiden Varianten Kindergeldzahlung als reine Transferlösung sowie der effektive Förderanteil am Kindergeld unterscheiden sich wenig in der Empfängerstruktur sowie in Umfang und Richtung der Verteilungswirkungen. Jedoch sinkt der Vorteil aus dem effektiven Förderanteil mit dem Einkommen ab, während die Kindergeldzahlung einkommensunabhängig ist. De facto stellt somit das Kindergeld eine einkommensabhängige Leistung dar.

- Die Plausibilität der absoluten Inzidenz der Steuervergünstigungen ist mit Ausnahme der Kindergeldzahlungen quantitativ eingeschränkt, da die Steuervorteile nicht in der EVS erfasst (bzw. erfassbar) sind. Die absoluten Steuervorteile sind daher mit kritischer Distanz zu interpretieren. Der Vergleich mit Referenzarbeiten zeigt jedoch gute Übereinstimmungen, sodass die Verteilungswirkungen in Umfang und Richtung plausibel erscheinen.

9.2.3 Leistungen der Parafisci

Die absolute Inzidenz der drei Sozialversicherungszweige wird zum Gesamteffekt der parafiskalischen Transfers aggregiert und in der nachstehenden Abbildung 9.4 für die drei Schichtungen nach Familientyp, Familienphase sowie Einkommensgruppe dargestellt. Neben dem Gesamteffekt werden die Instrumente ergänzend auf der Ebene der Sozialversicherungszweige zusammengefasst dargestellt.[9]

Abbildung 9.4: Ausgabeninzidenz, parafiskalische Transfers

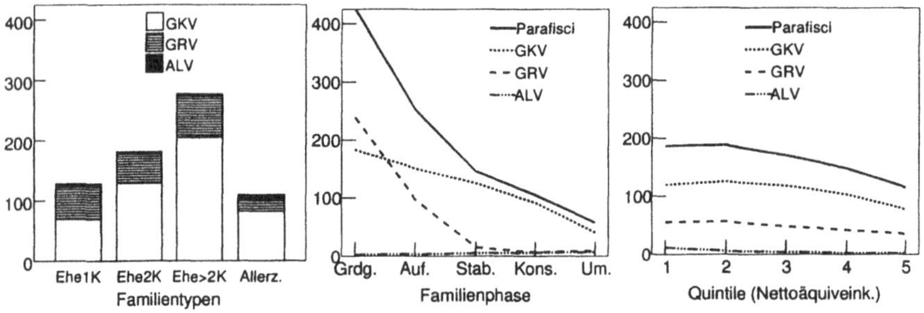

Quelle: Eigene Berechnungen mit dem *Scientific Use File* der EVS 1998. Alle Werte in Euro je Monat.

- Die Sozialversicherungszweige erbringen im Bezugsjahr 2001 familienpolitische Leistungen in Höhe von 23,2 Mrd. Euro bzw. 17% des familienpolitischen Budgets. Die Verteilungswirkungen werden von den GKV-Leistungen dominiert, da insbesondere die Kosten der beitragsfreien Mitversicherung Familienangehöriger rund 51% der parafiskalischen Leistungen betragen.

- Die Leistungen der Sozialversicherungszweige weisen sehr unterschiedliche Teilnahmequoten auf: Während die GKV-Leistungen rund 80% der Familien erreichen, beziehen

für die des Ehegattensplittings von rund 148 Euro. Vgl. Tabellen 6.3, S. 118 sowie 6.4, S. 125.

[9] Vgl. zur Abbildung die Datentabelle Tabelle 12 im Anhang.

nur 15% der Familien eine ALV-Leistung. Für die GRV liegt aufgrund der verteilungsneutralen Zurechnung die Teilnahmequote bei 100%.

- Die Transfersalden steigen mit der Kinderzahl an, da große Familien Transferäquivalente für die beitragsfreie Mitversicherung kumulieren. Alleinerziehende weisen die geringsten Transfersalden auf.

- Die absolute Inzidenz der parafiskalischen Leistungen weist im Vergleich zu den anderen Leistungskategorien den deutlichsten Phasenbezug zu Gunsten der jüngsten Familien auf. Dieser Verlauf wird dominiert durch das Zusammenspiel von GKV- und GRV-Leistungen. Insbesondere die an das Vorhandensein jüngerer Kinder gebundenen Mutterschaftsleistungen sowie die Anrechnung von Erziehungszeiten bewirken eine stark linkssteile Phasenwirkung zu Gunsten der Gründungs- und Aufbaufamilien.

- Der aggregierte Transfersaldo sinkt gering mit dem Einkommen. Dieser Verteilungseffekt ergibt sich stärker aus Alters- als aus Einkommensgrenzen, sodass untere Einkommensgruppen mit überdurchschnittlich jüngeren Familien stärker profitieren.[10]

- Die Plausibilität ist für monetäre Transfers uneingeschränkt und für die übrigen Leistungen zumindest qualitativ gut. Daher sind die absoluten Förderbeträge mit kritischer Distanz, die Verteilungswirkungen in Richtung und Umfang verbindlich zu interpretieren.

9.2.4 Leistungen der Arbeitgeber

Die absolute Inzidenz der Arbeitgeberleistungen wird nun aggregiert und in der nachstehenden Abbildung 9.5 für die drei Schichtungen nach Familientyp, Familienphase sowie Einkommensgruppe dargestellt.[11]

- Die Leistungen der Arbeitgeber sind mit Aufwendungen in Höhe von 5,6 Mrd. Euro bzw. 4% des familienpolitischen Budgets die kleinste Leistungskategorie. Die Verteilungswirkungen werden dominiert von den Kinderzuschlägen im öffentlichen Dienst, die 73% der Ausgabengruppe ausmachen.

- Die Teilnahmequote für die aggregierten Leistungen beträgt aufgrund der breiten Zurechnung 85%. Alleinerziehende und Familien der untersten Einkommensgruppe beziehen jedoch weniger häufig Arbeitgeberleistungen.[12] Die Transfersalden sind deshalb für jene Familien überdurchschnittlich, die eine überdurchschnittliche Erwerbstätigkeit aufweisen.

---

[10] Die quantitativ wenig bedeutsamen ALV-Leistungen weisen zwar einen linkssteilen Gesamtverlauf auf, da sich nichterwerbstätige ALV-Transferempfänger auf die unteren Einkommensgruppen konzentrieren. Jedoch wirken sich die ALV-Leistungen aufgrund ihres geringen Volumens nur mäßig auf den Gesamteffekt aus.

[11] Vgl. zur Abbildung die Datentabelle Tabelle 13 im Anhang.

[12] Der Teilnehmerkreis entspricht aufgrund der sehr breiten Zurechnung weitestgehend dem der Kinderzuschläge.

Abbildung 9.5: Ausgabeninzidenz, AG-Leistungen

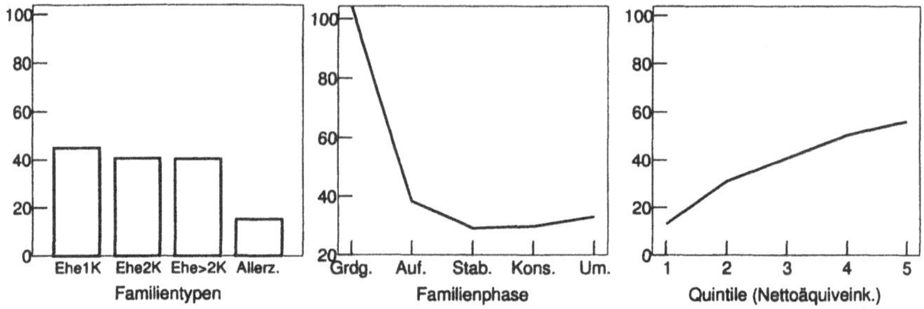

Quelle: Eigene Berechnungen mit dem *Scientific Use File* der EVS 1998. Alle Werte in Euro je Monat.

- Die absolute Inzidenz der Arbeitgeberleistungen fördert kleine verheiratete, sehr junge sowie einkommensstärkere Familien überdurchschnittlich. Deutlich unterdurchschnittlich profitieren Alleinerziehende und die unteren 60% der Einkommensverteilung.

- Die berechneten Beträge sind in ihrer absoluten Höhe nur eingeschränkt zu interpretieren, während die Verteilungswirkungen in Richtung und Umfang qualitativ plausibel sind.

Teil III

Umverteilungswirkungen der Familienpolitik

Kapitel 10

Inzidenz der öffentlichen Einnahmen

Die familienpolitischen Leistungen werden im wesentlichen durch die Einnahmen der öffentlichen Hand und der Parafisci finanziert.[1] Die zur Finanzierung der Aufgaben erforderlichen öffentlichen Einnahmen belasten die privaten Haushalte mit Steuern, Beiträgen und sonstigen Einnahmen wie Gebühren oder Nettokreditaufnahme. Für die Ermittlung der Verteilungswirkungen der Abgabenseite ist daher in erster Linie von Interesse, wie Steuern, Beiträge und sonstige öffentliche Einnahmen Familien und Kinderlose individuell belasten.

Für die Berechnung der individuellen Abgabenlast ist daher die Inzidenz der öffentlichen Einnahmen zu bestimmen. Dazu wird analog dem im Teil 2 entwickelten fiskalischen Inzidenzmodell für die familienpolitische Leistungen nun eine Analyse der Finanzierungsseite unternommen, indem die individuelle Belastung der Haushalte durch die Einnahmen der öffentlichen Hand ermittelt wird. Das folgende Kapitel 10 dokumentiert in einem ersten Schritt die Methodik der Zurechnung der Einnahmen auf die Haushalte. In einem zweiten Schritt werden die Verteilungswirkungen der öffentlichen Einnahmen erläutert. Abschließend wird erneut die Plausibilität der erhaltenen Ergebnisse diskutiert.

10.1 Methodische Anmerkungen

Für die Berechnung der Inzidenz der öffentlichen Einnahmen wird das fiskalische Inzidenzmodell um die öffentlichen Einnahmen erweitert, dass heißt, für jeden Haushalt wird eine individuelle Belastung durch öffentliche Einnahmen berechnet.

10.1.1 Verteilungsannahmen

Die Zurechnung der Steuern, Beiträge zur Sozialversicherung und sonstigen Abgaben basiert wiederum auf dem *Scientific Use File* der EVS 1998. Die Datengrundlage erfasst zum Teil Ausgaben, die den Haushalten in Form von Steuerzahlungen entstehen. Dies ist jedoch nur bei Abgaben wie der Einkommen- und Lohnsteuer, der Kfz-Steuer oder den Beiträgen zu den gesetzlichen Sozialversicherungen möglich, die die Haushalte entweder selbst abführen oder

[1]Die Aufwendungen der privaten Arbeitgeber für familienpolitische Leistungen bleiben vorerst ausgeblendet und werden in Kapitel 10 diskutiert.

anderweitig in ihrer Höhe dem Haushalt bekannt sind. Für eine große Anzahl von Abgaben wie vor allem Verbrauchsteuern ist dies jedoch nicht der Fall, sodass die Bestimmung der individuellen Belastung ähnlich der Ausgabenseite über geeignete Annahmen erfolgen muss.

Die Analyse arbeitet für die Zurechnung der Abgaben mit Standardannahmen, die bereits in methodisch weitestgehend identischen Arbeiten erprobt und auf ihre Sensitivität hin getestet wurden.[2] Die nachstehende Tabelle 10.1 gruppiert die öffentlichen Einnahmen in die Gruppen Direkte Steuern, Indirekte Steuern, Sonstige Einnahmen und Sozialversicherungsbeiträge. Die Einteilung der Gruppen orientiert sich an Grüske (1994). Die Angaben zur Höhe der Einnahme beziehen sich entsprechend der Analyse der Ausgabeninzidenz auf den Stand von 2001. Daneben sind die verwendeten Annahmen zur Zurechnung der öffentlichen Einnahmen in der Tabelle im Überblick aufgeführt.

Tabelle 10.1: Verteilungsannahmen für öffentliche Einnahmen

Einnahmeart	Mrd. Euro	EVS-Variable für Verteilungsannahme
Direkte Steuern	*245,2*	
Einkommen- und Lohnsteuer	174,9	Lohn- und Einkommensteuer
Gewerbesteuer	24,5	Privater Verbrauch
Grundsteuern u.ä.	14,2	50% Wohnungsmieten, 50% Einnahmen aus Vermietung u. Verpachtung
Solidaritätszuschlag	11,1	Solidaritätszuschlag
Kfz-Steuer	8,4	85% Kfz-Steuer, 15% Privater Verbrauch
Versicherungssteuer	7,4	60% Gesamtkonsum, 40% Versicherungsausgaben
Erbschaftsteuer	3,1	50% Erbschaftsteuer, 50% Vermögenseinkünfte
Körperschaftsteuer	1,3	60% Privater Verbrauch, 40% Kapitaleinkommmen
Vermögensteuer	0,3	Kapitaleinkommen
Indirekte Steuern	*206,3*	
Einfuhr- und Umsatzsteuer	139,0	Privater Verbrauch ohne Mieten (Nahrungsmittel zu 50%)
Mineralölsteuern	40,7	75% Ausgaben für Kraftstoffe, 25% Privater Verbrauch
Tabaksteuer	12,0	Ausgaben für Nahrungsmittel, Getränke, Tabak
Sonstige Verbrauchsteuern	4,5	Ausgaben für Nahrungsmittel, Getränke, Tabak
Stromsteuer	4,3	Privater Verbrauch
Zölle	3,2	Privater Verbrauch
Rennwett- und Lotteriesteuer	1,9	Ausgaben für Glücksspiele
Sonstige Steuern	0,7	Verteilungsneutral
Sonstige Einnahmen	*161,8*	
Vermögensbewegung	59,9	Verteilungsneutral
Gebühren u.ä.	52,0	Ausgaben für Verwaltungsgebühren
Nettoneuverschuldung	49,9	Einnahmen aus Kapitalvermögen
Sozialversicherungsbeiträge	*362,0*	
AG- und AN-Beiträge	362,0	Beiträge der AN

Quelle: BMF (2003b), Statistisches Bundesamt (2002c), S. 29f. Angaben in Mrd. Euro für 2001.

[2]Grundlage für diese Arbeit sind Budgetinzidenzanalysen anhand von EVS-Daten zwischen 1963 und 1988. Siehe dazu Grüske (1978), Grüske (1985), Bonah (1993), Grüske (1994), Holtzmann (1994) sowie Kupferschmidt (2001).

Ohne auf die Verteilungsannahmen im Einzelnen einzugehen, werden im Folgenden kurz die wesentlichen methodischen Eigenschaften der Annahmen für die Inzidenzberechnung dokumentiert.[3]

- Bei den direkten Steuern handelt es sich zu 80% um Steuern, die den Haushalten in ihrer Höhe bekannt und daher in der EVS als Ausgabeart erfasst sind. Dies sind die Einkommen- und Lohnsteuer, der Solidaritätszuschlag sowie die Kfz-Steuer. Somit kann der Löwenanteil der direkten Steuern ohne die Verwendung von Annahmen direkt nach den Angaben des Mikrofiles den Haushalten zugeordnet werden. Die Zurechnung der übrigen Steuern erfolgt anhand von Standardannahmen nach Grüske (1978), die auf eine mittlere Verteilungswirkung abstellen. Mittlere Verteilungswirkung bedeutet dabei, dass keine extremen Überwälzungsannahmen getroffen werden. Beispielsweise wird davon ausgegangen, dass Selbstständige ihre Abgabenlast nur zum Teil auf die Konsumenten überwälzen können. Für Unselbstständige besteht im allgemeinen keine Möglichkeit zur Überwälzung der Abgaben.
- Die indirekten Steuern gehen in der Regel in Preise für Güter und Dienstleistungen ein, sodass die Konsumenten die Steuerlast tragen. Den Haushalten werden daher indirekte Steuerlasten proportional zur Höhe ihrer jeweiligen Konsumausgaben zugerechnet. Die EVS erfasst die Ausgaben der Haushalte sehr differenziert in verschiedenen Kategorien, die für eine detaillierte Zurechnung der diversen indirekten Steuern genutzt werden können. Ebenso wie bei den direkten Steuern basieren die verwendeten Überwälzungsannahmen auf Standardannahmen. Beispielsweise wird die wichtige Umsatzsteuer anhand der Gesamtausgaben der Haushalte zugerechnet. Da Mietausgaben nicht umsatzsteuerpflichtig sind, werden die Gesamtausgaben um diese korrigiert. Ebenso gehen die Ausgaben für Nahrungsmittel nur zur Hälfte in die Berechnung ein, da diese nur mit dem gemäßigten, halben Steuersatz belastet werden.
- Die öffentlichen Einnahmen aus Gebühren und Betriebseinnahmen sind analog der indirekten Steuern über die Verbrauchsdaten der EVS-Haushalte zurechenbar. Die vergleichsweise hohen Einnahmen aus Vermögensbewegung werden verteilungsneutral zugeordnet, dass heißt, entsprechend des sich ohne sie ergebenden Gesamteffekts. Die Einnahmen aus der Nettokreditaufnahme belasten die Haushalte in Anlehnung an Grüske (1994) entsprechend deren Einnahmen aus Kapitalvermögen.
- Für die Sozialversicherungsbeiträge wird in Anlehnung an Grüske (1994) unterstellt, dass die Beiträge der Arbeitnehmer und Arbeitgeber komplett von den Arbeitnehmern getragen werden. Die Zurechnung kann daher anhand der in der EVS angegebenen Ausgaben für freiwillige und Pflicht-Beiträge zu den Sozialversicherungszweigen vorgenommen werden.

Die Annahmen zur Zurechnung bzw. Überwälzung der öffentlichen Einnahmen auf die privaten Haushalte sind ein wesentlicher Kritikpunkt an fiskalischen Inzidenzmodellen.[4] Die Annahmenkritik führt jedoch wie einführend diskutiert nicht zur Ablehnung der Ergebnisse einer

---

[3] Grüske (1978) diskutiert grundlegend die verschiedenen Möglichkeiten der Überwälzung theoretisch und empirisch, vgl. Grüske (1978), S. 113ff.

[4] Die Grenzen des fiskalischen Inzidenzmodells wurden einführend im Abschnitt 4.1.3.5, S. 65 erläutert.

fiskalischen Inzidenzanalyse. Vielmehr gilt es zu beachten, die erhaltenen Ergebnisse -wie auch bei Anwendung alternativer Modellierungsstrategien- stets unter Beachtung der methodischen Vor- und Nachteile zu interpretieren.

10.1.2 Einkommenskonzept

Um die tatsächliche Umverteilungswirkung der Abgaben zu zeigen, werden die errechneten absoluten Beträge der individuellen Abgabenlast am Einkommen relativiert. Für die Relativierung der absoluten Inzidenz der Abgaben am Einkommen muss ein Einkommensbegriff operationalisiert werden, der analog dem Vorgehen bei der Zurechnung der öffentlichen Ausgaben Mikro- und Makrodaten verknüpft. Auswahl und Bildung dieses Einkommensbegriffs orientieren sich an den methodisch ähnlichen Studien zur Budgetinzidenz bzw. zur Hochschulfinanzierung, die das Haushaltsbruttoeinkommen als Basis für die Relativierung verwenden. Dieses enthält neben dem verfügbaren Markteinkommen die öffentlichen Transfers, Einkommensteuern und Arbeitnehmerbeiträge zur Sozialversicherung. Zum Haushaltsbruttoeinkommen zählen auch fiktive Mietwerte für Eigentümerwohnungen.

Das in der EVS von den Haushalten angegebene Bruttoeinkommen wird ebenso wie Ausgaben und Abgabenlast auf die Makrogröße für das Haushaltsbruttoeinkommen aus der VGR 2001 hochgerechnet. Die so gewonnene konstruierte Einkommensgröße kompensiert die tendenzielle Untererfassung des Einkommens in der EVS gegenüber der VGR.[5] Für die Zurechnung der Makrogröße dienen die Mikrodaten der EVS 1998 als Verteilungsschlüssel. Dieses Vorgehen ist notwendig, da bei der Zurechnung von öffentlichen Einnahmen und Ausgaben Makrogrößen anstatt der EVS-Summen verwendet wurden, um die tendenzielle Untererfassung der Größen in der EVS zu kompensieren.

Dabei gilt zu beachten, dass im Folgenden für Schichtung und Relativierung zwei getrennte Einkommensbegriffe verwendet werden. Für die Schichtung der Familien in Einkommensgruppen werden durchweg Nettoäquivalenzeinkommen unterstellt, um der unterschiedlichen Haushaltsgröße Rechnung zu tragen. Für die Relativierung der Lasten und Leistungen werden dagegen nur nicht-adjustierte Haushaltsbruttoeinkommen verwendet, um keine überhöhten Verhältniszahlen zu bilden. Das Vorgehen orientiert sich an der Inzidenzanalyse von Fritzsche et al. (2003), die analog verfahren. Die Tabelle 10.2 dokumentiert das Vorgehen für die Berechnung des Einkommensbegriffes, an dem die absoluten Beträge für die Inzidenz von Leistungen und Abgaben im Folgenden relativiert werden.

10.2 Relativierte Inzidenz

Für die Ergebnisdarstellung der Inzidenz der Abgaben wird nun wie beschrieben anstelle der absoluten Inzidenz jeweils die relativierte Inzidenz ausgewiesen, um die tatsächliche Umverteilungswirkung der Maßnahmen im Verhältnis zum Einkommen abzubilden. Zunächst wird die Inzidenz der öffentlichen Einnahmen für alle Haushalte gemeinsam dargestellt, um den Gesamteffekt zu dokumentieren. Anschließend werden die einzelnen Leistungsgruppen analysiert, um

[5] Vgl. Statistisches Bundesamt, (2002b), S. 628ff.

Tabelle 10.2: Adjustierung des Haushaltsbruttoeinkommens

VGR-Einkommensart (Makrogröße)	Mrd. Euro	EVS-Pendant (Mikrogröße)
Arbeitnehmerentgelte	1109,74	
- Sozialbeiträge der AG	185,05	
Bruttolöhne und Gehälter	924,69	BE aus unselbst. Arbeit
Betriebsüberschuss/Gewinnentnahmen	166,67	BE aus selbst. Arbeit
Vermögenseinkommen	318,33	Einnahmen aus Vermögen
Monetäre Sozialleistungen	416,71	Einkünfte aus Transfers
Bruttoeinkommen (BE)	1826,40	HH-Bruttoeinkommen

Quelle: Darstellung in Anlehnung an Fritzsche et al. (2003), S. 165, Tabelle 45. VGR-Zahlen aus Statistisches Bundesamt (2002b), S. 629 und 649.

die unterschiedliche Belastung zwischen Familientypen, Familienphasen sowie Einkommensgruppen aufzuzeigen. Schließlich vergleicht ein kurzer Exkurs die Inzidenz der öffentlichen Einnahmen zwischen Familien und Kinderlosen.

10.2.1 Abgabeninzidenz im Überblick

In einem ersten Schritt werden die am Haushaltsbruttoeinkommen relativierten Einnahmen in Abbildung 10.1 grundlegend für alle Haushalte der Datenbasis dargestellt, um die Abgabeninzidenz im Überblick zu charakterisieren.[6] Die Belastung wird daher zunächst für die Gesamtheit aller Haushalte ausgewiesen ohne zwischen Familien und kinderlosen Haushalten zu differenzieren. Dabei werden für direkte und indirekte Steuern, Sozialversicherungsbeiträge sowie für den Gesamteffekt separate Quotenverläufe ausgewiesen.[7] Die Haushalte werden anhand des Nettoäquivalenzeinkommens in Dezile geschichtet, um die unterschiedliche Haushaltsgröße zu berücksichtigen. Die Quoten beziehen sich jedoch auf das an die VGR-Größen adjustierte Haushaltsbruttoeinkommen, um keine überhöhten Werte auszuweisen.[8] Um die Wirkung der Benutzung von Äquivalenzeinkommen zu dokumentieren, wird zum Vergleich mit Ergebnissen aus den angeführten ähnlichen Studien in der rechten Seite der Abbildung die relativierte Einnahmeninzidenz für Dezile abgebildet, die nach dem (adjustierten) Haushaltsbruttoeinkommen gebildet wurden.

Prinzipiell bestätigt die relativierte Inzidenz der Einnahmen für das Jahr 2001 anhand der EVS 1998 die aus methodisch ähnlichen Vorstudien zu erwartenden Ergebnisse.[9]

- Die Quote für den Gesamteffekt zeigt gering progressiven bis proportionalen Gesamteffekt. Im unteren Einkommensbereich steigt die relativierte Belastung zunächst mit

[6] Vgl. zur Abbildung die Datentabelle 15 im Anhang.

[7] Die Gesamtabgaben beinhalten die Sonstigen Einnahmen. Diese werden nicht separat ausgewiesen, da sie weitestgehend proportional und gering progressiv im oberen Einkommensbereich wirken. Die Werte können der Datentabelle zur Abbildung Tabelle 15 im Anhang entnommen werden.

[8] Vgl. die Erläuterungen im Abschnitt 10.1.2, S. 168ff. sowie zum Inzidenzkonzept im Abschnitt 4.1.3, S. 58ff.

[9] Vgl. wiederum Kupferschmidt (2001), Grüske (1994), Holtzmann (1994), Bonah (1993), Grüske (1985) und Grüske (1978).

Abbildung 10.1: Relativierte Inzidenz der öffentlichen Einnahmen, Gesamteffekt

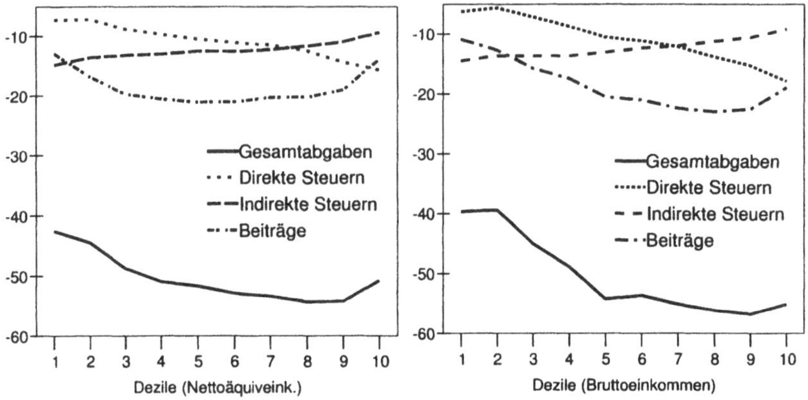

Quelle: Eigene Darstellung. Die Werte wurden mit (-1) multipliziert, um die Belastung der Haushalte mit Abgaben zu verdeutlichen. Die Quoten zeigen die absolute Belastung in % des jeweiligen Einkommensbegriffs.

dem Einkommen an. Im oberen Einkommensbereich schwächt sich die Progressivität ab, während die Gesamtbelastung zum obersten Quintil hin sinkt.[10] In der Schichtung nach dem adjustierten Bruttoeinkommen verstärkt sich die Progressivität der Einnahmen insbesondere am unteren Rand der Einkommensverteilung und schwächt sich im mittleren Bereich ab.

- Die direkten Steuern weisen einen progressiven Umverteilungseffekt auf, da die Belastung mit steigendem Einkommen zunimmt. Die Progressivität schwächt sich ab, wenn die Haushalte nach dem Nettoäquivalenzeinkommen geschichtet werden. Haushalte mit höherem Einkommen (und einer höheren relativierten Steuerlast) rücken in die unteren Dezile, nachdem deren Einkommen mit der Haushaltsgröße gewichtet wurde.

- Die indirekten Steuern weisen einen regressiven Umverteilungseffekt auf, da die Belastung mit steigendem Einkommen abnimmt. Wie für die direkten Steuern schwächt sich die Regressivität ab, wenn die Haushalte nach dem Nettoäquivalenzeinkommen geschichtet werden.

- Die Inzidenz der Sozialversicherungsbeiträge verläuft u-förmig. Im unteren Bereich steigt die Belastung mit dem Einkommen an, im oberen Bereich sinkt die Belastung aufgrund der Wirkung der Beitragsbemessungsgrenzen und der vermehrten Privatversicherung. Der Effekt fällt weniger stark aus, wenn die Haushalte nicht nach dem Äquivalenzeinkommen geschichtet werden.

[10]Die methodisch ähnlichen Studien weisen einen insbesondere für mittlere Einkommen weitestgehend proportionalen Gesamteffekt der öffentlichen Einnahmen aus, der am unteren Rand der Einkommensverteilung leicht progressiv und am oberen Rand leicht regressiv wirkt. Zu beachten ist, dass in diesen Studien Haushalte nicht nach einem bedarfsgewichteten Äquivalenzeinkommen geschichtet sind.

- Die Verteilungswirkungen der einzelnen Einnahmearten überlagern sich. Der progressive Verteilungseffekt der direkten und der regressive Effekt der indirekten Steuern neutralisieren sich nahezu vollständig, sodass die Gesamtsteuern eher proportional zum Einkommen wirken. Die Beiträge zu den Sozialversicherungen prägen den Verlauf der Gesamtbelastung stärker, da sie im unteren Einkommensbereich progressiv und im oberen regressiv wirken.

Die berechneten Verteilungswirkungen der Einnahmen für die Rechtslage von 2001 fügen sich gut in die Ergebnisse der angeführten ähnlichen Arbeiten anhand der EVS ein. Da im Zentrum dieser Analyse jedoch die Familie steht, wird im Folgenden die Gesamtbelastung der Familien fokussiert.

10.2.2 Familien

Aufbauend auf die grundlegende Darstellung der Verteilungswirkungen der öffentlichen Einnahmen werden die Umverteilungswirkungen für die drei Schichtungen der Familien nach Typ, Phase und Einkommensgruppe für Steuern, Beiträge und im Gesamteffekt erläutert.

10.2.2.1 Steuern

Die Verteilungswirkungen der Steuern werden in der nachstehenden Abbildung 10.2 dargestellt. Die Verläufe zeigen die Werte für die direkten, indirekten sowie für alle Steuern.[11]

Abbildung 10.2: Relativierte Inzidenz der Steuern

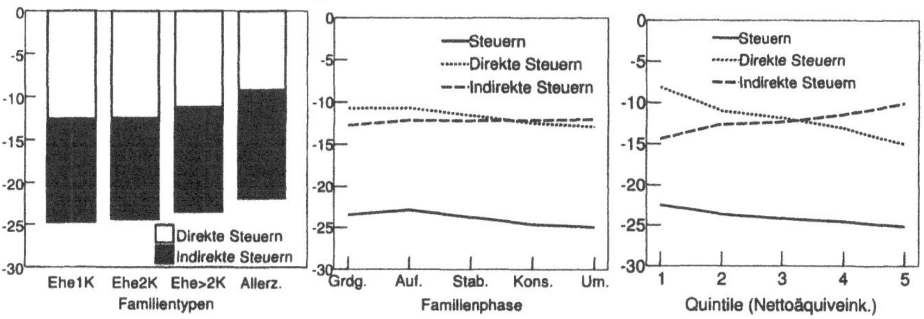

Quelle: Eigene Darstellung. Quoten zeigen absolute Belastung in % des adjustierten Haushaltsbruttoeinkommens.

Familientypen Die relativierte Belastung durch Steuern beträgt im Gesamtdurchschnitt für alle Familien 24,0%, wovon 11,8% auf direkte und 12,2% auf indirekte Steuern entfallen. In der Schichtung nach dem Familientyp zeigt sich eine unter Ehepaaren nahezu gleichmäßige Belastung durch direkte und indirekte Steuern, die nur geringfügig vom Gesamtdurchschnitt abweicht. Die gesamte Steuerbelastung der Ehepaare sinkt nur marginal mit der Kinderzahl

[11] Vgl. die Datentabelle zur Abbildung Tabelle 16 im Anhang.

von 24,7 auf 23,5% ab. Die mit der Kinderzahl ohnehin gering sinkende Belastung durch direkte Steuern wird kompensiert durch höhere indirekte Steuerbelastungen, die aufgrund der höheren Konsumquoten größerer Haushalte entstehen.[12]

Die gesamte Steuerbelastung der Alleinerziehenden beträgt nur 21,9%. Zwar weisen sie die geringste Belastung durch direkte Steuern, jedoch die höchste Belastung durch indirekte Steuern auf. Die geringe Belastung mit direkten Steuern spiegelt die problematische Einkommenssituation wider, während die hohe Belastung durch indirekte Steuern auf die entsprechend hohen Konsumquoten von Alleinerziehenden gegenüber Ehepaaren zurückgeht. Der Effekt wird rechnerisch verstärkt durch die niedrigen Einkommen der Alleinerziehenden.

Familienphasen Die Quote für die Steuerbelastung geht zunächst mit dem Familienalter leicht zurück, um dann moderat anzusteigen. Dieser Verlauf entsteht durch die mit dem Familienalter ansteigende Belastung durch direkte Steuern, da auch die Einkommen mit dem Familienalter ansteigen. Jedoch überlagern sich unterschiedliche Effekte aus Entwicklung von Einkommen, Erwerbstätigkeit, Erwerbskonstellation und Familiengröße, sodass der Anstieg nur sehr gering ausfällt.[13]

Bei den indirekten Steuern überrascht die über den Familienzyklus hinweg nahezu gleichmäßige Belastung, zumal nur die jüngsten Familien eine überdurchschnittliche Belastung aufweisen. Auch hier überlagern sich offenbar die Auswirkungen der angeführten sozioökonomischen Merkmale.

Einkommensgruppen Die Steuerbelastung steigt mit dem Einkommen über die Quintile von 22,5 auf 25,1% an. Im Gesamteffekt kompensieren sich jedoch die progressiven direkten und die regressiven indirekten Steuern, obwohl die jeweiligen Steuergruppen für sich genommen sehr ausgeprägte, aber gegenläufige Verteilungswirkungen haben.

Die Quoten für die direkten Steuern nehmen mit dem Einkommen zu, wobei der Anstieg der Steuerlast als Verhältniszahl zwischen Steuerzahlung und Einkommen durch die hohen Einkommensabstände zwischen den Quintilen gebremst wird. Der Verlauf spiegelt das Zusammenspiel aus Einkommensanstieg und Anstieg der Erwerbstätigkeit der Familien wieder.[14] Die indirekten Steuern wirken entsprechend regressiv, da untere Einkommensgruppen aufgrund ihrer hohen Konsumquoten relativ hohe indirekte Steuerlasten tragen. Die Regressivität neutralisiert in hohem Umfang die sozial erwünschte, progressive Umverteilungswirkung der direkten Steuern.

10.2.2.2 Beiträge

Die relativierte Belastung der Familien durch die Beiträge zu den Sozialversicherungen ist in Abbildung 10.3 dargestellt.

---

[12] Die mit der Kinderzahl sinkenden Quoten für die direkten Steuern entwickeln sich gegenläufig zum Haushaltsbruttoeinkommen, wie in Tabelle 3.3, Seite 38 dargestellt

[13] Vgl. dazu Tabelle 3.3, S. 38 sowie zur Erwerbstätigkeit Tabelle 3.7, S. 43.

[14] Vgl. dazu die Tabellen 3.4, S. 40 und 3.7, S. 43.

Familientypen Im Durchschnitt werden die Familien mit 21,6% ihres Einkommens durch Beiträge zur Sozialversicherung belastet. Die relativierte Last aus Beiträgen ist vor dem Hintergrund der durchschnittlichen Anzahl der Erwerbstätigen in einer Familie zu interpretieren.[15] Normfamilien (Ehepaare mit einem oder zwei Kindern) weisen die höchsten Lasten auf, während sich für Ehepaare mit zwei und mehr Kindern entsprechend ihrer geringeren durchschnittlichen Erwerbstätigkeit eine unterdurchschnittliche Quote ergibt. Der sehr niedrige Wert von durchschnittlich 0,81 Erwerbstätigen in alleinerziehenden Familien spiegelt sich in der niedrigen (relativierten) Beitragsbelastung wider.

Familienphase Die Belastung durch Beiträge zur Sozialversicherung steigt mit dem Familienalter leicht von 20,6 auf 22,1% an. Der stetige Anstieg der relativierten Belastung überrascht insofern, als dass die durchschnittliche Anzahl der Beschäftigten über die Familienphasen eher sprunghaft verläuft.[16] Hier überlagern sich demnach Effekte aus der Einkommensentwicklung, Erwerbskonstellation und Anzahl der Erwerbstätigen. Beispielsweise steigen die Werte auch in den beiden letzten Familienphasen nur moderat an, obwohl Einkommen und Erwerbstätigkeit deutlich zunehmen. Die stärkere Belastung höherer Einkommen älterer Familien wird durch Beitragsbemessungsgrenzen und vermehrte Privatversicherung gebremst.

Einkommensgruppen Die Quoten der Beiträge zur Sozialversicherung in der Einkommensschichtung zeigen den charakteristischen u-förmigen Verlauf. Während von den unteren zu den mittleren Quintilen die Belastung durch die einkommensabhängige Beitragszahlung ansteigt, sinkt diese durch die Wirkung der Beitragsbemessungsgrenzen und der vermehrten Privatversicherung im oberen Einkommensbereich wiederum ab.

Dieser Effekt kontrastiert auffällig stark mit der Entwicklung der Erwerbstätigkeit über die Quintile, da sich die durchschnittliche Anzahl der Erwerbstätigen vom untersten ins oberste Quintil nahezu verdoppelt. Prima facie wäre daher mit einer stärker progressiven Verteilungswirkung zu rechnen.[17]

10.2.2.3 Gesamtbelastung

Die Gesamtbelastung der Familienhaushalte ist in der Abbildung 10.3 dargestellt. Die Verläufe für Steuern und Beiträge sind separat ausgewiesen, um die Entstehung der Gesamtquote zu erklären. Ebenso ausgewiesen wird die Belastung aus den sonstigen Einnahmen (Gebühren und Neuverschuldung), die zum Gesamteffekt der Gesamtbelastung hinzugezählt wird.[18]

Familientypen Die Gesamtbelastung der adjustierten Einkommen beträgt rund 54,2%. Unter den Ehepaaren sinkt die Belastung mit der Kinderzahl ab, sodass Ehepaare mit drei und

[15]Vgl. dazu Tabelle 3.7, S. 43. Die Tabelle trennt jedoch nicht nach privat und gesetzlich versicherten Erwerbstätigen.

[16]Vgl. dazu Tabelle 3.7, S. 43.

[17]Die durchschnittliche Anzahl der Erwerbstätigen im Familienhaushalt verdoppelt sich von 0,90 auf 1,85, während die Beitragsbelastung zwischen dem Minimalwert von 17,1% im fünften Quintil und dem Maximalwert von 25,0% im zweiten Quintil schwankt. Vgl. Tabelle 3.7, S. 43.

[18]Vgl. die Datentabelle zur Abbildung Tabelle 16 im Anhang.

Abbildung 10.3: Relativierte Inzidenz der öffentlichen Einnahmen

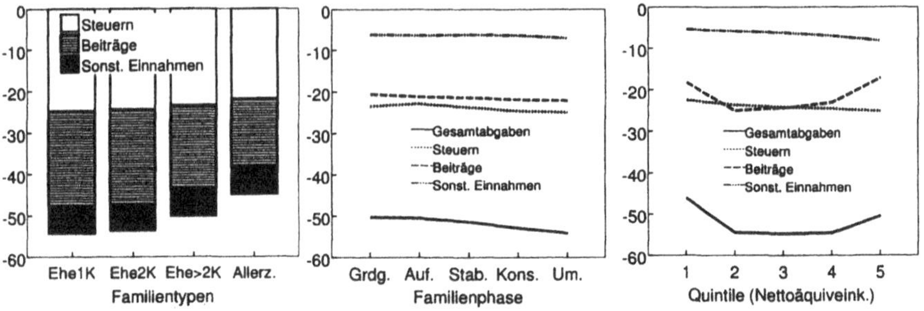

Quelle: Eigene Darstellung. Quoten zeigen absolute Belastung in % des adjustierten Haushaltsbruttoeinkommens.

mehr Kindern unterdurchschnittlich belastet werden. Die Berücksichtigung der Kinderzahl in der Gesamtbelastung ist sowohl bei Steuern als auch Beiträgen zu bemerken, wobei jedoch insbesondere für große Familien die Belastung durch Beiträge spürbar sinkt.[19]

Am geringsten belastet werden Alleinerziehende, da diese sowohl bei der Steuer- als auch bei der Beitragsbelastung die niedrigste Quote aufweisen.

Die relativierte Belastung aus den Sonstigen Einnahmen beträgt im Durchschnitt aller Familien 6,5% und differenziert kaum zwischen den Familientypen. Aufgrund der geringen Variation der Werte beeinflusst diese Einnahmengruppe den Gesamteffekt nur marginal.

Familienphasen Die Gesamtbelastung steigt mit dem Familienalter von 50,3 auf 54,2% des Einkommens an. Der Anstieg ergibt sich aus dem Zusammenspiel von Steuern und Beiträgen, da sich die separat eher moderat mit dem Familienalter ansteigenden Verläufe per Saldo verstärken. Sowohl bei Steuern und Beiträgen wurde jedoch festgehalten, dass sich im Verlauf Effekte aus Einkommenssteigerung, Erwerbskonstellation und Erwerbstätigkeit überlagern. Die relativierte Belastung verläuft weitestgehend proportional und wird nicht weiter interpretiert.

Einkommensgruppen Die Gesamtbelastung verläuft in der Einkommensschichtung u-förmig, da die Quote zunächst vom ersten zum dritten Quintil ansteigt und dann wiederum sinkt. In den drei mittleren Quintilen verläuft jedoch die Belastung weitestgehend proportional zum Einkommen. Der Gesamteffekt der Belastung wird demnach durch die Beiträge zur Sozialversicherung geprägt, die den nur mäßig progressiven Effekt der Steuern insbesondere an den beiden Enden der Einkommensverteilung dominieren. Die relativierte Belastung aus den Sonstigen Einnahmen steigt in der Einkommensschichtung leicht an. Aufgrund der geringen Spannweite der Werte werden die Werte für diese Einnahmeart jedoch nicht weiter erläutert.

[19]Die Beitragsbelastung sinkt von von 23,3 auf 19,9% mit der Kinderzahl, während die Steuerbelastung lediglich von 24,7 auf 23,5% absinkt. Die niedrigere Belastung der Großfamilien ist daher eher auf die geringe Erwerbstätigkeit zurückzuführen.

10.2.3 Exkurs: Vergleich der Abgabenbelastung zwischen Familien und kinderlosen Haushalten

Nachdem die spezifischen Verteilungswirkungen der öffentlichen Einnahmen für Familien in den drei Schichtungen gezeigt wurden, wird im Folgenden ergänzend die relativierte Inzidenz der Einnahmen zwischen Familien und kinderlosen Haushalten verglichen. Dabei soll gezeigt werden, inwieweit Familien eine andere Abgabenbelastung aufweisen als kinderlose Haushalte.

Vereinfachend wird die relativierte Inzidenz für alle Familientypen zusammen dargestellt. Für kinderlose Haushalte werden kinderlose Paare sowie Alleinlebende unterschieden. Wie bereits in Teil 1 der Arbeit werden wiederum nur ökonomisch aktive Kinderlose berücksichtigt, deren überwiegender Lebensunterhalt aus Erwerbstätigkeit, Arbeitslosengeld/ -hilfe oder Sozialhilfe bestritten wird. Alle Haushalte werden anhand des Nettoäquivalenzeinkommens in Dezile geschichtet, die Relativierung der Abgabenlast erfolgt am (adjustierten) Haushaltsbruttoeinkommen. Analog dem Vorgehen für die Abgabenbelastung der Familien untergliedert sich dieser Abschnitt in Ausführungen zu Steuern, Beiträgen und der Gesamtabgabenbelastung.[20]

10.2.3.1 Steuern

Die Abbildung 10.4 zeigt die relativierten Lasten aus direkten und indirekten Steuern sowie den Verlauf für die Gesamtsteuern.[21] Prinzipiell bestätigen alle Verläufe die Progressivität der direkten Steuern und die Regressivität der indirekten Steuern.

Abbildung 10.4: Exkurs: Vergleich der Steuerbelastung zwischen Familien und kinderlosen Paaren

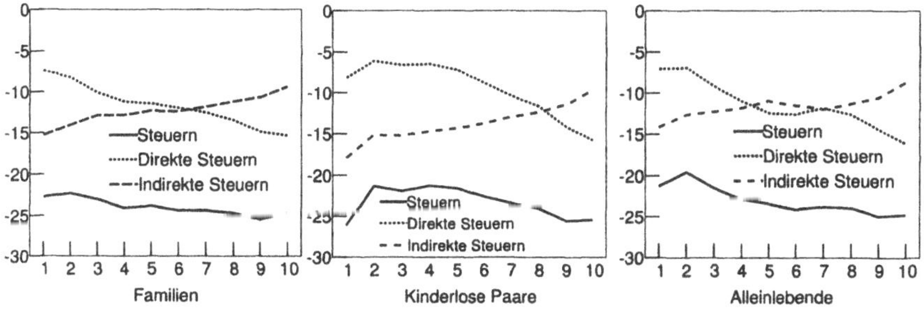

Quelle: Eigene Darstellung. Quoten zeigen absolute Belastung in % des adjustierten Haushaltsbruttoeinkommens. Kinderlose umfassen nur ökonomisch aktive Haushalte.

Die Ergebnisse für die direkten Steuern zeigen, dass Familien die Quote mit der geringsten Progressivität aufweisen.[22] Bei kinderlosen Paaren und insbesondere bei Alleinlebenden ver-

[20]Nicht separat ausgewiesen wird die Belastung aus den Sonstigen Einnahmen (Nettoneuverschuldung, Gebühren), da deren proportionaler Verteilungseffekt nur eine Niveauverschiebung bedingt. Die Sonstigen Einnahmen gehen jedoch in den Gesamteffekt ein.

[21]Vgl. die Datentabelle zur Abbildung Tabelle 17 im Anhang.

[22]Die Spannweite der Werte beträgt für Familien 7,7 Prozentpunkte, während sie für kinderlose Paare 9,7 und für Alleinlebende 9,2 beträgt.

laufen die Quoten etwas uneinheitlich und steigen insgesamt etwas steiler an. Der moderatere Verlauf für Familien erklärt sich aus der Schichtung nach dem Äquivalenzeinkommen, da durch die Äquivalenzgewichtung der Einkommen größere Haushalte mit höherem Bruttoeinkommen jeweils in der Einkommensschichtung nach unten wandern.

Die Quoten für die regressiven indirekten Steuern weisen weniger haushaltsspezifische Unterschiede auf als jene der direkten Steuern und verlaufen insgesamt gleichmäßiger als die Quoten der direkten Steuern. Familien verfügen über eine etwas höhere Steuerbelastung als Alleinlebende und über eine etwas geringere als kinderlose Paare.

Die Gesamtsteuerbelastung der Familien im Vergleich zu Kinderlosen verläuft weniger progressiv.[23] Die regressive Wirkung der indirekten Steuern und die progressive Wirkung der direkten Steuern neutralisieren sich nahezu vollständig. Dieser Effekt ist bei Kinderlosen weniger stark ausgeprägt, jedoch kompensieren sich auch für diese Haushaltstypen die Umverteilungswirkungen der beiden Steuerarten. Insbesondere an den Rändern der Verteilung überlagern sich regressive und progressive Effekte uneinheitlich.[24]

10.2.3.2 Beiträge zur Sozialversicherung

Die Abbildung 10.5 enthält die Verläufe die relativierten Beiträge zur Sozialversicherung. Alle haushaltsspezifischen Quoten zeigen den typischen u-förmigen Verlauf, jedoch ist der Effekt unter Familien am deutlichsten ausgeprägt. Das unterste und das oberste Dezil weisen sehr geringe Belastungen auf. Im mittleren Bereich verlaufen die Werte innerhalb eines geringen Wertebereichs nahezu proportional. Für kinderlose Haushalte steigen die Quoten an den beiden Rändern der Einkommensverteilung gleichmäßiger an, sodass sich insgesamt flachere Verläufe ergeben. Die Belastung durch die Beiträge erscheint daher für Kinderlose ausgeglichener und ist in ihrer absoluten Höhe geringer als die der Familien.[25]

10.2.3.3 Gesamtbelastung

Die Abbildung 10.5 zeigt die Gesamtbelastung der Haushalte durch Abgaben. Der Gesamteffekt berücksichtigt neben Steuern und Beitragen Sonstigen Einnahmen, die proportional zum

[23] Die Spannweite der Werte beträgt für Familien 2,4 Prozentpunkte, während sie für kinderlose Paare 4,2 und für Alleinlebende 5,3 beträgt.

[24] Die Sensitivität kann anhand der alternativen Schichtung nach dem (adjustierten) Haushaltsbruttoeinkommen getestet werden. A priori stimmen die Verteilungswirkungen in beiden Schichtungen überein. Abweichungen ergeben sich bei den direkten Steuern insbesondere an den Rändern der Einkommensverteilung, da die betroffenen Haushaltstypen in diesen Dezilen geringe Fallzahlen aufweisen und daher stark schwanken. Zentrale Ergebnisse des Sensitivitätstests für die Steuern sind eine moderat stärkere Progressivität der direkten Steuern und eine ebenso geringfügig stärkere Regressivität der indirekten Steuern. Im Gesamteffekt der Steuern ergibt sich daraus eine leicht stärkere Progressivität für Ehepaare mit Kindern als in der Schichtung nach dem Nettoäquivalenzeinkommen. Die übrigen Abweichungen sind gering, sodass auf eine Darstellung verzichtet wird.

[25] In der alternativen Schichtung nach dem nicht-bedarfsgewichteten Bruttoeinkommen ergeben sich ähnliche Verläufe. Bei Familien verläuft die Belastung über die gesamte mittlere Einkommensgruppe nahezu vollständig proportional.

Einkommen wirken. Um eine bessere Übersichtlichkeit zu gewährleisten, werden die Sonstigen Einnahmen nicht in der Abbildung als separate Quote dargestellt.[26]

Abbildung 10.5: Exkurs: Vergleich der Gesamtbelastung zwischen Familien und kinderlosen Paaren

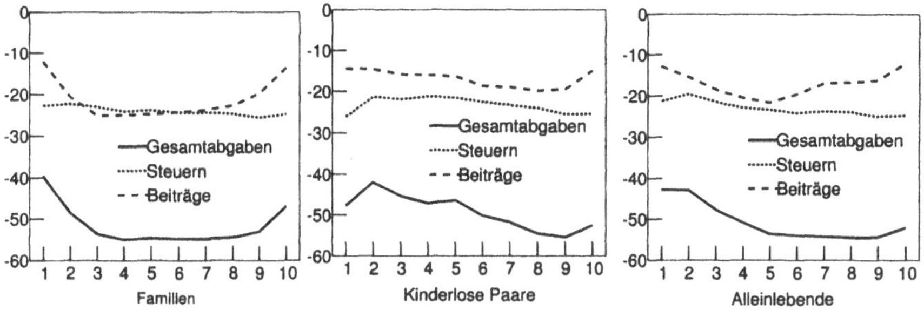

Quelle: Eigene Darstellung. Quoten zeigen absolute Belastung in % des adjustierten Haushaltsbruttoeinkommens.

Die Gesamtbelastung der Familien verläuft u-förmig. Während Steuern weitestgehend proportional zum Einkommen wirken, wird der Gesamteffekt an den Rändern der Einkommensverteilung durch die Beiträge geprägt. Die Gesamtbelastung verläuft für die meisten Familien proportional zum Einkommen. Vor allem im mittleren Bereich neutralisieren sich regressive indirekte und progressive direkte Steuern stärker als bei kinderlosen Haushalten. Kinderlose Paare und Alleinlebende weisen insgesamt zwar progressive Gesamtbelastungen auf, jedoch wirken die Gesamteinnahmen in den oberen Dezilen proportional bis leicht regressiv zum Einkommen im obersten Dezil. Während an den Rändern der Einkommensverteilung Familien eine geringere Gesamtbelastung als kinderlose Haushalte mit einem ähnlichen Äquivalenzeinkommen haben, werden Familien im mittleren Einkommensbereich durch Abgaben stärker belastet als kinderlose Paare.

Im Vergleich zur Gesamtbelastung über alle Haushalte,[27] sinkt im oberen Einkommensbereich die Belastung aus Steuern und Beiträgen, während sie für die Gesamtheit der Haushalte bis zum neunten Dezil hin ansteigt. Dies rührt von der Einschränkung auf ökonomisch aktive, in der Regel erwerbstätige Haushalte in den vorangegangenen Ergebnissen her. Bei diesen Haushalten prägt die sinkende Belastung aus den Beiträgen wie gezeigt die Gesamtbelastung. Die Gesamtbelastung der in dieser Darstellungsweise ausgegrenzten nichterwerbstätigen Haushalte umfasst weitestgehend nur die Belastung aus Steuern, die moderat progressiv verläuft. Bezogen auf die Gesamtheit aller Haushalte resultiert daraus die eingangs gezeigte geringe Progressivität der Gesamtbelastung.[28]

[26]Vgl. zur Abbildung die Datentabelle 17 im Anhang.

[27]Vgl. Abbildung 10.1, S. 170.

[28]In der alternativen Schichtung nach dem nicht-bedarfsgewichteten Einkommen verlaufen die Quoten der Gesamtbelastung stärker proportional. An den Rändern der Einkommensverteilung hingegen kommt es zu stärkeren Effekten als in der Schichtung nach dem Nettoäquivalenzeinkommen.

10.3 Plausibilität

Die Plausibilität der Inzidenz der öffentlichen Einnahmen kann quantitativ anhand des Repräsentationsgrades der Makrodaten in der EVS sowie qualitativ an der Übereinstimmung der Ergebnisse mit Referenzarbeiten beurteilt werden. Die Ausführungen zeigen, dass der hohe Erfassungsgrad von VGR-Gesamtgrößen in der EVS eine gute quantitative Plausibilität der berechneten Ergebnisse ermöglicht. Zudem weisen Referenzarbeiten zur Steuerinzidenz von Familien qualitative Übereinstimmungen auf.

10.3.1 Quantitative Plausibilität

Zunächst wird erläutert, inwieweit die in das adjustierte Haushaltsbruttoeinkommen eingehenden Größen mit den Makrogrößen aus der VGR übereinstimmen. Dann wird beschrieben, bis zu welchem Grad Steuern und Beiträge in der EVS-Datengrundlage erfasst sind.

10.3.1.1 Einkommensgrößen

Nach Berechnungen von Fritzsche et al. (2003) liegt der Repräsentationsgrad der Haushaltsbruttoeinkommen der EVS 1998 gemessen an der VGR 1998 bei 87%.[29] Insgesamt erfasst die EVS demnach Einkommensgrößen sehr gut, jedoch variiert der Repräsentationsgrad nach Einkommensquellen. Fritzsche et al. (2003) führen darüber hinaus einen nach Einkommensquellen differenzierten Vergleich der aggregierten Einkommen in EVS und VGR durch. Dabei erschwert die unterschiedliche Definitorik der beiden Datenquellen die Vergleichsrechnungen, die zahlreiche Anpassungen bedingen. Die EVS erfasst Bruttoeinkommen aus unselbstständiger und selbstständiger Arbeit sowie Transfereinkommen sehr gut, da die Repräsentationsgrade für diese drei Einkommensbestandteile mindestens bei 94% gemessen am jeweiligen VGR-Aggregat liegen. Jedoch werden die Vermögenseinkommen in der EVS deutlich untererfasst, da der Repräsentationsgrad nach Fritzsche et al. (2003) nur 13% beträgt. Die Untererfassung resultiert daraus, dass in der EVS im Gegensatz zur VGR Ausschüttungen und Gewinnentnahmen sowie Auszahlungen aus Versicherungsverträgen nicht erfasst werden. Dies hat folgende Gründe: Zum einen entfallen Gewinnentnahmen auf Bezieher sehr hoher Einkommen, die in der EVS oberhalb der Abschneidegrenze von monatlich 17.895 Euro (35.000 DM) liegen. Zum anderen sind solche Einkommen für die befragten Haushalte schwer abzugrenzen und dürften daher häufig nicht bei der Datenerhebung zur EVS angegeben werden.[30]

10.3.1.2 Öffentliche Abgaben

Problematisch für die Erfassung von Steuern ist, dass die EVS nur vier Steuerarten direkt erfasst. Nicht erfasst werden jene Steuerarten, die nicht direkt von den Haushalten abgeführt wer-

---

[29] Eigene Berechnungen mit dem *Scientific Use File* zur EVS 1998 nach Fritzsche et al. (2003), S. 165.
[30] Vgl. Fritzsche et al. (2003), S. 164.

den. Daher beschränkt sich die Berechnung des Repräsentationsgrades auf Lohn- und Einkommensteuer, Solidarzuschlag, Erbschaft- und Schenkungssteuer sowie die Kfz-Steuer.[31]

Für den Repräsentationsgrad der Einkommensteuer in der EVS führen Fritzsche et al. (2003) umfassende Berechnungen durch, um die unterschiedlichen Erfassungskonzepte von EVS und VGR zu berücksichtigen. Nach ihren Ergebnissen erfasst die EVS zwar 80,5% der Einkommensteuer, die in der VGR ausgewiesen ist. Jedoch verweisen sie vor dem Hintergrund der sehr unterschiedlichen Einkommenskonzepte beider Rechenwerke auf die eingeschränkte Aussagefähigkeit dieses Wertes.

Nicht bei Fritzsche et al. (2003) gesondert ausgewiesen sind die Repräsentationsgrade der Erbschaft- und Schenkungssteuer sowie der Kfz-Steuer.[32] Daher soll kurz auf diese beiden Steuerarten eingegangen werden. Einen sehr geringen Repräsentationsgrad weist die EVS 1998 für die hochgerechnete Erbschaft- und Schenkungssteuer aus, da aggregiert 0,1 Mrd. Euro rechnungsmäßigen Einnahmen von 2,5 Mrd. Euro gegenüberstehen.[33] Die Untererfassung wird bei der Konstruktion der Zuteilungsannahmne berücksichtigt: Um eine gruppenspezifische Benachteiligung zu vermeiden, werden die Lasten zur Hälfte über die EVS-Variable und zur Hälfte über die Einkommen aus Vermögen verteilt.

Die in der EVS 1998 hochgerechnete Kfz-Steuer beläuft sich auf 6,6 Mrd. Euro, die rechnungsmäßigen Einnahmen von 7,8 Mrd. Euro gegenüberstehen. Die EVS erfasst somit rund 85% der tatsächlichen Kfz-Steuer, wobei die nicht erfasste Steuer auf betrieblich genutzte Fahrzeuge entfallen dürfte. Für die betrieblich entrichtete Kfz-Steuer wird angenommen, dass sie als Teil der Preiskalkulation auf die Verbraucher überwälzt wird. Das Verhältnis wird bei der Konstruktion des Gewichts für die Zuteilung der Kfz-Steuer berücksichtigt, da 85% über die EVS-Variable und 15% des Steueraufkommens über den Gesamtkonsum verteilt werden.

Zusammenfassend kann festgehalten werden, dass die Repräsentationsgrade der direkt ausgewiesenen Steuerarten respektive der kleinen Erbschaft- und Schenkungssteuer mit über 80% vergleichsweise gut sind. Durch die Anpassung an die Makrogröße wird die Untererfassung korrigiert, wenn auch die Werte für die einzelnen Haushalte etwas zu hoch ausgewiesen werden.

Die Sozialversicherungsbeiträge der Arbeitnehmer sind in der EVS erfasst, sodass die aggregierten Angaben aus der Stichprobe direkt mit Makrodaten verglichen werden können. Die in der EVS angegebenen Beitragsleistungen der Arbeitnehmer summieren sich für 1998 auf 165 Mrd. Euro, während das Statistische Jahrbuch Beiträge der Versicherten in Höhe von 206 Mrd. Euro ausweist.[34] Die zu verteilende Makrogröße sind die Beiträge der Arbeitnehmer und

[31]Der Anteil der Einnahmen aus den direkt erfassten Steuern an den Steuereinnahmen aus den direkten Steuern entspricht rund 80%, an den gesamten Steuereinnahmen rund 44%, vgl. Tabelle 10.1, S. 167.

[32]Fritzsche et al. (2003) weisen einen Posten Sonstige Abgaben aus, ohne näher zu bezeichnen, welche Abgabearten darunter entfallen. Vgl. Fritzsche et al. (2003), Tabelle 45, S. 165.

[33]Der sehr niedrige Repräsentationsgrad geht einher mit der allgemein schlechten Erfassung von Vermögenseinkommen und Kapitaleinkünften. Angaben zu den rechnungsmäßigen Steuereinnahmen für Erbschaft- und Schenkungssteuer sowie Kfz-Steuer sind aus Statistisches Bundesamt (2001b), S. 29 entnommen.

[34]Vgl. Statistisches Bundesamt (2000), S. 448. Versicherte sind gesetzlich krankenversicherte Arbeitnehmer, Selbstständige und sonstige Personen, wobei hier Beiträge enthalten sind, die Institutionen für ihre Leistungsempfänger bezahlen. Die Untererfassung in der EVS dürfte zum Teil darauf zurückzuführen sein. Vgl. Statistisches Bundesamt (2003a), S. 470.

Arbeitgeber. Die Versicherten haben Beiträge in Höhe von 165 Mrd. Euro geleistet, die nach den in der EVS angegebenen summierten Ausgaben für Beiträge verteilt werden. Die Arbeitgeberbeiträge belaufen sich auf 228 Mrd. Euro.[35]

10.3.2 Qualitative Plausibilität

Die qualitative Plausibilität der Ergebnisse dieser Arbeit wird in einem zweiten Schritt anhand eines Vergleichs mit ähnlichen Arbeiten zur Abgabeninzidenz beurteilt. Eine wichtige Referenz für die Inzidenz von Steuern und Abgaben ist die Studie von Fritzsche et al. (2003). Auf Basis der EVS 1998 werden die Verteilungswirkungen von Einkommen-, Mehrwert-, Kfz- und Mineralölsteuer erfasst, die zusammen rund 85% des Steueraufkommens ausmachen. Die Haushalte werden nach dem nicht bedarfsgewichteten Haushaltsnettoeinkommen geschichtet und die Steuerlasten als am Einkommen relativierte Quoten dargestellt. Als Einkommensbegriff wird das Haushaltseinkommen vor Steuern verwendet, dass als Äquivalent zum zu versteuernden Einkommen gilt. Im Gesamtdurchschnitt über alle Haushalte beträgt die Steuerlast 20% des Einkommens. Differenziert nach Einkommensklassen steigt die Belastung aus allen vier Steuern im unteren Einkommensbereich an und bleibt ab dem siebten Dezil konstant. Im letzten Dezil sinkt die Quote leicht ab. Dabei weisen die Autoren für die Steuerarten sehr unterschiedliche Wirkungen aus. Während die Einkommensteuer deutlich progressiv wirkt, berechnen sie für die Mehrwertsteuer einen gering regressiven und für die Kfz-bezogenen Steuern einen nahezu proportionalen Effekt. Jedoch reicht die geringe Regressivität der Mehrwertsteuer nach Auffassung der Autoren aus, um ca. 30 bis 40% der Einkommensteuerprogression zu kompensieren.[36]

Trotz methodischer Unterschiede zu dieser Analyse zeigen sich qualitative Übereinstimmungen, insbesondere wenn die Quoten der relativierten Inzidenz in Analogie zur Analyse von Fritzsche et al. (2003) nach dem nicht-bedarfsgewichteten Haushaltsnettoeinkommen berechnet werden. Die relativ starke Progressivität der Einkommensteuer wird durch die milde Regressivität der Mehrwertsteuer (allgemeine Verbrauchsteuern) und durch die nahezu proportionale Wirkung der spezifischen Verbrauchsteuern (darunter vor allem Kfz- und Mineralölsteuer) im Gesamteffekt der Steuern kompensiert. Der Gesamteffekt weicht durch die Einbeziehung weiterer Steuern in dieser Analyse etwas vom geschilderten Verlauf in der Vergleichsstudie ab, zeigt jedoch ebenso einen gering progressiven Effekt.[37]

Daneben analysieren Fritzsche et al. (2003) die Inzidenz der Sozialversicherungsbeiträge der Arbeitnehmer. Als zentrales Ergebnis halten die Autoren einen vom zweiten Dezil an regressiven Effekt der Beiträge fest, da die durchschnittliche Belastung des Einkommens zu den oberen Dezilen hin sinkt. Dies ergänzt sich mit dem in dieser Analyse berechneten u-förmi-

[35] Zahlen für 2000. Die Arbeitgeberbeiträge enthalten tatsächliche und unterstellte Beiträge, vgl. Statistisches Bundesamt (2003a), S. 470.

[36] Ebenso verringern auch die eher proportionalen Kfz-bezogenen Steuern die Progressivität der Einkommensteuer, sodass insgesamt rund 50% der sozial erwünschten Umverteilungswirkung der Einkommensteuer durch die gegenläufigen Verteilungswirkungen anderer Steuerarten überlagert werden. Vgl. Fritzsche et al. (2003), S. 120f.

[37] Im Gegensatz zu Fritzsche et al. (2003) steigt der Effekt auch im mittleren Einkommensbereich sehr leicht an und sinkt nicht im letzten Dezil ab.

gem Verlauf der Inzidenz der Sozialversicherungsbeiträge unter der Einschränkung, dass der Scheitel der Kurve in der Referenzstudie in einer niedrigeren Einkommensklasse liegt.[38]

Kaltenborn (2003) erstellt eine Mikrosimulationsstudie auf Basis von SOEP-Daten zu Abgaben und Sozialtransfers in Deutschland und berechnet Grenzbelastungen des Haushaltseinkommens für verschiedene Fallbeispiele. Die Analyse umfasst direkte Steuern und Sozialabgaben, jedoch keine indirekten Steuern. Die Ergebnisse sind aufgrund der Unterschiede in Datengrundlage und Methode quantitativ nicht mit den Ergebnissen dieser Analyse zu vergleichen, jedoch finden sich qualitative Übereinstimmungen.

Kaltenborn geht zum einen von hohen Grenzbelastungen für untere Einkommensbereiche aus, die im wesentlichen von relativ engen Einkommensgrenzen der Transfers rühren. Der Anstieg der marginalen Belastung des Haushaltseinkommens verringert sich im Folgenden und sinkt zum oberen Einkommensbereich hin ab. Das Absinken ist auf die Wirkung der Beitragsbemessungsgrenzen in der Sozialversicherung zurückzuführen. Schließlich berücksichtigt Kaltenborn auch Lebenszyklus-Aspekte, indem er die Grenzbelastung von Familien ausweist, die nach dem Alter des ältesten Kindes geschichtet sind. Dabei zeigen sich vergleichsweise konstante Grenzbelastungen (für Familien mit konstantem Einkommen) entlang der Zeitachse, die nur bei nichterwerbstätigen Haushalten etwas sprunghafter verlaufen. Die marginale Belastung ist erwartungsgemäß größer für Familien mit höherem Einkommen.[39]

Hinsichtlich der hohen marginalen Grenzbelastung im unteren Einkommensbereich durch die Entzugsraten der Sozialtransfers ist ein Vergleich problematisch. Zwar ermittelt diese Analyse keine vergleichbare Evidenz zur Entzugsrate der Transfers, jedoch hat die Ausgabeninzidenz eine ähnlich strenge Konzentration der Geldtransfers auf das unterste Quintil gezeigt. Insbesondere die Beobachtung der sinkenden Grenzbelastung im obersten Einkommensbereich ist konform mit der in dieser Analyse errechneten Verteilungswirkung der Sozialbeiträge, die ebenso auf eine sinkende Belastung der Einkommen im obersten Einkommensbereich hindeuten. Schließlich sind die Ergebnisse von Kaltenborns Quasi-Längsschnitt qualitativ insofern kompatibel mit der Familienzyklus-Schichtung dieser Analyse, als dass die Inzidenz der Steuern und Abgaben über den Familienzyklus hinweg für die meisten Familien relativ gleichmäßig verläuft.[40]

---

[38]Ergänzende Berechnungen, in der die Haushalte analog Fritzsche et al. (2003) nach dem Haushaltsnettoeinkommen geschichtet werden, zeigen zwar eine Verschiebung des Scheitels der U-Kurve nach links, jedoch nicht bis ins zweite Dezil. Die Abweichung ist auf die Verwendung eines anderen Einkommensbegriffs zur Relativierung der Last zurückzuführen.

[39]Vgl. Kaltenborn (2003), S. 77ff.

[40]Eine weitere Studie zur Steuerbelastung von Familien ist die bereits angeführte Arbeit von Parsche et al. (2003) zur „Kinderstrafsteuer", die Modellrechnungen zur Belastung von Familien mit direkten und indirekten Steuern enthält. Siehe dazu auch Abschnitt 4.2, S. 66, vgl. Parsche et al. (2003), S. 82ff.

10.4 Zentrale Ergebnisse und weiterführende Argumente

- Steuern und Beiträge ergänzen sich zu einem weitestgehend proportionalen Gesamteffekt, der Familien in allen drei Schichtungen tendenziell gleichmäßig belastet. Etwas deutlichere Abweichungen vom proportionalen Verlauf ergeben sich zwischen Ehepaaren und Alleinerziehenden sowie an den Rändern der Einkommensverteilung.
- Die Gesamtbelastung durch Abgaben steigt mit dem Familienalter nur sehr gering an. Im Familienzyklus überlagern sich Effekte aus Einkommenssteigerung, Erwerbskonstellation und Erwerbstätigkeit.
- Der proportionale Gesamteffekt entsteht durch die sich neutralisierende Progressivität der indirekten Steuern und die Regressivität der indirekten Steuern. Die typisch u-förmig zum Einkommen verlaufende Belastung durch Sozialversicherungsbeiträge prägt den Gesamteffekt an den Rändern der Einkommensverteilung.
- Insgesamt sind jedoch die Unterschiede zwischen den einzelnen Zellen der jeweiligen Familien-Schichtungen eher gering, sodass von der Abgabenseite wenig Einfluss auf den Umverteilungsprozess zu erwarten ist.
- Die Plausibilität der berechneten Ergebnisse ist als gut einzuschätzen, da zum einen der Repräsentationsgrad von Steuern und Beiträgen in der EVS hoch ist. Zum anderen weist der qualitative Vergleich mit Referenzarbeiten viele Übereinstimmungen mit alternativen Verteilungsrechnungen auf.
- Mit den erhaltenen Ergebnissen können nun im folgenden Abschnitt die individuellen monetarisierten Vorteile mit den individuellen Lasten saldiert werden, um mit dem daraus berechneten Nettotransfersaldo die letztendliche Umverteilungswirkung der Familienpolitik darzustellen.

Kapitel 11

Nettotransfersalden

Eine zentrale Fragestellung dieser Analyse ist die Berechnung von Nettotransfersalden aus familienpolitischen Leistungen. Das folgende Kapitel 11 stellt die Ergebnisse der Nettotransfer-Berechnung dar, indem die Transfersalden aus den familienpolitischen Leistungen mit den individuellen Abgabelasten saldiert werden. Die so erhaltenen Nettotransfersalden werden ins Verhältnis zum Einkommen gesetzt, um die Umverteilungswirkungen der Instrumente zu verdeutlichen.[1]

Die familienpolitische Abgabenlast ist dabei als jener Prozentwert der gesamten Abgabenlast zu verstehen, der für die Finanzierung familienpolitischer Leistungen verwendet wird. Die Aufwendungen für die familienpolitischen Leistungen aller Leistungsgruppen belaufen sich in der Abgrenzung dieser Analyse auf insgesamt 136,4 Mrd. Euro. Die Tabelle 11.1 stellt die Aufwendungen für die vier Leistungskategorien dar und differenziert nach den Finanzierungsarten Gesamtabgaben, Steuermindereinnahmen, Beiträge zur Sozialversicherung und private Arbeitgeberleistungen.

Tabelle 11.1: Familienpolitikbudget und Finanzierung

	Gesamt-einnahmen*	Steuerminder-einnahmen	Beiträge	Private Arbeitgeber	Summe
Öffentl. Transfers	73,2				73,2 (53,7%)
Steuervergünstigungen		34,4**			34,4 (25,2%)
Parafisk. Transfers	7,0		16,2		23,2 (17,0%)
AG-Leistungen	4,0			1,6	5,6 (4,1%)
Summe	84,2 (61,7%)	34,4 (25,2%)	16,2 (11,9%)	1,6 (1,2%)	136,4 (100%)

Quelle: Eigene Berechnungen aus EVS-Substichprobe. Angaben in Mrd. Euro. *: Steuern und Sonstige Einnahmen **: Darunter nur effektiver Förderanteil des Kindergeldes.

Zunächst wird in den methodischen Anmerkungen die Vorgehensweise für die Berechnung der Nettotransfersalden dokumentiert, die für die vier Finanzierungsarten diskutiert wird. Anschließend werden für die vier Leistungskategorien differenzierte Nettotransfersalden gebildet

[1] Vgl. die einführenden Ausführungen zum Inzidenzkonzept im Abschnitt 4.1.3, S. 58ff.

und erläutert. Schließlich wird der zusammengefasste Nettotransfersaldo der gesamten familienpolitischen Leistungen dargestellt und erklärt.

11.1 Methodische Anmerkungen

Die grundlegende Vorgehensweise für die Ermittlung der Nettotransfersalden wurde im Überblick in Kapitel 4 beschrieben.[2] Im Folgenden werden spezifische methodische Aspekte der Zurechnung dokumentiert, die sich für die jeweiligen Finanzierungsarten ergeben.

11.1.1 Über Gesamteinnahmen finanzierte Leistungen

Mit rund 61,7% wird der Großteil der familienpolitischen Leistungen über die öffentlichen Gesamteinnahmen (Steuern und sonstige Einnahmen) finanziert. Da die Einnahmen der öffentlichen Haushalte dem Prinzip der Nonaffektation unterliegen, kann die Finanzierungslast für familienpolitische Leistungen nach dem einführend beschriebenen Proportionalansatz berechnet werden. Der Gesamtaufwand für aus den Gesamteinnahmen finanzierten familienpolitischen Leistungen wird daher als jener Prozentwert der öffentlichen Einnahmen angesetzt, der zur Finanzierung der familienpolitischen Leistungen herangezogen wird.[3]

Aus der Verwendung des Proportionalansatzes ergibt sich die individuelle familienpolitisch relevante Abgabenlast: Für die Finanzierung der Transfers der Gebietskörperschaften (öffentlichen Transfers) werden 12,0% der öffentlichen Gesamteinnahmen (Steuern und sonstige Einnahmen) verwendet. Jeder Haushalt entrichtete im Bezugsjahr 2001 somit 12,0% seiner Abgabenlast für familienpolitische Transfers der Gebietskörperschaften. Durch die Saldierung des individuellen familienpolitischen Transfersaldos mit der individuellen relevanten Abgabenlast erhält man den (für diese Leistungskategorie spezifischen) Nettotransfersaldo.

Die Finanzierung aus den Gesamteinnnahmen betrifft neben den Transfers der Gebietskörperschaften auch die Leistungen von Parafisci und Arbeitgeber, für die eine Mischfinanzierung aus Steuern und Beiträgen bzw. Arbeitgeberleistungen besteht. Zusammen mit den Zuschüssen in die AG-Leistungen sowie parafiskalischen Kassen wurden 2001 somit 13,6% der Gesamteinnahmen der Gebietskörperschaften für familienpolitische Zwecke verwendet. Entsprechend wird jedem Haushalt der gleiche Prozentsatz bei der Berechnung des Gesamteffekts als familienpolitische Abgabenlast in Rechnung gestellt.

11.1.2 Steuermindereinnahmen

Steuervergünstigungen stellen eine zentrale Säule der Familienpolitik dar, jedoch sind deren Verteilungswirkungen nur sehr schwer zu bestimmen. Bereits bei der Berechnung der Ausgabeninzidenz im Teil II dieser Arbeit verwendete diese Analyse einen eigenständigen Berechnungsansatz, da keine vergleichbaren Zurechnungsmethoden in der Literatur vorliegen.

[2]Vgl. dazu Abschnitt 4.1.3, S. 58ff.

[3]Die Sonstigen Einnahmen (Gebühren, Neuverschuldung u.ä.) werden in Anlehnung an das Vorgehen bei Grüske (1994) neben den Steuern in die öffentlichen Gesamteinnahmen miteinbezogen. Der Proportionalansatz ist in Abschnitt 4.1.3, S. 58ff. erläutert.

Entsprechend komplex ist auch die Berechnung der Finanzierungslast aus der Gewährung von Steuervergünstigungen, die keine Ausgabe darstellen, sondern nicht eingenommene Steuern. Zur Berechnung der Verteilungswirkungen aus der Finanzierung von Steuervergünstigungen besteht kein geschlossenes Konzept in der Fachliteratur.[4]

Bestimmung der Kosten einer Steuermindereinnahme Steuermindereinnahmen werden in Deutschland seit 1967 in ihrer Höhe als Ausgaben bilanziert und im so genannten Subventionsbericht veröffentlicht. Jedoch weist dieser nur Steuervergünstigungen für die Bereiche Verbraucherschutz, Ernährung und Landwirtschaft, Gewerbliche Wirtschaft sowie Verkehr aus.[5] Für die familienpolitischen Steuervergünstigungen werden in der Berichterstattung in verschiedenen Quellen Kosten dokumentiert. So werden die mit dem Familienleistungsausgleich verbundenen Steuermindereinnahmen im Sozialbericht erläutert.[6] Zur Bilanzierung finden sich jedoch keine systematischen Angaben ähnlich dem Subventionsbericht, sondern es handelt sich um einzelne Schätzungen des Arbeitskreises Steuerschätzung.[7]

Einigkeit besteht in der Literatur jedoch darüber, dass die Steuermindereinnahme eine entgangene Steuereinnahme darstellt.[8] Dabei ist zu berücksichtigen, „dass die mit den Ausnahmeregeln einhergehenden Mindereinnahmen von den übrigen Steuerzahlern finanziert werden müssen.“[9] Daher stellen sich zwei Fragen: Wer trägt die Finanzierungslast einer Steuermindereinnahme und wie ist das Volumen der entgangenen Steuereinnahme zu bestimmen? Während wie beschrieben für erstere Frage keine allgemein akzeptierte Methode vorliegt, kann für die Beantwortung der letzten Frage auf bereits vorhandene Methoden zurückgegriffen werden, da die Bestimmung der Kosten einer Steuermindereinnahme in der Politikberatung eine wesentliche Rolle spielt. Aufbauend auf der Bestimmung der Kosten für eine Steuermindereinnahme soll nun das Vorgehen dieser Analyse erläutert werden, um die Verteilung der Finanzierungslast aus der Steuervergünstigung auf die Haushalte zu ermitteln. Die Verbindung zwischen Berechnung der Kosten für eine Steuermindereinnahme und der fiskalischen Inzidenzanalyse stellen nach Auffassung dieser Analyse das der Berechnungsmethode entsprechende Inzidenzkonzept (insbesondere die Einbeziehung von Verhaltensänderungen) sowie die Möglichkeit zur Abbildung des Inzidenzkonzeptes in einem Modell dar.[10] Diese Verbindung wird in der Literatur zwar nicht explizit ausgewiesen, wird jedoch im Folgenden in einer eigenständigen Argumen-

[4] Die Finanzierung von Steuervergünstigungen bleibt in der politischen Debatte unscharf. Ein Beispiel ist das Finanzierungskonzept der Steuerreform 2004. In der politischen Diskussion wurde angeführt, dass die durch die Steuerreform zu erwartenden zusätzlichen Steuermindereinnahmen nicht durch weniger öffentliche Ausgaben oder mehr Einnahmen aus alternativen Steuerarten, sondern durch Mehreinnahmen aus dem Abbau anderer Steuervergünstigungen, durch Privatisierungserlöse und durch neue Verschuldung gegenfinanziert werden würden. Vgl. BMF (2004), S. 53f.

[5] Vgl. BMF (2003d), S. 32ff.

[6] Die Verrechnung der Kosten auf die Träger erfolgt entsprechend dem Verteilungsschlüssel der Einkommensteuer als Zuweisung an die Gebietskörperschaften. Vgl. BMGS (2002a), S. 467.

[7] Vgl. BMF (2003a), S.39ff.

[8] Vgl. im Überblick Sandford (2000), S. 43f.

[9] Broer (2005), S. 69.

[10] Vgl. allgemein zur Definition von Inzidenzstufen Zimmermann und Henke (2005), S. 256ff. und S. 507 sowie Bohnet (1999), S. 164f. Zur Beschreibung von Modellen zur Erfassung distributiver Aspekte, vgl. Abschnitt 4.1.2, S. 54ff.

tation erläutert. Die Abbildung 11.1 zeigt den Zusammenhang im Überblick. Zunächst sind drei Konzeptionen zur Bestimmung der Kosten von Steuervergünstigungen zu unterscheiden.[11]

- *Revenue foregone*: Die Kosten der Steuervergünstigungen entsprechen den entgangenen Steuereinnahmen. Die Bestimmung der Kosten geschieht also über die Schätzung der Steuereinnahmen, die der öffentlichen Hand durch das Vorliegen der Steuerausnahme entgehen. Dabei werden keine Verhaltensanpassungen der Steuerzahler einbezogen, wenn diese zum Beispiel auf andere Steuerausnahmen ausweichen würden. Diese Vorgehensweise ist vergleichbar mit der Berechnung der effektiven Inzidenz einer öffentlichen Maßnahme, bei der keine Verhaltensänderungen einbezogen werden. Diese Inzidenz kann in einem fiskalischen Inzidenzmodell abgebildet werden.

- *Revenue gain*: Die Kosten der Steuervergünstigung entsprechen den Mehreinnahmen, die bei einer Abschaffung der Steuervergünstigung entstehen. Bei der Berechnung der Kosten werden also explizit Verhaltensanpassungen der Steuersubjekte einbezogen, sodass diese Vorgehensweise vergleichbar mit der Berechnung der effektiven Inzidenz einer öffentlichen Maßnahme ist, wie sie in Simulationsmodellen berechnet werden kann.

- *Outlay equivalence*: Die Kosten der Steuervergünstigung entsprechen den notwendigen Ausgaben für einen Transfer, mit dem der identische Einkommensvorteil wie durch die Steuervergünstigung bewirkt werden kann. Dabei wird nicht explizit erläutert, inwieweit Verhaltensänderungen durch den Wechsel der Transferart einbezogen werden. Insgesamt erscheint daher die Vorgehensweise vergleichbar mit der Berechnung der differentiellen Inzidenz einer öffentlichen Maßnahme, die ebenso in Simulationsmodellen dargestellt werden kann.

Methodische Äquivalenz Methodisch scheint das *revenue foregone*-Prinzip zur Bestimmung der Kosten dem fiskalischen Inzidenzmodell zu entsprechen, da beide Verfahren auf die effektive Inzidenz ohne Verhaltensänderungen der Individuen abstellen. Boadway und Keen (2001) sehen die Zielsetzung fiskalischer Inzidenzmodelle in der Abbildung des Status Quo und bezeichnen diese aus diesem Grund als Statische Modelle, da sie eben im Unterschied zu dynamischen Mikrosimulationen keine Verhaltensänderungen modellieren (können).[12] Mikrosimulationsmodelle stellen dagegen wie in der in Abbildung 11.1 verdeutlichten Systematik stärker auf die Berechnung des *revenue gain* ab, da Verhaltensänderungen der Individuen explizit berücksichtigt werden. Daher erscheint im Rahmen des in dieser Analyse verwendeten Inzidenzmodells eine Orientierung am *revenue foregone*-Prinzip als sinnvoll.

Unterstellt man nun das Konzept des *revenue foregone* für die Schätzung der Mindereinnahmen, so stellt die entgangene Steuereinnahme jenen Betrag dar, der durch die Abweichung

[11] Vgl. Hockley (1992), S. 33. In den Ausführungen zum Ehegattensplitting wurden bereits unterschiedliche Kosten der Steuerausnahmen diskutiert, vgl. dazu Abschnitt 6.3, S. 119ff. Die Schätzung der Steuermindereinnahmen im Subventionsbericht wird auf Grundlage des *revenue foregone*-Prinzips erstellt. Ein Hinweis dazu findet sich bei Ervik (2000), S. 57.

[12] Vgl. Boadway und Keen (2001), S. 764ff.

Abbildung 11.1: Schematische Darstellung zur Berechnung der individuellen Finanzierungslast von Steuervergünstigungen

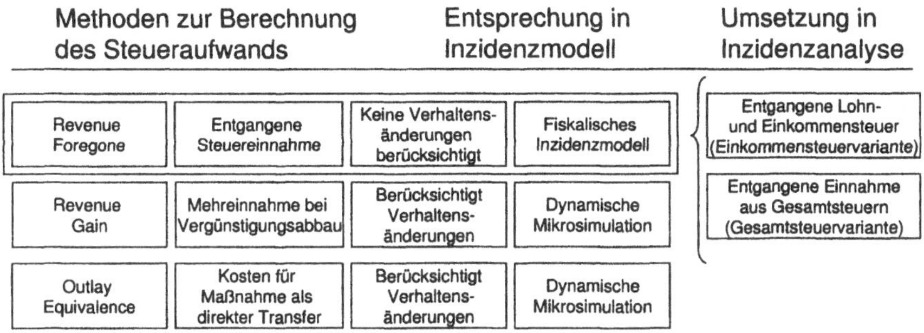

Quelle: Eigene Darstellung.

vom normalen Steuertarifverlauf entsteht. Beispielsweise ist der Kinderfreibetrag eine Abweichung vom Einkommensteuertarif, da Einkommen in Höhe des Freibetrags nicht der Besteuerung unterliegen. Während also die Inzidenz der Mindereinnahme auf der Ausgabenseite in der Gewährung des Freibetrags liegt, stellt die entgangene Einkommensteuer das Äquivalent auf der Einnahmenseite der öffentlichen Haushalte dar. Um letztendlich die tatsächliche Finanzierungslast den individuellen Haushalten zuzurechnen, kann der durch die Steuervergünstigung der öffentlichen Hand entgangene bzw. von den Haushalten ersparte Steuerbetrag als Proxy für eine fiktiv anfallende Finanzierungslast angesehen werden. Um dieses Verfahren transparenter zu machen, werden in der Inzidenzanalyse zwei Berechnungsvarianten verwendet.

Berechnungsvarianten Eine Möglichkeit zur Darstellung der Gegenfinanzierung ist es nun, die entgangenen Steuern nach dem *revenue foregone*-Prinzip den Einkommensteuerzahlern entsprechend ihrer Steuerlast aus der Einkommensteuer zuzurechnen. Die Begrenzung auf die Einkommensteuer wird dadurch motiviert, dass die Steuervergünstigungen de facto nur das Einkommensteuerrecht betreffen. In dieser Berechnungsvariante wird unterstellt, dass jede Steuervergünstigung von jedem Steuersubjekt entsprechend seiner Steuerlast aus der Einkommensteuer finanziert wird. Anders ausgedrückt, die Finanzierung der Steuervergünstigung geschieht über fiktive Einkommensteuerzahlungen. In dieser Einkommensteuervariante ergibt sich demnach ein fiktiver Belastungssatz von 18,5%. Der Belastungssatz drückt aus, dass jeder Haushalt eine um 18,5% höhere Einkommensteuerzahlung leisten würde, wenn die familienpolitischen Steuervergünstigungen nicht bestehen würden. Jedem Haushalt wird daher eine anteilige Finanzierungslast in Höhe von 18,5% seiner Einkommensteuerzahlung für familienpolitische Steuervergünstigungen zugewiesen. Diese Berechnungsvariante wird im Folgenden Einkommensteuerfinanzierung (Estvar.) genannt.

Eine zweite, konservativere Zurechnungsvariante besteht in der Verteilung der Lasten gemäß der Inzidenz aller Steuern. Diese Variante unterstellt, dass die Finanzierung der Steuervergünstigungen durch fiktive Steuerzahlungen geschieht, die alle Steuerarten betreffen. Bei dieser Berechnungsvariante wird die Finanzierungslast entsprechend der ermittelten gesamten Steuerzahlungen der Haushalte aufgeteilt. In dieser Gesamtsteuervariante ergibt sich ein fiktiver Belastungssatz von 7,6%, der deutlich unter jenem der Einkommensteuervariante liegt. Allen Haushalten wird eine anteilige Finanzierungslast in Höhe von 7,6% seiner gesamten Zahllast aus direkten und indirekten Steuern für familienpolitische Steuervergünstigungen zugewiesen. Diese Berechnungsvariante wird im Folgenden Gesamtsteuerfinanzierung (Gstvar.) genannt.[13]

11.1.3 Sozialversicherungsbeiträge

Eine weitere Finanzierungsart sind die Beiträge der Versicherten. In erster Linie gilt das Nonaffektationsprinzip für die steuerfinanzierten Budgets der Gebietskörperschaften. Jedoch kann es auch auf die beitragsfinanzierten Budgets der Parafisci angewendet werden, da die Beiträge der Versicherten innerhalb der Versicherung ebenso nicht zweckgebunden sind. Die Versicherungsleistungen knüpfen zwar an einem Schadensfall an, die Leistungen werden aber aus den Gesamteinnahmen des Versicherers finanziert. Daher ist die Anwendung des Proportionalansatzes ebenso für die Einnahmen der Sozialversicherungszweige möglich. Entsprechend kann für die jeweiligen Versicherungszweige eine familienpolitisch relevante Abgabenlast der einzelnen Haushalte abgeleitet werden. Dabei entspricht der prozentuale Anteil der familienpolitischen individuellen Abgabenlast an der gesamten individuellen Abgabenlast genau jenem prozentualen Anteil der öffentlichen Gesamteinnahmen, der für die Finanzierung der familienpolitischen Leistungen aufgewendet wird.

Die Ausgaben für die Geld- und Sachtransfers der Sozialversicherungszweige belaufen sich im Bezugsjahr auf insgesamt 23,2 Mrd. Euro. Rund drei Viertel der familienpolitischen Ausgaben werden über Beiträge finanziert, während der Rest aus Steuerzuschüssen stammt. Entsprechend ergibt sich eine Belastung von 6,4% der Einnahmen aus Beiträgen für familienpolitisch motivierte Leistungen. Die Belastung durch explizit und implizit ausgewiesene Steuerzuschüsse beläuft sich für das Bezugsjahr auf 1,0 % der Gesamtabgaben.[14]

Die Mischfinanzierung betrifft nicht alle Versicherungszweige gleichermaßen. Für die GKV kann im Bezugsjahr eine vollständige Beitragsfinanzierung ohne Berücksichtigung von Steuerzuschüssen unterstellt werden.[15]

Hingegen werden in der GRV für familienpolitische Leistungen wie die Anrechnung der Kindererziehungszeiten explizite Steuerzuschüsse gewährt. Die Ausgaben der GRV für die Erziehungszeiten werden nicht aus Beiträgen, sondern vollständig aus Steuermitteln bestritten. Zur Finanzierung überweist der Bund der GRV seit 1999 den so genannten zusätzlichen Bundeszuschuss, der zur pauschalen Abgeltung nicht beitragsgedeckter Leistungen der Rentenversicherung dient.[16] Daher werden in der Nettoinzidenzanalyse entsprechend nicht individuelle

---

[13]Die Sonstigen Einnahmen der öffentlichen Haushalte werden hier vernachlässigt, da die fiktive Finanzierungslast sich nur auf Steuerzahlungen beschränken soll. Dies hat den Vorteil, dass die Finanzierung über die Gesamtsteuern im späteren Vergleich der Finanzierungsarten als eigenständige Finanzierungsart eingeht.

[14]Die anteilige Finanzierungslast bezieht sich wiederum auf die Gesamtabgaben (Steuern und Sonstige Einnahmen) analog den Erläuterungen zur Finanzierung der Transfers der Gebietskörperschaften.

[15]Vgl. Statistisches Bundesamt (2004b), S. 188. Die Aufwendungen für das steuerfinanzierte Mutterschaftsgeld in Höhe von 2 Mio. Euro werden nicht getrennt ausgewiesen.

[16]Vor 1999 wurden die notwendigen Mittel aus dem allgemeinen Bundeszuschuss entnommen. Der zusätzliche

Beitragslasten, sondern Steuerlasten verwendet, um der Steuerfinanzierung Rechnung zu tragen. Die Finanzierung der Waisenrenten erfolgt zwar über den Haushalt der Rentenversicherer, jedoch setzte sich dieser 2001 in der Gesamtbetrachtung über alle Rentenkassen zu 74,7% aus Beiträgen und zu 24,6% aus dem Bundeszuschuss aus Steuermitteln zusammen.[17] Diese Mischfinanzierung wird bei der Bestimmung der Abgabenlast berücksichtigt.

Ebenso werden die familienpolitischen Ausgaben der ALV durch eine Mischfinanzierung aus Steuern und Beiträgen bestritten. Für 2001 betrug der Bundeszuschuss zum Haushalt der Bundesagentur 1,9 Mrd. Euro bzw. 3,8% der Gesamteinnahmen.[18] Für die Kinderkomponente der Arbeitslosenhilfe wird hingegen eine vollständige Steuerfinanzierung unterstellt, da die Finanzierung komplett aus Steuermitteln erfolgt.

11.1.4 Leistungen der Arbeitgeber

Der Löwenanteil der Arbeitgeberleistungen wird von öffentlichen Arbeitgebern erbracht. Die Leistungen des öffentlichen Dienstes sind methodisch unproblematisch, da die Finanzierung wie bei den übrigen öffentlich finanzierten Leistungen über die öffentlichen Gesamteinnahmen erfolgt. Entsprechend beträgt die Finanzierungslast der privaten Haushalte 0,7% derer Gesamtabgaben.

Komplexer ist die Zuteilung der von den privaten Arbeitgebern getragenen Leistungen. Zum einen können die Leistungen als Lohnbestandteile angesehen werden, sodass sich bei einem Wegfall der Leistung entsprechend die unselbstständigen Einkommen erhöhen. Zum anderen könnten die Kosten für die Sozialleistungen vollständig auf den Konsumenten überwälzt werden, was durch eine Finanzierung über den privaten Konsum abgebildet werden könnte. Eine mittlere Variante stellt die hälftige Zuteilung über den privaten Konsum und als Lohnbestandteil dar. Aufgrund des vergleichsweise geringen Volumens der durch die privaten Arbeitgeber aufgebrachten Kosten wird in der empirischen Analyse die letzte mittlere Variante verwendet, ohne die Diskussion unverhältnismäßig zu vertiefen.[19] Die Leistungen werden demnach zu 50% nach dem privaten Konsum und zu 50% nach dem Einkommen der unselbstständig Beschäftigen zugeteilt.

11.2 Nettotransfersaldo der Familienpolitik

Die Nettoeffekte der einzelnen Leistungskategorien werden nun zum Gesamteffekt aggregiert. Der Gesamteffekt bildet den relativierten Nettotransfersaldo der Familienpolitik ab, der ein zentrales Analyseziel dieser Arbeit darstellt. Die nachstehende Abbildung 11.2 zeigt neben dem Gesamteffekt die separaten Nettotransferquoten für die einzelnen Leistungsgruppen, um

---

Bundeszuschuss übersteigt die tatsächlichen Ausgaben für die Kindererziehungszeiten. Die gesamten Bundeszuschüsse zur GRV betrugen in 2001 insgesamt 11,5 Mrd. Euro, wobei nicht genau aufgeführt wird, wofür die Mittel verwendet werden, BMFSFJ (2003b). Zu diesem Problem, siehe auch Rosenschon (2001), S. 16f.

[17]Vgl. BMAS (2003), S. 60f.

[18]Vgl. BMGS (2002a), S. 38.

[19]So werden Bruttoeinkommen der Unselbstständigen mit 0,1% belastet sowie der Gesamtkonsum mit 0,01%.

das Zusammenspiel der separaten Umverteilungswirkungen der Leistungsgruppen zu verdeutlichen. Daneben wird eine Quote für die Finanzierungslast des gesamten familienpolitischen Budgets ausgewiesen, ohne separate Quoten für einzelne Finanzierungsarten auszuweisen.[20]

Abbildung 11.2: Nettotransfersaldo der Familienpolitik

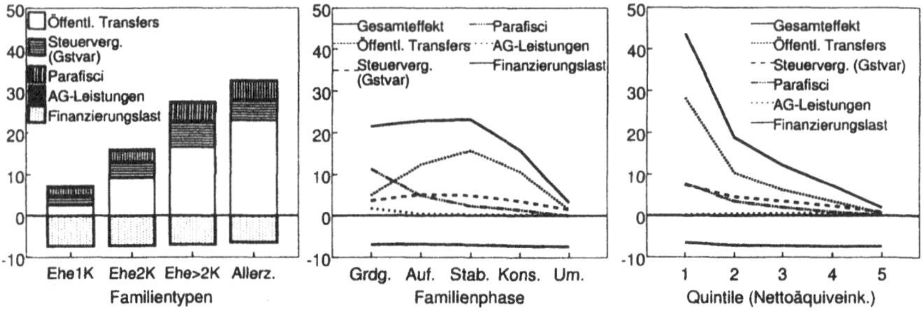

Quelle: Eigene Darstellung. Alle Werte in % des nicht-bedarfsgewichteten Haushaltsbruttoeinkommens. Steuermindereinnahmen in Variante 2: Kindergeld in Höhe des effektiven Förderanteils, Gesamtsteuervariante

11.2.1 Familientypen

Der relativierte Nettotransfer aller familienpolitischen Leistungen steigt unter Ehepaaren mit der Kinderzahl an. Maßgeblich sind hierfür vor allem die Nettotransfers aus den Transfers der Gebietskörperschaften wie insbesondere die Transferäquivalente für Sachleistungen, die Eltern mit der Kinderzahl kumulieren. De facto stellt der kostenlose Schulbesuch die Maßnahme mit der höchsten Umverteilungswirkung dar.[21] Ebenso steigen die relativierten Nettotransfersalden der Steuervergünstigungen sowie der parafiskalischen Transfers mit der Kinderzahl an, jedoch in geringerem Umfang als die Quoten der Transfers der Gebietskörperschaften. Insgesamt verstärken sich die Einzelwirkungen der vier Leistungskategorien im Gesamteffekt, da sich die Umverteilungswirkungen in der Familientypschichtung nicht neutralisieren.

Alleinerziehende weisen im Verhältnis zum Einkommen die höchste Förderung auf. Die hohe Quote entsteht durch die Relativierung am niedrigen Einkommen der Alleinerziehenden, da diese einen niedrigeren absoluten Transfersaldo als Ehepaare mit zwei und mehr Kindern aufweisen. Bei den Alleinerziehenden werden die geringen Vorteile aus Steuervergünstigungen und Arbeitgeberleistungen durch hohe relativierte Vorteile aus Transfers der Gebietskörperschaften und in geringerem Umfang aus parafiskalischen Leistungen ausgeglichen.

[20] Die Diskussion der Finanzierungsarten erfolgt im Abschnitt 12.4, S. 212ff. Vgl. zur Zusammensetzung der Finanzierung Tabelle 11.1, S. 183. Zur Abbildung 11.2 vgl. die Datentabelle Tabelle 22 im Anhang. Für die Steuervergünstigungen werden entsprechend Abschnitt 11.3.2, S. 194ff. Leistungen in Höhe von 34,4 Mrd. Euro (nur effektive Förderkomponente des Kindergelds) berücksichtigt, die über die konservativere Gesamtsteuervariante (fiktiv) finanziert werden. Die absolute Inzidenz des Gesamteffekts zeigt die Abbildung 9.1, S. 156 sowie die dazugehörende Datentabelle Tabelle 14 im Anhang.

[21] Der Anteil der relativierten Inzidenz des kostenlosen Schulbesuchs an der relativierten Inzidenz aller Transfers der Gebietskörperschaften beträgt 80,6% bzw. am familienpolitischen Gesamteffekt 47,0%.

Die Finanzierungsseite zeigt, dass die aggregierte Quote für alle Leistungen zwischen den Familientypen nur geringfügig variiert. Im Gesamtdurchschnitt belasten die Leistungen die Familien in Höhe von rund 7,1% ihres adjustierten Haushaltsbruttoeinkommens. Die Finanzierungsseite löst insgesamt tendenziell lediglich eine Niveauverschiebung aus. Unter Ehepaaren nimmt die Belastung geringfügig mit der Kinderzahl ab, während Alleinerziehende die geringste relativierte Last aufweisen. Allenfalls für Alleinerziehende gilt in geringem Umfang, dass deren geringere Last die Umverteilungswirkung der Leistungsseite zu deren Gunsten verstärkt.

11.2.2 Familienphasen

Die Familienphasenschichtung zeigt für den relativierten Gesamteffekt zunächst für junge Familien bis zur Stabilisierungsphase eine ansteigende Förderung, um dann zur Umorientierungsphase hin drastisch abzunehmen.

Die separaten Effekte der Leistungskategorien überlagern sich insbesondere im linken Ast des Gesamteffekts. Die eher kinderzahlbezogenen Transfers der Gebietskörperschaften steigen zur Mitte der Familienkarriere hin an, während die stark phasenbezogenen parafiskalischen Transfers linkssteil verlaufen. Für Gründungsfamilien stellen daher die parafiskalischen Transfers die im Verhältnis zum Einkommen wichtigste Transferart dar. Deren Anteil nimmt mit steigendem Familienalter hin ab, während der Anteil der Transfers der Gebietskörperschaften am Familienbudget zunimmt.

In geringerem Umfang gilt diese Entwicklung ebenso für Steuervergünstigungen und Arbeitgeber-Leistungen. Die eher phasenbezogenen Arbeitgeber-Leistungen fließen vornehmlich jüngeren Familien zu, während die moderat kinderzahlbezogenen Steuervergünstigungen bis zur Mitte der Familienkarriere hin zunehmen.

Nach der Stabilisierungsphase sinken die relativierten Nettotransfersalden deutlich ab, wobei vor allem die abnehmenden Vorteile aus den Transfers der Gebietskörperschaften das Ergebnis treiben.

Die Finanzierungsseite zeigt eine nur sehr mäßig ansteigende relativierte Last für die phasengeschichteten Familien. Die einzelnen Werte schwanken nur wenig um den Gesamtdurchschnitt von 7,1%. Die Quote für die Gesamtfinanzierung bestätigt die zum Familienalter proportional verlaufenden Finanzierungseffekte für die einzelnen Leistungskategorien.

11.2.3 Einkommensgruppen

Der relativierte Gesamteffekt der Familienpolitik weist in der Einkommensschichtung eine deutlich progressive Umverteilungswirkung auf. Rund zwei Drittel des Gesamteffekts beruhen im untersten Quintil auf der Wirkung der öffentlichen Geld- und Sachtransfers bzw. im zweiten Quintil immer noch rund die Hälfte.[22] Der linkssteile Verlauf der Transfers der Gebietskörperschaften prägt den Verlauf des Gesamteffekts, der einen deutlichen Knick vom ersten zum zweiten Quintil aufweist. Der Knick erklärt sich aus den hohen Vorteilen aus den stark einkommensabhängigen öffentlichen Geldtransfers für die niedrigste Einkommensgruppe mit

[22]Vgl. Datentabelle Tabelle 22 im Anhang.

vielen alleinerziehenden Familien. Durch die Relativierung am sehr niedrigen Einkommen dieser Familien nimmt die Quote wiederum sehr hohe Werte an.

Im Vergleich zum Gesamtverlauf erscheint die Progressivität der relativierten Steuervergünstigungen als moderat, da die Quote vergleichsweise gering mit dem Einkommen sinkt.[23]

Der Nettoeffekt der parafiskalischen Leistungen sinkt deutlicher als die Steuervergünstigungen mit dem Einkommen. Hier wirkt sich der vergleichsweise starke Phasenbezug der parafiskalischen Leistungen zu Gunsten der einkommensschwächeren jüngeren Familien aus. Der Nettoeffekt aus den Arbeitgeber-Leistungen verläuft im Gegensatz zum Gesamteffekt leicht konkav, kann aber aufgrund seines geringen Niveaus kaum den Gesamteffekt beeinflussen.

Die Finanzierungsseite zeigt einen leicht progressiven Verlauf, da die relativierte Belastung mit dem Einkommen hin zunimmt. Jedoch ist die Progressivität nur gering stärker ausgeprägt als in der Phasenschichtung.[24] Die schwache Progressivität der Finanzierungsseite unterstützt den progressiven Effekt der Ausgabenseite nur sehr gering, sodass der progressive Umverteilungseffekt der familienpolitischen Leistungen nahezu ausschließlich durch die Ausgabenseite determiniert wird.

11.3 Spezifische Nettotransfersalden

11.3.1 Transfers der Gebietskörperschaften

Die Ausgaben für Transfers der Gebietskörperschaften (öffentliche Transfers) belaufen sich auf insgesamt 73,2 Mrd. Euro. Dies entspricht 12,0% der in der Inzidenzanalyse berücksichtigten Steuern (mit Gebühren und Nettoneuverschuldung). In der nachstehenden Abbildung 11.3 ist der am Einkommen relativierte Gesamteffekt für diese Leistungsgruppe sowie ergänzend separate Verläufe für Geld- und Sachtransfers, um deren spezifische Verteilungswirkungen abzubilden. Daneben stellt die Abbildung auch die mit −1 multiplizierte relativierte Inzidenz der Finanzierungslast dar.[25]

11.3.1.1 Familientypen

Die relativierten Nettotransfersalden für die gesamten Transfers der Gebietskörperschaften (öffentliche Transfers) steigen unter Ehepaaren mit der Kinderzahl an, während Alleinerziehende die höchste Quote aufweisen. Die Quoten für die Finanzierung bleiben hingegen weitestgehend konstant. Da die familienpolitisch relevante Finanzierungslast weitestgehend proportional zum Einkommen wirkt, wirkt sie sich in der Nettobetrachtung von Last und Leistung nur niveauverschiebend auf die Nettotransfersalden aus. Unter verheirateten Paaren ist die relativierte Inzidenz der relevanten Abgaben weitestgehend identisch, da sich die mit der Kinderzahl ansteigenden Bruttoeinkommen im Nenner der Quote und die ebenso ansteigenden Abgabenlasten im

[23]Der Nettoeffekt aus Steuervergünstigungen beruht auf der konservativeren Gesamtsteuervariante. Die Unterschiede zwischen den beiden Finanzierungsvarianten werden in Abschnitt 11.3.2, S. 194ff. erläutert.

[24]Die Spannweite der Werte beträgt in der Phasenschichtung lediglich 0,6 Prozentpunkte gegenüber 0,8 in der Einkommensschichtung. Vgl. Datentabelle Tabelle 22 im Anhang.

[25]Vgl. zur Abbildung die Datentabelle Tabelle 18 im Anhang.

Abbildung 11.3: Nettoeffekt, Transfers der Gebietskörperschaften

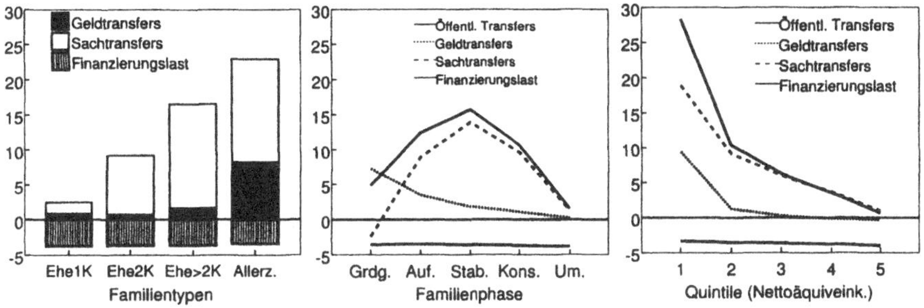

Quelle: Eigene Darstellung. Alle Werte in % des nicht-bedarfsgewichteten Haushaltsbruttoeinkommens.

Zähler der Quote kompensieren. Für Alleinerziehende ergibt sich eine geringfügig niedrigere Quote für die Belastung.[26]

Die separaten Verläufe für Geld- und Sachtransfers zeigen deutlich, dass der Gesamtnettoeffekt von der Inzidenz der Sachtransfers aufgrund des hohen Ausgabevolumens dominiert wird. Die Quoten für die Sachtransfers steigen unter verheirateten Ehepaaren aufgrund der Kumulation von Transferäquivalenten mit der Kinderzahl an. Geldtransfers spielen für Ehepaare im Verhältnis zum Einkommen eine nur geringe Rolle.

Die relativierte Gesamt-Förderung der Alleinerziehenden weist aufgrund derer geringen Einkommen den höchsten Wert aller Familientypen auf. Hier zeigt sich deutlich, dass Geldtransfers im Verhältnis zum Einkommen eine sehr wichtige Rolle für Alleinerziehende spielen.

11.3.1.2 Familienphasen

In der Schichtung nach Familienphasen verläuft der Gesamtnettoeffekt spitz konkav, da die Leistungen sich entsprechend der Kinderzahl entwickeln. Auch hier zeigt sich erneut, dass die Einbeziehung der Finanzierungslast nur eine Niveauverschiebung auslöst. Die relativierte Abgabenlast der Familien verhält sich in Relation zum Einkommen weitestgehend proportional.

Für den Verlauf des relativierten Nettotransfers sind vor allem die Sachtransfers maßgeblich. Insbesondere wirken sich hier die Transferäquivalente für die kostenfreie Schulbildung aus, die von den größeren Familien der mittleren Phasen kumuliert werden. Die Geldtransfers konzentrieren sich zwar auf jüngere Familien, prägen aber den Gesamteffekt kaum bzw. nur zu Beginn der Familienkarriere. Ergänzend zeigt die Abbildung, dass die Familien der Gründungsphase bei separater Betrachtung der Sachtransfers Nettozahler darstellen. Die anteilige Finanzierungslast übersteigt bei Gründungsfamilien die zugerechneten Leistungen.[27]

[26]Vgl. zur Ausgabenzinzidenz Abbildung 9.2, S. 157 sowie die dortigen Ausführungen. Zur familientypspezifischen Inzidenz der öffentlichen Einnahmen, vgl. Abbildung 10.3, S. 174 sowie zum Einkommen der Familientypen, vgl. Tabelle 3.3, S. 38.

[27]Für die Darstellung des Gesamtnettoeffekts wurde die moderate Zurechnungsvariante nach Kleinhenz und Werding (1997) verwendet. Bei Verwendung der Zurechnungsvariante des Sensitivitätstests verstärkt sich dieser Effekt zulasten der jüngsten Familien. Vgl. dazu die Ausführungen zu Abbildung 9.2, S. 157 sowie insbesondere

11.3.1.3 Einkommensgruppen

In der Schichtung nach dem Einkommen zeigt sich eine progressive Verteilungswirkung der Transfers der Gebietskörperschaften. Der linkssteile Verlauf des Gesamtnettoeffekts verstärkt sich im Vergleich zur absoluten Inzidenz aufgrund der Einkommensdisparitäten zwischen den Quintilen in der relativierten Inzidenz. Die Relativierung am Einkommen erzeugt die Progressivität vor allem bei den a priori einkommensunabhängigen Sachtransfers, während die absoluten Transfersalden über die Quintile hinweg nahezu gleichmäßig verlaufen.[28] Die Finanzierungslast löst lediglich eine Niveauverschiebung nach unten aus, da die Quote nahezu proportional verläuft.

Die separaten Effekte ergänzen sich in der Nettobetrachtung. Jedoch wird zusätzlich deutlich, dass die Geldtransfers im Verhältnis zum Einkommen für die obersten 80% der Einkommen eine nur sehr geringe Rolle spielen. Die 40% reichsten Familien sind sogar Nettozahler, wie die Abbildung 11.3 zeigt.

11.3.2 Steuervergünstigungen

Für die Darstellung der relativierten Inzidenz des Nettotransfersaldos aus den Steuervergünstigungen sind einige Vorbemerkungen notwendig. Auf der Ausgabenseite belaufen sich die Steuermindereinnahmen in der Abgrenzung dieser Analyse auf insgesamt 34,4 Mrd. Euro, sofern die Kindergeldzahlungen nur auf den effektiven Transferanteil begrenzt werden.

Die Ergebnisse der parallelen Berechnungen zur Variante 1 (Steuermindereinnahmen in Höhe von 52,6 Mrd. Euro mit Kindergeld als normaler Transfer) werden nicht separat diskutiert. Dies erscheint sinnvoll, da sich die beiden Varianten nur in der Ausgabeninzidenz unterscheiden. Die (fiktive) Finanzierung der beiden Varianten über entweder Gesamt- oder Einkommensteuern weist die identische Einnahmeninzidenz auf, die sich nur aufgrund der höheren Kosten im Niveau unterscheidet. Der Verlauf der relativierten Quoten ist daher respektive des Niveaueffektes vollkommen identisch, da für die Variante 1 (Steuermindereinnahmen in Höhe von 56,2 Mrd. Euro) die gleiche (fiktive) Finanzierung unterstellt wird wie für die im Folgenden zu erläuternde Variante 2 (Steuermindereinnahmen in Höhe von 34,4 Mrd. Euro). Für die sich ergebenden Abweichungen zwischen den beiden Nettotransfersalden sind (neben dem reinen Niveaueffekt durch die höheren Steuermindereinnahmen) im wesentlichen die Unterschiede in der Ausgabeninzidenz maßgeblich. Daher wird im folgenden Teil der Arbeit nur noch auf die Variante 2 mit Steuermindereinnahmen in Höhe von 34,4 Mrd. Euro (Kindergeld als effektiver Förderanteil) Bezug genommen.[29]

Für die Bestimmung des Nettoeffekts der Steuervergünstigungen werden die beschriebenen fiktiven Steuerzahlungen in den beiden Varianten Gesamtsteuerfinanzierung (Gstvar) und Einkommensteuerfinanzierung (Estvar) unterstellt. In der nachstehenden Abbildung 11.4 sind neben dem relativierten Nettotransfersaldo für beide Varianten ebenso die beiden Belastungsquoten für beide Varianten ausgewiesen.[30]

---

zur Zuteilung des Schul- bzw. Kindergartenbesuchs Abschnitte 5.2.1, S. 90 und 5.2.2, S. 94.

[28] Vgl. dazu Abbildung 9.2, S. 157. Siehe dazu auch die Datentabelle Tabelle 18 im Anhang.

[29] Vgl. Abbildung 10.2, S. 171.

[30] Vgl. zur Abbildung die Datentabelle Tabelle 15.

Abbildung 11.4: Nettoeffekt, Steuervergünstigungen

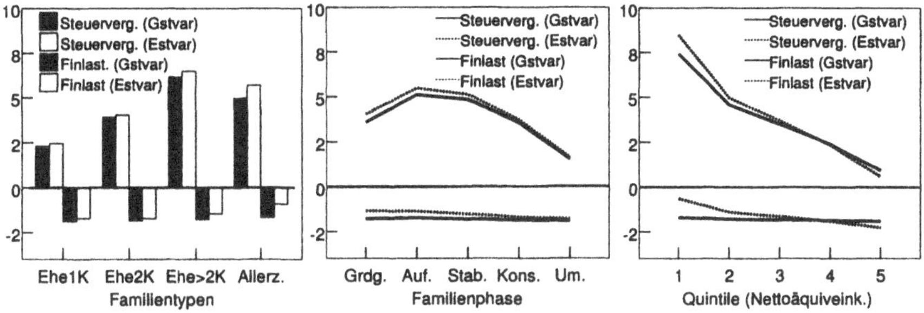

Quelle: Eigene Darstellung. Alle Werte in % des nicht-bedarfsgewichteten Haushaltsbruttoeinkommens. Nur Kindergeld in Höhe des effektiven Förderanteils.

11.3.2.1 Familientypen

Der relativierte Nettotransfer für Steuervergünstigungen steigt für Ehepaare mit der Kinderzahl an, sodass Ehepaare mit drei Kindern die höchste Förderung aufweisen (9,7 bei Gesamtsteuer- bzw. 10,2% bei Einkommensteuerfinanzierung). Alleinerziehende profitieren im Verhältnis zum Einkommen überdurchschnittlich, obwohl sie nur sehr geringe absolute Vorteile aufweisen.[31] Die Abweichungen zwischen den Quoten ergeben sich aus den unterschiedlichen Wirkungen der Finanzierungsseite.

Die Finanzierungsseite zeigt, dass eine fiktive Finanzierung der Steuermindereinnahmen über die Gesamtsteuern alle Haushaltstypen nahezu gleichmäßig belastet. Alleinerziehende und Ehepaare mit drei und mehr Kindern weisen nur marginal geringere Lasten auf als Normfamilien. Im Vergleich zur Einkommensteuerfinanzierung liegen die relativierten Belastungen etwas höher, wofür jedoch keine unmittelbare Begründung aus den Daten hervorgeht.[32]

Die relativierten Belastungen durch die Einkommensteuerfinanzierung sinken im Gegensatz zur Gesamtsteuerfinanzierung unter Ehepaaren mit der Kinderzahl. Alleinerziehende weisen eine deutlich geringere Belastung auf als Ehepaare, da diese aufgrund ihrer geringen Einkommensteuerzahlungen weniger an der (fiktiven) Finanzierung beteiligt werden.

11.3.2.2 Familienphasen

In der Phasenbetrachtung verlaufen die relativierten Nettotransfersalden weitestgehend parallel. Die Quoten steigen zunächst mit dem Familienalter an und sinken dann zum Ende der Familienkarriere hin ab. Die ältesten Familien profitieren am geringsten. Der Verlauf ähnelt dem der Ausgabeninzidenz, der sich ebenso parallel zur Kinderzahl entwickelt.[33]

[31] Vgl. Abbildung 9.3, S. 159.

[32] Ergänzende Berechnungen deuten darauf hin, dass der höhere Mittelwert durch die geringere Streuung der Gesamtsteuern entsteht. Die Einkommensteuerzahlungen streuen stärker, sodass rechnerisch ein geringerer Mittelwert entsteht.

[33] Maßgeblich hierfür ist vor allem die Kumulation von Kindergeldzahlungen. Vgl. Abbildung 9.3, S. 159.

Die Unterschiede zwischen den Quoten ergeben sich aus den unterschiedlichen Wirkungen der Finanzierungsseite. Während die Gesamtsteuervariante nun nahezu proportional zum Familienalter verläuft, steigt die Belastung in der Einkommensteuervariante moderat mit dem Einkommen an. Die proportionale Wirkung der Gesamtsteuerfinanzierung ergibt sich wie dargestellt aus der Neutralisation von Regressivität der indirekten und Progressivität der direkten Steuern.[34] Hingegen spiegelt die Einkommensteuervariante stärker die Progressivität der direkten Steuern wider, die sich auch zum Familienalter ergibt. Daher tragen bei (fiktiver) Einkommensteuerfinanzierung die einkommensstärkeren älteren Familien stärker zur Finanzierung bei.

11.3.2.3 Einkommensgruppen

Der Nettoeffekt aus den Steuervergünstigungen verläuft in der Einkommensschichtung für beide Finanzierungsvarianten progressiv, da die Förderung mit steigendem Einkommen sinkt. Die beiden Varianten für die (fiktive) Finanzierung wirken sich etwas stärker auf den Nettoeffekt aus als in den beiden anderen Schichtungen. Während die Finanzierungsvariante über die Einkommensteuer die Progression des Nettoeffekts verstärkt, mildert die Gesamtsteuerfinanzierung die Progressivität des Nettoeffekts. Zwar erscheint die Umverteilungswirkung der Finanzierung in der Einkommensschichtung gegenüber den anderen Schichtungen am stärksten ausgeprägt, jedoch bleibt die Abweichung des Nettoeffekts zwischen den Varianten eher gering. Die Finanzierungsseite beeinflusst nur marginal den Nettoeffekt, der vornehmlich durch die Ausgabenseite determiniert wird.

11.3.3 Leistungen der Parafisci

Für die Darstellung der Nettotransfersalden aus den Leistungen der Sozialversicherungen wird in der Abbildung 11.5 zum einen der Gesamteffekt aus allen drei Sozialversicherungszweigen abgebildet. Zum anderen werden die separaten Quoten ausgewiesen, um auf die spezifischen Verteilungswirkungen der drei Versicherungszweige einzugehen. Ergänzend wird die relativierte Finanzierungslast dargestellt, die sich aus der beschriebenen Mischfinanzierung aus Steuern und Beiträgen einstellt.[35]

11.3.3.1 Familientypen

Der relativierte Nettotransfersaldo aus den parafiskalischen Leistungen steigt unter verheirateten Familien mit der Kinderzahl an. Ehepaare mit mehr als zwei Kindern sowie Alleinerziehende weisen im Verhältnis zum Einkommen die höchste Nettoförderung unter allen Familientypen auf. Bei den Alleinerziehenden erklärt das niedrige Einkommen die im Vergleich zur geringsten absoluten Inzidenz hohe relativierte Quote.[36]

Im Vergleich zu den Transfers der Gebietskörperschaften bzw. den über Steuermindereinnahmen finanzierten Steuerprivilegien unterscheidet sich die Finanzierungsseite zwischen den

[34] Siehe dazu Abbildung 10.2, S. 171.

[35] Vgl. zur Abbildung die Datentabelle Tabelle 16.

[36] Zur absoluten Inzidenz, vgl. Abbildung 9.4, S. 160 sowie zur Inzidenz der parafiskalischen Abgaben, vgl. Tabelle 10.1, S. 170.

Abbildung 11.5: Nettoeffekt, Sozialversicherungszweige

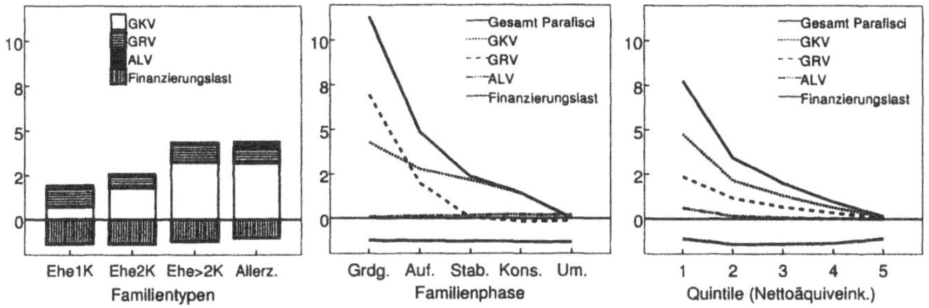

Quelle: Eigene Darstellung. Alle Werte in % des nicht-bedarfsgewichteten Haushaltsbruttoeinkommens.

Familientypen etwas stärker. Große verheiratete Familien sowie Alleinerziehende weisen geringere relativierte Abgaben auf als verheiratete Familien bis zu zwei Kindern. Dies geht vor allem auf die geringere Erwerbstätigkeit dieser Familientypen verbunden mit einer niedrigeren Abgabenbelastung zurück. Die geringere Abgabenlast wirkt sich insbesondere bei den Alleinerziehenden aus, da diese zwar nicht die höchsten relativierten Transfersalden, aber zusammen mit den Mehrkinderehepaaren die höchsten relativierten Nettotransfersalden aufweisen. Alleinerziehende verfügen durch ihre niedrigen Einkommen über den höchsten relativierten Nettotransfersaldo im Vergleich zur niedrigsten absoluten Inzidenz aller Familientypen.

Das Balkendiagramm zeigt in Analogie zur absoluten Inzidenz die Dominanz der GKV-Leistungen gegenüber den GRV- bzw. ALV-Leistungen für Familien, die auch nach der Relativierung am Einkommen erhalten bleibt. Unter Ehepaaren steigen die Transferquoten mit der Kinderzahl durch die Kumulation insbesondere der Transferäquivalente der beitragsfreien Mitversicherung an. Die Quoten für die GRV-Leistungen erscheinen nach der Relativierung weitestgehend konstant über alle Familientypen. Die ALV-Transfers gewinnen in der relativierten Betrachtung für die Alleinerziehenden an Bedeutung.

11.3.3.2 Familienphasen

Der relativierte Nettoeffekt aus den parafiskalischen Transfers sinkt in der Phasenbetrachtung relativ deutlich mit dem Familienalter. Ähnlich wie bei der vorangegangenen Nettobetrachtung der anderen Leistungsgruppen bleibt der Quotenverlauf, der sich aus den Leistungen ergibt, weitestgehend erhalten. Jedoch verstärkt sich durch die Relativierung am Einkommen die linkssteile Verteilung.

Die Berücksichtigung der Abgaben verursacht aufgrund der weitestgehenden Proportionalität der Finanzierung eine Niveauverschiebung der Leistungsquote nach unten, verändert jedoch nicht deren Verlauf.

Die starke Phasenwirkung zu Gunsten jüngerer Familien wird durch die Relativierung am Einkommen vor allem durch GKV- und GRV-Leistungen erzeugt. Besonders stark phasenabhängig erscheinen die Leistungen der GRV, da deren Nettotransfersalden bereits in der Stabilisierungsphase Null betragen. Ab der Konsolidierungsphase sind diese sogar negativ. Daneben sind für die GKV-Leistungen Familien der Umorientierungsphase Nettozahler. Durch die gleichmäßige Verteilung der wenigen ALV-Leistungsempfänger über die Familienphasen nehmen die relativierten Nettotransfersaldi nur sehr geringe positive Werte ein.[37]

11.3.3.3 Einkommensgruppen

Der relativierte Nettoeffekt aus den parafiskalischen Transfers wirkt in der Einkommensschichtung deutlich progressiv. Die Progressivität wird jedoch vor allem durch die Relativierung am Einkommen erzeugt, da die absoluten Transfersalden eher moderat mit dem Einkommen sinken. Insgesamt bleibt ähnlich wie in der Nettobetrachtung der vorangegangenen Leistungsgruppen der Quotenverlauf für die Leistungen auch nach Berücksichtigung der Abgaben weitestgehend erhalten. Jedoch bewirkt der leicht u-förmige Verlauf der Finanzierung eine geringe Eindellung der Quote für die Nettotransfersalden im mittleren Einkommensbereich.[38]

Die Progressivität der parafiskalischen Transfers wird durch alle Sozialversicherungszweige erzeugt, da die spezifischen Nettotransferquoten alle mit steigendem Familieneinkommen absinken. Anders als in der Phasenschichtung treten für die GRV- und GKV-Leistungen keine Nettozahler-Familien auf, während für die ALV-Leistungen die 40% reichsten Familien negative Nettotransfersalden aufweisen, die jedoch im Verhältnis zum Einkommen sehr gering sind.

11.3.4 Leistungen der Arbeitgeber

Die Aufwendungen für die Arbeitgeberleistungen belaufen sich auf insgesamt 5,6 Mrd. Euro, von denen rund 70% von öffentlichen Arbeitgebern aus Steuermitteln und rund 30% von privaten Arbeitgebern aufgebracht werden. Die öffentlichen Aufwendungen machen 0,7% der Einnahmen aus Steuern (mit Gebühren und Neuverschuldung) aus, während für die privat getragenen Kosten eine hälftige Überwälzung über Löhne bzw. über den Konsum unterstellt wurde.

Neben dem Nettoeffekt aus den Arbeitgeber-Leistungen wird in der nachstehenden Abbildung 11.6 die relativierte Finanzierungslast dargestellt, die sich aus der oben beschriebenen Mischfinanzierung ergibt. Aufgrund des geringen quantitativen Gewichts der Arbeitgeberleistung wird nicht auf die separaten Nettoeffekte eingegangen, wie sie sich aus privater bzw. öffentlicher Finanzierung ergeben. Da die durchschnittlichen relativierten Nettoeffekte nur eine sehr geringe Größe im Verhältnis zum Einkommen der Haushalte darstellen, sind kaum für das Gesamtbild relevante Einzelaspekte zu identifizieren.[39]

11.3.4.1 Familientypen

Die relativierten Nettotransfersalden der Arbeitgeberleistungen spielen für das Haushaltsbudget der Familien im Mittel kaum eine Rolle, da die Quoten in der familientypspezifischen Schichtung die 1-Prozent-Marke nicht überschreiten. Die Relativierung am Einkommen bewirkt eine

[37] Vgl. Abbildung 9.4, S. 160.
[38] Vgl. Tabelle 10.1, S. 170.
[39] Vgl. zur Abbildung die Datentabelle Tabelle 21 im Anhang sowie zur absoluten Inzidenz der Arbeitgeberleistungen Abbildung 9.5, S. 162.

Abbildung 11.6: Nettoeffekt, Arbeitgeber-Leistungen

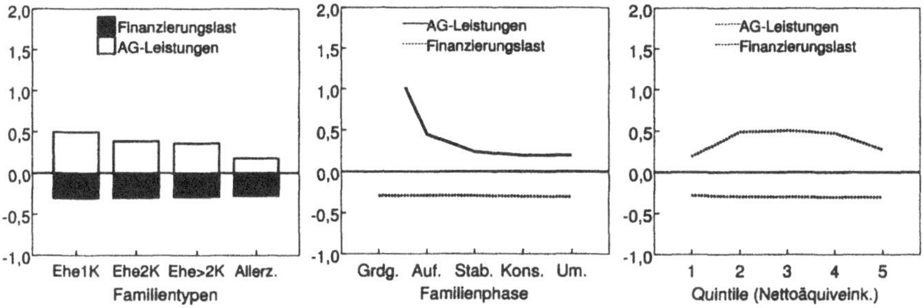

Quelle: Eigene Darstellung. Alle Werte in % des nicht-bedarfsgewichteten Haushaltsbruttoeinkommens.

Annäherung der Förderung von Alleinerziehenden an Ehepaare, da sich die geringen absoluten Transfersalden im Verhältnis mit den geringen Einkommen der Alleinerziehenden zu einer höheren Quote ergänzen. Die Einnahmenseite beeinflusst aufgrund der weitestgehenden Proportionalität kaum den Verlauf der relativierten Nettotransfersalden.

11.3.4.2 Familienphasen

Der relativierte Nettoeffekt aus den Arbeitgeberleistungen verläuft in der Phasenbetrachtung linkssteil. Die Struktur ergibt sich vornehmlich aus den Ausgaben, die sich durch die impliziten Altersgrenzen der mutterschaftsgebundenen Transfers vornehmlich auf jüngere Familien konzentrieren. Da die Abgaben in der Phasenschichtung im Vergleich zu den beiden anderen Schichtungen stark proportional verlaufen, wirkt sich die Einbeziehung der Eigenfinanzierung nur niveauverschiebend auf die Transfersalden aus.

11.3.4.3 Einkommensgruppen

Der relativierte Nettoeffekt aus den Arbeitgeberleistungen verläuft in der Einkommensschichtung konkav. Dieser Verlauf ergibt sich durch die Relativierung am Einkommen, da die absolute Inzidenz aufgrund der Erwerbsbindung der Arbeitgeber-Leistungen mit dem Einkommen ansteigt. In den oberen Einkommensgruppen wirken sich die geringen Vorteile aus Arbeitgeberleistungen in Verbindung mit hohen Einkommen in einer sinkenden Quote aus. Wie auch bei den anderen Leistungsgruppen prägt der Verlauf der Einnahmeninzidenz den Nettoeffekt kaum, da die Berücksichtigung der proportional zum Einkommen wirkenden Finanzierung lediglich eine Niveauverschiebung der Ausgabenkurve erzeugt.

11.4 Zentrale Ergebnisse und weiterführende Argumente

- Der Nettotransfersaldo der Familienpolitik im Verhältnis zum Haushaltseinkommen steigt unter Ehepaaren mit der Kinderzahl an, begünstigt Alleinerziehende am stärksten, begünstigt jüngere und mittelalte Familien und verläuft progressiv zum Einkommen.
- Der Nettotransfersaldo aus den Transfers der Gebietskörperschaften bedingt den Löwenanteil der familienpolitischen Umverteilung. Die Nettotransfersalden steigen mit der Kinderzahl, verlaufen konkav zum Familienalter und progressiv zum Einkommen.
- Die Nettotransfersalden aus den Steuervergünstigungen steigen gering mit der Kinderzahl, verlaufen konkav zum Familienalter und progressiv zum Einkommen.
- Die Nettotransfersalden aus den parafiskalischen Transfers steigen gering mit der Kinderzahl, sind stark phasenbezogen zu Gunsten der jüngsten Familien und verlaufen progressiv zum Einkommen.
- Die Nettotransfersalden aus den Arbeitgeberleistungen fallen kaum ins Gewicht. Sie steigen gering mit der Kinderzahl, sind phasenbezogen zu Gunsten jüngerer und mittelalter Familien und verlaufen progressiv zum Einkommen.
- Die Verteilungswirkungen der Familienpolitik sind im wesentlichen geprägt durch die Inzidenz der Ausgaben, während die Inzidenz der Einnahmen weitestgehend proportional zu Familientyp, -phase oder Einkommensgruppe verläuft. Die Einbeziehung der Einnahmenseite löst weitestgehend nur eine Niveauverschiebung der Ausgabeninzidenz nach unten aus.
- Die starke Förderung der Alleinerziehenden in Relation zum Einkommen wird vor allem durch deren geringe Einkommen erzeugt, während die absoluten Transfersalden im Vergleich zu Ehepaaren niedriger sind.
- Obwohl der Nettotransfersaldo im Gesamtdurchschnitt positiv ist, treten in allen Zellen der drei Schichtungen einzelne Nettozahler-Familien auf. Diese Ergebnisse werden im Folgenden durch die Analyse der Nettozahler-Familien sowie des Eigenfinanzierungsanteils der Familien an den familienpolitischen Leistungen tiefer erläutert.

Kapitel 12

Nettozahler und Eigenfinanzierung

Die Analyse der Nettotransfersalden hat gezeigt, dass im Gesamtdurchschnitt Familien einen positiven Nettotransfersaldo aus den familienpolitischen Leistungen aufweisen. Die positiven Nettotransfersalden der Familien werden prinzipiell finanziert durch die Abgaben der Kinderlosen. Diese Umverteilungsrichtung kann als horizontale Umverteilung von Kinderlosen hin zu Familien interpretiert werden. Jedoch zeigen differenzierte Berechnungen, dass ebenso unter Familien negative Nettotransfersalden auftreten. Diese vertikale Umverteilung zwischen Familien wird im Folgenden näher erläutert.

Zunächst wird erläutert, welche Familien einen negativen Nettotransfersaldo aufweisen. Die Nettozahler werden für die nach Leistungskategorien differenzierten Saldi sowie für den aggregierten Nettotransfersaldo diskutiert. Daran schließt sich die Ermittlung des Eigenfinanzierungsanteils der Familien an. Der Eigenfinanzierungsanteil zeigt, welchen Anteil an der Finanzierungslast der Familienpolitik selbst von Familien getragen wird. Darauf aufbauend wird die Umverteilung zwischen Kinderlosen und Familien sowie innerhalb der Familien anhand relativer Inzidenzkoeffizienten verglichen. Schließlich zeigt der Vergleich der Finanzierungsarten, durch welche Finanzierungsarten Kinderlose bzw. Familien stärker an der Finanzierung beteiligt werden.

12.1 Nettozahler

Negative Nettotransfersalden von Familien werden von verschiedenen Faktoren determiniert. Familien, die von keiner Leistung der jeweiligen Leistungsgruppe profitieren, weisen (ebenso wie Kinderlose) automatisch negative Nettotransfersalden auf. Dies gilt vor allem für die an Einkommensgrenzen gebundenen öffentlichen Geldtransfers sowie in geringerem Umfang für die stark phasenbezogenen (d.h. mit engen Altersgrenzen ausgestatteten) parafiskalischen Transfers, die geringe Teilnahmequoten aufweisen.[1]

Daneben zeigen die durchgeführten Berechnungen, dass in vielen Fällen die Finanzierungslast die zugerechneten Leistungen übersteigt. Dies trifft vor allem auf öffentliche Sachtransfers

[1] Instrumente mit geringen Teilnahmequoten sind beispielsweise die Kinderkomponente der Sozialhilfe (vgl. Tabelle 5.2, S. 82), der Unterhaltsvorschuss (vgl. Tabelle 5.4, S. 88) sowie das Mutterschaftsgeld (vgl. Tabelle 7.3, S. 134).

sowie parafiskalische Transfers zu. Beispielsweise überwiegt die Finanzierungslast den monetarisierten Nutzen, wenn ältere oder kleine Familien nur geringe Transferäquivalente für kostenintensive Sachtransfers wie den gebührenfreien Schulbesuch empfangen, jedoch wie alle anderen Familien in vollem Umfang zur Finanzierung beitragen.

Die nachstehende Tabelle 12.1 zeigt die Anteile der Nettozahler an den Familien für die verschiedenen Leistungskategorien sowie eine kurze verbale Charakterisierung der Nettozahler.[2]

Tabelle 12.1: Nettozahler

Leistungen	Anteil in %	Wer sind Nettozahler?
Transfers der Gebietskörperschaften	18,3	rund 75% Ein-Kind-Ehepaare bzw. zwei von fünf Ein-Kind-Ehepaaren, jüngste und vor allem älteste Ehepaare, Familien aus dem obersten Quintil
Steuerverg. (Gesamtsteuer-Fin.)	8,5	rund 75% Normfamilien aus oberen 40% der Einkommensverteilung und der letzten Familienphase, jede fünfte Alleinerziehende
Steuerverg. (ESt.-Fin.)	12,2	rund 75%Normfamilien aus oberen 40% der Einkommensverteilung und der letzten Familienphase, mehr als jede fünfte Alleinerziehende
Parafiskalische Transfers	31,0	rund 80% Normfamilien, ältere Familien, Familien des obersten Quintils, sowie jede fünfte Alleinerziehende
AG-Leistungen	20,8	rund 33% Alleinerziehende, Normfamilien aus unteren Quintilen
Gesamteffekt*	12,0	jedes fünfte Ein-Kind-Ehepaar sowie jede zehnte Alleinerziehende, überwiegend ältere Normfamilien bzw. Familien des obersten Quintils
Gesamt ohne Steuerverg.	16,5	im Vergleich zum Gesamteffekt weniger Alleinerziehende, weniger Familien des obersten Quintils, mehr älteste Familien

Quelle: Eigene Berechnungen mit dem EVS-Mikrofile 1998. *: Gesamteffekt mit Steuervergünstigungen, darunter nur Kindergeld-effektiver Förderanteil, fiktive Finanzierung über Gesamtsteuern.

12.1.1 Transfers der Gebietskörperschaften

Für die Transfers der Gebietskörperschaften (öffentliche Transfers) übersteigt für 18,3% der Familien die familienpolitische Finanzierungslast die zugerechneten Leistungen. Dabei gilt zu beachten, dass die Ausgabeninzidenz für alle Familien positiv ist, da jede Familie von mindestens einer Leistung profitiert.[3] Somit überwiegt für alle Nettozahler die Finanzierungslast den monetarisierten Nutzen.

Rund 75% der nettozahlenden Familien sind Einkind-Ehepaare. Von diesem Familientyp weisen 40% der Haushalte negative Transfersalden auf. Dies sind vor allem sehr junge und sehr alte Familien zu Beginn bzw. zu Ende der Familienkarriere sowie Familien der beiden oberen Quintile. Die restlichen 25% der Nettozahler-Familien verteilen sich vornehmlich auf

[2]Aus Gründen der Übersichtlichkeit wird auf den expliziten Ausweis der berechneten Werte verzichtet. Die wesentlichen Werte werden in den Ausführungen zu den einzelnen Kategorien im Folgenden aufgeführt.

[3]Vgl. Abbildung 9.2, S. 157 und Tabelle 10 im Anhang.

verheiratete Paare, jedoch sind die Anteile der Nettozahler an den jeweiligen Familientypen deutlich geringer. Im Gegensatz zu den Einkind-Ehepaaren konzentrieren sich die Nettozahler stärker auf die letzte Familienphase bzw. das oberste Quintil.

Die Differenzierung des Gesamteffekts in zwei getrennte Effekte für öffentliche Geld- bzw. Sachtransfers liefert einige ergänzende Einzelergebnisse hinsichtlich der Anzahl von nettozahlenden Familien.

Bei den Geldtransfers stellen mit 78% die Mehrheit der Familien Nettozahler dar. Im Vergleich zum zusammengefassten Effekt der öffentlichen Transfers geht die vertikale Umverteilung maßgeblich darauf zurück, dass aufgrund der niedrigen Teilnahmequoten an den Geldtransfers viele Familien automatisch Nettozahler werden, da sie keine Leistungen empfangen. Hingegen bleiben für nahezu alle Familien, die mindestens einen der Geldtransfers beziehen, die Nettotransfersalden positiv. Lediglich für 0,1 Mio. Familien überwiegt die Last die Leistung.

Bei Sachtransfers beträgt die Teilnahmequote 100%, sodass alle Familien prinzipiell positive Transfersalden aufweisen. Nach Einbeziehung der Finanzierungslast treten jedoch für 20,1% der Familien negative Nettotransfersalden auf, da die anteilige Finanzierungslast den monetarisierten Nutzen überwiegt. Hier sind vor allem geringere Vorteile aus den altersspezifisch zugerechneten Transferäquivalenten für den Schulbesuch verantwortlich für das Ergebnis, die Familien mit geringer Bildungsbeteiligung zu Nettozahlern machen.

Die Zusammensetzung der Nettozahler-Familien entspricht weitestgehend dem oben beschriebenen Muster. Sehr junge und sehr alte Familien, einkommensstarke Familien sowie verheiratete Paare mit einem und in geringerem Umfang zwei Kindern sind insbesondere für die Geldtransfers häufig Nettozahler, während dieser Effekt bei den Sachtransfers weniger deutlich ausfällt.[4]

12.1.2 Steuervergünstigungen

Die Nettozahler-Anteile der Steuervergünstigungen sind für die beiden (fiktiven) Finanzierungsarten auszuweisen. In der Tabelle 12.1 werden Steuervergünstigungen in Höhe von 34,4 Mrd. Euro angesetzt, da nur der effektive Förderanteil des Kindergeldes berücksichtigt wird.[5]

Obwohl 100% der Familien von mindestens einer Steuervergünstigung profitieren, liegt der Nettozahleranteil in der Gesamtsteuer-Variante bei 8,5%. Hingegen übersteigt in der Einkommensteuer-Variante für 12,2% der Familien die Last die Leistung. Der niedrigere Anteil der Nettozahler bei Gesamtsteuer-Finanzierung ist auf die breitere Verteilung der Finanzie-

[4]In der Phasenschichtung zeigt sich aufgrund der verwendeten Zurechnungsmethode nach Kleinhenz und Werding (1997) (Gründungsfamilien wird kein Transferäquivalent für den Besuch von Kinderkrippen zugerechnet) ein sehr hoher Anteil von Nettozahlern in der Gründungsphase. Dieser Effekt fällt aufgrund der strikten Zuteilungsannahme etwas zu hoch aus und sollte daher mit kritischer Distanz interpretiert werden. Vgl. Abschnitt 5.2.2, S. 94ff.

[5]Für den alternativen Wertansatz nach Variante 1 (Kindergeld-Transferlösung ergeben sich folgende Nettozahler-Anteile: 10,0% Nettozahler bei Gesamtsteuer-Finanzierung sowie 13,9% bei Einkommensteuer-Finanzierung. In dieser Berechnung sind mehr Familien Nettozahler als beim niedrigeren Wertansatz, da die höheren Kosten die stärker an der Finanzierung beteiligten Familien stärker belasten als Kinderlose. Deshalb dreht sich für mehr Familien der Nettotransfersaldo ins Negative.

rungslast zwischen Familien und Kinderlosen zurückzuführen. Die niedrigere Finanzierungslast überwiegt den positiven Transfersaldo weniger häufig als in der Einkommensteuer-Variante. Bei der stärker progressiven Einkommensteuer-Finanzierung werden Familien als der ökonomisch aktivere Teil der Gesamtbevölkerung stärker belastet als Kinderlose.

Die Zusammensetzung der Nettozahler-Familien variiert nur geringfügig zwischen den beiden Finanzierungsvarianten. Rund 75% der Nettozahler-Familien sind Normfamilien (Ehepaare mit einem oder zwei Kindern) weitestgehend aus den beiden obersten Quintilen bzw. der letzten Familienphase. Jedoch zählen im Unterschied zur Analyse der öffentlichen Geld- und Sachtransfers sehr häufig Alleinerziehende zu den Nettozahlern.[6] Dabei fällt auf, dass sich die nettozahlenden Alleinerziehenden nahezu gleichmäßig über die Einkommensgruppen verteilen, sich jedoch in der Schichtung nach dem Familienalter sehr deutlich auf die letzte Phase des Familienzyklus konzentrieren. In der Einkommensteuervariante nimmt aufgrund der progressiveren Verteilung der Finanzierungslast der Anteil der nettozahlenden Alleinerziehenden zu und liegt bei über 18%. Knapp jede fünfte Alleinerziehende stellt in der Einkommensschichtung bei (fiktiver) Finanzierung der Steuervergünstigungen einen Nettozahler dar.

12.1.3 Leistungen der Parafisci

Der Anteil der Nettozahler unter den Familien beträgt 31,0%, obwohl jeder Familie Leistungen zugerechnet wurden.[7] Im Vergleich zu den Transfers der Gebietskörperschaften (18,3%), den Steuervergünstigungen (8,5 bzw. 12,2%) sowie den Arbeitgeberleistungen (20,8%) weisen die parafiskalischen Transfers den höchsten Anteil von Nettozahler-Familien auf.

Die Differenzierung nach Sozialversicherungszweigen zeigt zum einen, dass die Anteile der Nettozahler stark zwischen den Versicherungszweigen variieren und zum anderen, dass insbesondere in der Rentenversicherung viele Haushalte zwar von familienpolitischen Leistungen nutznießen, jedoch die relevante Beitragslast überwiegt. Dies gilt in geringerem Umfang auch für die GKV, während in der ALV Leistungsempfänger in der Regel auch positive Nettotransfersalden aufweisen.[8]

Vier Fünftel der Nettozahler-Familien sind Normfamilien (Ehepaare mit einem oder zwei Kindern). Die Anzahl der Nettozahler steigt mit dem Einkommen und mit dem Familienalter an. Jedoch weisen auch überproportional viele Alleinerziehende negative Nettotransfersalden auf, sodass rund jede fünfte alleinerziehende Familie Nettozahler der parafiskalischen Leistungen ist. Ähnlich wie bei den Steuerprivilegien sind alleinerziehende Nettozahler in der Einkommensschichtung relativ gleichmäßig über die Quintile verteilt und konzentrieren sich in der Phasenbetrachtung auf die letzte Phase.[9]

[6] Während bei den Steuervergünstigungen 14,8% der Alleinerziehenden Nettozahler sind, beträgt deren Anteil bei den Transfers der Gebietskörperschaften lediglich 7,2%.

[7] Durch die verteilungsneutrale Zurechnung eines Teils der Waisenrente haben die aggregierten parafiskalischen Transfers eine Teilnahmequote von 100%. Vgl. Abschnitt 7.2.2, S. 140ff.

[8] Die Anteilswerte der Nettozahler-Familien für die Versicherungszweige im Einzelnen betragen 28,9% für die GKV, 69,5% für die GRV sowie 85,7% für die ALV.

[9] Die Differenzierung nach Versicherungszweigen ergibt einige kleinere Abweichungen in der Struktur der Nettozahler. In der GKV sind verheiratete Einkindfamilien deutlich häufiger Nettozahler als in den beiden anderen Zweigen, da in der GKV die Leistungen stark mit der Kinderzahl ansteigen. Ebenso zeigt die Familienphasen-

12.1.4 Leistungen der Arbeitgeber

Der Anteil der Nettozahler-Familien liegt für die Arbeitgeberleistungen bei 20,8%, wobei sich die Teilwerte für private (98,2%) und öffentliche (18,9%) Arbeitgeber deutlich unterscheiden.[10] Die Zahllast überwiegt nur für einen geringen Teil der Familien die erhaltenen Transfers, da rund 85% der Familien Arbeitgeber-Leistungen zugerechnet wurden.[11]

Die strukturelle Zusammensetzung der Nettozahler spiegelt die Bindung der Leistung an Erwerbstätigkeit wider, da rund ein Drittel der Nettozahler alleinerziehende Familien sind. Somit tragen zwei von fünf Alleinerziehenden netto zu den Arbeitgeber-Leistungen bei, wenn auch die absoluten bzw. relativierten Nettotransfers sehr gering sind. Die übrigen Nettozahler sind zum Großteil Normfamilien aus den unteren (wenig erwerbstätigen) Quintilen. In der Phasenbetrachtung fällt für verheiratete Familien auf, dass Einkindfamilien eher in späteren Phasen zu Nettozahlern werden, während Zweikindfamilien eher in der Mitte des Familienzyklus beitragen. Beide Effekte sind auf unterschiedliche Erwerbsbeteiligungen zurückzuführen, können jedoch aufgrund der problematischen Ausgabeninzidenzberechnung nur mit kritischer Distanz interpretiert werden.[12]

12.1.5 Gesamteffekt

Der Anteil der Nettozahler an den Familien beträgt für den Saldo aller Leistungen 12,0 (Steuervergünstigungen bei Gesamtsteuerfinanzierung) bzw. 13,0% (Steuervergünstigungen bei Gesamtsteuerfinanzierung). Für diese Familien überwiegt die familienpolitische Finanzierungslast die empfangenen Leistungen, denn jede Familie profitiert zumindest von einer Leistung. Die Nettozahler-Familien erbringen 24,8 (Steuervergünstigungen bei Gesamtsteuerfinanzierung) bzw. 29,4% (Steuervergünstigungen bei Einkommensteuerfinanzierung) des Eigenfinanzierungsanteils der Familien.[13]

Der Gesamteffekt wird in einer ergänzenden Berechnung ohne die methodisch problematischen Steuervergünstigungen gebildet. Der somit erhaltene Nettotransfer ist weniger abhängig von der komplexen Modellierung der Nettoinzidenz der Steuervergünstigungen. Für den Nettogesamteffekt ohne die methodisch problematischen Steuervergünstigungen liegt der Anteil der

---

schichtung einen deutlicheren Anstieg der GKV-Nettozahler mit dem Familienalter und dem Einkommen als die beiden anderen Versicherungszweige. Die Nettozahler weisen insgesamt in der GKV ein stärker ausgeprägtes Profil auf, da vornehmlich kleine, ältere und reichere Familien Nettozahler darstellen, während in den beiden übrigen Sozialversicherungszweigen die Profile aufgrund der hohen Anzahl von Nettozahlern unschärfer erscheinen.

[10] Aufgrund der methodisch problematischen Zurechnung der beiden Leistungen sowie deren geringen Umfang im Gesamteffekt soll im Folgenden nicht vertieft auf die Einzelergebnisse eingegangen werden.

[11] Maßgeblich für die breite Zuteilung ist die verteilungsneutrale Zuteilung der Familienzuschläge, vgl. Abschnitt 8.1, S. 147ff.

[12] Die Zusammensetzung der Nettozahler der öffentlichen Arbeitgeberleistungen ist identisch mit jener der Transfers der Gebietskörperschaften, für die die gleiche Art der Finanzierung unterstellt wurde. Für die private Finanzierung lassen sich aufgrund des sehr hohen Anteils von Nettozahlern (98,2%) kaum aussagekräftige Profile isolieren.

[13] Für den Nettotransfer mit Steuervergünstigungen in Variante 1 (Kindergeld als Transfer) liegt der Nettozahler-Anteil zwischen 12,3% (Gesamtsteuer-Finanzierung) und 13,7% (Einkommensteuerfinanzierung). Die Eigenfinanzierungsanteile der Nettozahler liegen entsprechend bei 24,9% (Gesamtsteuer-Finanzierung) und 31,2% (Einkommensteuerfinanzierung).

Nettozahler mit 16,5% höher als im Gesamteffekt mit Steuervergünstigungen. Ebenso nimmt der Finanzierungsanteil auf 30,8% zu.[14]

Die Nettozahler-Familien des familienpolitischen Gesamtbudgets sind überwiegend verheiratete Ehepaare mit einem Kind sowie in geringerem Umfang Ehepaare mit zwei Kindern und Alleinerziehende. Unter Ehepaaren mit drei und mehr Kindern befinden sich kaum Nettozahler. Jede fünfte Einkindfamilie sowie jede zehnte Alleinerziehende weist einen negativen Nettotransfer auf. Für die beiden übrigen Familientypen liegt dieser Wert deutlich darunter. In der Phasenschichtung entfallen die Nettozahler auf die beiden letzten Phasen des Familienzyklus, da insbesondere in der Umorientierungsphase drei Viertel aller Familien mit negativem Nettotransfer leben. In der Einkommensschichtung konzentrieren sich die Nettozahler auf die oberen Quintile, wobei sich rund zwei Drittel aller Nettozahler im obersten Quintil befinden.

Das Grundprofil der Nettozahler bleibt auch in der ergänzenden Berechnung für den Gesamteffekt ohne Steuervergünstigungen erhalten, jedoch ist die Anzahl der Alleinerziehenden mit negativem Nettotransfer etwas geringer. Ebenso fällt in der Einkommensschichtung die Konzentration der Nettozahler auf das oberste Quintil geringer aus, während sich in der Phasenschichtung die Nettozahler stärker auf die Umorientierungsphase konzentrieren. Die Abweichungen ergeben sich durch die distributiven Spezifika der nicht-berücksichtigten Steuervergünstigungen, die besonders hohe Lasten für die oberen Quintile bedeuten, sich aber in der Phasenschichtung gleichmäßiger über den (a priori einkommensunabhängigen) Familienzyklus verteilen.

Diese Größen deuten auf eine erhebliche vertikale Umverteilung zwischen Familien hin, da in allen Berechnungsvarianten mehr als jede zehnte Familie mehr in das familienpolitische System einzahlt als sie über Leistungen erhält. Daneben wird deutlich, dass von diesen Nettozahlern je nach Berechnungsvariante bereits zwischen einem Viertel und einem knappen Drittel des Eigenfinanzierungsanteils der Familien aufgebracht wird. Die ergänzende Berechnung zeigt, dass der Nettozahler-Anteil sich zwischen dem unteren Rand von 12,0 bis 13,0% (Gesamteffekt mit Steuervergünstigungen) sowie dem oberen Rand mit 16,5% (Gesamteffekt ohne Steuervergünstigungen) der Familien bewegt.[15]

12.2 Eigenfinanzierung

Die nachstehende Tabelle 12.2 stellt die unterschiedlichen Eigenfinanzierungsanteile für die Leistungskategorien gegenüber, um die Unterschiede zwischen den Finanzierungsarten zu verdeutlichen.

[14] Da die Steuervergünstigungen explizit ausgeklammert sind, sind keine differenzierten Finanzierungsvarianten notwendig.

[15] Die Lebensphasenschichtung deutet an, dass sich die Nettotransfersalden einer Familie über den Familienlebenszyklus verändern. Da die Phasen keinen kontinuierlichen Verlauf darstellen, kann über den quantitativen Umfang des Nettotransfersaldos über die gesamte Familienkarriere hinweg keine Aussage getroffen werden. Die Berechnung eines individuellen Lebenstransfersaldos stellt eine interessante Erweiterungsmöglichkeit dieser Analyse dar.

Tabelle 12.2: Eigenfinanzierungsanteile von Familien

Budgetbereich	Finanzierungsart	Anteil in %
Transfers der Gebietskörperschaften	Gesamteinnahmen	41,8
Steuervergünstigungen	Gesamtsteuern	44,1
Steuervergünstigungen	Einkommensteuern	45,8
Parafiskalische Transfers	Beiträge	45,9
AG-Leistungen	Gesamteinnahmen und private AG-Aufwendungen	43,2
Gesamteffekt*		43,1-43,6
Gesamteffekt ohne Steuerverg.		42,8

Quelle: Eigene Berechnungen mit dem EVS-Mikrofile 1998. *: Gesamteffekt mit Steuervergünstigungen, darunter nur effektive Kindergeld-Förderkomponente, fiktive Finanzierung über Gesamtsteuern bzw. Einkommensteuern.

12.2.1 Eigenfinanzierungsanteil im Gesamteffekt

Für die familienpolitischen Leistungen ergibt sich in der grundlegenden Berechnungsvariante (familienpolitisches Budget mit Steuervergünstigungen darunter Kindergeld als effektiver Förderanteil bei fiktiver Finanzierung über die Gesamtsteuern) ein Eigenfinanzierungsanteil im Gesamtdurchschnitt von 43,1%. Diese Kennzahl bedeutet, dass Familien 43,1% aller öffentlichen Aufwendungen für Familien selbst über ihre eigenen Abgaben tragen. Die übrigen 56,9% der familienpolitischen Ausgaben werden von Kinderlosen finanziert. Unterstellt man für den so abgegrenzten Gesamteffekt die fiktive Einkommensteuerfinanzierung, so ergibt sich ein etwas höherer Eigenfinanzierungsanteil von 43,6%.[16] Bereinigt man den Gesamteffekt um die methodisch problematischen Steuervergünstigungen, so ergibt sich ein etwas geringerer Selbstfinanzierungsanteil von 42,8%. Die in dieser Analyse berechneten Eigenfinanzierungsanteile liegen in allen Varianten über dem im Fünften Familienbericht ausgewiesenen Eigenfinanzierungsanteil von rund 32%.[17]

12.2.2 Differenzierte Eigenfinanzierungsanteile

Die differenzierten Eigenfinanzierungsanteile für die einzelnen Gruppen variieren a priori wenig um den Gesamtdurchschnitt von 43,1% bis 43,6%. Einen unterdurchschnittlichen Eigenfinanzierungsanteil weisen lediglich die Transfers der Gebietskörperschaften bzw. die Arbeitgeber-Leistungen auf, für die Familien 41,8% bzw. 43,2% selbst aufwenden. Die Finanzierung über die Gesamteinnahmen (Steuern und Sonstige Einnahmen) beteiligt demnach Kinderlose am stärksten an der Finanzierung. Die übrigen Leistungskategorien verfügen über überdurchschnittliche Eigenfinanzierungsanteile.

Für Steuervergünstigungen liegt dieser bei der (fiktiven) Finanzierung über die Gesamtsteuern bei 44,1% bzw. über die Einkommensteuer bei 45,8% der gesamten Kosten. Bei Einkommensteuerfinanzierung werden Familien stärker belastet, während die breitere Finanzierung über die Gesamtsteuern nur einen gering überdurchschnittlichen Eigenfinanzierungsanteil

[16]Ergänzende Berechnungen für den Gesamteffekt mit Steuervergünstigungen inklusive dem Kindergeld als Transferlösung ergeben etwas höhere Eigenfinanzierungsanteile von 43,3% (Gesamtsteuerfinanzierung) und 43,8% (Einkommensteuerfinanzierung).

[17]Vgl. BMFSFJ (1995a), S. 294 sowie Abschnitt 4.2, S. 4.2ff.

erzeugt. Auch wenn diese Finanzierungsarten im fiskalischen Inzidenzmodell nur für die fiktive Finanzierung der Steuermindereinnahmen berechnet wurden, so können die Werte in einem weiteren Sinne als Kennzahlen für die Steuerfinanzierung familienpolitischer Leistungen interpretiert werden. Die Werte zeigen, dass gesamtsteuerfinanzierte Leistungen Kinderlose nach der Finanzierung über die Gesamtabgaben am zweitstärksten an der Finanzierung familienpolitischer Leistungen beteiligen. Hingegen belastet die Finanzierung über Einkommensteuern Familien stärker als Kinderlose.

Der Eigenfinanzierungsanteil der Familien an den mit Steuern und Beiträgen mischfinanzierten parafiskalischen Transfers beträgt 45,9%. Ergänzende Berechnungen mit einer Differenzierung nach Sozialversicherungszweigen ergeben, dass der Eigenfinanzierungsanteil für die rein beitragsfinanzierten familienpolitischen Ausgaben der GKV mit 47,5% am höchsten liegt. Der Eigenfinanzierungsanteil sinkt mit steigender Steuerfinanzierung der Versicherungsleistung: Während er für die nahezu vollständig beitragsfinanzierte ALV bei 45,6% beträgt, kommen für die stärker steuerfinanzierten Familienausgaben der GRV Familien nur zu 42,0% selbst auf.

Der Eigenfinanzierungsanteil der Familien für die Arbeitgeberleistungen beträgt insgesamt 43,2%. Für die Finanzierung der privaten Arbeitgeberleistungen liegt dieser gegeben der beschriebenen Zurechnungsmethode bei 46,8%.[18] Für die öffentlichen Arbeitgeber beträgt der Anteil 41,8%, da die Finanzierung aus den Gesamteinnahmen (Steuern und Sonstige Einnahmen) identisch zur Finanzierung der Transfers der Gebietskörperschaften ist.

Die Einzelergebnisse zeigen, dass Familien am stärksten an der Eigenfinanzierung beteiligt werden, wenn die Leistungen über Sozialversicherungsbeiträge oder über private Arbeitgeberleistungen finanziert werden. Ebenso werden Familien bei einer ausschließlich über Einkommmensteuerzahlungen finanzierten Leistung am stärksten belastet. Die Eigenfinanzierungsanteile sinken, desto breiter die Finanzierungsgrundlage ist. Ebenso trägt eine Mischfinanzierung aus beispielsweise Steuern und Beiträgen zu einer stärkeren Beteiligung der Kinderlosen bei als die reine Beitragsfinanzierung. Die Finanzierung über die Gesamtsteuern beteiligt Familien nur gering über dem Durchschnitt, während bei einer Finanzierung über die Gesamteinnahmen (Steuern und Sonstige Einnahmen) Kinderlose mehr zur Finanzierung beitragen.

Die Abweichungen verdeutlichen, dass Familien in jenen Leistungsgruppen höhere Eigenfinanzierungsanteile aufweisen, deren Finanzierung implizit oder explizit an Erwerbstätigkeit gekoppelt sind. Dies zeigt sich vor allem bei der Finanzierung familienpolitischer Leistungen durch Beiträge zur Sozialversicherung, von denen die im Vergleich zu Kinderlosen ökonomisch aktiveren Familien relativ stärker belastet werden. Wird die Finanzierung über eine breitere Finanzierungsquelle (Gesamtabgaben oder Gesamtsteuern) bestritten, so werden wiederum die ökonomisch weniger aktiven kinderlosen Haushalte stärker an den familienpolitischen Kosten beteiligt.

---

[18] Für die Kosten für private Arbeitgeberleistungen wurde eine hälftige Überwälzung auf die Güterpreise bzw. auf die Einkommen der unselbstständig Beschäftigten angenommen. Da die Kosten für private Arbeitgeberleistungen unter starken Annahmen zugerechnet wurden, sind die Ergebnisse mit kritischer Distanz zu interpretieren. Den Gesamteffekt prägen die Aufwendungen der privaten Arbeitgeber mit rund 1,2% der Gesamtkosten jedoch nicht maßgeblich. Vgl. Abschnitt 11.1.4, S. 189.

12.3 Umverteilung zwischen Familien und Kinderlosen

Um die Umverteilung zwischen Familien und Kinderlosen deutlicher zu machen, werden aus den Eigenfinanzierungsanteilen Kennzahlen für die relative Belastung von Familien und Kinderlosen errechnet. Die Kennzahlen orientieren sich am Konzept der relativen Inzidenz, die den Eigenfinanzierungsanteil ins Verhältnis zur relativen Häufigkeit von Familien bzw. Kinderlosen setzt. Diese Verhältniszahlen beschreiben die relative Inzidenz einer Politikmaßnahme und erlauben Aussagen über die Richtung der Umverteilung zwischen Bevölkerungsgruppen.[19]

Im familienpolitischen Kontext sind die Koeffizienten der relativen Inzidenz folgendermaßen zu verstehen. Die Gesamtbevölkerung besteht zu 33,0% aus Haushalten mit und zu 67,0% aus Haushalten ohne Kinder. Ein relativer Inzidenzkoeffizient von beispielsweise 1 sagt aus, dass die 33,0% Haushalte mit Kindern (Familien) 33,0% der Kosten für die familienpolitischen Leistungen aufbringen. Die Belastung ist in diesem Fall gleichverteilt. Ein Koeffizient größer als 1 drückt entsprechend eine überproportionale Belastung der Familien aus. Dies ist der Fall, wenn die 33,0% Familien 43,1% der Kosten tragen. Dabei ergibt sich ein Koeffizient von 1,27. Kinderlose weisen spiegelbildlich einen Koeffizienten von 0,87 aus, da die 67,0% kinderlosen Haushalte nur 56,9% der Kosten tragen.[20]

Prinzipiell löst die Finanzierung familienpolitischer Leistung a priori automatisch Umverteilung von Kinderlosen zu Familien aus, da Kinderlose nicht von familienpolitischen Leistungen profitieren. Fraglich bleibt dabei jedoch, ob Kinderlose über- oder unterproportional zur Finanzierung beitragen. Die relativen Inzidenzkoeffizienten drücken aus, ob die Umverteilung von der Gleichverteilung der Lasten zwischen Familien und Kinderlosen abweicht. Entsprechend bedeuten Inzidenzkoeffizienten von größer als 1 ein geringeres Ausmaß der Umverteilung von Kinderlosen zu Familien als im Referenzzustand der Gleichverteilung der Lasten zwischen beiden Bevölkerungsgruppen. Ebenso gibt der Vergleich von Inzidenzkoeffizienten zwischen verschiedenen Finanzierungsvarianten Aufschluss über Unterschiede im Ausmaß der Umverteilung zwischen Kinderlosen und Familien.

Ergänzend können für weitere Bevölkerungsgruppen Inzidenzkoeffizienten berechnet werden wie beispielsweise für Nettozahler-Familien. Nettozahler-Familien sind Familien, bei denen die geleisteten familienpolitisch relevanten Abgaben die Vorteile aus den empfangenen Transfers in der Querschnittsbetrachtung für das Bezugsjahr 2001 übersteigen. Deren Anteil an der Gesamtbevölkerung schwankt je nach Abgrenzung der familienpolitischen Leistungskategorien. Die Tabelle 12.3 zeigt die Kennzahlen für die relative Belastung für Familien, Kinderlose sowie Nettozahler-Familien.

12.3.1 Relative Belastung im Gesamteffekt

Für den Gesamteffekt ergibt sich eine relative Belastung der Familien von 1,31-1,32 gegenüber 0,84-0,85 für Kinderlose. Haushalte mit Kindern, die 33,0% der Gesamtheit ausmachen, werden

[19] Verhältniszahlen zur relativen Inzidenz benutzen auch Fritzsche et al. (2003), S. 49ff. Zur theoretischen Einordnung, siehe Zimmermann und Henke (2005), S. 197ff. oder Bohnet (1999), S. 164f.

[20] Für die relative Inzidenz werden die kinderlosen Haushalte im Ganzen betrachtet und notwendigerweise nicht nach ökonomisch aktiven Haushalten getrennt analysiert. Vgl. zum Inzidenzkonzept Abschnitt 4.1.3.2, S. 60.

Tabelle 12.3: Relative Belastungen

	Familien	Kinderlose	Nettozahler
Transfers der Gebkörp.	1,27	0,87	2,34
Steuervergünstigungen, Gesamtsteuern	1,34	0,83	2,84
Steuervergünstigungen, Einkommensteuern	1,39	0,81	4,25
Parafiskalische Transfers	1,39	0,81	1,95
AG-Leistungen	1,31	0,85	1,08
Gesamteffekt*	1,31-1,32	0,84-0,85	2,70-2,99
Gesamteffekt, ohne Steuervergünstigungen	1,30	0,85	2,42

Quelle: Eigene Berechnungen mit dem EVS-Mikrofile 1998. *: Gesamteffekt mit Steuervergünstigungen, darunter nur effektive Kindergeld-Förderkomponente, fiktive Finanzierung über Gesamtsteuern bzw. Einkommensteuern.

somit durch ihren Eigenfinanzierungsanteil von 43,1-43,6% überproportional an der Finanzierung beteiligt, während die 67,0% kinderlosen Haushalte nur für 56,4-56,9% der Finanzierung aufkommen. Die relative Belastung der Nettozahler-Familien beträgt 2,70 in der Gesamtsteuervariante. Nettozahler-Familien, die 3,6% der Gesamthaushalte ausmachen, tragen 9,6% zur Finanzierung der familienpolitischen Leistungen bei. Diese werden aufgrund ihrer hohen Steuerlasten sehr stark an der Finanzierung beteiligt. Bei Einkommensteuerfinanzierung der Steuermindereinnahmen bleiben die Werte für Familien und Kinderlose wie in der Tabelle 12.3 ersichtlich weitestgehend unverändert.[21]

Für den Gesamteffekt ohne Steuervergünstigungen beträgt die relative Belastung der Familien und Kinderlosen 1,30 bzw. 0,85, während die der Nettozahler-Familien mit 2,42 etwas niedriger als im Gesamteffekt mit Steuervergünstigungen liegt. Durch die geringeren Kosten werden diese stärker entlastet als die übrigen Bevölkerungsgruppen, die weniger stark beitragen. Familien erscheinen im gegebenen Modell durchweg relativ stärker belastet als Kinderlose, während diese demnach eine zur Gesamtbevölkerung unterproportionale Finanzierungslast tragen. Zudem zeigen die Koeffizienten der relativen Belastung der Nettozahler-Familien, dass es auch unter Familien zu Umverteilung kommt.

12.3.2 Spezifische relative Belastungen

Für die einzelnen Leistungskategorien mit den jeweiligen Finanzierungsarten ergeben sich differenzierte Kennzahlen. Für die über die öffentlichen Gesamteinnahmen finanzierten Transfers der Gebietskörperschaften ergibt sich eine relative Belastung für Familien von 1,27 gegenüber 0,87 für Kinderlose. Die Umverteilung von Kinderlosen zu Familien ist für diese Leistungskategorie bzw. Finanzierungsart demnach geringfügig intensiver als im Gesamteffekt. Nettozahler-Familien weisen eine relative Belastung von 2,34 auf und sind somit ebenso geringfügig weniger stark belastet als im Gesamtdurchschnitt.

Für die Steuervergünstigungen liegt die relative Belastung in der Gesamtsteuervariante für Familien bei 1,34 und für Kinderlose bei 0,83. Nettozahler-Familien weisen die höchste relative Belastung auf mit 2,84. Diese Ergebnisse verstärken sich in der Einkommensteuervariante:

[21] Der alternative Wertansatz (Steuermindereinnahmen mit Kindergeld als Transferlösung) bestätigt die Werte für die relative Belastung.

die Kennzahl für Familien steigt auf 1,39, die der Kinderlosen sinkt auf 0,81. Die Belastung der Nettozahler-Familien verstärkt sich auf 4,25. Die Einkommensteuerfinanzierung verringert demnach das Ausmaß der Umverteilung, da Familien und vor allem Nettozahler-Familien stärker als in der breiter verteilten Gesamtsteuerfinanzierung selbst beitragen.[22]

Für die parafiskalischen Transfers beträgt die relative Belastung für Familien 1,39 sowie für Kinderlose 0,81, während die Nettozahler-Familien einen Koeffizienten von 1,95 aufweisen.[23] Die Finanzierung der Sozialversicherungsleistungen belastet demnach Familien überproportional, während Kinderlose unterproportional zur Finanzierung herangezogen werden. Daher ist für die Beitragsfinanzierung von einer schwächeren Umverteilung von Kinderlosen zu Familien auszugehen als im Gesamteffekt.

Die Koeffizienten der Arbeitgeberleistungen für die relative Belastung der durchschnittlichen Familie von 1,31 gegenüber 0,85 für Kinderlose sind identisch zur Finanzierung aus den Gesamteinnahmen (Steuern und Sonstige Einnahmen), da der Löwenanteil der Leistungen von öffentlichen Arbeitgebern erbracht wird. Im Unterschied zu den übrigen Leistungsarten fällt jedoch die geringe relative Belastung der Nettozahler-Familien gegenüber Kinderlosen auf, deren relative Belastung nur 1,08 beträgt. Dies rührt von den in absoluten Zahlen sehr geringen und zudem sehr breit verteilten Leistungen bzw. Lasten her.

Die relativen Belastungen zeigen, dass zum einen Familien in diesem Modell immer relativ stärker belastet sind als kinderlose Haushalte, da die höhere ökonomische Aktivität der Familien im Vergleich zur Gesamtbevölkerung mit höheren Steuer- und Beitragszahlungen einhergeht.[24] Zum anderen verringern Finanzierungsarten, die an eine Erwerbstätigkeit gekoppelt sind, tendenziell die Umverteilung von Kinderlosen hin zu Familien. Dies betrifft vor allem die beitragsfinanzierten parafiskalischen Leistungen.[25] Schließlich weisen Nettozahler-Familien gemessen an der relativen Inzidenz deutlich höhere Belastungen als Kinderlose auf, die automatisch Nettozahler-Haushalte darstellen. Daher ist davon auszugehen, dass nicht nur von Kinderlosen zu Familien umverteilt wird, sondern auch zwischen Familien beachtliche Umverteilungsströme wirken.

[22]Die Ergebnisse für den alternativen Wertansatz (mit Kindergeld als Transferlösung) liefern keine Abweichungen der Werte.

[23]Bei der Differenzierung nach Versicherungszweigen variieren die Werte für Familien und Kinderlose kaum. Die relative Belastung der Nettozahler-Familien sinkt durch eine breitere Verteilung mit höherer Anzahl der Nettozahler.

[24]Dieses Argument wird ebenso häufig in der Literatur verwendet. Gegen eine stärkere Finanzierung durch Beiträge argumentiert beispielsweise Letzner für die GRV, dass Familienleistungen ein Teil des gesamtgesellschaftlichen Familienlasten- bzw. Familienleistungsausgleich sind. Daher sollten familienbezogene Leistungen in der Sozialversicherung aus den allgemeinen Steuermitteln finanziert werden. Durch die Steuerfinanzierung erreiche man die gewünschten Umverteilungswirkungen, während durch die Beitragsfinanzierung eher unerwünschte Verteilungseffekte erzeugt werden. Vgl. Letzner (2005), S. 723f.

[25]Daneben sind private Arbeitgeberleistungen sowie die reine Einkommensteuerfinanzierung zu nennen, die jedoch aufgrund der komplexen Modellierungsannahmen mit kritischer Distanz zu interpretieren sind.

12.4 Vergleich der Finanzierungsarten

Die Eigenfinanzierung der familienpolitischen Leistungen wird nun in die Finanzierungsarten Gesamtabgaben (Steuern und Sonstige Einnahmen), Gesamtsteuerfinanzierung sowie Einkommensteuerfinanzierung für die fiktive Finanzierung der Steuermindereinnahmen, Beiträge und Aufwendungen für private Arbeitgeberleistungen zerlegt, um die Verteilungswirkungen der verschiedenen Eigenfinanzierungsarten zu vergleichen. Dabei werden die für jede Finanzierungsart veranschlagten Kosten über die Leistungskategorien saldiert, wie in Tabelle 11.1, S. 183 dargestellt. Die Quote für die Gesamtabgaben beinhaltet beispielsweise die Aufwendungen aus den drei Leistungskategorien Transfers der Gebietskörperschaften, Zuschüsse zu den parafiskalischen Transfers sowie Leistungen der öffentlichen Arbeitgeber. Die Abbildung 12.1 zeigt die Quoten für die relativierte Inzidenz der Finanzierungsarten.[26]

Abbildung 12.1: Vergleich der Finanzierungsarten

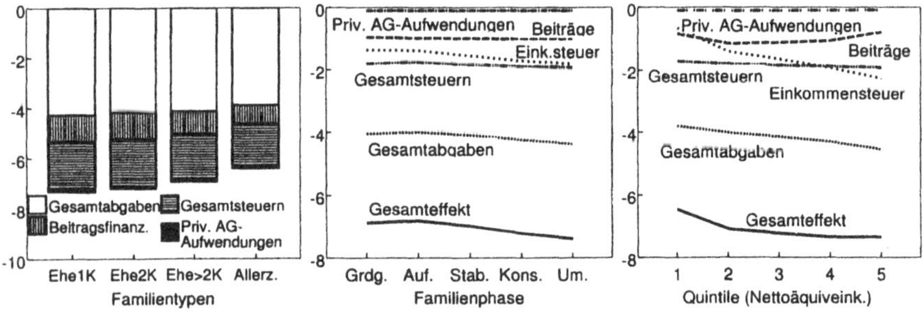

Quelle: Eigene Berechnungen aus EVS-Mikrofile. Angaben in Prozent des Haushaltsbruttoeinkommens. Steuermindereinnahmen nach Variante 2: Kindergeld in Höhe des effektiven Förderanteils. Gesamteffekt verwendet Gesamtsteuerfinanzierung für Steuermindereinnahmen.

12.4.1 Familientypen

Das Balkendiagramm zeigt die strukturelle Zusammensetzung des Eigenfinanzierungsanteils der Familien differenziert nach den Finanzierungsarten. Der Gesamteffekt wird von der Finanzierung aus den Gesamtabgaben (Steuern und Sonstige Einnahmen) dominiert, mit denen rund 61,7% des Familienpolitikbudgets bestritten werden.[27] Für die Steuermindereinnahmen geht in die Berechnung des Gesamteffekts die konservativere, weitestgehend proportional zum Einkommen wirkende Gesamtsteuervariante ein.[28] Die Steuermindereinnahmen stellen mit 25,2%

[26]Ausgangspunkt für die Quoten sind die Belastungsverläufe, die in Abbildung 10.3, S. 174 dargestellt sind. Die Abbildung 12.1 ergänzt die Vorergebnisse, indem sie die Belastungsverläufe mit dem Finanzierungsanteil am familienpolitischen Budget gewichtet und gegenüberstellt. Daneben sind zusätzlich die Quoten für die fiktive Finanzierung der Steuermindereinnahmen sowie der Aufwendungen der privaten Arbeitgeberleistungen ergänzt. Vgl. zur Abbildung Datentabelle Tabelle 23 im Anhang.

[27]Vgl. Tabelle 11.1, S. 183.

[28]Für die unterschiedlichen Berechnungsvarianten für die (fiktive) Finanzierung der Steuermindereinnahmen, vgl. Abbildung 9.3, S. 159 und die Ausführungen zu dieser Abbildung.

der Ausgaben die zweitwichtigste Finanzierungsart dar, wobei bereits bei der Betrachtung des Nettoeffekts dieser Leistungskategorie auf die komplexe Wirkungsweise dieser Finanzierungsart eingegangen wurde.[29] Die Beiträge der Arbeitnehmer und -geber zu den Sozialversicherungen sind die dem Volumen nach mit 16,9% drittwichtigste Finanzierungsart und gehen neben Steuerzuschüssen in die Finanzierung der familienpolitischen parafiskalischen Leistungen ein. Die privaten Arbeitgeberleistungen sind die kleinste Finanzierungsart und beeinflussen aufgrund ihres geringen Volumens den Gesamteffekt kaum.

Die Gesamtbelastung sinkt unter Ehepaaren mit der Kinderzahl. Alleinerziehende weisen die geringste Belastung aller Familientypen auf. Die Spannweite zwischen dem geringsten Wert (6,4% für Alleinerziehende) und dem höchsten Wert (7,3% für Ehepaare mit einem Kind) beträgt jedoch nur 0,9 Prozentpunkte. Dabei treten zwischen Normfamilien (Ehepaare mit einem oder zwei Kindern) kaum Unterschiede auf. Die niedrigeren Werte für Ehepaare mit mehr als zwei Kindern bzw. für Alleinerziehende entstehen durch geringere Belastungen aus allen Finanzierungsarten, die sich gegenseitig verstärken.

12.4.2 Familienphasen

In der Familienphasenschichtung beschränken sich die Unterschiede zwischen den Finanzierungsarten auf Niveaueffekte, die sich durch das unterschiedliche Gewicht der Finanzierungsarten an der Gesamtfinanzierung ergeben. Aufgrund der über den Familienzyklus geringen Progressivität der Gesamtabgaben (Steuern und Sonstige Einnahmen) sowie der Steuermindereinnahmen in der im Gesamteffekt berücksichtigten Gesamtsteuervariante ergibt sich ein sehr moderat progressiver Verlauf der Gesamtbelastung mit einer Spannweite von 0,6 Prozentpunkten zwischen dem geringsten Wert in der Aufbauphase und dem höchsten Wert in der Umorientierungsphase.

Die Einkommensteuerfinanzierung weist im Vergleich zu den übrigen Finanzierungsarten eine zum Familienalter progressive Umverteilungswirkung auf. Hier wirken sich die höhere Erwerbstätigkeit und die steigenden Einkommen älterer Familien in einem vergleichsweise deutlichen Verteilungseffekt aus.[30]

12.4.3 Einkommensgruppen

In der Einkommensschichtung erscheint der Gesamteffekt der Eigenfinanzierung aller familienpolitischen Leistung für die Familien moderat progressiv. Die Werte steigen über alle Quintile hin an, jedoch beträgt die Spannweite lediglich 0,9 Prozentpunkte zwischen der relativierten Inzidenz im untersten und im obersten Quintil. Im Durchschnitt beträgt die Belastung durch die (Eigen-) Finanzierung der Familienpolitik rund 7,1% der Haushaltsbruttoeinkommen. Neben den bereits oben beschriebenen Niveaueffekten überlagern sich in dieser Schichtung die Ver-

---

[29] Vgl. dazu 11.1.2, S. 184ff.

[30] Die Einkommensteuer-Finanzierung geht nicht in die Berechnung des Gesamteffekts ein. Der Gesamteffekt der familienpolitischen Leistungen beruht auf der Gesamtsteuer-Finanzierung, die weniger extreme Verteilungswirkungen hervorruft. Zur Entwicklung von Erwerbstätigkeit und Einkommen über die Familienphasen, vgl. die Tabellen 3.7, S. 43 sowie 3.5, S. 41

teilungswirkungen der verschiedenen Finanzierungsarten stärker als in der ausgeglicheneren Familienphasenschichtung.

Die Quote für die dominante Finanzierungsart Gesamtabgaben (Steuern und Sonstige Einnahmen) prägt den Gesamteffekt. Hingegen zeigt sich die Gesamtsteuerfinanzierung durch die ausgeprägte Proportionalität aus und wirkt daher im Gesamteffekt geringfügig kompensierend auf die Progressivität durch die Gesamtabgaben. Die Einkommensteuerfinanzierung wirkt jedoch relativ deutlich progressiv zum Einkommen, da die relativierte Belastung mit dem Einkommen sich vom ersten bis zum letzten Quintil nahezu vervierfacht. Für die Beitragslast der Sozialversicherungen bleibt die grundlegende u-förmige Verteilung bestehen, die relativierte Belastung liegt aber lediglich bei rund einem Prozent der nicht-bedarfsgewichteten Familieneinkommen. Der u-förmige Verlauf verstärkt im unteren Teil der Einkommensschichtung die Progressivität der Gesamtbelastung bzw. kompensiert sie im oberen Teil. Die Proportionalität der Gesamtbelastung für die oberen 60% der Familien ist daher weitestgehend auf die relative Entlastung durch sinkende Beiträge zurückzuführen. Die privaten Arbeitgeberleistungen beeinflussen den Gesamteffekt aufgrund ihres geringen Volumens kaum.

12.5 Zentrale Ergebnisse und weiterführende Argumente

- Der Anteil der Familien mit negativem Nettotransfer liegt je nach Berechnungsvariante zwischen 12,0 (mit Steuervergünstigungen) und 16,5% (ohne Steuervergünstigungen).
- Der relativ hohe Anteil von Nettozahler-Familien deutet auf ein hohes Maß an vertikaler Umverteilung der Familienpolitik zwischen Familien hin.
- Nettozahler sind vor allem verheirate, kleine, ältere Familien aus dem obersten Quintil, wobei das Profil der Nettozahler sich zwischen den einzelnen Leistungskategorien unterscheidet. Insgesamt ist jedes fünfte Ein-Kind-Ehepaar sowie jede zehnte Alleinerziehende Nettozahler.
- Der Eigenfinanzierungsanteil der Familien an den familienpolitischen Leistungen liegt je nach Berechnungsvariante zwischen 43,1 und 43,6% und somit über der Referenzgröße von 32% aus dem Fünften Familienbericht.
- Korrigiert man die in der politischen Diskussion angebrachten Angaben über die öffentlichen Brutto-Aufwendungen für Familien um die Eigenfinanzierungsanteile, so beträgt das Nettovolumen der Familienförderung in der Abgrenzung der vorliegenden Arbeit zwischen 76,9 bis 77,5 Mrd. Euro anstatt 136,4 Mrd. Euro im Bezugsjahr 2001. Dieser Betrag fließt tatsächlich von Kinderlosen an Familien. Familien steuern dagegen 58,8 bis 59,4 Mrd. Euro selbst zu den Kosten der Familienpolitik bei.
- Die Eigenfinanzierungsanteile steigen, wenn die Finanzierung der Leistungen über an Erwerbstätigkeit gekoppelte Einnahmen wie Sozialversicherungsbeiträge, private Arbeitgeberleistungen oder auch Einkommensteuern bestritten wird. Sie sinken, wenn

die Kosten über eine möglichst breite Finanzierungsgrundlage (Gesamtabgaben oder Gesamtsteuern) finanziert werden.

- Im gegenwärtigen System sind Familien gemessen an der relativen Häufigkeit in der Gesamtbevölkerung relativ stärker durch die Finanzierung familienpolitischer Leistungen belastet als Kinderlose. Darüber hinaus tragen Nettozahler-Familien sehr stark zur Finanzierung bei.
- Mehr Umverteilung von Kinderlosen zu Familien setzt voraus, dass die Finanzierung der familienpolitischen Leistungen stärker über Finanzierungsarten wie öffentliche Gesamteinnahmen oder Gesamtsteuern bzw. weniger stark über Beiträge, Einkommensteuern oder private Arbeitgeber erfolgt. Dabei gilt zu beachten, dass Familien im gegebenen Modell in allen Finanzierungsarten stärker an der Finanzierung beteiligt sind als Kinderlose, da sie eine relativ stärkere Abgabenbelastung als Kinderlose aufweisen.
- Die weitestgehend proportional wirkenden Abgaben verändern kaum Richtung bzw. Struktur der familienpolitischen Umverteilung, wie sie sich aus der Inzidenz der Leistungen ergibt. Zwar führen die Abgaben nur eine Niveauverschiebung der Transfersalden nach unten herbei, jedoch sind die Finanzierungsarten wegen ihrer unterschiedlichen Eigenfinanzierungsanteile keine äquivalenten Finanzierungsinstrumente.

Kapitel 13

Synthese

Die vorliegende Arbeit analysierte in einem fiskalischen Inzidenzmodell anhand des *Scientific Use File* der EVS 1998 die Verteilung der familienpolitischen Leistungen sowie die Umverteilungswirkungen der Familienpolitik für das Bezugsjahr 2001. Abschließend sind nun die zentralen Ergebnisse der Arbeit zusammenzufassen. Dann werden die Eckpunkte der einführend erläuterten aktuellen Reformdebatte wieder aufgegriffen und anhand der in dieser Arbeit gewonnenen Ergebnisse in weiterführenden Überlegungen diskutiert.

13.1 Zentrale Ergebnisse

Im ersten Teil der Arbeit wurden die methodischen und inhaltlichen Grundlagen der Analyse erläutert. Die zentralen Eckpunkte sind dabei:

- Das Verteilungsobjekt der Inzidenzanalyse ist das familienpolitische Budget für das Bezugsjahr 2001. Die Arbeit betrachtet familienpolitische Leistungen in Höhe von insgesamt 136,4 Mrd. Euro.
- Die betrachteten Leistungen werden nach Transfers der Gebietskörperschaften, Steuervergünstigungen, parafiskalischen Transfers sowie Arbeitgeberleistungen untergliedert.
- Das Verteilungssubjekt der Analyse sind Familien, die nach ihrem Familientyp, nach der Familienphase sowie nach dem Familieneinkommen geschichtet werden.
- Die Analyse verwendet ein fiskalisches Inzidenzmodell, dass in einer Budgetinzidenz-Berechnung Transfersalden und Nettotransfersalden der Familienpolitik bestimmt. Grundlegende Datenquelle für die Analyse ist das *Scientific Use File* der EVS 1998.
- Ein Überblick über die vorhandene Literatur zu distributiven Aspekten der Familienpolitik zeigt, dass bisher keine Forschungsarbeit deren Verteilungs- und Umverteilungswirkungen in der Gesamtschau untersucht. Zudem wird immer wieder die Ermittlung des Eigenfinanzierungsanteils der Familien an der Familienpolitik angemahnt. Die vorliegende Arbeit schließt diese Lücke.

Die Verteilungswirkungen der familienpolitischen Leistungen wurden im zweiten Teil der Arbeit berechnet und erläutert. Ziel dieses Teils der Arbeit war es, eine Antwort auf die eingangs gestellte Frage 1 zu finden:

Frage 1: Welche Familien profitieren in welchem Umfang von welcher Leistung?

- Die Analyse der Verteilungswirkungen zeigt ein sehr komplexes Bild. Da die Instrumente jeweils an sehr heterogenen Problemlagen und Lebenssituationen ansetzen, weist jedes betrachtete Instrument spezifische Verteilungswirkungen auf. Wechselt man von der instrumentspezifischen Betrachtung in die aggregierte Darstellung von Transfersalden für den Gesamteffekt bzw. für die vier Leistungskategorien, so produziert das Nebeneinander der Leistungen ein a priori eher uneinheitliches Bild.
- Die aggregierten absoluten Verteilungswirkungen sind mit kritischer Distanz zu interpretieren, da die quantitative Plausibilität der absoluten Förderbeträge häufig eingeschränkt ist. Zudem abstrahieren der Gesamteffekt bzw. die spezifischen Transfersalden für die Leistungskategorien stark, sodass die vielfältigen Einzelwirkungen in der Gesamtschau verloren gehen. Dennoch lassen sich die Verteilungswirkungen der vier Leistungskategorien in Umfang und Richtung zusammenfassen:
  - Transfers der Gebietskörperschaften sind die wichtigste Leistungskategorie und begünstigen große Familien, junge und mittelalte Familien sowie einkommensschwächere Familien überdurchschnittlich. Im Unterschied zu den Sachtransfers mit einer Teilnahmequote von 100% weisen die Geldtransfers mit 23% auch im Vergleich mit anderen Leistungskategorien die geringste Teilnahmequote auf. Für die Leistungsbezieher stellen die Transfereinkommen jedoch substanzielle Anteile am Haushaltsbudget dar.
  - Steuervergünstigungen erreichen zwar mit einer Teilnahmequote von 99% nahezu alle Familien, jedoch unterscheiden sich die Transfersalden in ihrer Höhe sehr stark. Verheiratete, größere, mittelalte Familien profitieren überdurchschnittlich, Alleinerziehende unterdurchschnittlich. Die absoluten Transfersalden steigen mit dem Einkommen an. Das Kindergeld ist, sofern der effektive Förderanteil berücksichtigt wird, eine einkommens*ab*hängige Leistung, während es Familien in der Regel als einkommens*unab*hängige Leistung wahrnehmen.
  - Der Transfersaldo aus parafiskalischen Leistungen zeigt den stärksten Phasenbezug zu Gunsten junger Familien im Vergleich zu den anderen Leistungskategorien. Die monetarisierten Vorteile steigen mit der Kinderzahl und sinken gering mit dem Einkommen. Die Teilnahmequoten reichen von 15% (ALV) über 80% (GKV) bis zu 100% (GRV).
  - Die Arbeitgeber-Leistungen sind die kleinste Leistungskategorie und begünstigen stärker erwerbstätige Familien. Überdurchschnittlich profitieren demnach kleine verheiratete, sehr junge und einkommensstarke Familien, unterdurchschnittlich Alleinerziehende und die unteren drei Einkommensgruppen. Die Teilnahmequote ist aufgrund der verteilungsneutralen Zuteilung nicht zu interpretieren.

Im dritten Teil der Arbeit wurden die Umverteilungswirkungen zwischen Kinderlosen und Familien bzw. innerhalb der Familien sowie Aspekte der Eigenfinanzierung erläutert. Zunächst wird die eingangs gestellte Frage 2 beantwortet:

Frage 2: Wie hoch sind die Nettotransfersalden der Familien aus familienpolitischen Leistungen (im Verhältnis zu deren Einkommen)?

- Die Nettotransfersalden berücksichtigen die Abgabenbelastung der Familien. Die Abgaben haben eine weitestgehend proportionale Verteilungswirkung, da Familien im Verhältnis zum Einkommen nahezu gleichstark belastet werden. Daher gehen von der Finanzierungsseite wenig Verteilungswirkungen aus. Die Berücksichtigung der familienpolitisch relevanten Finanzierungslast bewirkt in der Regel nur eine Niveauverschiebung der relativierten Ausgabeninzidenz nach unten. Die Nettotransfersaldi werden daher in Umfang und Richtung von der Ausgabeninzidenz determiniert.
- Der (relativierte) Nettotransfersaldo der gesamten Familienpolitik fördert Alleinerziehende am stärksten, steigt unter Ehepaaren mit der Kinderzahl an, begünstigt junge und mittelalte Familien überdurchschnittlich und zeigt in der Einkommensschichtung einen progressiven Verteilungseffekt zu Gunsten der einkommensschwachen Familien.
- Die Umverteilungswirkungen des familienpolitischen Nettotransfersaldos entsprechen somit prima facie weitestgehend den politisch bzw. sozial erwünschten Umverteilungswirkungen.
- Die Relativierung am Einkommen ist maßgeblich für diese Umverteilungswirkungen:
  - Während Alleinerziehende in allen Leistungskategorien außer den Transfers der Gebietskörperschaften die absolut geringsten Transfersalden aufweisen, verfügen diese aufgrund ihrer sehr niedrigen Einkommen über die höchste relativierte Inzidenz.
  - Während die volumenmäßig maßgeblichen Sachtransfers der Gebietskörperschaften und Parafisci (sowie in geringerem Umfang Steuervergünstigungen) in ihrer absoluten Inzidenz weitestgehend einkommensunabhängig sind, erzeugt die Relativierung am Einkommen den progressiven Effekt in der Einkommensschichtung.[1]
- Die Kumulation von Transferäquivalenten für Sachtransfers durch größere Familien determiniert maßgeblich die Umverteilung in der Familienphasenschichtung. Während jüngste und mittelalte Familien vor allem von kostenlos bereitgestellten Dienstleistungen (Schulen, Kindergärten) sowie der beitragsfreien Mitversicherung profitieren, fällt die relativierte Nettoinzidenz mit der zum Ende der Familienkarriere sich verkleinernden Familiengröße rasch ab.
- Obwohl der mittlere aggregierte Nettotransfersaldo der Familienpolitik positiv ist, treten in nahezu allen Zellen der drei Schichtungen Familien mit negativem Nettotransfer (Nettozahler) auf.
- Der Anteil der Nettozahler an allen Familien liegt je nach Berechnungsvariante zwischen 12,0 und 16,5%. Nettozahler sind häufig verheiratete, kleine und ältere Familien des obersten Quintils. Jedes fünfte Ein-Kind-Ehepaar, aber auch jede zehnte Alleinerziehende stellen Nettozahler dar.

---

[1] Die Progressivität der Sachtransfers ist nicht auf schichtspezifische Unterschiede in der Nutzung zurückzuführen, da die Teilnahmequoten von in der Regel über 75% die Nutzung durch breite Familiengruppen verdeutlichen.

Schließlich sind die Ergebnisse hinsichtlich der eingangs gestellten Frage 3 zusammenzufassen:

Frage 3: Wie hoch ist der Eigenfinanzierungsanteil von Familien an familienpolitischen Leistungen?

- Der Eigenfinanzierungsanteil aller Familien beträgt je nach Berechnungsvariante zwischen 43,1 und 43,8% und liegt damit über der Referenzgröße aus dem Fünften Familienbericht von rund 32%.[2]
- Die Bruttogröße des familienpolitischen Budgets verringert sich in der Nettobetrachtung nach Abzug des Eigenfinanzierungsanteils von 136,4 Mrd. Euro auf 76,9 bis 77,5 Mrd. Euro im Bezugsjahr 2001. Dieser Betrag wird tatsächlich von Kinderlosen an Familien umverteilt, während letztere dagegen 58,8 bis 59,4 Mrd. Euro selbst zu den Kosten der Familienpolitik beitragen.
- Die Eigenfinanzierungsanteile steigen, wenn die Finanzierung an Erwerbstätigkeit gekoppelt ist. Eine Finanzierung über Sozialversicherungsbeiträge, Einkommensteuern oder private Arbeitgeberleistungen beteiligt Familien überproportional an der Finanzierung der Familienpolitik, während eine breitere Finanzierung über die Gesamtabgaben oder Gesamtsteuern stärker Kinderlose zur Finanzierung heranzieht.
- Im Status Quo für das Bezugsjahr 2001 sind Familien im Vergleich zu Kinderlosen überproportional an der Finanzierung der ihnen zugedachten Leistungen beteiligt. Besonders stark tragen jene Familien mit einem negativen Nettotransfersaldo bei.
- Mehr Umverteilung von Kinderlosen zu Familien setzt voraus, dass die Finanzierung stärker über Gesamteinnahmen oder Gesamtsteuern erfolgt und weniger über Beiträge, Einkommensteuern oder private Arbeitgeber-Aufwendungen.

13.2 Weiterführende Überlegungen

Die in dieser Analyse gewonnenen Ergebnisse können weiterführend hinsichtlich der in der Einführung beschriebenen Eckpunkte der aktuellen Reformdebatte interpretiert werden. Die Reformdebatte akzentuiert vor allem die demografische Dimension der Familienpolitik, die Neuallokation der Mittel, den Wandel des Familienleitbildes sowie eine stärkere Finanzierung der Familienpolitik durch Kinderlose.

Demografische Dimension Unter demografiefreundlicher Familienpolitik sind Maßnahmen zu verstehen, die die Entscheidung für Kinder positiv beeinflussen. Dazu zählen in erster Linie familienpolitische Leistungen, die die Vereinbarkeit von Beruf und Familie fördern. Rürup (2001) fordert den Übergang zu einer „stärker erwerbsorientierten Familienpolitik".[3] Die Ergebnisse dieser Analyse unterstützen diese Forderung aus zwei Gründen.

[2] Vgl. BMFSFJ (1995a), S. 254.
[3] Rürup (2001), S. 3.

Zum einen zeigt die Beschreibung der Einkommmenssituation von Familien im Kapitel 3, dass Einkommen aus Erwerbstätigkeit die wichtigste Determinante für die sozioökonomische Situation von Familien darstellen. Die Möglichkeit für alle Eltern, Markteinkommen zu erzielen, stellt daher eine zentrale Anforderung an eine stärker erwerbsorientierte Familienpolitik dar. Familienpolitik sollte erst dann direkt in die Haushaltseinkommen der Familien eingreifen, wenn die Markteinkommen den Familienbedarf nicht abdecken oder wenn aus Gerechtigkeitsaspekten Lasten zwischen Kinderlosen und Familien umverteilt werden sollen. Um die sozioökonomische Situation von Familien zu verbessern, sind Maßnahmen zu forcieren, die die Vereinbarkeit von Familie und Erwerbstätigkeit verbessern. Dazu zählt neben einem prinzipiell familienfreundlichen Arbeitsmarkt vor allem der Ausbau von öffentlich bereitgestellten oder öffentlich subventionierten privaten und betrieblichen Betreuungsmöglichkeiten für Kinder bis und im schulpflichtigen Alter. Die erhöhten Betreuungskapazitäten erleichtern die Aufnahme einer Erwerbstätigkeit vor allem für Alleinerziehende oder jüngere Familien, die bisher nur mit großen Problemen Familie und Beruf kombinieren können. Die stärkere Einbindung von unterdurchschnittlich erwerbstätigen Familien in den Arbeitsmarkt erscheint in diesem Rahmen als eine zentrale Aufgabe, um die sozioökonomische Lage der Familien zu verbessern.

Zum anderen zeigen die Analyseergebnisse, dass Sachtransfers wie Betreuungseinrichtungen prinzipiell auch sozial erwünschte Umverteilungseffekte erzielen. Sachtransfers erreichen hohe Teilnahmequoten unter Familien mit Kindern der entsprechenden Altersgruppe und fördern unabhängig von Einkommensgrenzen alle Teilnehmer in gleicher Höhe.[4] Die einkommensunabhängige Gewährung erzeugt in Relation zum Einkommen einen progressiven Umverteilungseffekt. Zudem werden bei einer möglichst breiten Nutzung durch alle Familientypen und Einkommensschichten regressive Verteilungseffekte zu Gunsten reicher Haushalte vermieden, wie sie beispielsweise bei einer überproportionalen Nutzung von Kinderkrippen durch reiche Eltern zu erwarten sind.

Erwerbsorientierte Familienpolitik bedeutet jedoch nicht, dass der Bezug von Leistungen mehr oder weniger explizit an eine Erwerbstätigkeit gekoppelt werden sollte, wie dies bei parafiskalischen Leistungen, Steuervergünstigungen und Arbeitgeber-Leistungen der Fall ist. Familien, die keine oder nur geringe Erwerbstätigkeit aufweisen, sind mehr oder weniger systematisch von diesen Transferarten ausgeschlossen. Hier sind vor allem Alleinerziehende zu nennen, die die absolut geringsten Transfersalden aus explizit oder implizit an Erwerbstätigkeit gekoppelten Maßnahmen realisieren. Ohne ausreichend hohe einkommensteuerpflichtige Erwerbseinkommen können diese Familien nur in geringem Umfang von einkommensteuerlichen Steuervergünstigungen profitieren. Gleiches gilt in geringerem Umfang für die jüngeren verheirateten Familien, in denen häufig nur ein Elternteil erwerbstätig ist. Daher erscheinen Betreuungsangebote, die aus den öffentlichen Gesamteinnahmen finanziert werden und möglichst von allen Bevölkerungsschichten angenommen werden, als ein aus distributiver Sicht unproblematischer Weg hin zu einer stärker erwerbsorientierten Familienpolitik.

Dabei ist jedoch eine Wechselwirkung mit der Ausgabenseite nicht zu vernachlässigen, da eine höhere Erwerbstätigkeit immer verbunden mit einer höheren Abgabenbelastung und damit

[4]Einkommensunabhängig, da die Transferäquivalente unabhängig vom Einkommen konstruiert wurden. Einkommensabhängige Nutzungsentgelte sind vernachlässigt. Jedoch ist zu erwarten, dass die Einbeziehung von Nutzungsgebühren die Progressivität des Gesamteffekts noch verstärkt.

einem höheren Eigenfinanzierungsanteil der Familien ist. Öffentlich finanzierte Maßnahmen, die eine stärkere Erwerbsbeteiligung der Familien fördern, sind daher implizit auch mit einer für Familien höheren Abgabenbelastung verbunden. Eine höhere Familien-Erwerbstätigkeit ist dennoch sinnvoll, wenn über eine breitere Finanzierung über die öffentlichen Gesamteinnahmen Kinderlose stärker an der Finanzierung beteiligt werden können.

Neuallokation der Mittel Die Forderung nach einer Neuallokation der Mittel beinhaltet die Verlagerung von Aufwendungen für monetäre Transfers hin zu Aufwendungen für Sachtransfers wie insbesondere für den Ausbau der Kinderbetreuungsmöglichkeiten. Dieser Reformvorschlag geht einher mit der Forderung nach einer stärker erwerbsorientierten, demografiefreundlichen Familienpolitik.

Zunächst ist zu unterstreichen, dass die Analyseergebnisse eine Neuallokation zu Gunsten von familienpolitischen Dienstleistungen aus distributiver Sicht unterstützen, wie bereits im vorangegangenen Abschnitt erläutert wurde. Gerade hier zeigte sich eine Parallelität von arbeitsmarktpolitischen, demografischen und distributiven Zielen der Familienpolitik. Davon getrennt zu diskutieren ist der entsprechende Abfluss von Mitteln aus direkten oder indirekten monetären Transfers.

Angesichts der Grenzen des Inzidenzmodells sowie der rein positiven Zielrichtung der Inzidenzanalyse können an dieser Stelle keine normativen Empfehlungen gegeben werden, welche einzelnen Maßnahmen für Mittelkürzungen in Betracht gezogen werden sollten. Jedoch lassen sich anhand der aggregierten Transfersalden einige distributive Argumente in die Diskussion einbringen.

Verteilungspolitisch spielen vor allem die Geldtransfers der Gebietskörperschaften eine besondere Rolle, da sie aufgrund der engen Alters- und Einkommensgrenzen sehr selektive Maßnahmen mit geringen Teilnahmequoten darstellen. Aufgrund der engen Bezugsvoraussetzungen wird nur ein kleiner Teil der Familien erreicht. Die überwiegend aus verheirateten Normfamilien bestehende Mehrheit der Familien bezieht keine dieser Transfers, da sie über ausreichend Einkommen verfügen. Die Geldtransfers stellen daher keine universale familienpolitische Leistung dar, sondern knüpfen an spezifische Bedarfskonstellationen sozioökonomisch benachteiligter Familien an. Hierbei überlagern sich häufig sozial- und familienpolitische Zielsetzungen, wie vor allem im Falle der Kinderkomponenten von Sozialhilfe oder Wohngeld.

Für die tatsächlichen Empfänger spielen die gewährten Beträge jedoch eine substanzielle Rolle für das Haushaltsbudget. Die an den Transferprogrammen teilnehmenden Familien weisen spezifische Bedarfssituationen auf, die durch die Einkommensleistungen kompensiert werden. Kürzungen solcher Maßnahmen dürften sicherlich stärkere gruppenspezifische Belastungen herbeiführen als Kürzungen bei Leistungen mit höheren Teilnahmequoten und breiter gestreuten, niedrigen Förderbeträgen.

Aus distributiver Sicht erscheint es daher vielmehr sinnvoller, einen Ausbau öffentlicher Dienstleistungen durch den Abbau von familienpolitischen Steuervergünstigungen zu finanzieren. Diese stehen aufgrund ihrer zum Teil unerwünschten Verteilungswirkungen immer wieder in der Kritik. Die Ergebnisse dieser Arbeit unterstützen diese Kritik insofern, als dass die absoluten Förderbeträge mit steigendem Einkommen zunehmen. Im Verhältnis zum Einkommen ergibt sich aber dennoch ein progressiver Umverteilungseffekt. Jedoch überlagern sich in den

Steuervergünstigungen steuer-, sozial- und familienpolitische Zielsetzungen, wie beispielsweise die Diskussion um das Kindergeld zeigt. Die Steuervergünstigungen erreichen zwar einen hohen Anteil von Familien, jedoch profitieren in der Regel Familien in stabilen Einkommensverhältnissen stärker als Familien in kritischen Situationen, die schlichtweg aufgrund fehlender Erwerbseinkommen keine Einkommensteuern bezahlen. Als besonders problematisch wird unter den Steuervergünstigungen das Ehegattensplitting angesehen, sodass immer wieder eine Umwidmung der dafür verwendeten Mittel in Aufwendungen für den Ausbau von Kinderbetreuungsleistungen gefordert wird. Dieser kontrovers diskutierte Vorschlag erscheint vor dem Hintergrund der gewonnenen Ergebnisse als eine mögliche Option für eine Neuallokation.[5]

Neben der Neuallokation der Mittel weisen die Ergebnisse dieser Arbeit jedoch auf eine parallel erforderliche grundsätzliche *Neuprofilierung* des familienpolitischen Leistungskataloges hin. Die politische Debatte vernachlässigt bisher häufig die Größenordnungen der Zusammensetzung des bisherigen familienpolitischen Budgets. Daher sollte stärker deutlich gemacht werden, dass bereits im gegenwärtigen *Policy Mix* ein hoher Anteil für kostenlos bereitgestellte Dienstleistungen verwendet wird, wenn man wie ein Großteil der Literatur die Aufwendungen für den gebührenfreien Schulbesuch als eine familienpolitische Maßnahme ansieht. Die monetarisierten Vorteile der Familien aus dem a priori als bildungspolitische Leistung wahrgenommenen Schulbesuch übertreffen in ihrer absoluten Höhe die meisten Transfersalden aus Geldtransfers oder Steuervergünstigungen. Daher gilt es, Schulen stärker auch als familienpolitische Leistung im engeren Sinne zu nutzen beispielsweise durch den Ausbau von Betreuungsmöglichkeiten an Schulen. Diese umfassen beispielsweise Maßnahmen wie Tageseinrichtungen an Schulen oder den Ausbau einer geeigneten Infrastruktur für Ganztagesschulen. Dadurch könnte das bisher noch brach liegende familienpolitische Potenzial der Schulen für eine stärker erwerbsorientierte Familienpolitik genutzt werden.[6]

Bereits gegenwärtig betragen die Kosten für die Sachtransfers der Gebietskörperschaften 64,7 Mrd. Euro bzw. 47% des familienpolitischen Budgets. Bezieht man darüber hinaus auch die beitragsfreie Mitversicherung sowie die übrigen Sachleistungen der GKV in diese Rechnung mit ein, so sind rund 58% des familienpolitischen Budgets Kosten für Sachtransfers. Zum einen sollten diese Zahlen verdeutlichen, dass bereits jetzt erhebliche Mittel für die häufig geforderten familienpolitischen Sachleistungen aufgebracht werden. Zum anderen sollte die Neuprofilierung eine deutlich bewusstere Wahrnehmung dieser Transfers als familienpolitisch relevante Leistungen erreichen.[7]

Ein weiterer Aspekt der Neuprofilierung des familienpolitischen Leistungskatalogs ist eine einheitliche Berichterstattung über familienpolitische Leistungen und deren fiskalische Auswirkungen. Die Angaben über den Umfang familienpolitischer Leistungen variieren beispielwei-

[5]Einschränkend ist anzumerken, dass der Abbau von Steuervergünstigungen zu Mehreinnahmen in geringerem Umfang führen dürfte als für die Ausgaben in der Regel veranschlagt wird. Vgl. dazu die Ausführungen zu den faktischen und formalen Kosten des Ehegattensplittings im Abschnitt 6.3, S. 119ff.

[6]Die Verzahnung von Familien- und Bildungspolitik diskutieren Hüther et al. (2006) und widmen sich spezifisch der Frage einer bevölkerungsorientierten Familien- und Bildungspolitik.

[7]Dabei soll diese Argumentation nicht darüber hinweggehen, dass die Ausgaben für familienpolitische Dienstleistungen im Verhältnis zum Bruttoinlandsprodukt im internationalen Vergleich hinter den Ausgaben familienpolitisch erfolgreicherer Staaten zurück bleiben. Vgl. Rosenschon (2006), S. 77f. und Veil (2003), S. 19ff.

se für das Analysejahr 2001 mit Angaben zwischen rund 50 und 160 Mrd. Euro beträchtlich. Die interessierte Öffentlichkeit könnte anhand eines ganzheitlichen, nachvollziehbaren Katalogs der familienpolitischen Leistungen, wie ihn beispielsweise Rosenschon (2006, 2001) oder die Deutsche Bundesbank (2002) aufstellen, besser über die gesamten Aufwendungen für familienpolitische Ziele informiert werden. Zudem dürfte die Wahrnehmung von kostenintensiven Leistungen wie dem gebührenfreien Schulbesuch oder der Anrechnung der Kindererziehungszeiten in der Sozialversicherung als familienpolitische Leistungen bei den Familien dadurch erhöht werden. Schließlich ist die verbesserte zentrale Berichterstattung umso wichtiger, da die Aufgabenverantwortung bis auf weiteres eher dezentral in verschiedenen Politikbereichen angesiedelt bleiben dürfte.

Wandel des Familienleitbildes Die Kritiker des aktuellen familienpolitischen *Policy Mix* führen an, dass die deutsche Familienpolitik den sich gegenwärtig vollziehenden Wandel des Familienleitbildes weg vom traditionalistischen *male breadwinner*-Modell hin zur Pluralisierung der Lebensformen nicht ausreichend unterstützt bzw. diesem sogar entgegensteht.

Im Zentrum der Diskussion steht vor allem das Ehegattensplitting, da dieses negative Anreize zur Erwerbsaufnahme auf betreuende Eltern hat, an die Institution Ehe und nicht an das Vorhandensein von Kindern anknüpft sowie die für Steuervergünstigungen typischen unerwünschten Verteilungseffekte aufweist. Die vorliegenden Ergebnisse bestätigen die unerwünschten Verteilungswirkungen insoweit, als dass die Förderbeträge mit dem Einkommen ansteigen.[8] Darüber hinaus ist kritisch anzumerken, dass die systematische Ausgrenzung der Alleinerziehenden von dieser kostenmäßig wichtigen Maßnahme kritisch zu hinterfragen ist. Schließlich ist darauf zu verweisen, dass nur rund 67% der Leistung an Ehepaare mit Kindern fließen und tatsächlich familienpolitisch relevant sind. Dadurch erscheint eine Neuordnung des Ehegattensplittings im Sinne einer stärkeren Ausrichtung auf die Eltern-Kind-Gemeinschaft als ein zentraler Punkt auf der Reformagenda.

Der Wandel des Familienleitbildes beinhaltet jedoch mehr als die Diskussion um den Bedeutungsverlust von Ehe und Familie. Der Wandel erfordert Maßnahmen, die das *male breadwinner*-Modell aufbrechen und den kinderbetreuenden Elternteilen die (Wieder-) Aufnahme einer Erwerbstätigkeit ermöglichen. Dies bedeutet erneut die Forderung nach einer Neuorientierung des *Policy Mix* hin zu einer stärker erwerbsorientierten Familienpolitik, die vor allem den bisher häufig zu Hause bleibenden Frauen die Vereinbarkeit von Beruf und Familie ermöglicht.

Darüber hinaus steht der Wandel des Familienleitbildes für eine sich stärker und schneller verändernde individuelle Lebenssituation von Familien. Hierunter sind individuelle Entscheidungen und Risiken wie beispielsweise Scheidung, Heirat, Familienvergrößerung, Arbeitsplatzwechsel, Arbeitslosigkeit, Krankheit oder ähnliche Ereignisse zu verstehen, die eine wesentliche Änderung des Familienbedarfs auslösen. Die Familienpolitik hat diesen Bedürfnissen mit spezifischen Instrumenten zu begegnen, die wiederum die gegenwärtige, prima facie etwas verwirrende Leistungsvielfalt rechtfertigen. Dieser „beinahe undurchschaubare Flickenteppich von Leistungen“[9] stellt letztendlich auch das Spiegelbild der dynamischer werdenden

[8] Dies relativiert sich jedoch in der Aggregation der Steuervergünstigungen im Verhältnis zum Einkommen, da die relativierte Inzidenz der Steuervergünstigungen leicht progressiv wirkt.

[9] Rosenschon (2006), S. 78. Rosenschon (2006) spricht ob der Vielfalt der Einzelleistungen von Maßnahmen

Lebensumstände von Familien dar. Diese Bedarfsvielfalt erschwert die häufig geforderte Neuordnung und Zusammenlegung von Instrumenten, die vor diesem Hintergrund eher kritisch zu sehen ist. Die erläuterten Ergebnisse zeigen, dass ein dynamischer werdendes Familienleitbild eine hinreichend große Auswahl an spezifischen Instrumenten rechtfertigt. Beispielsweise seien hierzu die Transfers wie Erziehungsgeld, Wohngeld, Ausbildungszuschüsse oder Unterhaltsvorschüsse angeführt, die sich an einen kleinen Empfängerkreis mit einem spezifischen familiären Problem richten, dass sich aus einem dynamischer gewordenen Familienbild ergibt. Unter der Einschränkung einer angemessenen Anzahl von Leistungen bietet eine hinreichende Palette an Maßnahmen der Familienpolitik ausreichend Möglichkeiten, ein sich schneller änderndes Familienbild fall-, phasen- und einkommensspezisch unterstützen zu können.

Stärkere Finanzierung durch Kinderlose In der politischen Debatte wird häufig eine stärkere Finanzierung der Familienpolitik durch Kinderlose gefordert, um die den Familien durch Betreuung und Erziehung ihrer Kinder entstehenden Lasten auszugleichen. Ohne auf normative Aspekte dieser Diskussion wie beispielsweise Begründung und Umfang der Umverteilung von Kinderlosen zu Familien einzugehen, liefert diese Arbeit einige Argumente zu diesem Problemfeld.

Die Berechnungen zeigen, dass im gegebenen Modell der Eigenfinanzierungsanteil der Familien zwischen 43,1 und 43,6% liegt. Über 40% der Aufwendungen werden also von den 33% Haushalten mit Kindern getragen, während die rund 67% kinderlosen Haushalte weniger als 60% der Finanzierung tragen. Zwischen 12,0 und 16,5% der Familien sind im Status Quo sogar Nettozahler. Diese Zahlen können auf zweierlei Weise interpretiert werden.

Zum einen zeigen die Zahlen, dass das Ausmaß der Selbstfinanzierung der Familienpolitik durch Familien bisher tendenziell unterschätzt wurde. Die Vergleichszahl aus dem 5. Familienbericht beträgt rund 32% in einer Berechnung für das Bezugsjahr 1990.[10] Das familienpolitische Budget, dass wie gezeigt in verschiedenen Abgrenzungen Gesamtaufwendungen zwischen 50 und 170 Mrd. Euro beträgt, stellt eine Bruttogröße dar. Um jedoch den tatsächlichen Umfang der Familienförderung zu ermitteln, muss die Bruttogröße um den Eigenfinanzierungsanteil korrigiert werden. Die Nettogröße bzw. der effektive Förderanteil entspricht somit in der gegebenen Abgrenzung von insgesamt 136,4 Mrd. Euro rund 77 Mrd. Euro, die von Kinderlosen für Familien aufgebracht werden. Die Restgröße von rund 60 Mrd. Euro stellen de facto Abgaben von Familien dar, die wieder an Familien verteilt werden.

Zum anderen ist auf Basis der gewonnenen Ergebnisse davon auszugehen, dass erwerbsabhängige Finanzierungsarten Familien stärker an der Finanzierung beteiligen als Kinderlose. Als erwerbsabhängige Finanzierungsarten gelten dabei Beiträge zu den Sozialversicherungen, Aufwendungen der privaten Arbeitgeber sowie eine Finanzierung über die Einkommensteuer. Hingegen verstärkt die Finanzierung über Gesamtsteuern oder Gesamtabgaben die horizontale Umverteilung zwischen Familien und Kinderlosen insofern, als dass dadurch Kinderlose relativ stärker belastet werden als Familien. Für eine intensivere Lastenverteilung zwischen Familien und Kinderlosen bieten sich also eher Maßnahmen an, die über Gesamtsteuern bzw. die Ge-

---

zur Herstellung von Einzelfallgerechtigkeit. Vorschläge zur Reform des monetären FLA machen Althammer und Romahn (2006), S. 49ff.

[10] Vgl. BMFSFJ (1995a), S. 254.

samteinnahmen der öffentlichen Haushalte finanziert werden als über Beitragsleistungen der Versicherten. Reformmaßnahmen wie die angestrebte Umstellung der beitragsfreien Mitversicherung in der GKV auf eine Steuerfinanzierung sind daher auf Basis der Analyseergebnisse als eine Stärkung der Umverteilung von Kinderlosen zu Familien positiv zu beurteilen.

Tabellenanhang

Tabelle 1: Alter der Familienmitglieder nach Familienphasen

Familientyp	Person	Gründung	Aufbau	Stabil.	Konsol.	Umortg.
Ehepaar, 1 Kind	Ehemann	32	36	40	46	52
	Ehefrau	30	33	37	43	50
	Kind	1	4	8	15	21
Ehepaar, 2 Kinder	Ehemann	33	36	40	45	51
	Ehefrau	31	33	37	43	48
	1. Kind	1	6	12	17	22
	2. Kind	0	3	8	14	20
Ehepaar, >2 Kinder	Ehemann	./.	37	43	47	54
	Ehefrau	./.	34	40	44	50
	1. Kind	./.	8	15	19	24
	2. Kind	./.	6	12	17	21
	3. Kind	./.	3	8	14	19
Alleinerziehende	Erziehender	30	33	38	43	53
	1. Kind	1	6	11	16	21

Quelle: Eigene Berechnungen aus EVS. Alter in Jahren.

Tabelle 2: Relative Einkommenspositionen nach Familienphasen

Familientyp	Gründung	Aufbau	Stabil.	Konsol.	Umortg.
Familien	0,89	0,91	0,92	1,02	1,20
Ehepaare, 1 Kind	0,91	0,97	0,97	1,07	1,25
Ehepaare, 2 Kinder	1,02	0,93	0,96	1,12	1,36
Ehepaare, > 2Kinder	.	0,96	1,00	1,19	1,35
Alleinerziehende	0,53	0,51	0,61	0,72	0,89

Quelle: Eigene Berechnungen mit Scientific Use File der EVS 1998. Relative Einkommensposition: Durchschnittliches Einkommen der Zelle im Verhältnis zum Gesamt-Durchschnittseinkommen.

Tabelle 3: Sensitivitätstest: Ausgaben für Schulen und deren Verteilung

Schulart	Mio. Euro	Verteilung
Grund- und Hauptschulen	13.829	Kinder zwischen 6 und 18
Sonderschulen	3.445	Kinder zwischen 6 und 18
Realschulen	3.671	Kinder zwischen 12 und 18
Gymnasien	7.345	Kinder zwischen 12 und 18
Gesamtschulen	2.468	Kinder zwischen 6 und 18
Berufliche Schulen	5.065	Kinder zwischen 12 und 18
Verwaltung u.ä.	11.777	Kinder zwischen 6 und 18
Gesamt	47.600	

Quelle: BLK (2003), S. 65 und S. 12

Tabelle 4: Sensitivitätstest: Schulen, absolute Inzidenz

Familientyp	Ehe, 1 Ki.	Ehe, 2 Ki.	Ehe, >2 Ki.	Alleinerz.	Alle
Empfänger-Familien in %	29,8	73,9	93,0	59,9	58,1
Euro je Empfänger-Familie	399,51	584,00	859,20	544,38	594,29
Euro je Familie	119,01	431,53	799,10	326,15	345,30
Familienphasen	Grdg.	Aufb.	Stab.	Kons.	Umortg.
Empfänger-Familie in %	./.	50,4	99,4	100,0	0,0
Euro je Empfänger-Familien	./.	304,56	631,48	692,97	./.
Euro je Familie	0,00	153,47	627,80	692,97	0,00
Quintile	I	II	III	IV	V
Empfänger-Familien in %	64,5	61,8	60,3	55,2	48,7
Euro je Empfänger-Familie	566,66	574,91	599,45	614,66	626,06
Euro je Familie	365,74	355,50	361,24	339,29	304,73

Quelle: Eigene Berechnungen mit dem EVS-Mikrofile 1998. Absolute Inzidenz in Euro monatlich für das Bezugsjahr 2001. (xy): eingeschränkte Aussagekraft, da relativer Standardfehler zwischen 10 und 20%. (./.): keine Aussagekraft, da relativer Standardfehler größer als 20%.

Tabelle 5: Sensitivitätstest: Kindergärten, absolute Inzidenz

Familientyp	Ehe, 1 Ki.	Ehe, 2 Ki.	Ehe, >2 Ki.	Alleinerz.	Alle
Empfänger-Familien in %	29,2	35,9	47,4	15,5	31,6
Euro je Empfänger-Familie	134,73	193,33	210,61	151,96	173,71
Euro je Familie	39,37	69,33	99,88	23,58	54,87
Familienphasen	Grdg.	Aufb.	Stab.	Kons.	Umortg.
Empfänger-Familien in %	100,0	100,0	9,8	./.	./.
Euro je Empfänger-Familie	146,57	187,36	150,88	./.	./.
Euro je Familie	146,57	187,36	14,85	0,00	0,00
Quintile	I	II	III	IV	V
Empfänger-Familien in %	37,8	37,6	32,6	28,5	21,5
Euro je Empfänger-Familie	166,27	178,74	175,36	174,59	174,31
Euro je Familie	62,83	67,16	57,12	49,77	37,47

Quelle: Eigene Berechnungen mit dem EVS-Mikrofile 1998. Absolute Inzidenz in Euro monatlich für das Bezugsjahr 2001. (xy): eingeschränkte Aussagekraft, da relativer Standardfehler zwischen 10 und 20%. (./.): keine Aussagekraft, da relativer Standardfehler größer als 20%.

Tabelle 6: Übersicht über Transfers der Gebietskörperschaften

Leistung	Zurechnung	Zentrales Ergebnis	Plausibilität***
Geldtransfers			
Erziehungsgeld (3,9 Mrd. Euro)	EVS-Variable	TQ 11,2%, FB 232,68; Alleinerziehende, sehr junge und einkommensschwache Familien profitieren überdurchschnittlich	quantitativ und qualitativ gut
Sozialhilfe-Kinderkomponente (2,2 Mrd. Euro)	EVS-Variable	TQ 3,0%, FB 493,82; Alleinerziehende, mittelalte und einkommensschwache Familien profitieren überdurchschnittlich	quantitativ eingeschränkt, qualitativ gut
Wohngeld-Kinderkomponente (1,4 Mrd. Euro)	EVS-Variable	TQ 9,8%, FB 102,23; große, junge, einkommensschwache Familien profitieren überdurchschnittlich	quantitativ eingeschränkt, qualitativ gut
Unterhaltsvorschuss (0,7 Mrd. Euro)	EVS-Variable	TQ 2,1%, FB 208,43; fördert nur Alleinerziehende	quantitativ und qualitativ gut
Ausbildungsförderung (0,3 Mrd. Euro)	EVS-Variable*	TQ 2,4%, FB 43,61; ältere Familien profitieren überdurchschnittlich	quantitativ und qualitativ eingeschränkt
Sachtransfers			
Schulen (47,6 Mrd. Euro)	Transferäquivalent**	TQ 81,6%, FB 415,15; Beträge werden mit Anzahl schulpflichtiger Kinder kumuliert und sinken leicht mit dem Einkommen	quantitativ eingeschränkt, qualitativ gut
Kindergärten (7,7 Mrd. Euro)	Transferäquivalent**	TQ 20,3%, FB 275,31; aufgrund der Altersgrenze profitieren im wesentlichen nur Aufbaufamilien	quantitativ eingeschränkt, qualitativ gut
Jugendhilfe (8,7 Mrd. Euro)	Transferäquivalent	TQ 100%, FB 62,88; Kumulation mit Kinderzahl	keine Aussage möglich
Sozialer Wohnbau, Kinderkomponente (0,7 Mrd. Euro)	Transferäquivalent	TQ 40,0%, FB 13,39; große, mittelalte und einkommensschwache Familien profitieren überdurchschnittlich	keine Aussage möglich

Quelle: Eigene Darstellung; Mrd. Euro in 2001. TQ: Teilnahmequote; FB: mittlerer Förderbetrag für Empfänger in Euro monatlich; *: Nur Schülerförderung; **: Methode in Anlehnung an Kleinhenz-Werding (1997). ***: Zur Skalierung siehe Abschnitt 4.1.3.4

Tabelle 7: Übersicht über Steuermindereinnahmen

Leistung	Zurechnung	Zentrales Ergebnis	Plausibilität
Familienleistungsausgleich			
davon Kindergeld (31,2 Mrd. Euro)	EVS-Variable	TQ 91,7%, FB 233,35; Kumulation mit Kinderzahl, einkommensunabhängig	quantitativ und qualitativ gut
davon reiner Förderanteil (12,3 Mrd. Euro)	Simulationsrechnung*	TQ 86,8%, FB 100,89; Kumulation mit Kinderzahl, sinkt mit Einkommen	quantitativ eingeschränkt, qualitativ gut
davon Kinderfreibetrag (0,7 Mrd. Euro)	Simulationsrechnung**	Berechnung mit kindbezogenen Freibeträgen	wie kindbezogene Freibeträge
Kindbezogene Freibeträge (5,9 Mrd. Euro)***	Simulationsrechnung**	TQ 86,0%, FB 55,56; Kumulation mit Kinderzahl, relativ konstant zum Familienalter, steigt gering mit Einkommen	quantitativ eingeschränkt, qualitativ gut
Ehegattensplitting (15,5 Mrd. Euro)****	Simulationsrechnung**	TQ 80,4%, FB 147,77; unabhängig zur Kinderzahl, relativ konstant zum Familienalter, steigt gering mit Einkommen	quantitativ eingeschränkt, qualitativ gut

Quelle: Eigene Darstellung. *: Anlehnung an Kleinhenz und Werding (1997); TQ: Teilnahmequote; FB: mittlerer Förderbetrag für Empfänger in Euro monatlich; **: Anlehnung an Schäfer (1996); ***: Davon Eigenheimzulage 3,3 Mrd. Euro, Haushaltsfreibetrag 0,9 Mrd. Euro; ****: Insgesamt 23,2 Mrd. Euro, davon 15,5 Mrd. Euro an Ehepaare mit Kindern. Zur Skalierung der Plausibilität, siehe Abschnitt 4.1.3.4

Tabelle 8: Übersicht über parafiskalische Leistungen

Leistung	Zurechnung	Zentrales Ergebnis	Plausibilität
GKV			
Familienmitversicherung (12,0 Mrd. Euro)	Transferäquivalent*	TQ 79,6%, FB 108,49; Kumulation mit Kinderzahl, parallel zur Familiengröße, zum Einkommen konstant	quantitativ eingeschränkt, qualitativ gut
Mutterschaftsgeld (0,6 Mrd. Euro)	EVS-Variable	TQ 1,3%, FB 246,29; Ehepaare, junge Familien profitieren überdurchschnittlich, Betrag steigt leicht mit Einkommen an	quantitativ und qualitativ gut
Sachleistungen (2,7 Mrd. Euro)	Transferäquivalent**	TQ 79,6%, FB 23,65; junge Familien profitieren überdurchschnittlich	weitestgehend verteilungsneutrale Zuteilung
GRV			
Kindererziehungszeiten (5,8 Mrd. Euro)	Transferäquivalent*	TQ 17,3%, FB 234,08; Betrag für alle Empfänger konstant	Plausibilität wie Familienmitversicherung
Waisenrenten (1,2 Mrd. Euro)	Transferäquivalent**, Rest verteilungsneutral	TQ 96,5%, FB 7,78; Beträge für alle Empfänger weitestgehend konstant	weitestgehend verteilungsneutrale Zuteilung
ALV			
Leistungen der ALV*** (0,9 Mrd. Euro)	EVS-Variablen	TQ 14,6%, FB 37,60; Alleinerziehende und Einkindehepaare profitieren überdurchschnittlich, Beträge zu Alter und Einkommen konstant	quantitativ und qualitativ gut

Quelle: Eigene Darstellung. TQ: Teilnahmequote; FB: mittlerer Förderbetrag für Empfänger in Euro monatlich; *: Zurechnung in Anlehnung an Kleinhenz und Werding (1997); **: Transferäquivalent aus Sekundärdaten; ***: Arbeitslosengeld, -hilfe sowie sonstige Leistungen; jeweils nur Kinderkomponenten. Zur Skalierung der Plausibilität, siehe Abschnitt 4.1.3.4

Tabelle 9: Übersicht über Leistungen der Arbeitgeber

Leistung	Zurechnung	Zentrales Ergebnis	Plausibilität
Kinderzuschläge (4,1 Mrd. Euro)	EVS-Variable Einkommen aus unselbstständiger Arbeit	TQ 85,1%, FB 33,77; Alleinerziehende unterdurchschnittlich, ältere Familien und höhere Einkommensgruppen überdurchschnittlich	quantitativ eingeschränkt, qualitativ gut
Entgeltfortzahlung bei Mutterschaft (1,5 Mrd. Euro)	EVS-Variablen: 50% Sonstige Zuschläge und 50% Mutterschaftsgeld der GKV	TQ 1,8%, FB 541,27; Alleinerziehende unterdurchschnittlich, weitestgehend nur Förderung von Gründungsfamilien	quantitativ und qualitativ eingeschränkt

Quelle: Eigene Darstellung. TQ: Teilnahmequote; FB: mittlerer Förderbetrag für Empfänger in Euro monatlich; Zur Skalierung der Plausibilität, siehe Abschnitt 4.1.3.4

Tabelle 10: Datentabelle zur Abb. 5.1: Öffentliche Transfers, absolute Inzidenz

Familientyp	Ehe, 1 Ki.	Ehe, 2 Ki.	Ehe,>2 Ki.	Alleinerz.	Alle
Alle öffentl. Transfers	252,34	603,03	1037,01	545,33	518,34
Geldtransfers	34,65	36,97	77,12	136,71	56,57
Sachtransfers	217,69	566,06	959,89	408,63	461,77
Familienphasen	Grdg.	Aufb.	Stab.	Kons.	Umortg.
Alle öffentl. Transfers	205,07	599,10	768,54	549,21	234,62
Geldtransfers	183,73	101,94	46,22	23,87	12,47
Sachtransfers	21,32	497,16	722,32	525,34	222,16
Quintile	I	II	III	IV	V
Alle öffentl. Transfers	643,40	537,90	501,41	472,79	436,14
Geldtransfers	166,88	56,43	31,13	17,22	11,12
Sachtransfers	476,52	481,47	470,28	455,56	425,02

Quelle: Eigene Berechnungen mit dem EVS-Mikrofile 1998. Absolute Inzidenz in Euro monatlich für das Bezugsjahr 2001. (xy): eingeschränkte Aussagekraft, da relativer Standardfehler zwischen 10 und 20%. (./.): keine Aussagekraft, da relativer Standardfehler größer als 20%.

Tabelle 11: Datentabelle zu Abb. 6.3: Steuervorteile, absolute Inzidenz

Familientyp	Ehe, 1 Ki.	Ehe, 2 Ki.	Ehe,>2 Ki.	Alleinerz.	Alle
Kindergeld, Transfer	115,79	248,65	471,53	169,11	214,13
Kindergeld, bereinigt*	45,65	98,03	185,89	66,67	84,42
Kindergeld, effektiv	38,95	99,04	200,10	83,98	86,78
Splitting	133,99	147,30	144,41	0,00	118,85
Kindbez. FB	32,27	44,76	81,66	65,10	47,76
Summe Variante 1	282,05	440,71	697,60	234,20	380,74
Summe Variante 2	205,21	291,10	426,17	149,08	253,38
Familienphasen	Grdg.	Aufb.	Stab.	Kons.	Umortg.
Kindergeld, Transfer	139,46	271,37	282,09	216,66	107,13
Kindergeld, bereinigt*	54,98	106,98	111,21	85,41	42,23
Kindergeld, effektiv	50,76	117,19	116,27	83,38	40,57
Splitting	120,23	132,28	121,77	110,10	110,63
Kindbez. FB	38,16	50,59	58,02	53,16	31,77
Summe Variante 1	297,85	454,24	461,89	379,92	249,53
Summe Variante 2	209,15	300,07	296,07	246,64	182,97
Quintile	I	II	III	IV	V
Kindergeld, Transfer	212,06	225,17	218,71	211,65	203,07
Kindergeld, bereinigt*	83,60	88,77	86,22	83,44	80,06
Kindergeld, effektiv	111,88	94,35	91,79	78,32	37,32
Splitting	47,65	113,32	137,51	148,14	147,66
Kindbez. FB	45,44	45,45	43,29	46,84	57,76
Summe Variante 1	305,15	383,94	399,51	406,63	408,49
Summe Variante 2	204,98	253,11	272,59	273,30	262,94

Quelle: Eigene Berechnungen mit dem EVS-Mikrofile 1998. Absolute Inzidenz in Euro monatlich für das Bezugsjahr 2001. *: Kindergeld als Transfer bereinigt um Volumeneffekt (Gesamtvolumen 12,3 Mrd. Euro). (xy): eingeschränkte Aussagekraft, da relativer Standardfehler zwischen 10 und 20%. (./.): keine Aussagekraft, da relativer Standardfehler größer als 20%.

Tabelle 12: Datentabelle zu Abb. 7.1: Parafiskalische Transfers, absolute Inzidenz

Familientyp	Ehe, 1 Ki.	Ehe, 2 Ki.	Ehe,>2 Ki.	Alleinerz.	Alle
GKV	69,40	128,53	205,01	81,83	108,77
GRV	52,46	48,15	68,26	20,82	47,67
ALV	6,48	4,50	3,89	6,67	5,48
Parafisci	128,34	181,18	277,17	109,32	161,91
Familienphasen	Grdg.	Aufb.	Stab.	Kons.	Umortg.
GKV	182,96	151,16	125,04	91,93	40,63
GRV	238,74	98,06	15,20	6,85	9,87
ALV	2,90	4,16	5,26	6,26	7,14
Parafisci	424,60	253,37	145,50	105,05	57,64
Quintile	I	II	III	IV	V
GKV	119,61	125,35	118,06	103,15	77,64
GRV	55,47	56,86	48,31	42,24	35,45
ALV	11,86	6,29	4,44	2,67	2,14
Parafisci	186,94	188,50	170,81	148,05	115,23

Quelle: Eigene Berechnungen mit dem EVS-Mikrofile 1998. Absolute Inzidenz in Euro monatlich für das Bezugsjahr 2001. (xy): eingeschränkte Aussagekraft, da relativer Standardfehler zwischen 10 und 20%. (./.): keine Aussagekraft, da relativer Standardfehler größer als 20%.

Tabelle 13: Datentabelle zu Abb. 8.1: Arbeitgeberleistungen, absolute Inzidenz

Familientyp	Ehe, 1 Ki.	Ehe, 2 Ki.	Ehe,>2 Ki.	Alleinerz.	Alle
Saldo	45,07	40,73	40,52	15,26	38,22
Familienphasen	Grdg.	Aufb.	Stab.	Kons.	Umortg.
Saldo	104,45	38,33	29,14	29,80	32,99
Quintile	I	II	III	IV	V
Saldo	13,06	30,91	40,69	50,38	56,06

Quelle: Eigene Berechnungen mit dem EVS-Mikrofile 1998. Absolute Inzidenz in Euro monatlich für das Bezugsjahr 2001. (xy): eingeschränkte Aussagekraft, da relativer Standardfehler zwischen 10 und 20%. (./.): keine Aussagekraft, da relativer Standardfehler größer als 20%.

Tabelle 14: Familienpolitik, absolute Inzidenz

Familientyp	Ehe, 1 Ki.	Ehe, 2 Ki.	Ehe,>2 Ki.	Alleinerz.	Alle
Öffentl. Transfers	252,34	603,02	1037,01	545,33	518,34
Steuerverg.*	205,21	291,10	426,17	149,08	253,38
Parafisci	128,34	181,18	277,17	109,32	161,91
AG-Lstgn.	45,07	40,73	40,52	15,26	38,22
Gesamteffekt	630,96	1116,03	1780,87	818,99	971,85
Familienphasen	Grdg.	Aufb.	Stab.	Kons.	Umortg.
Öffentl. Transfers	205,07	599,10	768,54	549,21	234,62
Steuerverg.*	209,15	300,07	296,07	246,64	182,97
Parafisci	424,60	253,37	145,50	105,05	57,64
AG-Lstgn.	104,45	38,33	29,14	29,80	32,99
Gesamteffekt	943,27	1190,86	1239,26	930,69	508,21
Quintile	I	II	III	IV	V
Öffentl. Transfers	643,40	537,90	501,41	472,79	436,14
Steuerverg.*	204,98	253,11	272,59	273,30	262,94
Parafisci	186,94	188,50	170,81	148,05	115,23
AG-Lstgn.	13,06	30,91	40,69	50,38	56,06
Gesamteffekt	1048,38	1010,43	985,50	944,52	870,38

Quelle: Eigene Berechnungen mit dem EVS-Mikrofile 1998. Absolute Inzidenz in Euro monatlich für das Bezugsjahr 2001. (xy): eingeschränkte Aussagekraft, da relativer Standardfehler zwischen 10 und 20%. (./.): keine Aussagekraft, da relativer Standardfehler größer als 20%. *: Kindergeld mit effektiver Transferkomponente (Gesamtvolumen 12,3 Mrd. Euro).

Tabelle 15: Datentabelle zu Abb. 9.1: Relativierte Inzidenz der öffentlichen Einnahmen, Gesamteffekt

Dezile (Schichtung nach dem Äquivalenzeinkommen, Quadratwurzelgewichtung)										
Dezile	1	2	3	4	5	6	7	8	9	10
Direkte St.	-7,3	-7,2	-8,8	-9,7	-10,4	-11,1	-11,4	-12,4	-14,3	-15,6
Indirekte St.	-14,8	-13,5	-13,2	-13,0	-12,5	-12,5	-12,3	-11,6	-10,9	-9,3
Steuern	-22,0	-20,7	-21,9	-22,6	-22,9	-23,6	-23,7	-24,1	-25,2	-24,9
Beiträge	-12,9	-16,8	-19,7	-20,5	-21,0	-20,9	-20,2	-20,1	-18,9	-13,8
Sonst. Ein.	-7,6	-6,9	-7,1	-7,8	-7,8	-8,3	-9,5	-10,1	-10,0	-11,9
Saldo	-42,5	-44,4	-48,7	-50,9	-51,6	-52,9	-53,3	-54,3	-54,2	-50,7
Dezile (Schichtung nach dem adjustierten Haushaltsbruttoeinkommen)										
Dezile	1	2	3	4	5	6	7	8	9	10
Direkte St.	-6,2	-5,6	-7,1	-8,6	-10,5	-11,1	-12,1	-13,8	-15,3	-17,9
Indirekte St.	-14,5	-13,6	-13,6	-13,6	-13,0	-12,4	-12,0	-11,2	-10,5	-9,1
Steuern	-20,6	-19,2	-20,7	-22,3	-23,6	-23,5	-24,1	-25,0	-25,8	-27,0
Beiträge	-10,9	-12,7	-15,7	-17,4	-20,5	-21,0	-22,4	-22,9	-22,5	-18,9
Sonst. Ein.	-8,1	-7,5	-8,5	-9,2	-10,1	-9,2	-8,6	-8,1	-8,4	-9,2
Saldo	-39,6	-39,4	-45,0	-48,8	-54,2	-53,6	-55,1	-56,1	-56,7	-55,1

Quelle: Eigene Berechnungen mit dem EVS-Mikrofile 1998. Die Werte wurden mit (-1) multipliziert, um die Belastung der Haushalte mit Abgaben zu verdeutlichen. Angaben in % des jeweiligen Einkommensbegriffs.

Tabelle 16: Datentabelle zu Abb. 9.2 und 9.3: Relativierte Inzidenz der öffentlichen Einnahmen

Familientyp	Ehe, 1 Ki.	Ehe, 2 Ki.	Ehe,>2 Ki.	Alleinerz.	Alle
Direkte Steuern	-12,5	-12,4	-11,2	-9,2	-11,8
Indirekte Steuern	-12,2	-11,9	-12,3	-12,7	-12,2
Steuern	-24,7	-24,4	-23,5	-21,9	-24,0
Beiträge	-23,0	-23,0	-19,9	-16,3	-21,6
Sonst. Einnahmen	-6,6	-6,3	-6,8	-6,7	-6,5
Saldo	-54,3	-53,6	-50,2	-44,9	-52,1
Familienphasen	Grdg.	Aufb.	Stab.	Kons.	Umortg.
Direkte Steuern	-10,7	-10,7	-11,6	-12,5	-12,9
Indirekte Steuern	-12,7	-12,2	-12,2	-12,1	-12,0
Steuern	-23,5	-22,9	-23,8	-24,6	-24,9
Beiträge	-20,6	-21,2	-21,4	-21,9	-22,1
Sonst. Einnahmen	-6,2	-6,4	-6,2	-6,4	-7,1
Saldo	-50,3	-50,5	-51,4	-52,9	-54,2
Quintile	I	II	III	IV	V
Direkte Steuern	-8,1	-11,0	-11,8	-13,1	-15,0
Indirekte Steuern	-14,4	-12,6	-12,4	-11,5	-10,1
Steuern	-22,5	-23,6	-24,2	-24,6	-25,1
Beiträge	-18,2	-25,0	-24,4	-23,1	-17,1
Sonst. Einnahmen	-5,4	-5,8	-6,2	-7,0	-8,2
Saldo	-46,1	-54,5	51,8	-54,6	-50,4

Quelle: Eigene Berechnungen mit dem EVS-Mikrofile 1998. Angaben in % des adjustierten Haushaltsbruttoeinkommens.

Tabelle 17: Datentabelle zu Abb. 9.4 und 9.5: Relativierte Inzidenz der öffentlichen Einnahmen, Exkurs

Familien										
Dezile	1	2	3	4	5	6	7	8	9	10
Direkte St.	-7,4	-8,2	-10,1	-11,2	-11,4	-11,9	-12,5	-13,5	-14,8	-15,3
Indirekte St.	-15,3	-14,0	-12,9	-12,8	-12,3	-12,4	-11,8	-11,2	-10,7	-9,4
Steuern	-22,7	-22,3	-23,0	-24,0	-23,8	-24,3	-24,3	-24,7	-25,5	-24,7
Beiträge	-12,0	-20,6	-25,0	-24,9	-24,8	-24,2	-23,7	-22,7	-19,7	-13,6
Sonst. Ein.	-4,8	-5,7	-5,6	-6,0	-6,1	-6,2	-6,7	-7,1	-7,8	-8,6
Saldo	-39,5	-48,5	-53,6	-55,0	-54,6	-54,8	-54,8	-54,4	-53,0	-46,9
Kinderlose Paare										
Dezile	1	2	3	4	5	6	7	8	9	10
Direkte St.	-8,2	-6,1	-6,6	-6,5	-7,2	-8,8	-10,4	-11,6	-14,1	-15,8
Indirekte St.	-17,9	-15,1	-15,2	-14,7	-14,3	-13,7	-12,9	-12,4	-11,4	-9,7
Steuern	-26,1	-21,3	-21,9	-21,2	-21,5	-22,5	-23,3	-24,0	-25,5	-25,4
Beiträge	-14,5	-14,6	-15,8	-16,0	-16,3	-18,6	-19,0	-19,8	-19,5	-14,9
Sonst. Ein.	-7,1	-6,2	-7,7	-10,0	-8,6	-9,0	-9,5	-10,7	-10,5	-12,2
Saldo	-47,7	-42,0	-45,5	-47,2	-46,4	-50,2	-51,8	-54,5	-55,5	-52,5
Alleinlebende										
Dezile	1	2	3	4	5	6	7	8	9	10
Direkte St.	-7,1	-6,9	-9,2	-11,0	-12,4	-12,6	-11,8	-12,6	-14,4	-16,1
Indirekte St.	-14,2	-12,6	-12,3	-11,8	-11,0	-11,5	-11,9	-11,3	-10,6	-8,7
Steuern	-21,2	-19,6	-21,4	-22,8	-23,4	-24,1	-23,8	-23,9	-25,0	-24,7
Beiträge	-12,8	-15,4	-18,5	-20,4	-21,6	-19,5	-16,9	-16,7	-16,2	-12,1
Sonst. Ein.	-8,7	-7,9	-7,7	-7,6	-8,6	-10,3	-13,5	-13,8	-13,2	-15,2
Saldo	-42,8	-42,9	-47,6	-50,8	-53,6	-53,9	-54,2	-54,5	-54,3	-52,0

Quelle: Eigene Berechnungen mit dem EVS-Mikrofile 1998. Angaben in % des adjustierten Haushaltsbruttoeinkommens.

Tabelle 18: Datentabelle zu Abb. 10.2: Relativierte Nettoinzidenz, öffentliche Transfers

Familientyp	Ehe, 1 K.	Ehe, 2 K.	Ehe,>2 K.	Alleinerz.	Alle
Geldtransfers	0,9	0,7	1,7	8,3	2,1
Sachtransfers	1,6	8,5	14,9	14,7	7,7
Finanzierungslast	-3,8	-3,7	3,6	-3,4	-3,7
Gesamt	2,5	9,2	16,6	22,9	9,8
Familienphasen	**Grdg.**	**Aufb.**	**Stab.**	**Kons.**	**Umortg.**
Geldtransfers	7,3	3,5	1,8	1,1	0,2
Sachtransfers	-2,4	8,9	13,9	9,6	1,3
Finanzierungslast	-3,6	-3,5	-3,6	-3,7	-3,8
Gesamt	4,9	12,4	15,7	10,7	1,5
Quintile	**I**	**II**	**III**	**IV**	**V**
Geldtransfers	9,4	1,2	0,2	-0,1	-0,3
Sachtransfers	18,9	9,1	6,0	3,7	1,0
Finanzierungslast	-3,3	-3,5	-3,6	-3,8	-4,0
Gesamt	28,3	10,4	6,2	3,5	0,6

Quelle: Eigene Berechnungen aus EVS-Mikrofile. Angaben in Prozent des Haushaltsbruttoeinkommens.

Tabelle 19: Datentabelle zu Abb. 10.3: Relativierte Nettoinzidenz, Steuervergünstigungen

Familientyp	Ehe, 1 K.	Ehe, 2 K.	Ehe,>2 K.	Alleinerz.	Alle
Nettoeffekt, Gstvar.	2,3	3,9	6,1	4,9	3,8
Nettoeffekt, Estvar.	2,5	4,0	6,5	5,7	4,0
Finlast, Gstvar.	-1,9	-1,9	-1,8	-1,7	-1,8
Finlast, Estvar.	-1,7	-1,7	-1,5	-0,9	-1,6
Familienphasen	**Grdg.**	**Aufb.**	**Stab.**	**Kons.**	**Umortg.**
Nettoeffekt, Gstvar.	3,6	5,1	4,8	3,5	1,5
Nettoeffekt, Estvar.	4,0	5,5	5,1	3,7	1,6
Finlast, Gstvar.	-1,8	-1,7	-1,8	-1,9	-1,9
Finlast, Estvar.	-1,3	-1,4	-1,5	-1,7	-1,8
Quintile	**I**	**II**	**III**	**IV**	**V**
Nettoeffekt, Gstvar.	7,4	4,6	3,5	2,4	0,9
Nettoeffekt, Estvar.	8,5	5,0	3,7	2,3	0,6
Finlast, Gstvar.	-1,7	-1,8	-1,8	-1,9	-1,9
Finlast, Estvar.	-0,7	-1,4	-1,7	-1,9	-2,3

Quelle: Eigene Berechnungen aus EVS-Mikrofile. Angaben in Prozent des Haushaltsbruttoeinkommens.

Tabelle 20: Datentabelle zu Abb. 10.4: Relativierte Nettoinzidenz, parafiskalische Transfers

Familientyp	Ehe, 1 K.	Ehe, 2 K.	Ehe,>2 K.	Alleinerz.	Alle
GKV	0,7	1,8	3,3	3,2	1,8
GRV	1,1	0,7	1,0	0,8	0,9
ALV	0,2	0,1	0,1	0,4	0,2
Finanzierungslast	-1,4	-1,4	-1,2	-1,1	-1,3
Gesamt	1,9	2,6	4,4	4,4	2,9
Familienphasen	**Grdg.**	**Aufb.**	**Stab.**	**Kons.**	**Umortg.**
GKV	4,3	2,8	2,2	1,4	-0,0
GRV	6,7	2,0	0,0	-0,2	-0,2
ALV	0,1	0,1	0,2	0,2	0,2
Finanzierungslast	-1,3	-1,3	-1,3	-1,3	-1,4
Gesamt	11,3	4,9	2,3	1,4	-0,0
Quintile	**I**	**II**	**III**	**IV**	**V**
GKV	4,8	2,2	1,3	0,6	0,1
GRV	2,4	1,2	0,6	0,3	0,0
ALV	0,6	0,1	0,1	-0,0	-0,1
Finanzierungslast	-1,1	-1,5	-1,4	-1,4	-1,1
Gesamt	7,8	3,4	2,0	0,9	0,1

Quelle: Eigene Berechnungen aus EVS-Mikrofile. Angaben in Prozent des Haushaltsbruttoeinkommens. $-0,0$ bedeutet, $0 > x > (-0,05)$. Abweichungen in der Summe durch Rundungen möglich.

Tabelle 21: Datentabelle zu Abb. 10.5: Relativierte Nettoinzidenz, Arbeitgeber-Leistungen

Familientyp	Ehe, 1 K.	Ehe, 2 K.	Ehe,>2 K.	Alleinerz.	Alle
Öffentliche AG	0,3	0,3	0,2	0,2	0,3
Private AG	0,2	0,1	0,1	0,0	0,1
Finanzierungslast	-0,3	-0,3	-0,3	-0,3	-0,3
Gesamt	0,5	0,4	0,4	0,2	0,4
Familienphasen	**Grdg.**	**Aufb.**	**Stab.**	**Kons.**	**Umortg.**
Öffentliche AG	0,3	0,3	0,3	0,3	0,3
Private AG	1,5	0,2	-0,1	-0,1	-0,1
Finanzierungslast	-0,3	-0,3	-0,3	-0,3	-0,3
Gesamt	1,7	0,5	0,2	0,2	0,2
Quintile	**I**	**II**	**III**	**IV**	**V**
Öffentliche AG	0,2	0,3	0,3	0,3	0,2
Private AG	0,0	0,1	0,2	0,1	0,0
Finanzierungslast	-0,3	-0,3	-0,3	-0,3	-0,3
Gesamt	0,2	0,5	0,5	0,5	0,3

Quelle: Eigene Berechnungen aus EVS-Mikrofile. Angaben in Prozent des Haushaltsbruttoeinkommens. 0, 0 bedeutet, Wert < 0, 05. Abweichungen in der Summe durch Rundungen möglich.

Tabelle 22: Datentabelle zu Abb. 10.6: Relativierte Nettoinzidenz, Gesamteffekt

Familientyp	Ehe, 1 K.	Ehe, 2 K.	Ehe,>2 K.	Alleinerz.	Alle
Öffentliche Transfers	2,5	9,2	16,6	22,9	9,8
Steuervergünstigungen*	3,3	3,9	6,1	5,0	3,8
Parafisci	1,9	2,6	4,4	4,4	2,9
AG-Leistungen	0,5	0,4	0,4	0,2	0,4
Finanzierungslast	-7,3	-7,2	-6,9	-6,4	-7,1
Gesamteffekt	7,2	16,0	27,4	32,5	16,8
Familienphasen	**Grdg.**	**Aufb.**	**Stab.**	**Kons.**	**Umortg.**
Öffentliche Transfers	4,9	12,4	15,7	10,7	1,5
Steuervergünstigungen*	3,6	5,1	4,8	3,5	1,5
Parafisci	11,3	4,9	2,3	1,4	-0,0
AG-Leistungen	1,7	0,5	0,2	0,2	0,2
Finanzierungslast	-6,9	-6,8	-7,0	-7,2	-7,4
Gesamteffekt	21,5	22,8	23,2	15,9	3,2
Quintile	**I**	**II**	**III**	**IV**	**V**
Öffentliche Transfers	28,3	10,4	6,2	3,5	0,6
Steuervergünstigungen*	7,4	4,6	3,5	2,4	0,9
Parafisci	7,8	3,4	2,0	1,0	0,1
AG-Leistungen	0,2	0,5	0,5	0,5	0,3
Finanzierungslast	-6,5	-7,1	-7,2	-7,3	-7,3
Gesamteffekt	43,7	18,9	12,2	7,4	2,0

Quelle: Eigene Berechnungen aus EVS-Mikrofile. Angaben in Prozent des Haushaltsbruttoeinkommens. 0, 0 bedeutet, Wert < 0, 05. Abweichungen in der Summe durch Rundungen möglich. *: Kindergeld als effektiver Transfers, Gesamtsteuerfinanzierung.

Tabelle 23: Datentabelle zu Abb. 11.1: Vergleich der Finanzierungsarten

Familientyp	Ehe, 1 K.	Ehe, 2 K.	Ehe,>2 K.	Alleinerz.	Alle
Gesamtabgaben	-4,3	-4,2	-4,1	-3,9	-4,2
Beiträge	-1,1	-1,1	-0,9	-0,8	-1,0
Stverg., Gesamtst.	-1,9	-1,9	-1,8	-1,7	-1,8
Stverg., Einkst.	-1,7	-1,7	-1,5	-0,9	-1,6
Private AG	-0,1	-0,1	-0,1	-0,1	-0,1
Gesamtfinanzierung	-7,3	-7,2	-6,9	-6,4	-7,1
Familienphasen	**Grdg.**	**Aufb.**	**Stab.**	**Kons.**	**Umortg.**
Gesamtabgaben	-4,1	-4,0	-4,1	-4,2	-4,3
Beiträge	-0,9	-1,0	-1,0	-1,0	-1,0
Stverg., Gesamtst.	-1,8	-1,8	-1,8	-1,9	-1,9
Stverg., Einkst.	-1,3	-1,4	-1,5	-1,7	-1,7
Private AG	-0,1	-0,1	-0,1	-0,1	-0,1
Gesamtfinanzierung	-6,9	-6,8	-7,0	-7,2	-7,3
Quintile	**I**	**II**	**III**	**IV**	**V**
Gesamtabgaben	-3,8	-4,0	-4,1	-4,3	-4,5
Beiträge	-0,8	-1,2	-1,1	-1,1	-0,8
Stverg., Gesamtst.*	-1,7	-1,8	-1,9	-1,9	-1,9
Stverg., Einkst.*	-0,7	-1,4	1,7	-1,9	-2,3
Private AG	-0,1	-0,1	-0,1	-0,1	-0,1
Gesamtfinanzierung	-6,5	-7,1	-7,2	-7,3	-7,3

Quelle: Eigene Berechnungen aus EVS-Mikrofile. Angaben in Prozent des Haushaltsbruttoeinkommens. Abweichungen in der Summe durch Rundungen möglich. *: Kindergeld als effektiver Transfers, Gesamtsteuerfinanzierung.

Abbildung 1: Ausgabeninzidenz, Steuervorteile (um Volumeneffekt bereinigt)

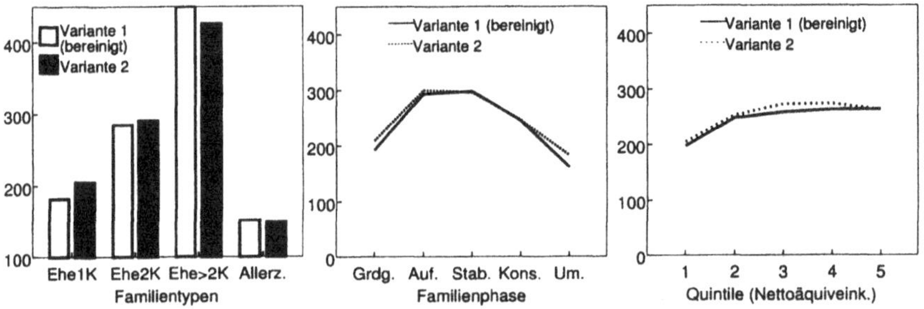

Quelle: Eigene Berechnungen mit dem *Scientific Use File* der EVS 1998. Alle Werte in Euro je Monat. Variante 1: Steuervergünstigungen mit Kindergeld als Transferzahlung; Variante 2: Steuervergünstigungen mit effektivem Förderanteil des Kindergelds. Beide Varianten berücksichtigen Steuermindereinnahmen in Höhe von 34,4 Mrd. Euro.

Literaturverzeichnis

Althammer Jörg, (2000), *Ökonomische Theorie der Familienpolitik*, Heidelberg.

Althammer Jörg und Hajo Romahn, (2006), „Reform der monetären Familienpolitik - Notwendigkeit und Optionen", in: Jörg Althammer und Ute Klammer, (Hrsg.), *Ehe und Familie in der Steuerrechts- und Sozialordnung*, Tübingen, S. 25-54.

Althammer Jörg und Hajo Romahn, (2005), *Die Familienkasse: Ziele und Probleme einer Zusammenfassung monetärer familienpolitischer Leistungen*, Gutachten im Auftrag der Frauen Union Deutschlands, Bochum.

Atkinson Anthony, Lee Rainwater und Timothy M. Smeeding, (1995), *Income Distribution in OECD Countries: Evidence from the Luxembourg Income Study (LIS)*, OECD Social Policy Studies Nr. 18, Paris.

Barr Nicholas, (1998), *The Economics of the Welfare State*, Oxford New York.

Becker Andrea, (2000), *Mutterschaft im Wohlfahrtsstaat*, Berlin.

Becker Irene, (2003), "Familien im Spektrum der Einkommensverteilung: Eine Bestandsaufnahme für Deutschland.", in: *Sozialer Fortschritt*, 2003, Heft 1, S. 2-10.

Becker Irene, Joachim R. Frick, Markus M. Grabka, et al., (2002), „A Comparison of the Main Household Income Surveys for Germany: EVS and SOEP", in: Richard Hauser und Irene Becker, (Hrsg.), *Reporting on Income Distribution and Poverty. Perspectives from a German and a European Point of View*, Heidelberg, S. 55-90.

Bernöster Thomas, (2000), *Grundlagen zur aktuellen Familienpolitik in Deutschland: ein Plädoyer für eine ordnungspolitische Ausrichtung der Familienpolitik*, Erlangen.

Beske Fritz und Axel Olaf Kern, (2000), *Zum Stand der Fremdleistungen in der gesetzlichen Krankenversicherung 1997*, Würzburg.

Blau David M., (2003), „Reconciling Work and Family", in: *CESifo DICE Report*, 2003, Heft 4, S. 3-7.

BLK (Bund-Länder-Kommission für Bildungsplanung und Forschungsförderung), (2003), *Bildungsfinanzierungsbericht 2001/2002*, Heft 108-I, Bonn.

BMAS, (Hrsg.), (2003), *Bericht der Bundesregierung über die gesetzliche Rentenversicherung*, http://www.bmas.bund.de/BMAS/Redaktion/Pdf/Rente/rentenversicherungsbericht-2003,property=pdf,bereich=bmas,sprache=de,rwb=true.pdf, zuletzt abgerufen am 30.8.2006.

BMAS, (Hrsg.), (1998), *Sozialbericht 1997*, Bonn.

BMBF, (Hrsg.), (2004), *Ausbildungsförderung BAföG, Bildungskredit und Stipendien*, http://www.bmbf.de/pub/ausbildungsfoerderung-bafoeg_bildungskredit_und_ stipendien.pdf, zuletzt abgerufen am 06.01.2004.

BMF, (2004), „1. Januar 2005: Die letzte Stufe der Steuerreform wird wirksam", in: BMF, (Hrsg.), *Monatsberichte des BMF*, Dezember 2004, S. 45-59.

BMF, (Hrsg.), (2003a), *Datensammlung zur Steuerpolitik*, Ausgabe 2003, Berlin.

BMF, (Hrsg.), (2003b), *Kassenmäßige Steuereinnahmen nach Steuerarten in den Kalenderjahren 1998 - 2001*, http://www.bundesfinanzministerium.de/Service/Downloads19619.pdf, zuletzt abgerufen am 23.3.2005.

BMF, (Hrsg.), (2003c), „Kosten der staatlichen kindbezogenen Leistungen", in: *Monatsberichte des BMF*, Juni 2003, S. 49-55.

BMF, (Hrsg.), (2003d), *Neunzehnter Subventionsbericht*, Bericht der Bundesregierung über die Entwicklung der Finanzhilfen des Bundes und der Steuervergünstigungen für die Jahre 2002 2004, Berlin.

BMF, (Hrsg.), (2001a), „Kindbezogene staatliche Leistungen", Volks- und finanzwirtschaftliche Berichte, Fakten zur Finanzwissenschaft, in: *Monatsberichte des BMF*, April 2001, S. 14-22.

BMF, (Hrsg.), (2001b), *Nachhaltigkeit in der Finanzpolitik: Konzepte für eine langfristige Orientierung öffentlicher Haushalte*, Gutachten des Wissenschaftlichen Beirats beim BMF, Berlin.

BMFSFJ, (Hrsg.), (2005), *Familienfreundlichkeit im Betrieb - Handlungshilfe für die betriebliche Interessenvertretung*, http://www.bmfsfj.de/RedaktionBMFSFJ/Abteilung2/Pdf-Anlagen/familienfreundlichkeit-im-betrieb,property=pdf,bereich=,rwb=true.pdf, zuletzt abgerufen am 6.8.2006.

BMFSFJ, (Hrsg.), (2004), *Broschüre Mutterschutzgesetz*, http://www.bmfsfj.de/ RedaktionBMFSFJ /Broschuerenstelle/Pdf-Anlagen PRM-23682-Broschure- Mutterschutzgesetz.pdf, zuletzt abgerufen am 28.12.2004.

BMFSFJ, (Hrsg.), (2003a), *Die Familie im Spiegel der amtlichen Statistik*, Bonn.

BMFSFJ, (Hrsg.), (2003b), *Haushaltswirkungen familienbezogener Transferleistungen bei Bund und Ländern sowie Steuermindereinnahmen durch Familienkomponenten des Einkommensteuerrechts*, http://www.bmfsfj.de/RedaktionBMFSFJ/Abteilung5/Pdf-Anlagen/t–2-d1,property=pdf.pdf, zuletzt abgerufen am 30.8.2006.

BMFSFJ, (Hrsg.), (2002), *Broschüre Elternzeit*, http://www.bmfsfj.de/Anlage24375/Broschuere _Elternzeit.pdf, zuletzt abgerufen am 17.10.2002.

BMFSFJ, (Hrsg.), (2001), *Gerechtigkeit für Familien - Zur Begründung und Weiterentwicklung des Familienlasten- und Familienleistungsausgleichs*, Gutachten des Wissenschaftlichen Beirats beim BMFSFJ, Stuttgart Berlin Köln.

BMFSFJ, (Hrsg.), (1999). *Die Familie im Spiegel der amtlichen Statistik*, Bonn.

BMFSFJ, (Hrsg.), (1996), *Optionen der Lebensgestaltung junger Ehen und Kinderwunsch*, Schriftenreihe des BMFSFJ, Stuttgart Berlin Köln.

BMFSFJ, (Hrsg.), (1995a), *Familien und Familienpolitik im geeinten Deutschland*, Fünfter Familienbericht, Bonn.

BMFSFJ, (Hrsg.), (1995b), *Lebenshaltungsaufwendungen für Kinder*, Schriftenreihe des BMFSFJ, Stuttgart.

BMGS, (Hrsg.), (2005), heute: Bundesministerium für Gesundheit (BMG), *Sozialbericht 2005*, Berlin.

BMGS, (Hrsg.), (2004), heute: Bundesministerium für Gesundheit (BMG), *Arbeits- und Sozialstatistik*, http://www.bmgs.bund.de/deu/gra/datenbanken/stats/stb04_5650.cfm, zuletzt abgerufen am 30.11.2004.

BMGS, (Hrsg.), (2003), heute: Bundesministerium für Gesundheit (BMG), *Regelsätze für die Hilfe zum Lebensunterhalt nach dem Bundessozialhilfegesetz*, http://www.bmgs.bund.de downloads/RegelsaetzeHilfeLebensunterhalt2003.pdf, zuletzt abgerufen am 21.10.2003.

BMGS, (Hrsg.), (2002a), heute: Bundesministerium für Gesundheit (BMG), *Sozialbericht 2001*, Bonn.

BMGS, (Hrsg.), (2002b), heute: Bundesministerium für Gesundheit (BMG), *Statistisches Taschenbuch*, http://www.bmgs.bund.de/download/statistiken/stattb2002/10/10.08.pdf, zuletzt abgerufen am 13.12.2004.

BMGS, (Hrsg.), (2000), heute: Bundesministerium für Gesundheit (BMG), *Die gesetzliche Krankenversicherung in der Bundesrepublik Deutschland im Jahre 1999*, Bonn.

BMVBW, (Hrsg.), (2001), heute: Bundesministerium für Verkehr, Bau und Stadtentwicklung (BMVBS), *Wohngeld ab 2002*, http://www.bmvbw.de/Anlage6940/Wohngeld-ab-2002-mit-Beispielen.pdf, zuletzt abgerufen am 11.01.2004.

BMWA, (Hrsg.), (2005a), heute: Bundesministerium für Arbeit und Soziales (BMAS), *Alterung und Familienpolitik*, Gutachten des Wissenschaftlichen Beirats beim BMWA, http://www.bmwi.de/BMWi/Redaktion/PDF/A/alterung-und-familienpolitik,property=pdf,bereich=bmwi,sprache=de,rwb=true.pdf, zuletzt abgerufen am 30.8.2006.

BMWA, (Hrsg.), (2005b), heute: Bundesministerium für Arbeit und Soziales (BMAS), *Lebenslagen in Deutschland. Der 2. Armuts- und Reichtumsbericht*, Berlin.

BMWA, (Hrsg.), (2001), heute: Bundesministerium für Arbeit und Soziales (BMAS), *Lebenslagen in Deutschland. Der erste Armuts- und Reichtumsbericht der Bundesregierung*, Bonn.

Boadway Robin und Michael Keen, (2000), „Redistribution“, in: Anthony B. Atkinson und Francois Bourguignon (Hrsg.), *Handbook of Income Distribution*, Amsterdam, S. 677-790.

Bohnet Armin, (1999), *Finanzwissenschaft: Grundlagen staatlicher Verteilungspolitik*, München.

Bonah Sabine, (1993), „Die Budgetinzidenz im internationalen Vergleich“, in: Karl-Dieter Grüske (Hrsg.), *Forum Finanzwissenschaft*, Band 4, Nürnberg.

Bonin Holger, (2001), *Generational Accounting*, Berlin Heidelberg New York.

Bork Christhart, (2000), *Steuern, Transfers und private Haushalte*, Frankfurt a. M.

Breuer Wilhelm und Dietrich Engels, (1999), *Grundinformationen und Daten zur Sozialhilfe*, http://www.bmgs.bund.de/downloads/ sozialhilfe_grundinformationen_daten.pdf, zuletzt abgerufen am 07.01.2004.

Broer Michael, (2005), „Abschaffung von Steuerbefreiungen: Mehreinnahmen und Steuervereinfachung“, in: BMF, (Hrsg.), *Monatsbericht des BMF*, Februar 2005, S. 69-74.

Buchholz Wolfgang, (2001), „Familienlastenausgleich - Politische Konzepte und Verteilungswirkungen“, in: Statistisches Bundesamt (Hrsg.), *Familien und Haushalte in Deutschland*, Wiesbaden, S. 77-92.

Buhmann Brigitte, Lee Rainwater, Timothy M. Smeeding et al., (1988), „Equivalence Scales, Well-Being, Inequality and Poverty“, in: *The Review of Income and Wealth*, 34. Jg., S. 115-42.

Bundesregierung, (Hrsg.), (2002), *Familie Deutschland - Über 100 Vorteile für das Familienleben*, Berlin.

Burmester Monika, (2003), *Disparitäten im Sozialhilfebezug*, Frankfurt a.M., Berlin, Bern, Bruxelles, New York, Oxford, Wien.

Butterwege Christoph, (2001), „Perspektiven der Familienpolitik“, in: *Soziale Sicherheit*, 2001, Heft 10, S. 347-352.

Caminada Koen und Kees Goudswaard, (2001), „International Trends in Income Inequality and Social Policy“, in: *International Tax and Public Finance*, 8. Jg., Heft 4, S. 395-415.

Cornelius Ivar, (1993), „Zur Einkommensproblematik von Familien“, in: *Theorie und Praxis der sozialen Arbeit*, 1993, Heft 4, S. 139-145.

Dathe Dietmar, (1999), „Familienlebenszyklus und Erwerbsbeteiligung der Ehepartner in Ehen mit Kindern in West- und Ostdeutschland“, in: Paul Lüttinger, (Hrsg.), *Sozialstrukturanalysen mit dem Mikrozensus*, ZUMA Spezial Band 6, Mannheim, S. 49-170.

Davies James B., (1989), „Incidence of Tax Expenditures in a Lifetime Framework: Theory and Application to RRSPs“, in: Neil Bruce, (Hrsg.), *Tax Expenditures and Government Policy*, Kingston, S. 339-367.

Dathe Dietmar, (1998), *Der Familienzyklus als Bestimmungsfaktor für das Familieneinkommen und das Arbeitsangebot*, Diskussionspapier FS I 98-208, Wissenschaftszentrum Berlin für Sozialforschung, Berlin.

Demery Lionel, (2002), „Analyzing the Incidence of Public Spending“, in: Francois Bourguignon, Luiz A. Pereira da Silva, Nicholas Stern, *Evaluating the Poverty and Distributional Impact of Economic Policies*, Washington.

Deutsche Bundesbank, (2002), „Staatliche Leistungen für die Förderung von Familien", in: *Monatsbericht der Deutschen Bundesbank*, April 2002, S. 15-32.

Deutscher Bundestag, (2006), *Drucksache 16/771*, 27. Februar 2006, Berlin.

Dickmann Nicola, (2004), „Einkommenslagen von Familien im internationalen Vergleich", in: *Sozialer Fortschritt*, 2004, Heft 7, S. 165-173.

Dingeldey Irene, (2000), „Einkommensteuersysteme und familiale Erwerbsmuster im europäischen Vergleich", in: Irene Dingeldey, (Hrsg.), *Erwerbstätigkeit und Familie in Steuer- und Sozialversicherungssystemen*, Opladen, S. 11-47.

DIW, (2004), *Das Sozio-oekonomische Panel*, http://www.diw.de/deutsch/sop/index.html, zuletzt abgerufen am 31.8.2006.

DIW, (2000), „Einkommensverteilung in Deutschland - Stärkere Umverteilungseffekte in Ostdeutschland", in: *Wochenberichte des DIW*, 2000, Nr. 19, S. 291-97.

EAF (Evangelische Aktionsgemeinschaft für Familienfragen), (2004), „Stellungnahme des EAF zum Gesetzesentwurf zur Änderung der Abgabenordnung und des Einkommensteuergesetzes", in: *Familienpolitische Informationen*, 43. Jg., Heft 4, S. 4-5.

Eekhoff Johann und Barbara Hennman, (2002), „Familiengeld und Kindergeld als Instrumente der Familienförderung", in: *Zeitschrift für Wirtschaftspolitik*, 51. Jg., Heft 3, S. 269-86.

Eggen Bernd, (1999), „Einkommenslagen und wirtschaftlich schwierige Situation von Ehepaaren ohne Kinder und mit Kindern in Ost- und Westdeutschland", in: Paul Lüttinger, (Hrsg.), *Sozialstrukturanalysen mit dem Mikrozensus*, ZUMA Spezial Band 6, Mannheim, S. 171-187.

Eidgenössisches Departement des Inneren, (Hrsg.), (2004), *Familienbericht 2004. Strukturelle Anforderungen an eine bedürfnisgerechte Familienpolitik*, Bern.

Engelbrech Gerhard, (2002), „Transferzahlungen an Familien - demografische Entwicklung und Chancengleichheit", in: *WSI Mitteilungen*, 2002, Heft 3, S. 139-46.

Erbsland Manfred und Eberhard Wille, (1995), „Bevölkerungsentwicklung und Finanzierung der Gesetzlichen Krankenversicherung", in: *Zeitschrift für die gesamte Versicherungswirtschaft*, 84. Jg., Heft 4, S. 661-86.

Ervik Rune, (2000), *The hidden welfare state in comparative perspective: Tax Expenditures and Social Policy in Eight Countries*, Bergen.

Esping-Andersen Gosta, (1990), *The three Worlds of Welfare Capitalism*, Oxford.

Faik Jürgen, (1995), *Äquivalenzskalen. Theoretische Erörterung, empirische Ermittlung und verteilungsbezogene Anwendung für die Bundesrepublik Deutschland*, Berlin.

Frey Bruno, Simon Lüchinger und Alois Stutzer, (2004), *Valuing Public Goods: The Life Satisfaction Approach*, CESifo Working Paper No. 1158, München.

Fritzsche Bernd, Rainer Kambeck und Hans-Dietrich von Löffelholz, (2003), *Empirische Analyse der effektiven Inzidenz des deutschen Steuersystems*, Untersuchungen des RWI Heft 42, Essen.

Galler Heinz und Notburga Ott, (1993), *Empirische Haushaltsforschung: Erhebungskonzepte und Analyseansätze angesichts neuer Lebensformen*, Frankfurt New York.

Gornick Janet und Marcia Meyers, (2003), „Supports for Working Families: Work and Care Policies Across Welfare States", in: *CESifo DICE Report*, 2003, Heft 4, S.13-17.

Grabka Markus M. und Ellen Kirner, (2002), „Einkommen von Haushalten mit Kindern: Finanzielle Förderung auf erste Lebensjahre konzentrieren", in: *DIW-Wochenbericht*, 2004, Nr. 32/02, http://www.diw.de/deutsch/produkte/publikationen/wochenberichte/docs/02-32-1.html, zuletzt abgerufen am 30.8.2006.

Grüske Karl-Dieter, (1994), „Verteilungswirkungen der öffentlichen Hochschulfinanzierung", in: Reinar Lüdeke (Hrsg.), *Bildung, Bildungsfinanzierung und Einkommensverteilung*, Schriften des Vereins für Socialpolitik, 221/II, Berlin, S. 71-147.

Grüske Karl-Dieter, (1985), *Effizienz und Umverteilung*, Göttingen.

Grüske Karl-Dieter, (1978), *Die personale Budgetinzidenz*, Göttingen.

Guger Alois und David Mum, (1999), *Die Verteilungswirkungen des Familienpakets 1998*, Österreichisches Institut für Wirtschaftsforschung, Wien.

Guger Alois, (1998), *Verteilungswirkungen familienpolitisch motivierter Maßnahmen*, Österreichisches Institut für Wirtschaftsforschung, Wien.

Guger Alois, (1987), *Umverteilung durch öffentliche Haushalte in Österreich*, Österreichisches Institut für Wirtschaftsforschung, Wien.

Hauschild Wolfgang, (2000), *Methoden und Analysen der personellen Einkommensverteilung mit Hilfe der Einkommens- und Verbrauchsstichprobe 1993*, Trier.

Hauser Richard und Irene Becker, (2003), *Anatomie der Einkommensentwicklung - Ergebnisse der Einkommens- und Verbrauchsstichproben 1969 bis 1998*, Düsseldorf.

Haustein Thomas, (2000), „Wohngeld in Deutschland", in: *Wirtschaft und Statistik*, 2000, Heft 2, S. 111-17.

Hesse Klaus und Silke Thiele, (1998), „Einkommen und Einkommensverwendung von Familien mit Kindern", in: Sylvia Gräbe (Hrsg.), *Vom Umgang mit Geld*, Frankfurt a.M.

Hockley Graham C., (1992), *Fiscal Policy*, London.

Holtzmann Hans-Dieter, (1994), „Öffentliche Finanzierung der Hochschulausgaben in der Bundesrepublik Deutschland", in: Karl-Dieter Grüske (Hrsg.), *Forum Finanzwissenschaft*, Band 5, Nürnberg.

Homburg Stefan und Reinhold Schnabel, (2005), *Reform der Familienpolitik*, Gütersloh.

Homburg Stefan, (2000), *Allgemeine Steuerlehre*, München.

Howard Christopher, (1997), *The Hidden Welfare State*, Princeton.

Hülskamp Nicola und Susanne Seyda, (2004), „Staatliche Familienpolitik in der Sozialen Marktwirtschaft", in: *iw-positionen*, Institut der deutschen Wirtschaft, Köln.

Hüther Michael, Hans-Peter Klös und Susanne Seyda, (2006), „Zur Verzahnung von Familienpolitik und Bildungspolitik“, in: *Zeitschrift für Wirtschaftspolitik*, 54. Jg., Heft 2, S. 139-159.

IDW (Institut der deutschen Wirtschaft), (Hrsg.), (2003), *Deutschland in Zahlen*, Köln.

IDW (Institut der deutschen Wirtschaft), (2001), *Ehegattensplitting: Überschätzter Vorteil*, http://www.iwkoeln.de/default.aspx?p=content&i=1989, zuletzt abgerufen am 30.8.2006.

Kaltenborn Bruno, Petra Knerr und Sylvia Kurth-Laatsch, (2005), *Familienunterstützende Dienstleistungen*, Gutachten im Auftrag des BMFSFJ, Berlin.

Kaltenborn Bruno, (2003), *Abgaben und Sozialtransfers in Deutschland*, München und Mering.

Kleinhenz Gerhard und Martin Werding, (1997), *Private und öffentliche Aufwendungen für Kinder in unterschiedlichen Lebensphasen*, Projektbericht im Auftrag des BMFSFJ, Universität Passau.

Köhler Sabine, Bernhard Schimpl-Neimanns und Schwarz Norbert, (2000), „Pilotprojekt zur Erleichterung der Nutzungsmöglichkeiten von faktisch anonymisierten Mikrodaten“, in: *Wirtschaft und Statistik*, 2000, Heft 1, S. 30-37.

Konrad Kai und Wolfram Richter, (2005), „Zur Berücksichtigung von Kindern bei umlagefinanzierter Alterssicherung“, in: *Perspektiven der Wirtschaftspolitik*, 6. Jg., Heft 1, S. 115-30.

Kothmayer Regina und Peter Rosner, (2000), „Ist die österreichische Familienförderung effizient?“, in: *Wirtschaft und Gesellschaft*, 26. Jg., Heft 1, S. 99-117.

Krug Walter, Martin Nourney und Jürgen Schmidt, (1999), *Wirtschafts- und Sozialstatistik*, München.

Kühnen Carola, (1999), „Das Stichprobenverfahren der Einkommens- und Verbrauchsstichprobe“, in: *Wirtschaft und Statistik*, 1999, Heft 2, S. 111-15.

Kupferschmidt Frank und Berthold U. Wigger, (2006), „Öffentliche versus private Finanzierung der Hochschulbildung: Effizienz- und Verteilungsaspekte“, in: *Perspektiven der Wirtschaftspolitik*, 7. Jg., Heft 2, S. 285-307.

Kupferschmidt Frank, (2001), „Die personale Budgetinzidenz der Bundesrepublik Deutschland in den 80er Jahren“, in: Karl-Dieter Grüske, (Hrsg.), *Forum Finanzwissenschaft*, Band 23, Nürnberg.

Lampert Heinz, (2001), *Vereinbarkeit von Erwerbsarbeit und Familienarbeit als aktuelle und zentrale Zielsetzung der Familienpolitik*, Volkswirtschaftliche Diskussionsreihe, Nr. 211, Augsburg.

Letzner Peggy, (2004), „Die Gesetzliche Rentenversicherung als Instrument der Familienpolitik?“, in: *Wirtschaftsdienst*, 2004, Heft 11, S. 717-25.

Lüdeke Reinar, (1995), „Kinderkosten, umlagefinanzierte Rentenversicherung, Staatsverschuldung und intergenerative Einkommensverteilung", in: Gerhard Kleinhenz, (Hrsg.), *Soziale Ausgestaltung der Marktwirtschaft*, Sozialpolitische Schriften, Heft 65, Berlin, S. 151-184.

Lutz Heribert, (1997), "Harmonisierung der Umsatzsteuer in Europa", in: Karl-Dieter Grüske (Hrsg.), *Forum Finanzwissenschaft*, Band 13, Nürnberg.

Meister Wolfgang und Wolfgang Ochel, (2003), „Die steuerliche Förderung von Familien im internationalen Vergleich", in: *ifo Schnelldienst*, 56. Jg., Heft 5, S. 65-67.

Menzel Dieter, (2003), *Leistungen nach dem Unterhaltsvorschussgesetz (UVG)*, http://www.familienhandbuch.de/cmainf_Fachbeitrag/a_Rechtsfragen/s_252.html, zuletzt abgerufen am 03.11.2003.

Münnich Margot und Thomas Krebs, (2002), „Ausgaben für Kinder in Deutschland", in: *Wirtschaft und Statistik*, 2002, Heft 12, S. 1080-1100.

Münnich Margot, (2000), „Einkommens- und Geldvermögensverteilung privater Haushalte in Deutschland - Teil 1", in: *Wirtschaft und Statistik*, 2000, Heft 9, S. 679-91.

Münnich Margot und Monika Illgen, (2000), „Einkommen und Einnahmen privater Haushalte in Deutschland", in: *Wirtschaft und Statistik*, 2000, Heft 2, S. 125-37.

OECD, (Hrsg.), (2005), *Taxing Wages - Comparative tax rates and benefits*, Vol. 2005, Heft 2, Paris.

OECD, (Hrsg.), (2004), *Recent Tax Policy Trends and Reforms in OECD Countries*, OECD Tax Policy Studies No.9, Paris.

OECD, (Hrsg.), (1998), *The Tax/Benefit Position of Employees*, Paris.

Oepen Wilhelm, (2003), *Familienbesteuerung und Familienförderung in einer Zeit gesellschaftlichen und demographischen Wandels*, Bonn.

Ott Notburga, (2005), „Humanvermögensbildung statt Geburtenförderung", in: *Wirtschaftsdienst*, 85. Jg., Heft 3, S. 143-46.

Ott Notburga, (2000), „Ökonomische Effizienz und Familienlastenausgleich", in: André Habisch, Bernhard Jans, Erich Stutzer, (Hrsg.), *Familienwissenschaftliche und familienpolitische Signale*, Grafschaft, S. 185-200

Parsche Rüdiger und Rigmar Osterkamp, (2004), „Child Support and Children's Tax Allowances in Selected European Countries", in: *CESifo DICE Report*, 2004, Heft 3, S. 50-54.

Parsche Rüdiger, Andrea Gebauer, Caroline Grimmet et al., (2003), *Steuerlich induzierte Kinderlasten: Empirische Entwicklung in Deutschland*, ifo Forschungsberichte, München.

Rosenschon Astrid, (2006), *Finanzpolitische Maßnahmen zugunsten von Familien: eine Bestandsaufnahme für Deutschland*, Kieler Arbeitspapier Nr. 1273, Institut für Weltwirtschaft, Kiel.

Rosenschon Astrid, (2001), *Familienförderung in Deutschland: eine Bestandsaufnahme*, Kieler Arbeitspapier Nr. 1071, Institut für Weltwirtschaft, Kiel.

Rosner Peter, (2003), *Economics of Social Policy*, Cheltenham.

Rürup Bert und Gruescu Sandra, (2004), *Nachhaltige Familienpolitik im Interesse einer aktiven Bevölkerungsentwicklung*, Gutachten im Auftrag des BMFSFJ, Berlin.

Rürup Bert, (2001), „Wie sollen Familien gefördert werden?", in: *Orientierungen zur Wirtschafts- und Gesellschaftspolitik*, 88. Jg., Heft 2, S. 2-4.

Salisbury Dallas L., (1994), „The Costs and Benefits of Pension Tax Expenditures", in: EBRI, (Hrsg.), *Pension, Funding and Taxation*, Washington, S. 85-103.

Sandford Cedric, (2000), *Why Tax Systems Differ*, Bath.

Schäfer Bernd, (1996), *Familienlastenausgleich in der Bundesrepublik Deutschland*, Frankfurt.

Schlick Gregor, (2005), „Das Splitting-Verfahren bei der Einkommensteuerveranlagung von Ehegatten", in: *Wirtschaftsdienst*, 85. Jg., Heft 5, S. 312-19.

Schmähl Winfried, (2004), *„Mehr Zielgenauigkeit und Transparenz durch eine steuerfinanzierte Familienkasse"*, in: *Wirtschaftsdienst*, 2004, Heft 8, S. 506-11.

Schratzenstaller Margit, (2002a), „Familienpolitik - wozu und für wen? Die aktuelle familienpolitische Reformdebatte", in: *WSI Mitteilungen*, 2002, Heft 3, S. 127-32.

Schratzenstaller Margit, (2002b), „Steuer- und transferpolitische Aspekte aktueller Familienpolitik", in: Maier Friederike und Fiedler Angela, (Hrsg.), *Gender Matters*, Berlin, S. 181-209.

Schwarze Jochen, (2001), *Grundlagen der Statistik*, Band 1, Herne Berlin.

Schwarze Johannes, (2003), *Familienbezogenes Einkommensmonitoring: Konzepte und Daten*, ifb - Materialien 8/2003, Staatsinstitut für Familienforschung an der Universität Bamberg, Bamberg.

Seffen Achim, (1996), „Versicherungsfremde Leistungen 1994", in: *iw-trends*, 1996, Heft 1, S. 39-49.

Seidel Bernhard, Dieter Teichmann und Sabine Thiede, (1999), „Ehegattensplitting nicht mehr zeitgemäß", in: *Wochenbericht des DIW*, Nr. 40, 1999, http://www.diw.de/deutsch/produkte/publikationen/wochenberichte/docs/99-40-1.html. zuletzt abgerufen am 30.8.2006.

Sell Stefan, (2005), „Grundlinien einer expliziten Familienpolitik", in: *Wirtschaftsdienst*, 85. Jg., Heft 3, S. 147-51.

Sen Amartya K., (2000), „Social Justice and Distribution of Income", in: Anthony B. Atkinson und Francois Bourguignon, (Hrsg.), *Handbook of Income Distribution*, Amsterdam, S. 60-85.

Simon Silvia, (2000), *Umverteilung in der Sozialversicherung*, Frankfurt a.M.

Smeeding Timothy M. und Daniel H. Weinberg, (2001), „Toward a Uniform Definition of Household Income", in: *Review of Income and Wealth* 47. Jg, Heft 1, S. 1-24.

Smeeding Timothy M., (2000), „Changing Income Inequality in OECD Countries: Updated Results from the Luxembourg Income Study", in: Richard Hauser (Hrsg.), *The personal distribution of income in an international perspective*, Berlin.

Smeeding Timothy M., Peter Saunders, John Coder et. al, (1993), „Poverty, Inequality, and Family Living Standards Impacts Across Seven Nations: The Effects of Non-Cash Subsidies for Health, Education and Housing." in: *Review of Income and Wealth*, 39. Jg., Heft 3, S. 229-57.

Spahn Paul B., Heinz P. Galler und Helmut Kaiser, (1992), *Mikrosimulation in der Steuerpolitik*, Heidelberg.

Spieß Katharina, Gert Wagner und Michaela Kreyenfeld, (2000), „Kindertagseinrichtungen in Deutschland - ein neues Steuerungsmodell bei der Bereitstellung sozialer Dienstleistungen", in: *DIW-Wochenbericht*, 67. Jg., Nr. 18, S. 269-275.

Statistisches Bundesamt, (2004a), *Erste Ergebnisse aus der Einkommens- und Verbrauchsstichprobe 1998*, http://www.destatis.de/presse/deutsch/pm1998/p3620024.htm, zuletzt abgerufen am 30.8.2006.

Statistisches Bundesamt, (Hrsg.), (2004b), *Statistisches Jahrbuch für die Bundesrepublik Deutschland 2004*, Stuttgart.

Statistisches Bundesamt, (Hrsg.), (2003a), *Statistisches Jahrbuch für die Bundesrepublik Deutschland 2003*, Stuttgart.

Statistisches Bundesamt, (2003b), *Wo bleibt die Zeit? Die Zeitverwendung der Bevölkerung in Deutschland 2001/02*, http://www.destatis.de/presse/deutsch/pk/2003/wbdz.pdf, zuletzt abgerufen am 30.8.2006.

Statistisches Bundesamt, (Hrsg.), (2002a), *Aufgabe, Methode und Durchführung der EVS 1998*, Fachserie 15, Heft 7, Wiesbaden.

Statistisches Bundesamt, (Hrsg.), (2002b), *Statistisches Jahrbuch für die Bundesrepublik Deutschland 2002*, Stuttgart.

Statistisches Bundesamt, (Hrsg.), (2002c), *Rechnungsergebnisse des öffentlichen Gesamthaushalts 2001*, Fachserie 14, Reihe 3.1, Wiesbaden.

Statistisches Bundesamt, (Hrsg.), (2001a), *Familien und Haushalte in Deutschland*, Forum der Bundesstatistik, Wiesbaden.

Statistisches Bundesamt, (Hrsg.), (2001b), *Rechnungsergebnisse des öffentlichen Gesamthaushalts 1998*, Fachserie 14, Reihe 3.1, Wiesbaden.

Statistisches Bundesamt, (Hrsg.), (2000), *Statistisches Jahrbuch für die Bundesrepublik Deutschland 2000*, Stuttgart.

Statistisches Bundesamt, (Hrsg.), (1999a), *Fachserie 1, Bevölkerung und Erwerbstätigkeit, Reihe 3, Haushalte und Familien 1998*, Wiesbaden.

Statistisches Bundesamt, (Hrsg.), (1999b), *Statistisches Jahrbuch für die Bundesrepublik Deutschland 1999*, Stuttgart.

Statistisches Bundesamt, (Hrsg.), (1998), *Einkommensverteilung und Einkommensbezieher*, Einkommens- uund Verbrauchsstichprobe 1993, Fachserie 15, Heft 6, Wiesbaden.

Statistisches Bundesamt, (Hrsg.), (1997), *Aufgabe, Methode und Durchführung*, Einkommens- und Verbrauchsstichprobe 1993, Fachserie 15, Heft 7, Wiesbaden.

Steckmest Elisabeth, (1996), *Noncash benefits and income distribution*, LIS Working Paper No. 150, Differdange.

Stutzer Erich, (2000), „Einkommensverhältnisse junger Familien in Deutschland", in: Jans Bernhard, André Habisch, Erich Stutzer, (Hrsg.), *Familienwissenschaftliche und familienpolitische Signale*, Grafschaft, S. 433-38.

Stutzer Erich, (1999), „Methodische und empirische Ergebnisse zur Abbildung von Familienphasen mit Mikrozensus-Daten", in: Paul Lüttinger, (Hrsg.), *Sozialstrukturanalysen mit dem Mikrozensus*, ZUMA Spezial Band 6, Mannheim, S. 212-234.

Stutzer Erich, (1994), „Familien in unterschiedlichen Familienphasen", in: Ministerium für Familien, Frauen, Weiterbildung und Kunst Baden-Württemberg, (Hrsg.), *Familie heute - ausgewählte Aufsätze zur Situation der Familie in Baden-Württemberg*, Stuttgart, S. 23-41.

Tiede Manfred, (2001), *Beschreiben mit Statistik - Verstehen*, München.

Toulemon Laurent, (2003), *La fécondité en France depuis 25 ans*, Haut Conseil de la population et de la famille, http:// lesrapports. ladocumentationfrancaise.fr/ BRP/ 034000116/ 0000.pdf, zuletzt abgerufen am 30.8.2006.

vdr (Verband deutscher Rentenversicherungsträger), (Hrsg.), (2004), *Rechengrößen in der gesetzlichen Rentenversicherung*, Frankfurt.

Veil Mechthild, (2003), „Kinderbetreuungskulturen in Europa: Schweden, Frankreich, Deutschland", in: *Aus Politik und Zeitgeschichte*, 2003, Heft 44, S. 12-22.

Wagner Gert, (2001), „Familienpolitik und Kosten der Kindererziehung", in: *Volkswirtschaftliche Korrespondenz der Adolf-Weber-Stiftung*, 2001, Nr. 9, S. 1-5.

Wenzel Dorothea, (1999), *Finanzierung des Gesundheitswesens und interpersonelle Umverteilung: Mikrosimulationsuntersuchung der Einkommenswirkung von Reformvorschlägen zur GKV-Finanzierung*, Bern.

Werding Martin, (2003), „Zum Problem der Generationengerechtigkeit in den Sozialversicherungen", in: *Zeitschrift für Wirtschaftspolitik*, 52. Jg., Heft 2, S. 204-14.

Witte John F., (1998), „The Distribution of Federal Income Tax Expenditures", in: Sven Steinmo, (Hrsg.), *Tax Policy*, Cheltenham, S. 460-81.

Zimmermann Horst und Klaus-Dieter Henke, (2005), *Finanzwissenschaft*, München.

Katja Hölsch

Umverteilungseffekte in Europa

Eine Analyse für ausgewählte Länder

Frankfurt am Main, Berlin, Bern, Bruxelles, New York, Oxford, Wien, 2006.
XVII, 337 S., zahlr. Tab. und Graf.
Hohenheimer Volkswirtschaftliche Schriften.
Verantwortlicher Herausgeber: Gerhard Wagenhals. Bd. 54
ISBN 978-3-631-54979-7 · br. € 56.50*

Die Ausgestaltung von Transfers bei Arbeitslosigkeit, Krankheit, Invalidität, Arbeitsunfällen und Berufskrankheiten sowie Leistungen der Mindestsicherung weist in europäischen Ländern Unterschiede auf. Daher liegt es nahe zu analysieren, ob diese Transfers unterschiedliche Umverteilung im Hinblick auf Armut und Ungleichheit bewirken. Die empirische Untersuchung dieser Umverteilungseffekte in Deutschland, Finnland, Frankreich, Italien und im Vereinigten Königreich mit Daten der Luxembourg Income Study 1994/95 und 1999/2000 ergab, dass neben der grundsätzlichen institutionellen Ausgestaltung auch zahlreiche andere Faktoren und Rahmenbedingungen die Umverteilung beeinflussen. Bei der empirischen Analyse wurden insbesondere auch Bootstrapping-Konfidenzintervalle berechnet, um inferenzstatistische Aussagen treffen zu können.

Aus dem Inhalt: Institutionelle Grundlagen der Transfers in den untersuchten Ländern · Theoretische Grundlagen der Ungleichheits- und Armutsmessung · Empirische Ergebnisse der Umverteilungswirkungen

Kolibri 360 GmbH
Ferdinand-Jühlke-Straße 7
99095 Erfurt, Deutschland
produktsicherheit@kolibri360.de

Druck:
CPI Druckdienstleistungen GmbH
im Auftrag der
Kolibri 360 GmbH
Ferdinand-Jühlke-Str. 7
99095 Erfurt